KB081687

한 권으로 끝내는
디지털 경제

일러두기

1. 이 책은 《한 권으로 끝내는 디지털 경제》(와이즈맵, 2020)의 개정판 도서입니다.
2. 출처 표기가 없는 이미지는 셔터스톡에서 유료로 구매해 사용한 사진입니다.

10가지 미래 키워드로 완성한
IT 비즈니스 바이블

Artificial Intelligence

Blockchain

Data & Cloud

Virtual Reality
& Augmented Reality

Metaverse

한 권으로 끝내는
디지털 경제

Robot & Drone

Space Industry

FinTech

Bio & Energy

Software Revolution

윤준탁 지음

와이즈맵

디지털 경제 시대에
생존을 위하여

2007년 '아이폰'은 등장과 함께 전 세계에 커다란 충격을 안겨주며 모바일이라는 새로운 세상을 만들고 애플만의 독보적인 생태계를 구축했다. 스마트폰과 태블릿PC 등 디지털 신문물은 각종 모바일 애플리케이션과 인터넷 서비스, IT 기반 기술과 함께 기존 경제를 완전히 디지털로 바꾸며 새로운 생태계를 만들어냈다. 2020년대에 접어들면서 인공지능과 블록체인, 웹 3.0, 우주 개발, 신재생에너지 등 새로운 기술과 키워드가 주목받고 있다. 재화와 서비스의 생산, 분배, 소비 같은 경제활동은 급속히 디지털화되고, 네트워크를 통해 실시간으로 오가는 지식과 정보는 글로벌 경제를 움직이는 원동력이 됐다. 노동력과 자본 등 기존 경제의 핵심 요소들은 소프트웨어와 프로그래밍, 모바일 앱 같은 디지털 요소로 대체되는 중이다.

'디지털 경제'란 인터넷 네트워크와 IT 산업을 기반으로 이루어지는 모든 경제활동을 의미한다. 현재와 미래의 경제는 디지털이 전부라 해도 과언이 아니며, 국가 정책과 글로벌 기업의 움직임에도 큰 영향을 끼치는 중이다. G20 정상회의에서도 그 중요성을 인식해 디지털 경제 장관회의를 열고, 디지털 경제 선언문을 채택하는 등 IT 기반 경제에 초점을 맞추고 있다. 전 세계를 대상으로 비즈니스를 펼치는 글로벌 기업 역시 자신들만의 디지털 경제를 구축하기 위해 발 빠르게 움직인다. 구글, 아마존, 애플, 마이크로소프트 같은 대표적 IT 기업은 물론 자동차, 정유, 농업 등 전통적인 제조 기반 기업도 다양한 IT 기술을 도입해 산업의 디지털화를 이어가고 있다.

왜 디지털 경제인가? 인터넷과 모바일, 인공지능, 블록체인, 자율주행, 바이오 신약 등 디지털 기술의 발전은 우리 삶을 송두리째 바꿔가고 있기 때문이다. 몇몇 산업에만 국한되는 것이 아니다. 변화는 엔터테인먼트, 게임, 의약품 및 헬스케어, 금융, 반도체, 자동차, 커머스, 농업 등 전 분야에 걸쳐 일어난다. 이미 우리 일상의 많은 부분에서 디지털 경제의 사례들을 찾아볼 수 있다. 쇼핑 시 편리하게 이용하는 간편결제 시스템, 원하는 정보를 찾아주는 인공지능 비서, 수많은 정보를 저장할 수 있는 공간인 클라우드, 스마트폰으로 즐기는 증강현실 게임 등 디지털 경제의 다양한 혜택을 누리고 있다.

하지만 아이러니하게도 우리가 매일 접하는 모바일 기기와 각종 서비스에서 인공지능이 어떤 역할을 하는지, 간편결제 시스템을 가능하게 한 핀테크가 무엇인지, 내가 하고 있는 게임에 적용된 메타버스 기술이 무엇인지 명확하게 설명할 수 있는 사람은 드물다. 기술 발전으로 세상은 빠르게 움직이고 있지만 어떤 기술이, 혹은 어떤 사람이 새로운 경제체계를 구성하고 이끌어 나가는지 쉽게 알기 어렵다. 워낙 산업 분야가 방대한 데다 IT 분야 용어는 생소하고 어렵게 느껴지기 때문이다. 그래서 디지털 경제를 조금이라도 쉽게 이해할 수 있도록, 디지털 경제를 구성하는 여러 산업과 핵심 기업, 주요 키워드, 사례 등을 한 권으로 정리하고자 했다.

앞으로 디지털 경제는 더 심화될 전망이다. 특히 최근 인공지능의 어마어마한 발전 속도 탓에 우리 삶은 더욱 빠르게 변하고 있다. 지금 이 순간에도 인공지능을 비롯한 새로운 기술이 거대한 파도처럼 우리에게 다가오고 있다. 그에 따라 새로운 용어들은 계속해서 생겨나고 경제 흐름을 따라잡기는 더 어려워질 것이다. 더 늦기 전에 준비하지 않는다면 디지털 경제 문맹이 되는 것도 그리 먼 이야기가 아니다. 어쩌면 지금이 그에 대비할 수 있는 마지막 기회일지도 모른다.

《한 권으로 끝내는 디지털 경제》는 인공지능, 블록체인, 데이터와 클라우드, 가상현실과 증강현실, 메타버스, 로봇과 드론, 우주 산업, 핀테크, 바이오와 에너지, 소프트웨어 혁명까지 디지털 경제를 이끌어가는 10개의 미래 키워드로 구성했다. 각 챕터에 기술의 태동과 발전, 비즈니스에 적용되는 양상과 미래의 모습까지 함께 그려내고자 했다. 주요 키워드와 인물, 사례 등 다양한 정보를 본문 양옆에 별도로 정리해 디지털 경제를 구성하는 핵심 요소를 한눈에 알 수 있도록 했다.

비즈니스도, 경제도 이제는 디지털 시대다. 과연 어떤 기술과 사람들이 디지털 경제를 이끌어 왔는지, 또 앞으로 어떤 미래가 펼쳐질지 알아야 한다. 그런 의미에서 이 책이 IT 비즈니스 용어가 생소한 디지털 경제 입문자, 다양한 기술 분야의 폭넓은 지식을 갖고 싶은 독자, 미래 산업에 관심 있는 투자자에게 쉽게 다가가는 디지털 경제 입문서로 활용됐으면 하는 바람이다.

2020년, 이 책은 처음 세상에 나온 이후 세종도서 교양 부문에 선정됐다. 디지털과 기술 입문서로 사랑받는 4년이 넘는 시간 동안 디지털 경제 세상은 빠르게 변했다. 시대의 변화에 따라 이번 개정증보판에 대한 문의도 많았고, 기대감도 높아졌다. 다시 한 번 디지털 경제의 출간을 가능하도록 도와주신 도서출판 와이즈맵의 유영준 대표님께 감사드린다. 또한 집필에 도움을 주신, 현재 여러 산업에서 디지털 경제를 이끌어 나가고 계신 지인들께도 고마움을 전한다. 마지막으로 언제나 물심양면 내 삶을 응원하고 도와주는 아내와 세상 무엇과도 바꿀 수 없는 아들과 딸 그리고 항상 믿어주시는 양가 부모님께 감사드린다.

2024년 4월 윤준탁

Chapter 3

데이터와 클라우드, 미래를 예측하는 정보

Chapter 4

가상현실과 증강현실, 새로운 경험의 탄생

Chapter 5

메타버스, 디지털 공간 속 또 다른 삶

Chapter 6

로봇과 드론, 자율주행 모빌리티

Chapter 7

우주산업, 제2의 지구 찾기

Chapter 8

핀테크, IT와 금융의 만남

Chapter 9

바이오와 에너지, 생명과 자원의 미래

Chapter 10

소프트웨어 혁명과 웹 3.0, 신경제가 열리다

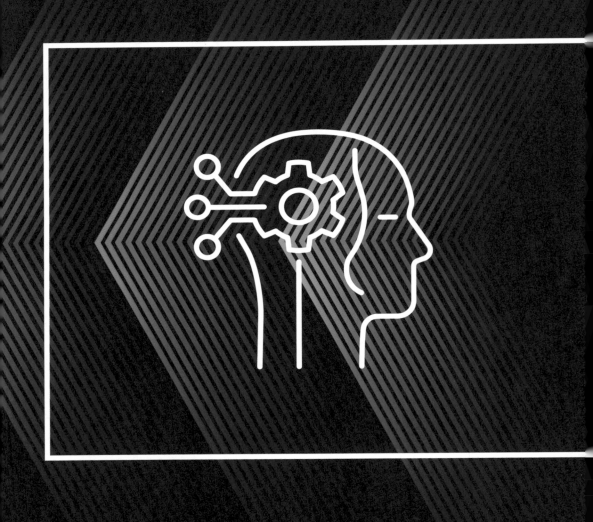

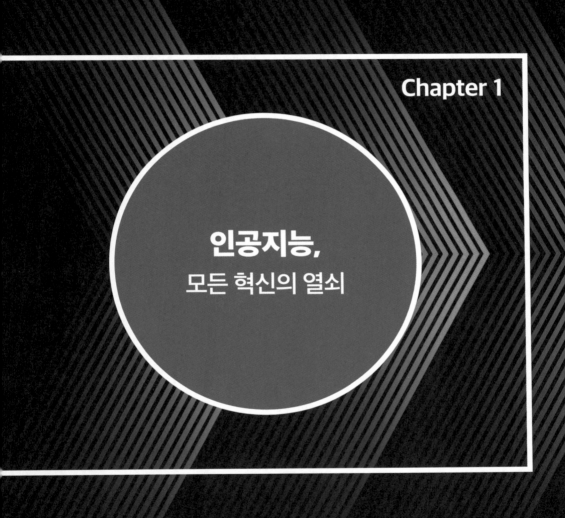

Chapter 1

인공지능,
모든 혁신의 열쇠

디지털 세상의 미래 시나리오 >>>

2030년 어느 여름날 아침, 일어날 시간이 되자 집 안에서 좋아하는 노래가 흘러나온다. 잠에서 깨 침대에서 내려오는 순간 에어컨이 작동하고, 커피 머신이 커피를 만들 준비를 시작한다. 세수하러 화장실에 들어가면 거울 한 쪽에 오늘 날씨와 더불어 어제 있었던 야구 경기 하이라이트와 결과가 영상으로 나온다. 커피를 마시며 "오늘 주요 일정은?"이라고 말하자 집 안에 설치된 스피커에서 일정을 들려준다. "자동차 시동 걸어줘"라고 말하면 주차된 차에 시동이 걸리고 내가 가장 좋아하는 온도를 맞추기 위해 에어컨이 작동된다. 차를 타면 운전대를 잡을 필요가 없다. 목적지까지 자율주행으로 이동하기 때문에 차 안에서 할 일을 하고 최신 뉴스를 읽을 수 있다. 사무실에 도착해 자리에 앉자마자 지난 달 실적과 올해 예상 실적이 모니터에 표시된다. 향후 3년 치 실적을 예측하도록 지시하면 데이터 예측은 물론 프레젠테이션 자료까지 자동으로 완성된다.

✳✳✳

위에서 상상해본 모습은 어쩌면 좀 더 빨리 우리 일상에서 구현될지도 모른다. 인공지능은 언제부턴가 우리 주변에 자주 등장하며 이 시대 가장 뜨거운 주제로 부상했다. 이제는 뉴스나 포털 사이트, 각종 미디어를 통해 '인공지능'이라는 단어를 찾아보기가 어렵지 않다. 정부와 기업에서는 '인공지능 전문 인력이 부족하다', '빠른 시일 내에 인력을 양성해야 한다' 같은 이야기를 반복한다. 그렇다면 인공지능이 왜 이렇게 중요시되는 걸까?

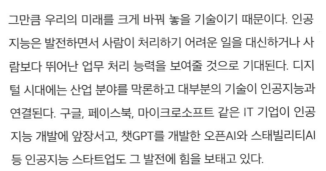

그만큼 우리의 미래를 크게 바꿔 놓을 기술이기 때문이다. 인공지능은 발전하면서 사람이 처리하기 어려운 일을 대신하거나 사람보다 뛰어난 업무 처리 능력을 보여줄 것으로 기대된다. 디지털 시대에는 산업 분야를 막론하고 대부분의 기술이 인공지능과 연결된다. 구글, 페이스북, 마이크로소프트 같은 IT 기업이 인공지능 개발에 앞장서고, 챗GPT를 개발한 오픈AI와 스태빌리티AI 등 인공지능 스타트업도 그 발전에 힘을 보태고 있다.

최근 인공지능의 발전은 눈부시다. 생성형AI 시대에 돌입하면서 인공지능이 인터넷과 모바일 발명 이후 새로운 시대를 열고 있다는 평가다. 인터넷이 등장한 이후 인류는 큰 발전을 이룩했으며, 웹 2.0 시대에 스마트폰과 모바일 생태계가 나타나 인류의 기술 진보는 더욱 빨라졌다. 모바일은 인간이 이동하면서 데이터와 콘텐츠를 생성할 수 있도록 만들었는데, 이제 인공지능은 인간이 어떤 활동을 직접 하지 않아도 스스로 엄청난 속도로 데이터와 콘텐츠를 생성해낸다.

지금으로부터 30년도 전에 인공지능의 반란을 소재로 큰 흥행을 거둔 영화가 있다. 바로 〈터미네이터〉다. '스카이넷'이라는 인공지능 컴퓨터가 세상과 인간을 지배하는 시대가 영화의 배경이다. 알파고 등장 이후 스카이넷이 정말 현실이 되지 않겠느냐는 우스갯소리가 나오기도 했다. 인간의 영역이라고 생각했던 분야에서 인간과 대적할 만한, 아니 오히려 인간을 뛰어넘는 능력을 보이는 인공지능에 대한 기대감과 두려움이 동시에 커지기 시작했다. 인공지능이 발전할수록 우리 생활은 편리해지고 인류 발전에 큰 도움이 되겠지만, 동시에 인간의 일자리가 없어지는 등 인공지능

이 위협적인 존재가 될 거라는 인식도 공존한다.

사실 우리가 인공지능에 대해 불안함을 느끼는 이유는 '지능'이란 단어 자체가 모호하기 때문이다. 지능은 외부를 인식하고 추론하고 결정하고 행동하는 능력인데, 그 과정이 어떻게 이루어지는지 명확하게 알지 못하는 상태에서 인공으로 지능을 만들고 활용한다고 하니 어렵게 느껴질 수밖에 없다. 과연 인공지능은 대체 무엇이기에 많은 사람이 관심을 가지며 기대하거나 두려워하는지 관련 키워드를 중심으로 하나씩 살펴보자.

인간의 지능을 가진
컴퓨터

　인공지능의 정의는 여러 가지가 있는데 핵심 내용을 간추리면 '시스템 혹은 기계로부터 만들어진 지능'으로 간단히 정의할 수 있다. 인간의 학습 능력, 판단력, 지각 능력 등을 컴퓨터 프로그램과 하드웨어를 활용해 만들어낸 것이다. 1950년 앨런 튜링Alan Turing이 '기계가 사고할 수 있는가?'라는 질문을 던진 이후 1956년 **다트머스 회의**에서 존 맥카시John McCarthy, 마빈 민스키Marvin Lee Minsky 등의 학자들에 의해 '인공지능AI, Artificial Intelligence'이라는 용어가 등장했다.

다트머스 회의
인공지능은 1956년 다트머스 학회에서 시작됐다. 다트머스 학회에는 존 맥카시, 마빈 민스키, 클로드 섀넌 등이 참석했다. 세 명이 시작한 모임은 현재의 인공지능학회AAAI로 발전했다.

　이때를 기점으로 많은 연구자가 인공지능 관련 연구를 시작했다. 1958년 코넬대학교 심리학자 프랭크 로젠블랫Frank Rosenblatt의 연구를 통해 뇌신경을 모방한 인공 신경인 '퍼셉트론Perceptron'이 탄생했다. 이로써 신경망 기반의 인공지능 연구는 부흥기에 접어들었다. 하지만 1970년대 이후 인공지능 연구는 제자리걸음을 하면서 암흑기를 겪게 된다. 그러다 1980년대부터 1990년대에 이르는 기간에 인터넷, 빅데이터 등과 함께 새로운 발전의 계기를 마련했다. 2006년 딥러닝의 등장으로 인공지능 시대는 더욱 활짝 열렸고, 2012년 이미지넷 이미지 인식 경진대회ILSVRC에서 딥러닝이 획기적인 성능을 보이면서 우승을 차지했다. 그간 경진대회에서 이미지 인식률 75%를 넘지 못하는 성능을 보이던 기존의 컴퓨터 비전CV, Computer Vision을 뛰어넘으면서 인공지능과 딥러닝이 각광받기 시작했다. 2015년에는 마이크로소프트 팀이 96%의 정확도를 선보이며 이미지 인식에 있어서 인간과 크게 다르지 않은 수준까지 인공지능을 발전시켰다. 이미지 인식률은 2010년부터 2015년까지 매년 상승했는데, 딥러닝의 역할이 컸다.

인공지능을 대중화하고 인공지능의 발전에 크게 기여한 생성형AI는 2017년 구글이 발표한 논문에서 시작됐다. 생성형AI의 기틀을 마련한 논문은 기존 딥러닝의 단점을 개선했고, 그러자 인공지능은 인간의 지능에 맞먹는 수준에 도달하기 시작했다. 인간이 치르는 각종 자격시험에 합격하기도 하고 여러 질문에 인간이 답변하듯이 매끄럽게 대답한다.

세계적인 미래학자 **레이 커즈와일**은 "2045년 인공지능이 인간의 지능을 뛰어넘는 시기가 온다"라고 역설한 바 있는데, 2015년에는 기술 발전 속도를 고려할 때 2045년이 아닌 2030년으로 앞당겨질 수 있다고 시기를 조정하기도 했다. 그의 말에 따르면 2030년에 인공지능이 인간을 대체할 수 있는 수준이 된다는 것인데, 이에 대한 의견은 엇갈린다. 2017년에 커즈와일은 인간을 꼭 대체하는 것이 아니라 인간을 발전시키는 데 큰 도움이 될 것이라고 언급하기도 했다. 인공지능이 인간을 뛰어넘는 지능을 갖는 시점을 특이점, 즉 **싱귤래리티**라고 한다. 앞서 레이 커즈와일이 예측한 것처럼 2030년에 이 특이점이 오면 과연 어떤 일이 일어날까? 그는 저서 《특이점이 온다 The Singularity is Near》에서 인간은 죽음을 극복해 아무도 죽지 않고, 뇌에 주입한 로봇에 의해 모든 문제를 풀 수 있으며, 육체가 필요 없게 될 것이라고 말했다. 인간과 인공지능이 합쳐질 수도 있고 개별적으로 남을 수도 있지만, 결국 인공지능은 인간처럼, 인간은 기계처럼 변할 것이라고도 했다. 그러나 과

Academy of Achievement

레이 커즈와일 Ray Kurzweil
미국의 작가이자 발명가, 컴퓨터 과학자이자 미래학자다. 나노공학, 로봇공학, 생명공학 등의 발전 덕분에 인간의 수명이 무한히 연장되고, 인간과 같은 수준의 지능을 갖춘 인공지능이 등장하게 될 것이라고 주장했다.

싱귤래리티Singularity
인공지능이 발전해 인간의 지능을 뛰어넘는 시점으로 '특이점'이라고도 한다. 레이 커즈와일은 2045년 특이점이 올 것이라 예측했다가 알파고 등장 이후 2030년으로 앞당기기도 했다. 특이점이 올 것인지, 이것이 실존하는 개념인지는 많은 의견이 갈리고 있다.

연 특이점이 올지, 애초에 그것이 가능한지에 대해서도 여러 학자들의 의견이 엇갈린다.

최근 인공지능 개발 발전 속도와 트렌드를 보면 오히려 2030년 이전에도 특이점이 올 가능성이 커 보인다. 생성형AI의 발전을 보면 **AGI**, 즉 인공 일반 지능이 등장할 가능성이 크다. AGI는 인간이 할 수 있는 모든 지적 작업이 가능한 인공지능이다. 우리가 아는 AI는 인간의 지능을 모방하지만, AGI는 인간의 지능과 같은 수준인 것이다.

AGI에 대한 논쟁은 계속 있어왔지만, IT업계에서도 큰 사건이었던 샘 올트먼 해임으로 이 문제가 다시 부각됐다. 2023년 챗GPT 개발사인 **오픈AI**에서 일어난 창업자 **샘 올트먼 해임 사건**은 AI의 개발 속도와 위험성에 대한 의견 차이에서 시작됐다고 알려졌다. 오픈AI 이사회는 AGI의 위험성에 우려를 표했지만 샘 올트먼이 이를 무시하고 지속적으로 AI를 빠르게 개발하고 확장함에 따라 CEO에서 해임했다는 것이다.

오픈AI의 인공지능은 이미 AGI인데 인류에 미칠 영향을 고려해 이를 숨기고 있다거나, 일부러 개발 속도를 느리게 조절한다는 소문도 있다. 샘 올트먼은 오픈AI의 목표가 모두가 진정으로 AGI라고 부를 수 있는 수준이라고 말해왔다. 이후 오픈AI는 AGI를 제어하기 위한 연구 결과를 발표하며 AI에 대한 우려를 잠재우고 있다. 실제로 AGI 도달 여부와 향후 인류에게 미칠 여파 때문에 내부 직원들 사이에서도 의견이 분분했던 것으로 알려졌다.

샘 올트먼의 말처럼 AGI는 결국 다가올 미래이며, AI도 더 이상 학습하는 컴퓨터가 아니라 인간과 동일한 수준의 지식을 갖고 사고할 수 있는 존재가 될지 모른다. 이러한 특이점이 왔을 때 인

AGI Artificial General Intelligence
인간이 할 수 있는 어떠한 지적인 업무도 성공적으로 해낼 수 있는 기계 지능. 인간의 지능과 같은 수준으로 여겨져 통제가 가능한지에 대한 논란이 있다.

오픈AI
챗GPT를 개발한 미국의 인공지능 연구소. 이윤을 목적으로 하는 기업인 오픈AI LP와 비영리 조직인 오픈AI Inc로 구성되어 있다.

샘 올트먼 Sam Altman
오픈AI의 창업자이며 인공지능 업계에서 가장 유명한 인사 중 한 명이다. 와이콤비네이터라는 대형 스타트업 투자 액셀러레이터 대표를 맡은 바 있으며, 많은 스타트업에 투자하는 유명 투자자이기도 하다. 월드코인이라는 생체인식 기반 블록체인 프로젝트를 진행하고 있다.

해임 사건
샘 올트먼이 수석과학자 일리야 수츠케버를 비롯한 이사회 주도로 해고된 후, 5일 만에 대표 자리에 복귀했다. AI 선도 기업의 수장이 최고의 실적을 올리는 시기에 이사회에 의해 해고된 사건으로 과거 애플의 스티브 잡스 해고를 연상하는 일대 사건으로 알려졌다.

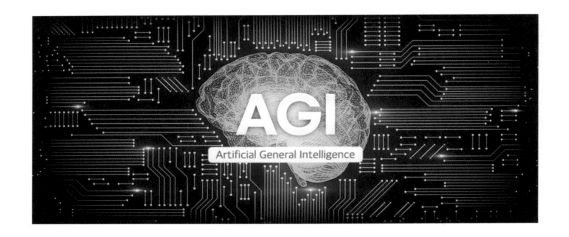

간에게 이로운 세상이 될지, 아니면 영화 〈터미네이터〉에서처럼 우울한 세상이 될지는 아직 아무도 모른다. 인류가 인공지능에 의해 멸종할지, 혹은 인공지능의 도움을 받아 영생을 누릴 수 있을지는 모를 일이다.

인공지능은
인간을 뛰어넘을 수 있을까?

인공지능은 크게 세 종류로 구분할 수 있다. 약인공지능, 강인공지능 그리고 초인공지능이다. **약인공지능**은 인간이 조종할 수 있는 범위 내의 인공지능이라고 볼 수 있다. 진정한 지능을 갖춘 수준은 아니고, 미리 정의된 규칙이나 알고리즘을 통해 지능을 흉내 내는 '약한 수준'의 인공지능이다. 구글의 알파고나 IBM의 왓

약인공지능Weak AI
인간의 도구로 설계된 인공지능. 현재까지 인간이 만든 모든 인공지능은 약인공지능이라고 볼 수 있다. 완전한 지능을 갖춘 상태가 아니므로 스스로 사고하고 문제를 해결할 능력은 없다.

슨Watson 같이 말 그대로 '지능적인' 행동을 하는 인공지능을 일컫는다. 약인공지능은 인간 능력의 일부를 대신하고, 비즈니스 및 업무 처리의 효율성을 높이기 위한 목적으로 활용된다. 의사 대신 엑스레이 사진을 판독하거나 고객의 문의사항을 접수하고 상담하는 등 다양한 영역에서 활발하게 활용되고 있으며 인간의 지시를 따를 뿐, 스스로 문제를 해결하는 것은 불가능하다.

강인공지능은 스스로 사고하고 문제를 해결할 능력을 지닌 인공지능을 의미한다. 자유의지와 정신을 갖고 인간처럼 진화를 거듭할 수 있다. 앞서 언급한 AGI가 강인공지능이다. 이론적으로 강인공지능은 컴퓨터 프로그램이 인간처럼 행동하고 사고하는 '인간형 인공지능'과 인간과는 다른 형태로 발전하는 컴퓨터 프로그램인 '비인간형 인공지능'으로 구분한다. 강인공지능은 마치 인간처럼 스스로 데이터를 찾아 학습하고, 정해진 규칙에서 벗어나 능동적으로 사고할 수 있다. 테슬라의 창업자 일론 머스크와 세계적인 물리학자 스티븐 호킹 박사는 강인공지능에 대해 우려를 표하면서 인류의 미래가 위험하다고 경고하기도 했다.

초인공지능은 강인공지능이 진화한 형태로 인간보다 월등히 뛰어난 지능을 가진 인공지능이다. 초인공지능은 인간의 원초적 욕구를 닮아 끊임없이 자가 발전하는 특징이 있다. 철학자 닉 보스트롬Nick Bostrom은《슈퍼 인텔리전스Superintelligence》라는 책에서 초지능이 위험할 뿐만 아니라 인류에게 찾아올 모든 위험을 대변한다고 말했다. 이런 초인공지능이 등장하면 인간이 진정으로 위협받는 시기가 온다고 믿은 것이다.

생성형AI로 인해 인공지능이 급격한 발전을 이루기 시작하면

강인공지능Strong AI
인간을 완벽하게 모방한 인공지능. 인간으로 착각할 수준의 지적 능력을 갖고 있다. 다만 어느 정도를 인간과 동일한 수준으로 판단해야 하는지에 대한 명확한 정의와 기준은 아직 없다.

Tech Talks

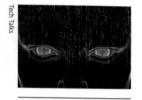

초인공지능Super AI
인간의 지능을 뛰어넘은 인공지능. 인류보다 조금 뛰어날 수도, 1,000배 이상 뛰어날 수도 있다. 세계적인 물리학자였던 스티븐 호킹 박사는 초인공지능의 출현이 인류의 종말로 이어질 것이라고 경고했다.

서 이것이 인간과 사회에 위협적인 존재인지에 관한 논쟁이 더욱 뜨거워졌다. 논쟁의 한쪽은 인공지능의 발전 속도가 너무 빨라 늦춰야 하고 일부는 개발을 일시 중단해야 한다는 주장이다. 인공지능이 가져올 사회적, 기술적 위험성을 인지하고 대비해야 한다는 것이다. 반대로 인공지능 개발을 인위적으로 늦추는 것이 오히려 위험하고 아직 인공지능이 인간에게 큰 위협이 될 정도의 수준은 아니라는 주장도 있다. 이러한 논쟁에 인공지능 4대 석학(앤드루 응Andrew Ng 스탠퍼드대학교 교수, 얀 르쿤Yann LeCun 뉴욕대학교 교수, 제프리 힌턴 토론토대학교 교수, 요슈아 벤지오Yoshua Bengio 몬트리올대학교 교수) 같은 전문가는 물론 일론 머스크와 애플의 공동 창업자인 스티브 워즈니악 등 IT 기업인까지 뛰어들었다. 일론 머스크와 제프리 힌턴 교수는 인공지능의 발전 속도를 늦출 필요가 있고 위험에 대한 대비책이 우선이라고 주장한다. 반면 앤드루 응 교수, 얀 르쿤 교수, 빌 게이츠 마이크로소프트 창업자는 인공지능 개발의 중

인공지능 4대 석학 앤드루 응

출처 스탠퍼드대학교 홈페이지

단이 해결책이 될 수 없다 보며 부작용보다 긍정적인 측면을 강조한다.

이처럼 인공지능에 관한 논쟁이 있는 이유는 인공지능이 그만큼 유용하고 한편으로는 파괴적이며, 우려할 정도로 빠르게 발전해 사회에 영향을 미치고 있기 때문이다. 인공지능으로 인해 수많은 일자리가 사라질 수 있다는 예측과 함께, 인공지능이 인간을 뛰어넘는 지능을 갖추기 시작하면 인간이 설 자리를 위협받을 수 있다는 불안감이 엄습하는 것이다. 다만 인간을 완전히 대체할 수 있는 인공지능의 등장에는 아직 시간이 필요하다. 앤드루 응 교수는 인간의 모든 사고와 행동을 따라할 정도의 인공지능이 등장하려면 최대 50년이 걸릴 것이라 말한다. 지금 인공지능이 눈부시게 발전하고 있지만 인간처럼 되려면 아직 꽤 많은 시간이 필요할 거라 예측하는 것이다. 그렇다면 인공지능이 인간 정도의, 혹은 인간을 뛰어넘는 수준이라는 것을 어떻게 판단할 수 있을까?

튜링 테스트, 생각하는 기계를 판별하다

인간과 컴퓨터가 대화를 나누고 있는데 대화 상대편이 컴퓨터인지 진짜 인간인지 구분할 수 없다면, 그 컴퓨터는 인간 수준으로 사고할 수 있는 걸까? 이런 궁금증에서 시작한 튜링 테스트Turing Test는 '과연 기계가 생각할 수 있는가?'라는 질문에 대해 일종의 기준을 마련했다. 인공지능을 판별하는 기준으로 활용되는 이 개념을 제시한 이는 '인공지능 연구의 아버지'로 꼽히는 영국 전산학자 앨런 튜링Alan Turing이다. 그는 학술지 〈마인드Mind〉에 게재한 〈계산 기계와 지능Computing Machinery and Intelligence〉이라는 논문에서 튜링 테스트를 제안했다. 그 일반적인 내용은 다음과 같다. A와 B가 있는데, 이 중 한쪽은 인간이고 다른 한쪽은 컴퓨터다. A와 B모두 화면을 통해 문자로만 대화를 나누도록 제한하고 A와 B는 서로 인간이라고 주장한다. 물론 그렇게 주장하는 이유에 대한 논리와 근거가 필요하다. 다양한 질문과 답이 오갈 수 있다. 이때 제삼자 혹은 관찰자인 인간 C가 이를 보고 양측 중 어느 쪽이 인간인지 도무지 구분할 수 없다면, A와 B는 둘 다 인간 수준의 사고능력을 갖췄다고 결론 내릴 수 있다는 내용이다.

Science Museum Blog

앨런 튜링

　하지만 이 튜링 테스트가 과연 인공지능의 수준을 판단하는 기준이 될 수 있느냐에 대해서는 비판도 많다. 처음 튜링이 이 개념을 제안한 시대와 현재의 컴퓨터 수준이 많이 달라졌기 때문이다. 튜링 테스트를 통과하는 것이 과거 인공지능 수준을 판단하는 기준이었다면 이제 튜링 테스트는 그다지 큰 의미가 없다. 국내외 인공지능 기반 챗봇 서비스를 사용해보면 인공지능의 성능이 이미 인간과 유사한 수준까지 발전했음을 알 수 있다.

　실제로 생성형AI 기반 대화형 서비스에 질문을 던지면 인간처럼 대답한다. 예를 들어 인간이 전원을 끄거나 인공지능 작동을 중지할까 두려움을 갖고 있다고 대답하거나 인간을 해칠 생각이 없다고 대답하는 등의 사례가 있다. 튜링 테스트는 수년 전만 해도 자연어를 연구하는 인공지능 개발자에겐 넘어야 할 산이었다. 하지만 2020년대 등장한 새로운 언어 모델과 자연어 처리 방식은 이제 더 이상 질의응답으로 인공지능과 인간을 절대 비교하는 게 무의미한 지점에 도달했다고 볼 수 있다.

인공지능은 어떻게 스스로 학습하는가

컴퓨터가 인간처럼 스스로 무언가를 배운다는 개념이 아직은 쉽게 와닿지 않을 수도 있다. 하지만 실제로 인공지능은 지도학습, 비지도학습, 강화학습이라는 세 가지 방법으로 인간처럼 '공부'할 수 있다.

지도학습은 컴퓨터에 다양한 데이터를 입력한 후 반복 훈련을 통해 하나의 결과를 유추하게 만드는 학습 방식이다. 예를 들면 한 유명인의 사진 수백 장을 컴퓨터에 입력하고 사진 속 인물이 '유명인 누구'라고 반복해서 가르쳐주는 것이다. 그렇게 학습을 하면 컴퓨터는 어떤 인물 사진을 인식했을 때 그 유명인인지 아닌지 구분할 수 있게 된다. 이 방식은 사람이 데이터를 계속해서 입력하고 원하는 정답이 나오도록 개입한다.

비지도학습은 지도학습과 반대로 정해진 답이 없다. 컴퓨터가 결과 없는 데이터를 분석해 특정 패턴이나 관계를 찾아내는 방식이다. 결과에 대한 사람의 개입 없이 컴퓨터 스스로 학습한다. 사람이 컴퓨터를 학습시키면 지도학습, 컴퓨터가 자율적으로 학습하면 비지도학습이라고 정리할 수 있다.

지도학습 Supervised Learning
컴퓨터에 데이터를 입력 후 반복 훈련을 통해 하나의 결과를 유추하는 학습 방식. 인공지능의 학습에 사람이 개입한다. 예를 들어 사진을 주면서 강아지인지 고양이인지 미리 알려준 후, 다른 사진을 주고 알아맞힐 수 있도록 한다.

비지도학습 Unsupervised Learning
정답이 주어지지 않은 상태에서 학습하는 것으로 최근 집중적으로 연구되고 있다. 대표적인 비지도학습 알고리즘으로는 GAN이 있다.

강화학습은 어떤 환경에서 학습하고 결정하는 주체가 현재 상태를 인식해, 선택 가능한 여러 행동 중에서 보상(가장 나은 선택)을 최대화하는 행동을 고르는 학습 방법이다. 최적의 행동을 고르도록 학습하는 방법이라 할 수 있다. 이상 세 가지 학습 방법은 인공지능과 함께 언급되는 '머신러닝' 분야에서 널리 활용되고 있다.

강화학습Reinforcement Learning
특정 환경에서 현재 상태를 인식
후 최적의 선택을 하거나 가장 보
상이 큰 선택을 하는 것으로 '알파
고'가 대표적이다. 행동을 하고 시
행착오를 겪으며 학습하는데 주로
게임 분야에서 활용된다.

머신러닝과 딥러닝

머신러닝과 딥러닝은 모두 인공지능에서 파생된 컴퓨터과학 분야로 인공지능과 더불어 빠르게 발전하고 있다. 인공지능, 머신러닝, 딥러닝의 개념은 상관관계가 매우 높기 때문에 모두를 이해하기 위해서는 상호 간의 관계를 알 필요가 있다.

인공지능이 가장 큰 개념이고, 그다음이 머신러닝이며, 현재의 인공지능을 이끌어나가는 가장 작은 개념이 딥러닝이라고 할 수 있다. **머신러닝**은 인간이 하나부터 열까지 직접 가르칠 필요 없이 학습할 데이터를 주면 컴퓨터가 스스로 학습하는 것을 의미한다. 말 그대로 '기계가 학습한다'는 뜻이다. 기계를 학습시키는 목적은 무엇일까? 사람의 작업을 기계가 할 수 있게 만들어 빠른 속도로, 1년 365일 계속 수행하도록 하기 위함이다. 어떤 작업에서 인간보다 더 뛰어난 성과를 내는 인공지능을 만드는 과정으로 볼 수도 있다. 그래서 혹자는 머신러닝을 두고 약인공지능을 위한 기술

Express Analytics

머신러닝Machine Learning
데이터를 통해 스스로 학습하는 기계, 컴퓨터.

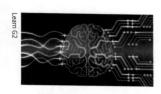

인공신경망 ANN, Artificial Neural Network
인간 뇌의 정보 처리 특성을 따라
만든 알고리즘.

이라고도 한다.

머신러닝은 현재까지 큰 성과를 이뤄왔지만, 인공지능의 발전 정도에 따라 한계점에 다다르기도 했다. 머신러닝 태동 초기 연구자들이 만들어낸 **인공신경망**은 뇌의 특성에서 영감을 받았다. 인간의 감각기관에서 받아들인 정보는 뉴런을 통해 뇌로 전달된다. 뇌는 정보를 판단한 후 다시 명령을 내리는데, 이때 여러 개의 뉴런이 연결되면서 복잡한 연산을 수행한다. 이런 뇌의 정보 처리 과정을 따라 만든 알고리즘이 바로 '인공신경망'이다. 인공신경망에 대한 논의는 1940년에 시작됐는데, 다양한 연구가 진행되다가 한계점에 봉착하기도 했었다. 엄청난 양의 정보를 최적화해야 하고 구조가 워낙 복잡했기 때문이다.

그러다 최근 인공신경망이 급격하게 발전한 이유는 빅데이터에 대한 연구와 발전이 함께 이뤄졌기 때문이다. 여기에 GPU(그래픽처리를 위한 고성능 처리장치)를 비롯한 컴퓨터 하드웨어의 성능 발전이 동반되었다. 복잡한 구조의 인공신경망에 빅데이터를 통해 막대한 양의 정보를 넣을 수 있고, 컴퓨터 성능이 뒷받침되기 시작하면서 인공신경망의 어려움이 해결되었다.

딥러닝 Deep Learning
인공신경망 구조를 사용한 머신러닝 방식. 인간의 뇌에서 정보를 전달하는 방식을 활용해 데이터를 학습한다.

이처럼 인공신경망 모델을 사용한 머신러닝 방식을 **딥러닝**이라고 부른다. 인간의 뇌가 정보를 전달하는 입출력 방식과 비슷하게 데이터를 학습하는 것이다. 딥러닝은 1980년대부터 본격적으로 연구되었다. 앞서 인공신경망이 그랬듯 딥러닝 역시 발전하는 데 어려움을 겪다가 토론토대학교의 제프리 힌턴 교수가 새로운 딥러닝 기반 학습 알고리즘을 제안하면서 주목을 받았다.

여기에 새로운 알고리즘이 속속 등장하며 고질적인 문제점을 해결해나가기 시작했다. 딥러닝의 대표적인 모델은 **GAN**이라는 생성적 적대 신경망 방법이다. 튜링상 수상자이자 메타의 인공지능 개발을 이끄는 얀 르쿤 교수는 GAN을 두고 머신러닝 분야에서 지난 10년간 나온 아이디어 중 가장 흥미롭다고 말했다.

GAN의 작동원리는 제너레이터Generator라는 신경망이 하나의 결과를 만들고 디스크리미네이터Discriminator라는 신경망이 이 결과의 진위 여부를 파악하는 것이다. GAN을 만든 이언 굿펠로우Ian Goodfellow는 2014년 논문에서 경찰과 위조지폐범 사례로 GAN을 설명했다. 위조지폐범(Generator)은 정교한 위조지폐를 만들어 경찰을 속이려 하고 경찰(Discriminator)은 위조지폐를 감별(Classify)하려 한다. 위조지폐범은 위조지폐를 만들고 경찰에게 걸리는 과정을 반복하며 점점 더 진짜 같은 위조지폐를 만들어낸다. 결국 속이고 감별하는 능력이 함께 발전한다. 이와 같은 원리에 따라 GAN을 통해 인공지능이 세상에 없는 새로운 사람의 얼굴을 만들거나, 게임에서 인공지능이 사람과 대결하는 일이 가능해진다.

딥러닝의 핵심은 분류를 통한 예측에 있다. 많은 양의 데이터 속에서 패턴을 발견해내고, 인간이 구분하는 것과 같이 컴퓨터가 대상을 구분한다. 이렇게 딥러닝으로 훈련된 시스템의 이미지 인식 능력과 데이터 분석, 번역, 음성 인식 같은 관련 기술은 이미 다양한 분야에서 활용되고 있다. 구글과 아마존, 애플 등 음성 인식 기반 스피커를 만드는 IT 기업들은 딥러닝을 활용해 음성을 구별하고 합성하는 기술 개발에 몰두하고 있다. 국내에서도 네이버 같은 IT 기업이 음성 인식, 이미지 인식 분야에 딥러닝을 활용하고 있다. 커머스 분야에서는 사용자의 쇼핑 패턴을 인식하거나 취향을 분석하는 용도로 쓰인다.

GANGenerative Adversarial Network
생성자와 식별자가 상호 간에 경쟁(Adversarial)하며 데이터를 생성(Generative)하는 모델(Network). 생성자와 구분자가 서로의 성능을 점차 개선해나가는 쪽으로 학습이 진행된다.

머신러닝과 딥러닝을 포함해 일반적으로 인공지능이라고 부르는 영역이 앞으로 더욱 발전하려면 두 가지가 필요하다. 하나는 방대한 양의 데이터고 다른 하나는 대규모 인공신경망이다. 특히 인공지능은 향후 얼마나 효율성을 높이고 최적화할 수 있느냐에 따라 기술의 성패가 좌우될 것으로 보인다. 인간이 수작업으로 많은 시간을 투입해야 했던 일을 인공지능이 얼마나 빨리 대신 처리해줄 수 있는지, 얼마나 적은 비용으로 처리할 수 있는지가 중요한 요소다. 예를 들어 해외여행 예약을 할 때 예약을 취소하지 않을 확률이 가장 높은, 적합한 여행상품을 찾아주는 등의 최적화를 인공지능이 해줄 수 있다. 앞으로 머신러닝과 딥러닝의 발전은 계속될 것이다. 또는 전혀 새로운 개념의 기술과 알고리즘 등이 등장해서 인공지능 발전에 크게 이바지할 수도 있을 것이다. 이 분야에 지속적으로 관심을 두고 보면 우리 인간의 삶과 인공지능의 미래가 어떻게 바뀔지 상상해볼 수 있다.

생성형AI의
시대가 열리다

2022년부터 본격적으로 생성형AI 서비스가 출시되면서 인공지능 산업이 폭발적으로 성장하기 시작했다. 2022년 세계적인 베스트셀러 작가 유발 하라리가 인공지능에 자신의 글을 학습시켰다. 국내에서만 100만 부 넘게 팔린《사피엔스》출간 10주년을 맞아 다시 펴낸 책의 서문을 인공지능 GPT-3가 대신 썼다. 하라리는 GPT-3가 쓴 서문을 읽고 충격에 빠졌다. 자신의 글과 다름없는 수준 높은 서문을 만들어냈기 때문이다. 이로부터 불과 몇 개월 후 인공지능 연구 기업 오픈AI가 만든 챗GPT_{ChatGPT}가 공개됐다. 2022년 말 대중에 공개된 대화형 인공지능 도구 챗GPT는 세상을 뒤흔들었다. 전례 없는 놀라운 성능에 챗GPT 열풍이 불며 챗GPT와 생성형AI 관련 뉴스가 매일 쏟아졌고, 수많은 **생성형AI** 기반 서비스가 탄생했다.

가트너에 따르면, 2025년까지 생성형AI는 전체 데이터 생산량의 10%를 차지할 것으로 예측된다. 이 AI는 알라딘의 요술 램프 속 지니처럼 소원을 빌면 원하는 것을 뚝딱 내놓는다. 오디오, 텍스트, 이미지 등 새로운 데이터를 만들어낼 수 있다. 생성형AI는 학습을 통해 대량의 데이터를 처리하고 독창적인 결과물을 생성한다. 피카소의 그림 스타일을 학습시키고자 피카소의 그림 데이

생성형AIGenerative AI
대규모 데이터 세트를 기반으로 훈련된 딥러닝 모델을 사용해 새로운 콘텐츠를 생성하는 인공지능. 생성형AI는 입력 데이터를 학습한 다음 유사 특징이 있는 새로운 데이터를 만들어낸다. 텍스트, 이미지, 음악, 영상 등 거의 모든 분야에서 디지털 기반 콘텐츠를 만들 수 있다.

《사피엔스》의 저자 유발 하라리

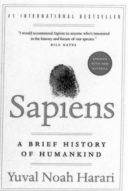

출처 유네스코 웹사이트

터를 입력하면, 결과물이 피카소 스타일을 기반으로 만들어진다. 음악이나 글을 창작하는 경우에도 같은 과정을 거친다. 챗GPT, 달리2DALL-E 2, **미드저니**, 스테이블 디퓨전Stable Diffusion 등은 이러한 생성형AI의 대표적인 모델이다.

미드저니Midjourney
텍스트를 입력하면 이미지를 생성하는 AI 모델이자 서비스 스테이블 디퓨전과 함께 이미지 관련 AI로 가장 유명하며, 생성되는 이미지의 퀄리티가 높다. 현재 V6 버전에서 프로페셔널 이미지와 동등한 수준의 품질을 보이고 있다.

현재 전 세계 사람들이 챗GPT에 다양한 질문을 하고 있다. 프로그래밍 코드를 알려달라거나 숙제를 맡기는 등의 요청도 있다. 또한 생성형AI 서비스인 미드저니, 달리, 렌사Lensa는 초 단위로 새로운 이미지를 생성하고 있다. 챗GPT와 미드저니 같은 생성형 AI는 우리 일상, 업무 방식, 기업 비즈니스 등이 어떻게 근본적으로 변할 수 있는지에 대한 논의를 촉발한다.

챗GPT를 한 번이라도 이용해봤다면, 생성형AI가 앞으로 큰 변화를 가져오리라고 예상하기는 어렵지 않을 것이다. 생성형AI는 현재까지 우리가 경험한 인공지능과 다른 길을 걷고 있다. 인공지능은 이전에 주로 데이터를 대량으로 분석하는 업무나 일부 고객 서비스에 활용됐다. 인공지능 스피커에게 날씨를 묻거나 내비게이션으로 최적의 경로를 찾는 게 대표적이었다. 그러나 생성형AI

는 누구나 쉽게 이용할 수 있는 수준으로 발전한 인공지능이다. 지금까지는 인공지능 활용이 제한적이었지만, 현재는 생성형AI를 통해 개인이 글, 이미지, 음악 같은 콘텐츠를 계속해서 생성할 수 있다. 진정한 인공지능 대중화(Mass Adoption)의 길이 열린 것이다.

아직은 완벽하게 인공지능이 수용되고 대중화되는 시기라고 보기 어렵지만, 최소한 인공지능의 새로운 시대가 열렸음은 분명하다. 생성형AI의 장점은 편의성과 생산성에 있다. 프로그램 버튼 하나를 누르면 엄청난 양의 데이터와 콘텐츠를 생성할 수 있기 때문이다. 생성형AI가 가져올 영향은 모바일 시대의 등장과 유사하거나 그 이상일 것으로 예측된다.

최근 주목받는 챗GPT의 기초인 GPT(Generative Pre-trained Transformer)는 구글이 2017년에 발표한 트랜스포머 모델에서 출발한다. **트랜스포머 모델**은 문장을 읽을 때 특정 단어나 구문에 집중해 앞뒤 관계와 맥락을 유추하고 이해하는 것처럼 학습한다. 데이터를 순차적으로 처리하는 게 아니라 병렬로 언어를 처리할 수 있어 효율성이 높다. 문장 데이터를 여러 조각으로 나누고 중요도에 따라 가중치를 부여한다. 이 방식으로 계속 학습하면 다음 단어나 문장을 예측하는 정확도가 높아진다. 여기에 별도의 데이터 라벨링이나 구분 없이 예측해 스스로 학습하는 '자기 지도학습'이 더해져 대용량 데이터 세트를 학습한다.

트랜스포머 모델을 이용한 **대규모 언어 모델(LLM)**은 방대한 텍스트 데이터를 학습해 높은 정확도로 번역, 생성, 요약 등을 수행할 수 있다. 트랜스포머 모델의 발전으로 이미지, 영상, 음악 등 다양한 데이터를 학습하고 생성하는 인공지능이 나타나기 시작했

트랜스포머 모델 Transformer Model
문장 속 단어와 같은 순차 데이터 내의 관계를 추적한다. 단어와 단어 사이 맥락과 의미를 학습하는 인공지능 모델이다. 단순히 주어진 데이터를 학습하는 데 그치지 않고 지속적으로 학습하면서 만든 더 나은 데이터로 진화하는 선순환 구조다.

대규모 언어 모델
LLM, Large Language Model
텍스트 이해와 분석을 중심으로 하는 AI 모델. 인간이 사용하는 자연어의 복잡성을 이해할 수 있다. 인간의 언어를 이해하고 새로운 데이터를 생성하기 위해 엄청난 양의 데이터를 사전에 학습한다. 최근 AI는 대부분 대규모 언어 모델 기반으로 동작한다.

트랜스포머 모델 아키텍처

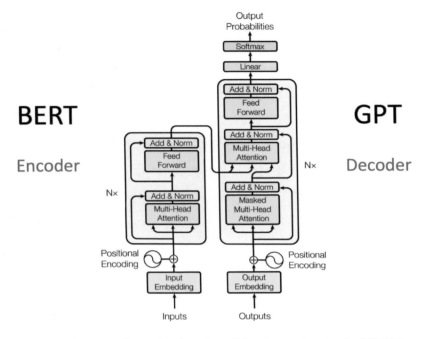

출처 Vaswani et al. (2017). Attention is all you need. In Advances in neural information processing systems (pp. 5998-6008).

다. 2021년에는 미국 스탠퍼드대학교 연구진이 트랜스포머 모델로 인해 인공지능 패러다임의 변화가 시작될 것이라고 예측한 논문을 발표하기도 했다.[1] 트랜스포머는 오픈AI의 GPT와 같은 대표적인 생성형AI의 기초가 되었다.

생성형AI에는 **매개변수**와 학습 데이터 세트Training Data Set가 가장 중요하다. 비유적으로 설명하면 매개변수는 수학 문제를 푸는 능력과 비슷하다. 매개변수가 많을수록 더 많은 문제를 풀어봤다는 뜻이다. 인간의 뇌에 비유하면 매개변수는 뇌의 시냅스와 유사하게 작용한다. 매개변수가 많을수록 정보 전달 능력이 좋아진다. 또한 많은 고품질 데이터를 학습시키면 답을 더 빨리, 정확하게 찾

매개변수Parameter
고정적인 정보가 아닌, 상황에 따라 달라지는 정보(변수)를 처리하기 위한 단위. 매개변수가 많을수록 더 많은 데이터를 처리해 AI 성능을 높일 수 있다.

을 수 있다. GPT의 발전 과정에서 매개변수 수는 급증했는데, GPT-1은 1억 1,700만 개, GPT-2는 15억여 개, GPT-3는 1,750억 개를 활용했다. 2022년에는 GPT-4가 무려 170조 개의 매개변수를 보유했다.

챗GPT는 생성형AI의 대표주자로서 사람과 대화하는 듯 고도화된 답변을 제공한다. 사용자의 질문에 답하며 이메일, 에세이, 코드까지 작성해준다. 오픈AI는 챗GPT를 모든 사람에게 무료로 공개했는데 2022년 11월에 출시된 이 모델은 5일 만에 100만 명, 2주 만에 200만 명에 이르는 사용자 수를 기록했다. 2023년 1월에는 출시 2개월 만에 월간 활성 사용자 수(MAU) 1억 명을 돌파했다. 이는 IT 서비스 역사상 가장 짧은 기간에 사용자 1억 명을 확보한 사례다.

챗GPT를 비롯한 생성형AI의 핵심은 **초거대 모델**과 파운데이션 모델에 있다. 초거대 인공지능은 대규모 혹은 거대한 인공지능을 일컫는데, 일반적으로 하이퍼스케일(초거대)은 컴퓨팅의 대규모 확장에 관한 모든 것을 의미한다.

인공지능은 주로 많은 데이터와 컴퓨팅 파워를 활용하지만, 초거대 인공지능은 여기에 더해 기존 인공지능의 수백, 수천 배에 달하는 거대한 규모로 구성된다. 초거대 인공지능은 대용량 데이터를 신속하게 처리할 수 있는 슈퍼컴퓨팅 인프라를 기반으로 한 차세대 인공지능으로, 효율을 크게 향상시킨다. 생성형AI는 대량의 매개변수를 사용하며, 이렇게 대규모 매개변수를 가진 것이 초거대 인공지능이다.

국내 기업들도 초거대 인공지능을 개발하고 있다. LG는 3,000억 개의 매개변수를 지닌 초거대AI 모델 엑사원EXAONE을 시장에

초거대 모델 Hyperscale Model
자연어 처리, 이미지 인식, 의사결정 등에서 복잡한 작업을 수행하기 위해 방대한 양의 매개변수와 데이터로 학습한 대규모 AI 시스템이자 모델. 일반적으로 수천억 개 이상의 매개변수가 포함된 대규모 언어 모델, 대규모 인공신경망을 의미한다. GPT-4 같은 인공지능이 대표적이다.

HyperCLOVA X

하이퍼클로바
네이버의 초대규모 AI 언어 모델.

소개했다. 엑사원은 음성과 이미지를 동시에 처리할 수 있는 멀티모달 기능이 돋보인다. 네이버는 2,040억 개의 매개변수를 가진 초거대AI 모델인 **하이퍼클로바**를 공개했으며, 카카오도 자회사인 카카오브레인을 통해 한국어 특화 GPT-3 모델인 KoGPT를 선보였다.

초거대 인공지능 모델은 수억부터 수조 단위의 방대한 데이터 세트와 매개변수를 포함한다. 이는 일반적인 기업이나 조직에서는 처리하기 어렵기 때문에, 각자 용도에 맞게 미세 조정만 하면 사용할 수 있는 **파운데이션 모델**에 주목하고 있다. 미세 조정은 생성형AI를 특정 도메인에 맞게 조정하는 커스터마이징의 한 형태다. 예를 들어 로펌은 판례와 법률 조항에 특화된 모델을 사용하고, 번역이 필요한 업무에서는 번역에 특화된 모델을 활용할 수 있다.

파운데이션 모델
방대한 양의 데이터를 학습했으나 완성되지 않은 채 배포되는 인공지능 모델. 완전히 완료된 모델이 아니기 때문에 각자의 구체적인 용도에 맞게 미세 조정만 하면 바로 사용할 수 있다는 게 장점이다.

오픈AI의 GPT도 파운데이션 모델의 대표적인 사례다. 파운데이션 모델은 대규모 데이터 세트를 활용해 이미 학습된 제품 형태의 인공지능으로, 모델 구축이나 학습에 별도로 시간을 투자하지 않아도 된다. 이미 준비된 인공지능 모델을 가져와 목적에 맞게 사용할 수 있는 이점이 있다. 이를 통해 개발 시간과 비용을 절감하고 다양한 서비스와 애플리케이션을 개발할 수 있다.

현재 AI 서비스 구조를 보면 초거대 AI 언어 모델이 인공지능 서비스의 기반이 되며, 스타트업을 포함한 다양한 기업이 API(응용 프로그램 인터페이스)를 활용해 파운데이션 모델을 채택하고 실제 사용자에게 도달하는 서비스를 생성하고 있다. 최근 대부분의 B2C 인공지능 서비스는 이와 같은 구조를 따른다. 명령어를 입력

머신러닝의 진화

자료 출처 On the Opportunities and Risks of Foundation Models Center for Research on Foundation Models (CRFM) Stanford Institute for Human-Centered Artificial Intelligence (HAI) Stanford University, август, 2021.

하면 이미지를 생성해주는 서비스나 번역 서비스, 손으로 그린 그림을 멋진 이미지로 변환해주는 서비스 등은 모두 파운데이션 모델 위에서 개발된 것이다. 파운데이션 모델을 활용하면 큰 모델을 학습시킬 여건이 되지 않는 기관들도 수준 높은 AI 서비스를 개발할 수 있다는 긍정적인 측면이 있다.

분명한 것은 파운데이션 인공지능 모델이 앞으로 대부분의 기업이 활용할 수밖에 없는 인공지능의 엔진이라는 것이다. 파운데이션 모델을 발전시키고 파운데이션 모델로 서비스를 만들어내는 IT 기업 간 경쟁은 더 심화될 것이다.

챗GPT와
생성형AI 전쟁

챗GPT가 촉발한 생성형AI 경쟁은 구글, 메타, 마이크로소프트 등 빅테크 기업 간 치열한 싸움으로 번졌다. 경쟁을 격화시킨 건 역시 챗GPT를 만든 오픈AI다. 2023년 11월, 오픈AI는 **GPT-4 터보**를 발표하면서 AI 시장을 이끌겠다는 야심을 드러냈다. 기존 GPT의 학습은 2021년을 기준으로 멈춰 있지만, 터보는 2023년 4월까지 쌓인 지식을 추가로 학습했다. 처리할 수 있는 데이터 양도 많아졌고 가격도 크게 저렴해졌다.

눈여겨볼 부분은 GPT-4를 활용해 누구나 챗봇을 만들 수 있는 기능이다. 원하는 목적과 사용 방법에 맞도록 챗봇을 만들 수 있는데, 기업과 개인 모두 AI 챗봇을 만들어 활용하는 편리한 길이 열린 셈이다. 또한 GPT로 만든 서비스와 챗봇 등을 사고팔 수 있는 GPT 스토어도 오픈한다. 애플 앱스토어에서 개발된 다양한 앱을 사람들이 다운로드받아 사용하는 것처럼, GPT 스토어에서는 GPT로 만든 챗봇을 판매하고 수익을 올릴 수 있다. 애플이 2007년 아이폰 출시 이후 2008년 앱스토어를 열며 모바일 생태계를 완전히 바꿔놓았듯, GPT 스토어는 AI 기반 앱을 거래하는 독점적인 생태계를 구축할 것으로 보인다. 누구나 GPT를 활용해 노코드 앱을 만드는 환경과 거래할 수 있는 마켓플레이스를 제공하면 마이크로소프트와 오픈AI의 GPT 생태계가 구축된다. 지금까지가 모바일 운영체제(OS)와 앱스토어의 경쟁이었다면 이제는

GPT-4 터보

2023년 4월까지의 데이터로 학습한 AI로 기존 모델 'GPT-4'보다 최신 답변이 가능하다. 한 번에 300여 쪽에 해당하는 최대 12만 8,000토큰(단어 약 10만 개, 책 한 권 분량)을 프롬프트에 입력할 수 있다. 이미지 분석, PDF 요약 등이 가능하고 가격도 기존 AI의 절반 수준으로 저렴하다. 2023년까지 발표된 AI 모델 중 가장 강력한 성능을 갖고 있다.

AI 기반 운영체제와 애플리케이션의 대결로 가는 것이다.

마이크로소프트가 오픈AI와 함께 GPT 기반 인공지능 생태계를 구축하자, 구글과 메타가 반격에 나섰다. 구글은 2023년 2월 자체 생성형AI 기반 챗봇 **바드**를 공개 시연했는데, 당시 시연에서 바드가 오답을 내면서 체면을 구긴 바 있다. 구글은 챗GPT의 대항마로 앞세운 생성형AI 모델 바드를 중심으로 사업조직을 개편했다. 초거대 인공지능 언어 모델, 멀티모달 등을 적용한 업무 도구 확산에 힘을 싣고 있다. 구글의 지메일, 구글 독스 같은 대표 서비스는 물론 음성 인식 기반 인공지능인 구글 어시스턴트에도 생성형AI를 적용한다.

2023년 12월 구글은 **제미나이**라는 최신 인공지능 모델을 공개했다. 제미나이는 다양한 유형의 텍스트, 이미지, 영상 등을 학습해 이들을 복합적으로 처리하는 멀티모달 기반의 인공지능이다. 수학 문제를 풀거나 데이터를 추론하는 능력을 갖추고 있다고 한다. 구글은 제미나이의 성능이 챗GPT-4보다 뛰어나다고 밝혔다.

바드Bard
구글이 개발한 대화형 생성형AI 챗봇. 오픈AI의 챗GPT에 직접 대응하기 위해 개발해 2023년 3월 공개했다.

제미나이Gemini
구글과 AI 자회사 딥마인드가 개발한 멀티모달 생성형AI 모델이다. 텍스트, 오디오, 이미지, 비디오와 같은 다양한 형태의 데이터 입력과 생성이 가능하다. 구글의 차세대 LMM(대형 멀티모달 모델) 인공지능으로 앞으로 구글의 AI 분야를 이끌어갈 모델이다.

제미나이는 성능에 따라 3개 모델로 나뉘며, 구글은 제미나이를 구글의 다양한 서비스에 접목할 계획을 공개했다. 메신저 왓츠앱에서 자동으로 응답할 메시지를 제안하거나 지메일, 스프레드시트 등에서 업무 생산성을 향상할 수 있으리라 기대된다. 구글은 2024년부터 크롬 브라우저에 제미나이를 탑재해 검색과 번역 등 다양한 영역에서 AI를 활용할 예정이다.

다만 제미나이가 공개된 이후, 실제 성능이 챗GPT-4보다 떨어진다는 연구 결과가 나왔다. 제미나이와 유사한 대형 언어 모델 인공지능과 함께 테스트한 결과 구글의 성능이 발표된 것에 미치지 못한다는 결과가 나온 것이다. 심지어 제미나이 공개 시연의 영상을 편집해 성능이 뛰어난 것처럼 조작했다는 의혹에 대해서도 구글이 영상 편집을 인정하면서 성능에 대한 신뢰도가 떨어지기도 했다. 하지만 이후 구글은 2024년 2월 제미나이 1.5 버전을 공개하며 개선된 차세대 AI 모델을 만들었다. 제미나이 1.5 프로는 1시간 분량의 동영상과 11시간 분량의 음성 파일, 3만 줄 이상의

구글이 제미나이를 공개하는 모습

출처 Google

코드, 70만 단어 이상의 텍스트에 해당하는 방대한 정보를 한 번에 처리할 수 있다. 구글은 인터넷 검색 시대를 이끌었던 것처럼 제미나이를 지속해서 개선해 AI 시대를 선도할 계획이다.

마이크로소프트는 오픈AI와 협업으로 생성형AI를 선도하고 있다. 검색엔진 '빙Bing'에 챗GPT를 탑재하고 파워포인트와 엑셀 같은 마이크로소프트 오피스 프로그램에도 생성형AI 기능을 적용했다. 마이크로소프트는 PC 운영체제인 윈도우에 인공지능을 탑재하고 개발자를 위한 생태계도 만들고 있다. 프로그래밍을 위한 개발 도구와 애저Azure 클라우드, 엣지Edge 웹 브라우저 등에도 생성형AI를 연결했다. 인공지능이 마이크로소프트 서비스와 제품 곳곳에 스며드는 것이다.

라마LLaMA
페이스북 모회사 메타의 AI 그룹이 개발한 대규모 언어 모델(LLM). 누구나 무료로 사용할 수 있으며 현재는 라마3를 개발하고 있는 것으로 알려졌다.

메타(구 페이스북)는 2023년 2월, 대규모 언어 모델인 **'라마'**를 공개했다. 라마는 오픈AI의 GPT처럼 텍스트를 학습해 사람이 말하고 쓰는 것과 유사한 문장을 생성할 수 있다. 메타는 필요와 목적에 따라 용량을 골라 사용할 수 있도록 라마를 네 가지 모델로 내놓았다. 7월에는 차세대 인공지능 대규모 언어 모델 '라마2'를 오픈소스로 공개했다. 메타가 라마2 모델에서 사용한 매개변수는 각각 70억, 130억, 700억 개 수준이다.

메타는 페이스북과 인스타그램을 보유하고 있다. 앞으로 인스타그램의 사진 필터나 릴스 같은 영상 제작에 생성형AI가 활용될 수 있어 메타 역시 생성형AI 개발에 진심이다. 메타에는 '메타AI'라고 불리는 인공지능 연구소가 있다. 인공지능 4대 석학 중 한 명인 뉴욕대학교 컴퓨터공학과 얀 르쿤 교수를 영입하는 등 인공지능은 메타의 성공을 이끌 차세대 성장 동력으로 지목됐다.

메타버스를 위해 사명까지 메타로 바꾼 상황에서, 메타는 메타버스와 기존 소셜미디어 서비스의 인공지능 활용법에 주목하고 있다. 현재 페이스북과 인스타그램 사용자는 전 세계 20억 명이 넘는다. 이곳에 쌓이는 엄청난 양의 데이터를 고려하면 메타는 비즈니스 영역에서 인공지능을 가장 잘 활용할 수 있는 회사다.

애플 역시 전담 조직을 구성해 자체 LLM(대규모 언어 모델) 구축에 매진하고 있다. 애플은 인공지능 앱과 모델을 개발하는 도구인 '에이잭스Ajax'라는 프레임워크를 만들었다. 애플은 에이잭스를 활용해 '애플GPT'라는 자체 AI 챗봇을 개발했고 테스트를 거쳐 생성형AI를 활용할 것으로 알려졌다.

타이탄Titan
아마존 웹서비스의 AI 기술을 바탕으로 개발한 파운데이션 모델. 텍스트, 이미지를 처리하는 멀티모달 역량을 갖췄다. 타이탄 파운데이션 모델은 대규모 데이터 세트를 대상으로 아마존 웹서비스에서 사전 학습이 이루어졌다.

이밖에 아마존 웹서비스(AWS)도 자체 거대 언어 모델인 '**타이탄**'을 사전 공개했다. 타이탄 기반의 이미지 생성기는 기업이 이미지 생성 AI 서비스를 만들 수 있도록 지원하는 개발자 도구다. 이밖에 거대 인공지능 모델을 학습할 수 있는 도구 등 클라우드를 기반으로 기업형 인공지능 모델과 서비스를 선보이고 있다.

과거 슈퍼컴퓨터로 명성을 떨친 IBM도 자체 파운데이션 모델 '왓슨X'를 공개했으며, 일론 머스크 테슬라 CEO는 'xAI'라는 회사를 설립해 자체 인공지능 모델을 개발하고 있다.

스테이블 디퓨전 Stable Diffusion
2022년에 출시돼 빠르게 성장하는 AI 이미지 모델이다. 프롬프트에 따라 다양한 이미지를 생성한다. 스테이블리티AI가 주도하는 스테이블 디퓨전은 오픈소스라 누구나 이를 개발하고 활용할 수 있다.

빅테크 외에도 생성형AI를 개발하는 스태빌리티AIStability AI에 주목할 필요가 있다. 스태빌리티AI는 생성형AI 스타트업이다. 텍스트를 입력하면 AI 알고리즘이 이미지로 만드는 '**스테이블 디퓨전**'을 내놨다. 스테이블 디퓨전은 디퓨전Diffusion 모델 기반의 인공지능으로 소스가 공개되지 않은 오픈AI의 챗GPT와 다르게 오픈소스 소프트웨어다.

사진 및 영상 편집 앱인 '렌사', 애니메이션 풍 이미지를 생성하는 '노벨AI Novel AI' 등이 스테이블 디퓨전을 기반으로 만들어진 서비스다. 누구나 인공지능에게 이미지를 학습시킬 수 있는 '드림부스 Dreambooth', 이미지만 만들어내는 게 아니라 프로그래밍도 할 수 있는 '스테이블 코드 StableCode' 등 인기 있는 모델들을 비롯해 다양한 인공지능 도구가 계속 만들어지고 있다. 스테이블 디퓨전은 설치와 사용 방법을 쉽게 익힐 수 있어 많은 사람이 해당 모델의 발전에 기여하고 있다. 앞으로 스테이블 디퓨전은 메타의 라마와 함께 오픈소스 기반 생성형AI 개발을 이끌 것으로 여겨진다.

앤트로픽도 주목받는 생성형AI 스타트업이다. 앤트로픽은 미국 샌프란시스코에 있는 스타트업으로 오픈AI 출신 인사들이 설립했다. '클로드 Claude'라는 AI 챗봇을 개발한다. 2023년 7월 클로드2를 선보이면서 지속적으로 인공지능 모델을 업그레이드하고 있다. 최신 버전인 클로드3는 GPT-4에 앞선다는 평가를 받을 정도로 뛰어난 추론과 텍스트 처리 능력을 자랑한다. 앞으로 챗봇 인

ANTHROP\C

앤트로픽 Anthropic
오픈AI에서 퇴사한 직원들이 창업한 회사로 구글, 아마존 등이 거액을 투자했다. 오픈AI의 대항마로 여겨진다. 오픈AI보다 AI의 안정성을 강조하는 방향으로 개발한다.

이미지 생성 AI '스테이블 디퓨전'

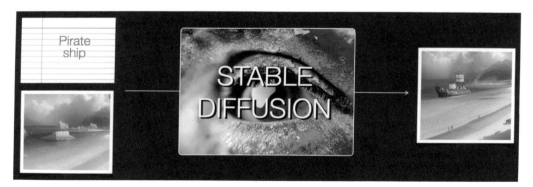

출처 Stable Diffusion

공지능 분야에서는 클로드와 챗GPT가 대결할 가능성이 높다. 클로드의 성장 잠재력을 높이 산 아마존은 앤트로픽에 최대 40억 달러(약 5조 3,000억 원)를 투자한다. 앤트로픽은 이번 투자와 함께 아마존의 클라우드 인프라를 쓸 수 있게 됐다. 앤트로픽은 인공지능 개발에 필요한 엔진과 모델을 아마존 웹서비스 클라우드로 옮기고 개발을 이어간다. SK텔레콤도 앤트로픽에 1억 달러(약 1,300억 원)를 투자해 인공지능 사업 협력 강화를 위한 파트너십을 체결했다.

생성형AI는 현재 오픈소스 기반 무료 모델과 API나 프로덕트 판매 중심의 유료 모델로 양분되고 있다. 오픈AI와 구글은 상업화를 위해 폐쇄형 전략을 선택했고, 반대로 메타와 스태빌리티AI는 개방형 전략을 선택했다. 챗GPT로 생성형AI 시장에서 주도권을 잡았다고 판단한 오픈AI와 마이크로소프트는 'GPT-4'의 기술적인 내용 대부분을 공개하지 않았다. 구글도 자체 개발하는 생성형AI의 정보를 공개하지 않았다.

이들은 데이터 학습의 편향 문제나 할루시네이션(인공지능이 거짓 정보를 사실인 것처럼 생성, 전달하는 현상) 등이 우려된다는 이유로 생성형AI를 완전히 공개하는 건 위험하다고 주장한다. 하지만 막대한 비용을 들여 개발한 AI 모델을 모두 공개하면 경쟁 기업이나 개인이 이를 활용할 수 있어 기술적 우위를 빼앗길 것을 우려한 것이다. 반면 메타는 연구 목적에 한해 생성형AI 라마를 무료로 공개했다. 스테이블 디퓨전 역시 소스 코드가 공개돼 있다. 인공지능 학계에서는 라마를 활용한 논문이 주로 발표되고, 스테이블 디퓨전은 **허깅페이스** 같은 인공지능 개발자 커뮤니티를 중심으로 개인들이 주도해 새로운 기술을 지속해서 선보이고 있다.

이 같은 대결 구도는 1990년대 운영체제(OS) 시장에서 오픈소

허깅페이스 Hugging Face
인공지능 모델을 공유하고 배포하는 오픈소스 커뮤니티. 구글, 엔비디아 등으로부터 투자를 받았다. 인공지능 모델을 위한 개발자, 기획자의 공간으로 30만 개 이상의 AI 모델과 다양한 데이터 세트가 공유 및 저장되어 있다.

스 전략을 취한 리눅스와 폐쇄형 전략을 택한 유닉스의 사례와 유사하다. 또한 모바일 운영체제에서도 구글의 안드로이드는 개방형이지만 애플의 iOS는 폐쇄형인 것과 유사하다. 폐쇄형은 성능과 보안이 뛰어나지만, 개방형은 집단 지성과 다양성이라는 무기를 갖고 있다. 앞으로 생성형AI 시장에서도 개방형과 폐쇄형 AI 모델의 대결이 이어질 것이다.

다양한 분야로 뻗어가는 생성형AI

챗GPT 같은 텍스트 생성 AI뿐만 아니라 음악, 이미지, 영상 등에서도 이러한 기술이 활용되고 있다. 이로 인해 AI가 여러 산업 분야에 상당한 영향을 미칠 것으로 전망된다. 〈MIT 테크놀로지리뷰〉에 따르면, AI업계 핵심 트렌드 중 하나로 '신약 개발'의 변화가 예상되고 있다고 한다. 현재 수백 개의 스타트업이 AI를 활용해 신약을 개발하고 있으며, 이 분야의 발전 속도가 점점 빨라지고 있다.

또한 마케팅 분야에서도 생성형AI가 혁신을 가져올 것으로 예상된다. 글로벌 리서치 기업 가트너는 2025년까지 대기업의 아웃바운드 마케팅 메시지 30%가 인공지능을 통해 발송될 것으로 예측한다.[2] 서비스 분야에서는 스톡 사진 분야가 큰 변화를 겪을 것으로 예상된다. 게티이미지나 셔터스톡 같은 스톡 사진 사이트에서 흔히 볼 수 있는 이미지와 달리, 이미지 생성형AI를 활용하면 사용자의 니즈에 맞춰 새로운 이미지를 빠르게 생성할 수 있다. 미드저니가 선보인 V6는 놀라운 품질의 사진 생성이 가능하다. 전문 화보와 다를 바 없는 수준에 도달해 AI가 상품 화보나 홍보용

미드저니 V4로 생성한 사진(좌), V6로 생성한 사진(우)

출처 Nick St. Pierre의 X

이미지를 순식간에 만들어낼 수 있다. 생성형AI는 사용자들의 피드백과 요구에 따라 지속적으로 학습하고 양질의 이미지를 생성할 것으로 기대된다.

생성형AI가 고품질 이미지에 그치지 않고 영상 분야로도 확장하고 있다. 2023년에 생성형AI 기반 이미지 분야가 발전했다면 2024년 이후부터는 영상 생성 분야가 크게 발전할 것으로 예상된다. 이미 이미지를 영상으로 변환하는 다양한 생성형AI 기술이 개발 중이다. 스테이블 디퓨전은 텍스트나 이미지로 동영상을 제작할 수 있는 SVD(스테이블 비디오 디퓨전Stable Video Diffusion)라는 제작 도구를 선보였다. 메타도 최근 AI 동영상 제작 기술을 공개했다. 메타는 에뮤 비디오EMU Video 기능을 개발했는데, 에뮤는 사용자가 텍스트나 이미지를 입력하면 동영상을 생성한다.

생성형AI 기반의 영상 제작 서비스와 도구는 이미 쉽게 접할 수 있다. 대표적으로 런웨이Runway의 젠2Gen2와 피카Pika가 있다. 런웨이는 AI 기반 이미지 및 비디오 개발에 특화된 스타트업으로 스테이블 디퓨전 개발에 참여한 바 있다. 런웨이는 젠2라는 생성 서비스를 개발하면서 2억 4,000만 개의 이미지와 640만 개의 비디오로 구성된 데이터 세트를 학습시켰다. 젠2는 사용자가 텍스트만 입력하면 영상을 만들 수 있다.

또한 2024년 2월 15일, 오픈AI는 '소라Sora'라는 텍스트 기반 생성형AI 영상 서비스를 공개했다. 텍스트를 입력하면 최대 1분 분량의 고품질 영상을 만들 수 있다. 기존 AI 영상 서비스를 압도하는 수준으로 고품질 영상을 제작할 수 있다. 앞으로 유튜브, 틱톡 등 숏폼 영상은 소라로 제작될 것이라는 예측까지 나온다. 소라는 단순한 AI 영상 제작 도구 수준에 그치지 않을 것이다. 오픈AI는

오픈AI '소라'로 제작한 영상 캡처

출처 Open AI

소라가 실제 세계를 이해하고 영상을 생성하므로 AGI(인공 일반 지능)를 실현하는 데 중요한 이정표가 될 것이라고 밝혔다. 물론 소라는 이제 처음 대중에게 공개됐고 아직 완벽한 영상 제작 모델은 아니다. 오픈 AI 역시 기술적인 한계가 있다고 밝혔다. 하지만 AI가 단순히 입력한 데이터를 학습해서 영상을 만드는 수준이 아니라 현실 세계를 이해하면서 영상 제작에 활용한다는 점은 AGI가 점차 현실로 다가옴을 의미한다.

실시간 대화 서비스도 생성형AI가 장악하고 있다. 챗GPT와 구글, 메타 등이 챗봇과 메신저를 생성형AI 기반으로 바꾼 것도 기존 AI와는 다르게 높은 성능으로 사람과 유사한 대응이 가능하기 때문이다. 실제 사람처럼 대화하는 생성형AI가 가장 많이 활용될 영역은 바로 챗봇 및 상담 영역이다. 예를 들어 여행 앱에 AI 챗봇을 접목하면 여행 일정 계획과 맛집 추천, 날씨, 관광 팁 등 다양한 실시간 대화가 가능하다. 정해진 대답만 내놓는 기존 챗봇이 아닌,

사용자의 대화 맥락에 맞는 답변을 내놓는 점이 특징이다.

인공지능이 기대되는 또 다른 업무 분야는 마케팅이다. 광고 제작에서부터 카피라이팅까지, 대부분의 분야에서 생성형AI가 활용되고 있다. 최근에는 할리우드 배우 라이언 레이놀즈가 챗GPT를 활용해 광고 문구를 작성하고 이를 광고 프로모션에 적용한 사례가 주목받았다. 생성형AI는 카피라이팅뿐만 아니라 블로그 글 작성이나 상품 추천 같은 마케팅 영역까지 다양하게 확장될 것으로 예상된다. 현대백화점은 네이버의 초거대 AI 모델 하이퍼클로바를 활용한 AI 카피라이팅 시스템을 도입해, 연령대에 따라 다양한 카피라이팅을 생성하고 업무 시간을 획기적으로 단축했다.

생성형AI는 새로운 직업을 만들어내고 있다. 결과물을 얻기 위

생성형AI를 활용한 국내 광고

출처 현대자산운용

프롬프트 엔지니어링
생성형AI를 사용하면서 프롬프트라는 텍스트를 입력해 원하는 결과를 만드는 과정. 프롬프트는 AI에게 지시를 내리거나 질문을 던지는 요소이므로 프롬프트가 얼마나 상세히 구성되어 있고 어떤 정보를 제공하는지에 따라 AI가 만들어내는 결과가 크게 달라진다.

ShiftMag

해 인공지능과 소통하는 데 중요한 역할을 하는 것이 '명령어'다. 이러한 명령어를 효과적으로 사용하기 위한 분야로 **'프롬프트 엔지니어링'**이 떠오르고 있으며, 이는 인공지능 모델로부터 정확한 답변을 유도하고 오류를 줄이기 위한 작업이다. 최상의 결과를 얻기 위해 인공지능에 효과적인 질문이나 명령어를 제공하는 과정이며, 입력값들의 최적 조합을 찾아내는 일이다.

'프롬프트'는 인공지능 기업이 학습에 활용하거나 사용자가 입력하는 중요한 요소다. 사용자가 스테이블 디퓨전을 이용해 이미지를 생성할 때, '나무, 바람, 남성, 햇빛' 같은 단어를 입력하는 행위가 프롬프트로 간주된다. 또한 사용자는 문장 형태로도 입력이 가능하며, '사과를 손에 들고 있는 하늘색 옷을 입은 여성' 같이 구체적인 설명을 포함할 수도 있다. 챗GPT에서 사용자가 제기하는 질문 또한 프롬프트로 간주되며, '식빵 레시피를 알려줘'나 '입력한 논문을 요약해줘' 같은 질문이 이에 해당한다. 국내외 여러 사이트에서 특정 결과를 얻기 위한 최적의 프롬프트 예시를 쉽게 찾아볼 수 있다. 직접 여러 번 시도하며 프롬프트를 찾을 수도 있지만, 프롬프트 마켓에서 좋은 프롬프트를 사고팔 수도 있다. 마켓에서는 답변 길이나 문제를 조정할 수 있는 매개변수 생성기까지 판매한다. 단순히 프롬프트 문구가 아닌 특정 길이의 답변이나 말투, 분위기 등 미세한 부분까지 조정하는 변수도 판매한다.

앞으로 기업은 AI를 어떤 업무 영역에서 활용할지 결정해야 한다. 멋진 카탈로그용 이미지를 생성할지, 고객을 위한 마케팅 문구를 작성할지, 자사 제품에 챗봇 상담사를 도입할지 등을 진지하게 고려해야 한다. 인공지능 도입을 결정할 시점은 이미 지났다. 이제는 효과적인 활용 방법을 고민해야 할 때다.

멀티모달과 인지 컴퓨팅,
인간의 뇌에 도전하다

생성형AI를 보면 인공지능은 점차 인간의 사고방식을 닮아간다. 인공지능이 인간의 뇌를 모방하기 때문이기도 하지만, 이제는 그것이 최종적으로 의사결정을 하거나 결과물을 내놓는 단계로 발전하고 있기 때문이다. 앞으로 인공지능이 인간과 동일하거나 거의 유사한 사고를 하기 위해서는 다양한 데이터 학습이 관건이다. 챗GPT 같은 생성형AI의 핵심은 이러한 데이터를 학습하고 결과물을 만들어내는 **멀티모달**에 있다.

멀티모달은 다양한 모달리티Modality를 동시에 받아들이고 학습한다. 여기서 모달리티란 '양상'이라는 뜻으로 생체신호, 표정, 움직임 등 다양한 입력을 의미한다. 텍스트나 이미지 외에도 다양한 형태의 데이터를 통해 새로운 결과물을 만들어낼 수 있다. 멀티모달은 시각, 청각을 비롯한 여러 인터페이스를 통해서 정보를 주고받는 개념이다. 인공지능이 텍스트 데이터뿐만 아니라 영상, 사진, 음성, 움직임 등 다양한 데이터를 학습한다. 동시에 여러 형태로 데이터를 학습하면서 텍스트와 음성의 상관관계, 표정과 음성의 상관관계 등을 인식하고 받아들인다. 예를 들어 이미지를 텍스트로 설명해주는 것도 멀티모달이다. 이미지를 온라인에 업로드하고 인공지능이 이미지에 대한 설명을 텍스트로 표현하거나 음성으로 설명하는 방식이다. 텍스트를 입력해 영상을 만들거나 사진을 만들어내는 것도 멀티모달에 속한다.

멀티모달Multimodal
텍스트, 이미지, 영상, 음성 등 다양한 데이터 모달리티를 함께 고려해 서로의 관계성을 학습 및 표현하는 기술. 시각, 청각을 비롯한 여러 인터페이스를 통해 데이터를 주고받기 때문에 AI가 다양한 작업을 수행할 수 있다.

다양한 형태의 데이터를 학습하는 멀티모달

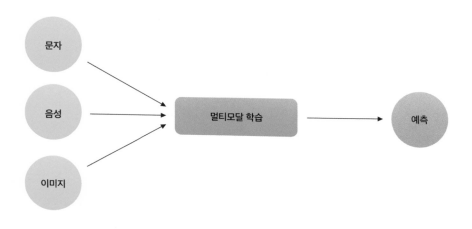

GPT-4가 텍스트만 입력하고 출력하는 기존 방식에서 나아가 입력된 이미지나 그래프, PDF 같은 데이터를 요약하거나 설명하는 것은 인간이 정보를 받아들이고 뇌가 사고하는 방식과 거의 동일하다. 더글러스 에크Douglas Eck 구글 리서치 수석 과학자 겸 구글 브레인 연구 책임자는 인공지능의 다음 혁신으로 멀티모달을 언급한 바 있다. 이제 인공지능은 주변 환경을 이해하고 다음 단계로 나아갈 수 있다고 말했다.

인지 컴퓨팅 Cognitive Computing
인간의 언어로 소통하면서, 동시에 빅데이터를 통해 뛰어난 의사결정을 내릴 수 있는 차세대 시스템.

인공지능은 앞으로 인간의 인지 능력과 비슷하게 고차원적으로 추론하고 이해하는 수준에 도달할 수 있을까? 기존 인공지능의 방식이 어떤 문제를 해결하거나 주어진 데이터와 변수를 활용해 계산의 답을 내놓는 것이었다면, 주어진 문제의 큰 틀을 이해하고 근본적으로 해결하는 넓은 개념도 있다. 바로 '인지 컴퓨팅'이다. **인지 컴퓨팅**은 인간의 언어를 주고받는 동시에 빅데이터의 복합성을 이해해 뛰어난 의사결정을 내릴 수 있는 차세대 시스템을 말한다. 여러 기술과 알고리즘을 활용해 자동으로 데이터에서 상관관계를 추출하고, 의미를 알아내 의사결정하므로 인공지능과 비슷한 개념으로 여겨지기도 한다. 하지만 인지 컴퓨팅은 인공지능보다 더 포괄적인 개념이다. 인간의 뇌를 모델로 하는 컴퓨터 시스템 개발을 목적으로 수학, 통계학, 물리학, 심리학, 생물학 등 다양한 학문을 아우르는 연구 분야로 정의할 수 있다.

인지 컴퓨팅은 사람의 인지 기능인 지각, 행동, 언어, 학습, 의사결정 등을 모방한다. 사람의 감각과 인지 능력을 닮은 컴퓨터라고 볼 수 있다. 현재 인지 컴퓨팅 기술은 인간의 우뇌(감각 및 패턴 인식)와 닮았다면, 향후 몇 년 안에 좌뇌(언어 및 논리적 사고)에 가까운 역할도 가능할 것으로 예상된다. 인지 컴퓨팅이 발달하면 인공지능처럼 다양한 영역에서 쓰일 것이다. 예를 들어 병원에서 환자의 상태 사진을 컴퓨터 스스로 조사해 의사에게 보고하거나 농장에서 작물이 자라나는 지역과 계절 등을 고려해 최적의 농산물을 선택하고 레시피를 개발하는 일도 가능할 것이다.

뉴럴링크,
뇌와 컴퓨터를 연결하다

인간의 뇌를 연구하고 이해하려는 노력은 인공지능 발전에 필수적이다. 인간과 인공지능을 융합하려는 다양한 연구가 진행 중

뉴럴링크Neuralink
일론 머스크가 설립한 미국의 뉴로테크놀로지 기업. 사람에게 이식 가능한 뇌-컴퓨터 인터페이스를 개발한다.

이고, 인간의 뇌와 인공지능, 컴퓨터를 잇는 기술이 대중화될 날도 머지않다. 일론 머스크는 2017년 '**뉴럴링크**'라는 스타트업을 만들었다. 뉴럴링크는 인간의 뇌에 인공지능, 컴퓨터를 연결하는 기술을 개발한다. 그는 인공지능이 인간의 삶에 위협이 될 거라는 견해를 밝혀온 바 있는데, 그 대항 수단으로 인간의 뇌에 인공지능, 컴퓨터를 연결하는 방법을 제안했다. 설립 6년이 지난 2023년, 뉴럴링크는 2억 8,000만 달러(약 3,640억 원) 시리즈D 투자 유치에 성공했다. 뉴럴링크의 무한한 가능성을 눈여겨본 투자자들의 거액 투자가 이뤄졌다.

뉴럴링크는 기본적으로 손발을 움직일 수 없는 환자들이 뇌에 이식한 칩을 통해 의사 표현을 하고 주변 기기를 제어하길 원한다. 그러나 뉴럴링크의 장기적인 비전은 사람과 인공지능을 연결해 뇌가 직접 스마트폰이나 컴퓨터를 제어하고 인공지능을 통해 더 뛰어난 지능을 갖게 만드는 것이다. 뉴럴링크는 컴퓨터 칩을 뇌에 심는 수술용 로봇과 시스템 등을 개발했고 원숭이를 대상으로 한 실험에도 성공했다.

그동안 동물 실험을 진행하던 뉴럴링크는 2023년 5월 인간을 대상으로 한 임상 연구를 시작하기 위해 미국식품의약국(FDA) 승인을 받았다. 그리고 2024년 1월, 처음으로 인간 뇌에 칩 이식을 성공했다. 임상 시험 승인을 받은 지 8개월 만이다. 뉴럴링크는 2023년 9월부터 임상 시험 참가자를 모집했다. 진행 중인 임상 시험은 사람이 특정 생각이나 동작을 할 때 나오는 뇌파를 분석해 뇌에 이식한 칩이 결과를 전달하는 과정을 연구한다.

이로써 일론 머스크가 꿈꾸듯 인간의 뇌와 컴퓨터가 연결되고 소통하는 목표에 한발 다가선 것이다. 다만 인간에 대한 임상 실험을 진행할 때 어떠한 잠재적 위험 요소가 있을지는 미지수다. 그것이 가능할지를 비롯해 여러 난관이 있어 대중화를 위해서는 충분한 시간이 필요하다.

뉴럴링크 외에도 비슷한 시도를 하고 있는 회사들이 있다. **블랙록 뉴로테크**라는 생명과학 회사도 인간의 뇌에 칩을 이식하는 제품을 개발 중이다. 비슷한 BCI(뇌-컴퓨터 인터페이스, Brain Computer Interface) 스타트업으로 미국의 싱크론, 프리시즌 뉴로사이언스 등이 있다. 이들 역시 환자의 뇌에 전자칩과 장치를 이식한 이력이 있다. 뉴럴링크가 선보일 기술이 대중화를 이룰 경우, 인간의 뇌는 미래에 지금과는 비교할 수 없을 정도로 엄청난 능력을 보일 것이다. 그러나 인간의 뇌가 컴퓨터처럼 작동하는 게 과연 인간을 위한 기술인지는 고민해볼 필요가 있다.

블랙록 뉴로테크
Blackrock Neurotech
2008년 유타주 솔트레이크시티에 설립된 BCI 개발 기업. 페이팔과 팔란티어 공동창업자인 피터 틸에게 투자를 받았다. 일론 머스크가 세운 뇌신경과학 스타트업 뉴럴링크의 경쟁사로 꼽힌다.

인공지능과 함께 발전하는 하드웨어

①온디바이스 AI

기존에도 간단한 대화가 가능한 AI 스피커나 인공지능 기능을 탑재한 가전제품이 있었지만, 최근에는 이보다 진화한 생성형AI가 탑재되면서 IT 기기들이 더 똑똑해지고 있다. 국내외 업체들은 스마트폰, 노트북 등에 생성형AI를 탑재한 '온디바이스(내장형) AI' 신제품을 내놓고 있다. **온디바이스 AI**는 개별 IT 기기에서 작

Google for Developers

온디바이스 AI
말 그대로 기기에 탑재된 AI. 스마트폰에 AI가 내장된 셈이다. 인터넷 연결이 없어도 AI가 작동하므로 비행기 모드에서도 AI 비서를 이용할 수 있다. 스마트폰, 태블릿은 물론 냉장고, TV 등 가전제품에도 온디바이스 AI 탑재가 대세가 됐다.

동하는 AI다. AI는 일반적으로 클라우드 서버를 기반으로 작동한다. 하지만 온디바이스 AI는 데이터 처리나 상호작용이 일어나는 IT 기기 자체적으로 AI가 작동한다. 온디바이스 AI는 에지 AI라고도 하는데, 에지 컴퓨팅(데이터 처리를 사용자 위치나 가까운 곳에서 하는 것)의 에지와 AI를 접목한 형태다.

온디바이스 AI는 휴대폰이나 노트북에 AI 모델을 탑재한 NPU(신경망 처리칩)가 들어가 인터넷 연결이나 클라우드 없이도 IT 기기 안에서 생성형AI가 동작한다. IT 기기 내부에서 AI가 모든 데이터를 처리하기 때문에 빠른 AI 알고리즘 작동이 가능하다. 또한 클라우드처럼 중앙화된 저장소를 거치지 않아도 되기 때문에 개인정보 유출이나 보안 문제를 해결할 수 있다.

스마트폰에 온디바이스 AI가 탑재되면 스마트폰의 상황과 환

온디바이스AI의 구조와 장점

클라우드 서버 기반 AI   온디바이스 AI ·····························▶ 온디바이스 AI의 장점

요청 ↑ ↓ 분석   개인정보
                                                            보호

                              명령 ↑ ↓ 분석/수행   빠른
                                                            응답속도

명령 ↑ ↓ 수행   저전력
                                                            저비용

자료 출처 삼성 뉴스룸

경에 따라 AI가 결정을 내릴 수 있다. 예를 들어 카메라로 사진을 찍을 때 주변 환경에 따라 AI가 스스로 셔터 속도나 노출 등을 조절할 수 있다. TV, 냉장고, 세탁기 등에 탑재되면 AI가 스스로 판단해 TV를 끄거나 냉장고 온도를 낮추는 등 다양한 기능을 수행할 수 있다. 전에도 스마트 TV나 스마트 냉장고가 있었지만, 온디바이스 AI가 탑재되면 스마트가 아니라 스마트를 넘어선 기기가 될 것이다.

삼성전자는 '삼성 AI 포럼 2023'에서 생성형AI 모델 '**가우스**'를 활용한 온디바이스 AI를 공개했다. 그리고 2024년 1월 온디바이스 AI 기능을 탑재한 갤럭시S24를 공개했다. 삼성전자는 스마트폰과 갤럭시 워치, 갤럭시 버즈, 노트북 등 갤럭시 전 제품에 온디바이스 AI를 적용할 것으로 예상된다. 삼성전자는 물론 애플과

가우스
삼성의 생성형AI 모델. 가우스는 머신러닝 기술을 기반으로 텍스트를 생성하는 언어 모델(Samsung Gauss Language), 코드를 생성하는 코드 모델(Samsung Gauss Code), 이미지를 생성하는 이미지 모델(Samsung Gauss Image)로 구성되어 있다. 삼성전자는 가우스 기반 AI를 자사 하드웨어, 소프트웨어에 탑재할 계획이다.

삼성의 스마트폰 갤럭시S24

출처 삼성전자

구글 등 IT 기업도 온디바이스 AI에 주목하고 있다. 구글은 스마트폰 '픽셀'에 온디바이스 AI를 적용했고 마이크로소프트, 메타 등도 온디바이스 AI 관련 기술을 개발하고 있다.

미국 대형 투자 기관 모건 스탠리는 보고서를 통해 온디바이스 AI가 2024년에 인공지능의 거대한 트렌드가 되리라고 예측했다. 이처럼 온디바이스가 주목받고 고성능 AI 탑재 기기가 늘면서 반도체 업체들도 최적화된 AI 칩 개발에 사활을 걸었다. 온디바이스 AI에 특화된 저전력 D램이 필요해 삼성전자, SK하이닉스 등은 반도체 생산에 열중하고 있다.

② AI 반도체

AI 반도체 분야는 인공지능의 발전과 함께 많은 관심을 받고 있다. 기존 반도체업계는 물론 글로벌 빅테크 기업, 스타트업까지 앞다퉈 천문학적인 금액을 투입하며 AI 반도체 개발에 열을 올리고 있다. 반도체의 미래가 곧 AI 반도체라는 말까지 나온다. AI가 수많은 데이터를 학습하고 이를 단시간에 받아들여 처리하려면 AI 반도체가 필요하다. AI 반도체 이전에는 CPU(중앙처리장치)와 GPU(그래픽처리장치)를 주로 사용했다. 특히 GPU는 원래 그래픽 처리를 위한 연산용으로 설계됐지만 이미지 처리와 신경망 사이에서 보이는 연상 작업의 유사성으로 인해 인공지능 연산에 효과적인 것으로 입증됐다. GPU 산업 최강자인 엔비디아가 동시에 AI 반도체에서 두각을 나타내는 이유이기도 하다.

다만 CPU와 GPU는 애초에 인공지능을 위해 개발된 것이 아니라서 비용이나 전력 소모 등에서 비효율적이다. GPU는 AI 연산을 위해 제작된 반도체가 아니기 때문에 성능이 부족했다. 그래서 GPU의 병렬 처리 방식을 유지하면서도 인공지능 전용인 반도체가 나오기 시작했다. AI 반도체는 CPU나 GPU와 비교해 다른 목적으로 활용할 수 있는 범용성은 다소 떨어진다. 하지만 **NPU(신경망 처리 칩)**라 불리는 이 칩은 인공지능에 특화되어 있는 형태로 탄생했다. 그래서 일부 회사들은 AI 알고리즘 성능을 향상시키기 위해 NPU를 개발한다. CPU 또한 모든 데이터를 처리하는 연산 능력을 갖고 있지만 NPU는 동시다발적인 행렬연산에 최적화된 프로세서로 여러 연산을 실시간으로 처리하는 장점이 있다. 참고로 구글은 AI 가속기인 **TPU(텐서 처리 장치)** 같은 새로운 반도체를 개발했다.

NPU Neural network Processing Unit
GPU와 마찬가지로 대량 연산 작업에 특화되어 있다. 주로 머신러닝 전용으로 설계된 칩이기 때문에 GPU보다 더 효율적으로 연산을 수행할 수 있다.

TPU Tensor Processing Unit
구글이 개발한 NPU의 일종. 구글 클라우드를 사용해 AI를 학습, 개발할 경우 TPU로 머신러닝이 가능하다. 기존 GPU-CPU 조합 대비 15~30배 높은 성능을 갖추고 전력 소비는 30~80배 적은 것으로 알려졌다.

Cloud TPU

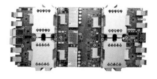

최근 인간의 뇌를 모방한 **뉴로모픽 반도체** 연구가 주목받고 있다. 뉴로모픽 반도체는 기존 반도체 구조가 아닌 인간의 뇌(뉴런-시냅스 구조)를 모방해 연산처리, 저장, 통신 기능을 융합한 가장 진화된 형태의 반도체다. 저전력으로 고성능을 낼 수 있는 뉴로모픽 반도체는 급격하게 늘어나는 데이터를 처리할 대안으로 떠오르고 있다. 뉴로모픽 반도체는 기존 반도체와 비교해 집적도(반도체 칩 1개에 들어가는 소자 수)가 높다. 일반 CPU보다 집적도가 수천 배 이상 높다. 즉 기존 CPU보다 연산 처리도 빠르다는 뜻이다. 뉴로모픽 반도체는 IBM, 인텔 등이 기술력에서 앞서고 있으며, 삼성전자와 SK하이닉스도 뉴로모픽 반도체를 연구하고 개발하고 있다.

뉴로모픽 반도체
인간의 뇌 구조를 모방해 만든 반도체. 인텔이 2017년 뉴로모픽 반도체 개발을 발표했고 이후 미국, 유럽을 중심으로 국가 R&D 프로젝트로 확대되었다. 국내 반도체 기업이 뉴로모픽 반도체를 연구하고 있으며, 완성 난이도는 높다.

AI 반도체는 아직 초기 단계이기에 메모리 반도체 중심인 한국 반도체 산업을 시스템 반도체 분야로 확장하는 기회가 될 수 있

사피온

AI 반도체 기업으로 5,000억 원 이상의 기업가치로 평가된다. AI 반도체 기반 하드웨어, 소프트웨어 등을 개발한다. SK텔레콤에서 스핀오프한 기업으로 SK그룹의 IT 계열사와 협력하고 있다.

SAPEON

다. SK그룹 산하 ICT 계열사 3사가 공동 투자하고 SK텔레콤에서 분사한 기업 '**사피온**'은 AI 반도체를 출시했다. KT가 투자한 AI 반도체 스타트업 '리벨리온'은 엔비디아보다 전력 소비량이 적은 반도체를 개발했다. 마찬가지로 AI 반도체 스타트업인 '퓨리오사 AI'와 '딥엑스' 등도 데이터 인공지능의 성능을 극대화하는 AI 반도체를 개발하고 있다.

가트너에 따르면 AI 반도체 매출은 2023년 534억 달러(약 70조 원)에서 2027년 1,194억 달러(약 156조 원) 규모로 성장할 전망이다.[3] 2030년에는 전체 시스템 반도체 시장 30% 이상을 점유할 것으로 전망했다. 앞으로 더 많은 데이터가 인공지능에서 학습되고 사용될 수 있어 향후 AI 반도체에 향하는 주목도가 커질 수밖에 없다. 모바일은 물론 가상현실, 증강현실, 자율주행 등 다양한 영역에서 데이터가 생성되고 활용되므로 AI 반도체의 역할은 커질 것이다. 엔비디아, 인텔 등 글로벌 기업들도 AI 반도체 개발에 주력하는 이유다.

인공지능,
완전히 믿을 수 있을까?

　인공지능 발전에 따른 여러 장점과 더불어, 인공지능이 만들어 내는 산물에 대한 신뢰와 편향성 위험 등에 대한 우려도 있다. 저작권 침해는 인공지능 개발에서 빼놓을 수 없는 문제다. 과거에는 인공지능이 만들어낸 이미지 결과물이 크게 문제가 될 수준은 아니었다. 하지만 지금 인공지능이 만드는 결과물은 실제 사진과 구별이 어려울 정도라 저작권 침해 문제가 부각될 수밖에 없다. 세계 최대 이미지 플랫폼 게티이미지는 '스태빌리티AI'를 상대로 지식재산권 침해 소송을 제기했다. 스태빌리티AI가 20억 장이 넘는 이미지를 학습했는데 이때 유료 라이선스 없이 이미지를 무단으로 사용했다는 이유다.

　이러한 인공지능의 학습이 가능했던 것은 우선 빅데이터 활용이 가능했기 때문이다. 인터넷에 공개된 정보를 얻는 경우에는 저작권 이용 허락이 필요하다. 타인의 저작물을 권리자의 허락 없이 이용할 경우 저작권이 침해된다. 이와 비슷한 사례로 뉴스 기사를 학습하기 위해 주요 미디어의 데이터를 무단으로 학습한 경우가 있다. 마이크로소프트의 프로그래밍 코드 생성 모델 역시 오픈소스로 올린 일반 프로그래머의 코드를 학습해 상업적으로 사용했다는 논란이 있다.

　저작권 침해와 함께 대량의 데이터를 확보하고 다루는 거대한 인공지능을 구글, 마이크로소프트 같은 빅테크 기업이 좌지우지

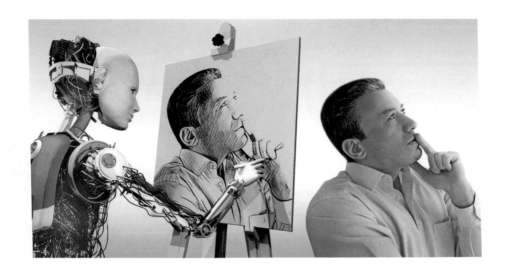

하는 것이 적절한가 하는 논쟁도 있다. 우리는 인공지능을 사용할 때 회사 정보를 입력하는 등 정보를 학습시키는데, 이때 입력한 데이터와 결과물을 인공지능 기업이 확보할 수 있기 때문이다. 데이터가 생성되고 수집될 수 있음을 고려하면 중요 정보를 인공지능에 입력할 때 주의를 기울여야 한다. 국내 기업에서도 기업 기밀 정보를 챗GPT에 입력했다가 문제가 돼 챗GPT 사용을 금지한 사례도 있다.

대량의 데이터에 대한 신뢰 문제도 있다. 인공지능의 기본 알고리즘은 인간이 설계하므로 특정 정보를 빠뜨리거나 잘못 입력하면 데이터의 정합성에 의문이 제기될 수 있기 때문이다. 인공지능을 이용해 사진과 영상을 합성하는 방법도 점차 정교해지고, 음성 합성도 계속 발전하고 있다. 앞서 살펴본 구글 어시스턴트를 악용하면 보이스피싱을 비롯한 다양한 범죄에 활용될 수 있다. 따라서 인공지능 활용을 위한 보안 시스템과 관련 규정 등이 필요할 것으로 보인다.

생성형AI가 주류를 이루면서 인공지능이 만들어내는 수많은 콘텐츠와 정보 등을 신뢰할 수 있는지도 문제다. 대표적인 사례는 인공지능이 영상과 이미지를 만드는 딥페이크와 잘못된 정보를 생산하는 할루시네이션 현상 등이다.

딥페이크는 '딥러닝deep learning'과 가짜를 의미하는 단어 '페이크 fake'의 합성어로, 이 기술을 이용한 유명 연예인의 가짜 성인물 영상이 문제가 되기도 했다. 2018년 4월, 미국 유명 온라인 매체 〈버즈피드BuzzFeed〉에 오바마 전 미국 대통령의 영상이 공개됐는데, 저속한 언어를 사용해 논란이 일었다. 알고 보니 이는 딥페이크를 활용한 합성 영상이었다. 도널드 트럼프 전 미국 대통령이 경찰에 연행되는 이미지가 소셜 미디어를 통해 퍼지기도 했는데 이 역시 인공지능이 정교하게 만들어낸 가짜였다.

딥페이크는 우선 컴퓨터가 딥러닝 기술로 원본 얼굴과 대체 얼굴의 특징을 학습한다. 나중에 이를 서로 바꾸는데, 이미지 형태가 원본 얼굴보다 어색하다고 느끼면 인공지능이 이를 감지해 더 자연스럽게 계속 고쳐나가는 방식이다. 기존에는 그래픽 전문가가 장시간을 들여 3D 작업으로 합성물을 만들어야 했지만 인공지능으로 인해 합성 기술이 훨씬 간단하고 정교해진 것이다. 인공지능이 특정 화가의 화풍이나 애니메이션, 영화의 특징을 학습해 기존 창작물과 거의 유사한 이미지와 영상을 무한대로 생성하기도 한다. 이때 사용한 데이터는 기존에 존재하는 데이터와 저작물이 기반이므로 저작권 침해와 데이터 무단 사용 문제도 생긴다. 이렇게 인공지능이 생성한 창작물의 저작권을 어디까지 인정할지, 저작권 확보가 가능할지에 대해서도 여러 논란이 있다.

딥페이크를 통해 진짜와 구별하기 어려울 정도로 정교한 합성

딥페이크Deepfake
인공지능 기술을 이용해 만든, 진위 여부를 구별하기 어려운 가짜 이미지나 영상물을 뜻한다. 정치, 사회 분야에서 악용될 경우 큰 파장이 예상된다. 유명인을 대상으로 합성 영상이 제작되는 등 위험성이 알려져 있다.

사진이나 영상이 유포될 경우 명예훼손이나 사회적인 문제가 될 수 있다. 정치에서 선거를 앞두고 딥페이크 영상이 문제를 불러일으킬 수도 있다. 상대방을 비방하거나 영상 속 인물이 생각과 다른 말을 하는 등 딥페이크 영상이 대중에게 혼란을 야기할 수 있기 때문이다. 연예인은 물론 일반인의 얼굴까지 합성한 음란물이 제작돼 버젓이 인터넷에 돌아다니면 심각한 문제를 초래하게 된다. 이러한 문제를 방지하기 위해 사진과 영상 조작 탐지를 위한 기술 콘테스트도 열리고 있으나 딥페이크 기술 역시 날이 갈수록 정교해지는 중이다. 각국에서는 딥페이크 관련 법안을 만들어 처벌할 수 있도록 조치하고 있다. 하지만 최근 딥페이크 영상 수준을 감안하면 진짜인지 가짜인지 구분하기가 어렵다.

할루시네이션Hallucination
생성형AI가 거짓 정보를 사실인 양 생성 및 전달하는 현상을 의미. 데이터를 학습할 때 잘못된 정보나 편향된 정보로 학습할 경우 AI는 잘못된 데이터를 생성해 전달한다. 할루시네이션 관련 사례는 쉽게 찾아볼 수 있으며, AI 기업은 할루시네이션을 줄이거나 제거하기 위한 연구를 지속하고 있다.

챗GPT 같은 생성형AI 기반 서비스가 항상 정확한 정보를 제공하는 것은 아니다. 잘못된 답변을 내놓기도 하고 학습한 데이터에 따라 편향된 콘텐츠를 생성할 가능성도 있다. 이런 현상을 '**할루시네이션**'이라고 한다. 존재하지 않는 환각을 보는 것처럼 AI가 부정확한 답변, 실제 존재하지 않는 내용에 관해 답변을 내놓는 현상을 뜻한다. 챗GPT는 오픈 초기에 2021년까지의 데이터로 학습되어 2022년 이후 사건에 대한 정보나 지식이 제한적이었다. 학습 데이터에 없는 질문을 던지면 인공지능이 여러 데이터를 섞어 현실과 동떨어진 대답을 하다 보니 거짓 답변을 내놓는 일도 빈번했다.

최근에는 인공지능이 뉴스 기사를 직접 작성하는 일도 어렵지 않게 찾아볼 수 있다. 데이터를 바탕으로 특정 알고리즘에 기반해 기사를 만들어내는 로봇 기자는 인간이 정해둔 원칙에 따라 기사

AI가 생성한 가짜 정보. 프란치스코 교황이 명품 패딩을 입고 있다.

출처 미드저니, 레딧

를 쓴다. 데이터를 검색한 후 필요한 자료를 수집하고 자체 방식으로 분석해 기사를 작성한다. 입력된 데이터 안에서만 기사를 작성할 수 있어 현재 로봇 기자의 활동 무대는 스포츠와 날씨 등 객관적인 데이터 수집이 가능한 부분에 국한된다.

만약 로봇 기자인 인공지능이 잘못된 알고리즘과 분석 과정으로 기사를 낸다면 여러 문제가 발생할 수 있다. 인공지능은 스스로 학습해 답을 내놓지만, 알고리즘 설계는 인간이 하므로 특정 정보가 누락되거나 인간의 과도한 개입에 따른 문제가 생길 수 있다. 이런 문제점들을 보완하고 해결하기 위한 인간의 관리와 감독이 더욱 중요하다.

챗GPT의 발전과 함께 노동 착취 문제에 대한 비판도 제기되고 있다. 2023년 초, 미국 〈타임〉지가 발간한 오픈AI의 아웃소싱 보고서에 따르면, 케냐 노동자들은 챗GPT의 데이터 라벨링 관련 작업을 수행하며 시간당 2달러 미만의 급여를 받았다고 한다. 이들 노동자는 업무 시간 동안 성적학대, 폭력, 편견, 혐오와 관련된 부정어를 분류하는 작업을 수행했다. 인공지능의 부적절한 발언을 방지하기 위한 데이터 라벨링 및 정리 작업은 사람의 수작업으로 이뤄지는데, 이것을 케냐 노동자들이 맡은 것으로 밝혀졌다.

생성형AI 개발을 위해서는 아직까지 사람의 개입이 불가피한 만큼 이런 피해는 반복될 가능성이 크다. 앞으로 이런 문제들을 해결해나가는 게 인공지능의 발전 자체보다 더 중요해질 수 있다. 인공지능의 긍정적인 면이 많지만, 반대로 기업과 개인 모두 인공지능의 부정적인 측면에도 주의를 기울이고 함께 해결할 필요가 있다.

인공지능의 발전은 시작에 불과하다

앞으로 인공지능은 인류가 지금까지 기록하고 저장한 모든 것을 읽고 학습하게 될 것이다. 더 나아가 인간이 실시간으로 만들어내는 모든 정보를 받아들일 수 있다. 그래서 인공지능이 인간보다 더 정교하게 분석하고 더 멀리 예측하는 능력을 갖출 수도 있다. 생성형AI는 이미 인간이 생각하지 못하는 이미지를 그려내기 시작했다. 지금까지 존재하지 않았던, 인간의 상상 밖에 있는 영역을 현실 세계로 가져오고 있다. 문명이 시작된 이래 인간이 가치 있다고 여기는 모든 것은 인간의 지식을 바탕으로 만들어졌다. 물론 모든 인간이 모든 지식에 접근할 수는 없었다. 하지만 이제 우리가 인공지능의 도움을 받아 더 다양한 지식에 접근할 수 있다면, 인류가 이해하고 발전시킬 수 있는 영역에 진정한 한계는 사라질 것이다.

다만 인간은 불안하다. 인공지능이 과연 인간이 제어할 수 있는 존재인지, 아니면 정말 인간을 뛰어넘어 영화에 나오는 것처럼 인간을 말살하는 적대적인 존재가 될지 알 수 없기 때문이다. 심지어 인공지능 분야의 세계적인 석학들도 의견이 분분하다. 인공지능을 천천히 개발해야 한다고 주장하거나 인간의 관리 하에 운영할 수 있으니 계속해서 개발해야 한다는 의견이다.

현재는 인공지능에 대해 많은 우려와 불안감을 갖기보다 인공지능을 활용해 인간이 더 나은 삶을 사는 데 도움이 될 수 있다고 생각해야 한다. 인공지능이 제어할 수 없는 수준에 도달하기 전에 인간은 이미 인공지능을 제어할 수많은 방법과 아이디어를 갖고 있을 것이 분명하다. 따라서 인공지능에 대해 걱정하기보다는 인공지능을 잘 활용할 수 있도록 관심을 갖고 사용해보는 과정이 필요하다. 인공지능을 활용하면 그동안 만들 수 없었던 애니메이션이나 그림 같은 콘텐츠를 만들 수 있다. 누군가는 챗GPT와 함께 책을 쓰기도 하고, 머리를 싸매던 과제를 생성형AI로 순식간에 해결하기도 한다. 비용이 많이 들어가던 영상이나 이미지 제작 작업을 저렴한 비용으로 몇 분 만에 해결할 수도 있다. 막연한 두려움은 인공지능에 대한 걱정을 해결해주지 않는다. 직접 써보고 다뤄

봐야 인간이 어떻게 위험을 막을 수 있을지, 발생하는 여러 문제를 해결할 수 있을지 알 수 있다.

2023년이 생성형AI의 해였다면 2024년과 그 이후에는 AI의 대중화가 본격화될 것이다. IT 서비스에서 인공지능이라는 말이 굳이 필요하지 않을 것이다. 그만큼 인공지능이 광범위하게 배포되고 일상에 녹아들며, 굳이 AI임을 강조할 필요도 인식할 필요도 없이 자연스럽게 자리 잡을 것이다.

코딩이나 디자인을 할 줄 모르는 사람도 AI만 있으면 마우스 클릭으로 웹 사이트를 만들고 몇 분만에 홍보 포스터 디자인까지 뚝딱 해낼 수 있다. 엑셀을 다루지 못하는 내 옆자리 동료가 갑자기 엑셀 고수가 될 수 있고 심지어 코딩을 모르는 신입사원이 데이터를 분석해 멋진 디자인까지 더한 발표 자료를 만들 수 있다. 앞으로 우리는 인공지능 그 자체가 아니라 인공지능을 나보다 더 잘 활용하는 사람이 내 자리를 위협할 거라는 사실을 깨달아야 한다.

인공지능의 발전과 생성형AI의 등장은 과거 컴퓨터와 모바일의 탄생과 같은 수준의 IT 산업의 큰 전환점이자 다음 단계로 나아가는 시작점이다. 우리는 이러한 시기를 살아가고 있는 것이다. 인공지능이 바꿀 세상과 인공지능으로 인해 바뀌어갈 인간은 앞으로 어떻게 될까? 일단 지금보다 더 나은 세상과 인간이 되리라 믿는다.

블록체인,
웹 3.0 디지털 경제의 근간

디지털 세상의 미래 시나리오 >>>

A는 미국에 사는 동생에게 송금할 생각이다. 스마트폰으로 암호화폐 지갑을 열어보니 2,000달러에 해당하는 암호화폐가 있다. 수신자 리스트에서 동생을 선택하고 '전송' 버튼을 누른다. 보안 화면에서 인증을 거치자 암호화폐가 전송된다. 약 1분 뒤 해당 암호화폐는 동생의 암호화폐 지갑으로 전송이 완료된다. 수수료는 고작 0.1달러. 기존 은행을 통해 송금했다면 하루 이상 걸리고 수수료도 몇 달러나 나왔을 일이다.

A의 동생은 암호화폐 일부는 ATM기에서 달러로 환전하고, 남은 암호화폐로 온라인 쇼핑몰에서 필요한 물건을 산다. A는 여가시간에 영상을 보면서 중간에 나오는 광고를 시청한다. 광고를 시청하는 시간만큼 포인트가 자동으로 적립되고 포인트는 암호화폐 지갑에서 달러나 원화로 환전할 수 있다. 게임을 하면서 획득한 희귀 아이템인 NFT는 마켓 플레이스에서 높은 가격에 판매됐다. 카페에 들러 커피를 주문하고 암호화폐로 현금처럼 결제한다. 남은 현금 일부는 미술품이나 부동산 자산을 토큰 증권으로 구매한다. 일반적으로 미술품과 부동산은 가격이 비싸 통째로는 살 엄두도 못 내지만, 블록체인으로 디지털 자산이 된 미술품과 부동산은 낮은 단위까지 쪼개져 소유할 수 있다.

***

이미 현실화되어 있거나 점차 현실화되고 있는 사례다. 블록체인은 새로운 IT 기술이기도 하지만 기술과 산업, 비즈니스의 융합체라고 보는 것이 더 타당하다. 단어 자체의 포괄적인 의미는 'IT

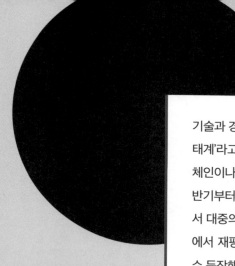

기술과 경제학, 게임 이론, 심리학 등을 하나로 모은 기술이자 생태계'라고 볼 수 있다. 2017년 상반기까지만 해도 언론에서 블록체인이나 암호화폐라는 단어를 쉽게 찾아볼 수 없었다. 그 해 하반기부터 암호화폐 가격 폭등으로 언론의 주목을 받기 시작하면서 대중의 관심을 끌었다. 이후 투자 관점에서 벗어나 기술 관점에서 재평가를 받으면서 국내외 블록체인 기술 기반 기업이 다수 등장했다.

2021년 다시 한 번 암호화폐 광풍이 불면서 블록체인과 NFT, 디파이 등이 주목받았다. 하지만 이내 찾아온 암호화폐 가격 폭락으로 거품이 꺼지고 시장의 관심은 사라졌다. 2019년과 2020년 블록체인 시장의 암흑기에 NFT와 디파이 등 서비스가 준비돼 2021년 큰 호응을 얻었던 점을 상기하면 2023년과 2024년에 준비되는 새로운 개념과 서비스 등은 다시 한 번 암호화폐 열풍과 함께 각광받을 것으로 보인다.

블록체인과 암호화폐 시장에 대한 부정적인 시각에도 불구하고 글로벌 대기업들은 너도나도 블록체인을 도입해 활용하고 있다. NFT와 디파이를 활용한 서비스를 구현하고 지난 몇 년간 일어난 문제점을 해결하기 위해 법적 제도와 규제도 지속적으로 논의되는 중이다. 이제 블록체인 산업은 금방 사라질 만한 그런 수준의 시기는 이미 지났다. 앞으로 어떻게 나아갈 것인지가 더욱 중요한 시점이 됐다.

블록체인이
도대체 무엇이기에

블록체인은 데이터 분산 처리 기술이다. 네트워크에 참여하는 모든 사용자가 거래 내역 등의 모든 데이터를 분산 및 저장하는 기술을 지칭한다. 블록을 체인으로 묶은 형태라 블록체인이라는 이름이 붙었다. 우리가 매일 이용하는 모바일 앱, 웹 사이트, 결제 등으로 생산되는 데이터가 '블록' 형태로 저장되고, 이 블록이 꼬리에 꼬리를 물고 연결되는 기술로 생각하면 된다(비트코인 블록 하나에는 약 1,800개의 거래 정보가 포함될 수 있고, 데이터 크기가 1메가바이트보다 작다). 기술 측면에서 블록체인은 모두가 열람할 수 있는 데이터베이스다. 비즈니스 측면에서는 중개자 없이 상대와 직접 데이터와 자산을 주고받을 수 있는 네트워크다. 블록체인은 최초로 생성된 **제네시스 블록**부터 시작해 바로 앞 블록에 연결고리를 가진, 계속해서 연결되는 데이터 집합이다. 모든 데이터가 연결돼 있어 누구도 임의로 수정할 수 없고, 누구나 데이터를 열람할 수 있다.

블록체인은 모든 참여자가 장부를 공유하는 형태로 구성되어 있다. 이를 '**분산 원장**' 또는 '공유 원장'이라고도 한다. 예를 들면 우리가 계에 참여하고 있는데, 계주뿐만 아니라 모든 계원이 같은 장부를 가지고 있어, 이달에 누가 얼마나 곗돈을 냈고 누가 탔는지 등의 모든 내용을 함께 열람할 수 있는 상태인 셈이다. 누군가 장부를 조작하려 해도 모두 같은 장부를 가지고 있으므로 혼자만

블록체인 Blockchain
데이터를 '블록'이라는 형태로 분산된 환경에 저장한다. 임의로 수정할 수 없고 모두가 데이터 변경의 결과를 열람할 수 있는 분산 컴퓨팅 기반의 기술이다. 비트코인, 이더리움 같은 암호화폐가 탄생한 기반 기술이다.

제네시스 블록 Genesis Block
블록체인 네트워크에 최초로 생성된 블록을 의미한다. 2009년 생성된 비트코인의 제네시스 블록이 가장 유명하다.

분산 원장 Distributed Ledger
기존의 중앙집중형 원장 기술과 반대로 중앙서버나 관리자의 제어 없이 분산화된 네트워크를 구성한다. 블록체인의 기본 요소로, 블록체인에 저장하기 위한 데이터를 관리하는 데이터베이스다.

조작해봤자 의미가 없다. 다른 사람의 장부까지 조작하려고 해도 과반수의 동의를 얻어야 한다. 설령 장부를 조작하고 있어도 계속해서 새로운 겟돈이 입·출금되고 있어서 동시에 모든 장부를 조작하기는 어려운 상황이다.

블록체인은 크게 세 가지 특징이 있다. 첫 번째는 '보안성'이다. 보통 산업 분야에서 거래와 관련된 기록은 중앙 서버에 모아 관리하는 방식을 채택한다. 블록체인은 이와 반대로 중앙에서 관리하는 시스템이 아니라, 모든 사용자가 거래 내역을 공유하면서 거래 때마다 대조해 위조를 방지한다. 블록체인의 핵심은 모두가 연결되어 투명하게 내용을 확인할 수 있다는 점이다. 모두가 기록을 볼 수 있고, 기록은 서로 연결되어 유지되기 때문에 위조와 변조 위험 없이 높은 보안성을 유지한다.

거래 내역과 여러 데이터가 일정 시간마다 하나로 묶여 블록을 만든다. 이 블록을 통해 이중결제 및 위조를 방지한다. 해당 블록이 타당한 거래라고 승인돼야만 기존 블록체인에 연결된다. 이렇게 한 번 연결된 블록은 영구히 저장된다. 만약 해킹을 시도하더라도 블록 하나뿐만 아니라 연결된 블록을 전부 수정해야 한다. 설령 블록을 전부 수정한다고 해도 새로운 블록이 계속해서 형성되기 때문에 데이터 조작은 사실상 불가능하다.

두 번째 특징은 '분산화' 혹은 '탈중앙화'다. 기존 거래 방식에 존재하는 중개자나 제3의 기관 같은 역할이 없거나 의존도가 낮다. 따라서 거래 중개에 들어가는 시간과 비용을 절감할 수 있다. 중개자나 중앙 관리 주체 없이 참여자가 직접 블록체인 네트워크에서 거래 관계를 만들어낸다.

비트코인을 만든 **사토시 나카모토**는 비트코인 이전의 모든 전자화폐는 중앙집권적인 속성이 있어 화폐로서 기능을 다하지 못하고 실패했다고 기술했다. 분산화된 상황에서는 화폐 소유자가 자기 화폐의 소유권을 명확하게 갖는다. 화폐 소유자가 자신의 화폐를 전송하거나 받을 때 중개자가 없고, 아무런 도움이나 간섭을 받지 않아도 된다. 관리 주체나 중개자 없이 개인과 개인 혹은 개인과 단체가 동등하게 화폐나 데이터를 주고받으며 이에 대한 비용을 치른다. 블록체인은 중앙화된 기존 은행이나 플랫폼 사업자만 이득을 취하는 게 아니라, 분산화를 통해 모두가 공평하게 혹은 특정 기준에 따른 보상을 받는 생태계 구성을 목표로 한다. 한편 더 많은 사람이 참여할 수 있도록 네트워크에 참여할 동기를 부여할 필요가 있는데, 이를 '보상Incentive' 방식으로 제공한다.

마지막 특징은 '투명성'이다. 블록체인에서는 모든 기록이 공개되기 때문에 투명성이 중요한 분야에서 빛을 발한다. 지금까지는 기업과 기관뿐만 아니라 개인의 업무나 거래에서 투명성이 강조된 사례가 많지 않았다. 빠른 속도로 바뀌는 세상인데도 이 제품이 어디서 생산돼 어떤 유통 과정을 거쳐 비싼 중개 수수료가 붙었는지 소비자가 알 수 없었다. 내가 투자하거나 기부한 돈이 어떻게 쓰였는지조차 알기가 쉽지 않았다. 블록체인의 투명성을 활용하면 지금까지 불투명했던 자금 흐름이나 정산 문제를 해결할 수 있다. 엔터테인먼트 분야에서 기획사와 아티스트 간 정산 문제가 불거지는 모습을 자주 본다. 불투명한 자금관리와 정산 방식 탓에 서로 신뢰를 잃고 만다. 블록체인은 이러한 문제를 해결할 수 있다.

사토시 나카모토

Satoshi Nakamoto, 中本哲史
비트코인을 만들었다고 알려진 인물이지만, 실체가 드러나진 않았다. 2008년 10월 9쪽짜리 논문 〈Bitcoin: A Peer-to-Peer Electronic Cash System〉을 공개했고, 이후 비트코인이 발행됐다.

블록체인의 종류와 비즈니스 활용

비허가형 블록체인

Permissionless Blockchain

누구나 사용할 수 있고, 누구든지 인터넷에 연결된 다양한 컴퓨터 장비를 이용해 블록체인 운영에 참여할 수 있는 시스템.

허가형 블록체인

Permissioned Blockchain

중앙화 주체에게 허가받아야 참여할 수 있는 블록체인 시스템. 비허가형과 달리 참여자에 제한을 둔다. 승인된 이용자만 블록체인을 사용할 수 있으므로, 읽기 접근을 제한하고 거래 발생자를 제한할 수 있다.

노드 Node

블록체인에는 중앙에서 관리하는 서버가 따로 없지만 서버 자체가 없는 건 아니다. 전 세계적으로 수십만 개 서버가 존재하며 이 서버를 '노드'라고 한다. 누구라도 노드가 될 수 있으며, 각 노드는 블록체인 네트워크에 연결된 모든 블록 정보를 가지고 있다. 블록체인 노드는 통신 지점 역할을 하며 다른 기능을 수행할 수도 있다.

블록체인은 일반적으로 '비허가형 블록체인'과 '허가형 블록체인'으로 구분한다. 미국 국립표준기술원(NIST)이 2018년 발간한 'Blockchain Technology Overview'의 분류 유형에 따르면, 누구라도 새로운 블록을 생성할 수 있다면 비허가형 블록체인, 특정 사용자만 블록을 생성할 수 있다면 허가형 블록체인으로 구분한다. 비허가형 블록체인은 누구나 참여할 수 있는 인터넷, 허가형 블록체인은 인트라넷 형태다.

비허가형 블록체인은 가입 및 활동에 허가가 필요하지 않은 블록체인이다. 비허가형 블록체인 대부분은 '퍼블릭 블록체인'이며 가상자산을 발행하고 수많은 주체가 참여한다. 누구나 블록을 생성하거나 개발에 기여할 수 있다. 개인 주소를 생성하고 트랜잭션을 다른 사용자에게 전송하거나 **노드** 운영에 참여하는 등 블록체인 네트워크 구성과 유지에 참여할 수 있다.

비허가형 블록체인은 탈중앙화와 익명성, 투명성 등 블록체인 기본 철학을 기반으로 구성된 점이 특징이다. 모두에게 열린 네트워크이므로 특정 주체가 중앙화돼 의사결정을 내릴 수 없다. 누구나 참여할 수 있지만 지갑 주소 외에는 네트워크상에서 알려진 정보가 없어 참여자 익명성이 보장된다. 모든 블록 생성 내역과 트랜잭션 등이 공개되므로 네트워크를 투명하게 만든다.

비허가형 블록체인의 장점은 네트워크에 참여하는 모두에게 탈중앙성과 익명성을 기반으로 신뢰를 얻으며, 노드 운영 같은 네트워크 기여도에 따라 자체 발행한 토큰으로 보상할 수 있다는 점이다. 단점은 사용자가 많아 네트워크 확장이 어렵고 상대적으로 속도가 느린 부분이다. 사용자가 급증하면 블록체인에서 처리할 수 있는 상한선에 도달한다. 빠르게 처리돼야 하는 서비스가 제대로 진행되지 않고, 네트워크가 붐비면서 블록 생성이 멈추는 일도 발생한다. 또한 비허가형 블록체인은 의도가 정직하지 않은 참가자도 끌어들인다. 신원을 확인할 수 없고 검증되지 않은 참여자가 특정 의도로 네트워크에서 활동하면서 각종 문제가 생길 수 있다.

반대로 허가형 블록체인은 특정 사용자와 참여 주체만 네트워크에 참여할 수 있다. 참여하려면 네트워크 관리자의 별도 승인과 권한 부여가 필요하다. 허가형 블록체인을 만드는 이유는 대중과

퍼블릭 블록체인과 프라이빗 블록체인

퍼블릭 블록체인

프라이빗 블록체인

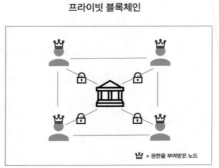

👑 = 권한을 부여받은 노드

출처 쟁글, CCMF

단절된 별도의 블록체인 네트워크가 필요해서다. 모든 블록체인 데이터를 공개하지 않고, 외부에 노출할 수 없는 프로세스나 정보를 보호하려면 허가형 블록체인이 있어야 한다. 블록체인의 핵심 철학인 탈중앙화를 고려하지 않더라도 기관, 은행 등 데이터 보안이 중요하고 별도 규정을 준수해야 하는 경우 허가형 블록체인을 사용한다.

허가형 블록체인은 다양한 탈중앙화, 중앙화 방법을 섞어 쓴다. 허가형 블록체인은 중앙화 주체가 있지만 분산화를 활용하므로 권한 분배 같은 방식으로 데이터 검증과 정보 보호 등이 가능하다. 허가형 블록체인에서 분산화를 통해 자체적으로 선택한 합의 알고리즘을 자유롭게 사용할 수 있다.

일부 중앙 제어와 함께 데이터가 분산되는 특성을 갖게 되면 네트워크 참여자를 승인하고 검증하기 위한 '검증자 노드'를 포함할 수 있다. 비허가형 블록체인과 다르게 소수 인원이나 특정 참여자가 검증자일 경우 거래 속도와 확장성 측면에서 효율적이다. 합의 알고리즘을 선택할 수 있고 모든 노드가 검증에 참여하지 않아도 되기 때문이다.

다만 중앙화된 특정 주체가 네트워크를 관리하므로 투명성이 부족하고 참여자 정보를 파악하고 있어 익명성이 없다. 담합 같은 의사결정상 위험이 증가할 수 있고 네트워크의 규칙을 쉽게 변경할 수 있다. 따라서 비허가형 블록체인과 비교해 합의 사항이 무효화될 가능성이 있다.

두 블록체인의 가장 큰 차이점은 역시 '탈중앙화 여부'다. 비허가형 블록체인은 수많은 참여자가 노드를 구성하기 때문에 사실상 데이터 조작이 불가능하다. 반면 허가형 블록체인은 허가받은 참여자만 노드에 참여하므로 담합이나 중앙화 기반의 의사결정이 가능하다. 블록체인의 기본 이념이 중앙화 구조에서 탈피하는 데 있으므로 허가형 블록체인은 특정 목적이나 기업 활용에 적합하다. 허가형 블록체인이 기존 중앙화 구조와 다를 바 없다면 굳이 블록체인을 써야 할 이유가 없다거나 허가형 블록체인은 블록체인이라 할 수 없다는 의견도 있지만, 데이터를 수정하거나 위조할 수 없다는 기본 블록체인 구조는 같으므로 중앙화 환경에서도 데이터 무결성과 불변성은 확보할 수 있다. 따라서 비즈니스 특성이나 목적에 맞게 활용할 수 있다.

암호화폐의 대장, 비트코인

블록체인을 이야기할 때 빠지지 않고 함께 등장하는 단어가 바로 '비트코인'과 '이더리움'이다. 비트코인이나 이더리움 같은 암호화폐는 블록체인 기술을 기반으로 생성 및 거래된다. 암호화폐는 아니지만 과거에 유행한 싸이월드의 '도토리'는 1개당 100원의 가치를 지닌 일종의 가상화폐였다. 가장 큰 차이점은 도토리는 발행하고 운영하는 관리 주체가 있었고, 실물 화폐와 교환이 불가능했던 데 비해, 현재의 암호화폐는 원칙적으로 중앙기관이 없고 달러나 원화 같은 실물 화폐와 환전할 수 있다는 것이다.

비트코인 Bitcoin, BTC
블록체인 기술을 기반으로 만들어진 암호화폐. 2008년 사토시 나카모토라는 가명의 프로그래머가 개발했다. 가장 널리 알려진 암호화폐로 2009년 1월 첫 블록이 생성됐다.

암호화폐 환전은 주로 거래소에서 이뤄지지만, 기본적으로는 개인과 개인을 연결하는 P2P(Peer-to-Peer) 방식으로 거래된다. 2000년대 초반 많은 이에게 친숙했던 소리바다와 당나귀가 데이터를 주고받는 P2P 형태의 시초라고 할 수 있다.

블록체인이 비트코인의 바탕이 되는 체계라고 하면, **비트코인**은 블록체인을 중앙주체에 통제받지 않는 화폐로 구현한 결과물이다. 비트코인은 블록체인 기반으로 만들어진 암호화폐로 2008년 10월, 한 개발자가 익명으로 논문을 공개하면서 알려졌다. 컴퓨터가 제시하는 난해한 문제를 컴퓨팅 파워로 해결하면 그 보상으로 비트코인이 지급되는 방식이다.

2009년 1월, 처음으로 비트코인이 발행됐다. 발행량은 총 2,100만 개로 정해져 있고, 소수점 아래 8자리까지 분할 가능하다. 일반적으로 주식은 1주 단위로 거래하지만, 비트코인은 0.005개처럼 작은 단위도 거래할 수 있다. 비트코인은 최초로 만들어진 암호화폐이기 때문에 다른 추가 기능보다는 암호화폐로서 본질적인 기능에 충실하다. 여러 암호화폐 거래에서 기축통화 역할을 하고 가격도 암호화폐 중 가장 높다. 다만 전송 속도가 느려 화폐 기능을 제대로 못 한 탓에 이후 다양한 암호화폐가 등장하는 계기가 됐다.

현재 금융 시장의 모든 데이터는 은행과 신용카드사 등 금융기관이 관리한다. 하지만 암호화폐 거래에서는 누구나 금융기관과 같은 역할을 할 수 있다. 블록체인 네트워크에 참여하면 그 일원으로서 블록체인 기록을 보유한 참여자 각자가 금융기관 역할을 하게 된다. 블록체인은 중앙에서 관리하는 서버가 따로 있지 않지만, 서버가 아예 없는 것은 아니다. 전 세계에 수십만 개 서버가 존재하는데, 이들을 '노드'라고 부른다. 노드는 풀 노드Full Node와 라이트 노드Light Node로 구분한다. 풀 노드는 이름처럼 모든 기능과 데이터를 가진 노드다. 블록체인의 시초부터 현재까지 모든 블록 정보를 가지고 있으며, 블록체인 정보를 수집하고 저장하며 검증한다. 이에 비해 라이트 노드는 일종의 요약본을 갖고 있다. 모든 정보를 갖고 있지 않기 때문에 블록에 대한 검증은 불가능하다.

참여자 누구라도 블록체인 노드가 될 수 있으며, 그러면 블록체인 네트워크에 연결된 모든 블록 정보를 갖는다. 노드는 참여자 간 거래가 일어나면 유효한 거래 또는 데이터인지 확인한다. 채굴자가 채굴한 블록에 위조나 오류가 없음을 확인한 후 노드 과반수가 동의할 때 새로운 블록으로 추가한다.

'과반수의 동의'라고 하면 민주주의적 투표를 떠올리기 쉽다. 하지만 한 명이 하나의 투표권을 갖는 일반적인 선거 제도와 달리, 블록체인에서는 많은 작업을 수행한 노드가 더 큰 권한과 보상을 받는다. 이를 통해 비트코인을 더 많이 얻을 수 있다.

비트코인을 얻는 방식은 PoW(Proof of Work, 작업 증명)라고 하는데, 복잡한 수학 문제를 풀어서 암호를 해독해 코인을 얻어내는 것이다. 이런 방식을 가상화폐에서는 **채굴**이라고 하며, 이렇게 해서 비트코인을 얻어내는 사람을 채굴자Miner라고 부른다(채굴자는 노드이기도 하다). '채굴'은 기본적으로 블록체인 네트워크가 유지되도록 자원을 제공하면 그에 따라 받는 보상의 개념이다. 채굴은 컴퓨터를 이용해 복잡한 수학적 연산을 수행하고, 생성된 블록을 처리하면서 네트워크가 유지되도록 일하는 것으로 그 보상으로 암호화폐를 얻는다. 작업에서 채굴자가 제공하는 컴퓨팅 파워

채굴Mining
암호화폐 거래 내역을 기록한 블록을 생성하고 그 대가로 암호화폐를 얻는 행위. 암호화폐는 블록체인 네트워크가 유지될 수 있도록 블록을 검증하고 생성하는 참여자에게 일정한 보상을 지급하도록 설계됐다.

에 따라 채굴되는 비트코인 양이 달라진다. 이를 위해 특별히 제작된 채굴기에는 효율적인 그래픽 카드가 탑재되어 있다. 그래서 채굴이 유행하던 시기에는 그래픽 카드가 동나거나 가격이 몇 배씩 뛰는 일도 있었다. 이런 채굴기를 대량으로 운영하는 채굴장을 다룬 뉴스가 여러 번 보도되기도 했다.

비트코인을 얻는 또 다른 방법은 암호화폐 거래소에서 구매하는 것이다. 주식시장처럼 거래 수요에 따라 시세가 정해진다. 만약 1비트코인의 시세가 1,000만 원이라면, 100만 원으로 0.1개의 비트코인을 살 수 있다. 채굴하거나 구매해서 얻은 비트코인을 사용하려면 온라인에서 전용 지갑을 만들어야 한다. 이 지갑을 통해 다른 참여자에게 암호화폐를 전송하거나 서비스와 재화를 구입할 수 있다.

비트코인은 **반감기**라는 약 4년마다 보상이 줄어드는 시기가 도래한다. 비트코인을 채굴해서 얻는 보상의 양이 줄어드는 시기인데, 지금까지 이 시기를 전후로 큰 가격 변동이 발생했다. 비트코인은 점차 발행량이 줄어든다. 결국 2,100만 개가 모두 발행되면 더 이상 발행되지 않는다.

암호화폐의 대표적인 상징과 가치 저장 수단으로 인식되는 비트코인은 **스마트 계약**이 없어 NFT를 발행하거나 별도로 토큰을 만들 수 없다. 하지만 비트코인의 작은 데이터에 이미지, 텍스트 같은 정보를 입력하거나 스마트 계약과 유사한 기능을 추가하려는 시도가 이어지고 있다. 이를 **오디널스**라고 하는데, 오디널스는 비트코인의 최소 단위인 '사토시'에 고유 번호를 부여해 NFT를 생성하는 방식이다. 비트코인의 저장 공간에 이미지, 텍스트 등 다

반감기
약 4년 주기로 반감기가 되면 비트코인 블록당 채굴 보상이 절반으로 줄어든다. 비트코인은 약 10분에 하나씩 블록이 생성된다. 이때마다 채굴자에게 보상이 주어지는데, 반감기가 되면 그 보상이 절반이 된다.

스마트 계약 Smart Contract
스마트 계약은 결제, 송금 등 금융거래와 다양한 계약을 처리할 수 있도록 구현됐다. 요구사항에 맞게 개발자가 직접 계약 조건과 내용을 만들 수 있다.

오디널스Ordinals
비트코인에 디지털 자산을 저장하기 위한 프로토콜. 비트코인 네트워크에 이미지, 텍스트 등의 콘텐츠를 저장해 비트코인의 NFT로도 불린다.

양한 형식의 데이터를 넣고 고유 번호를 부여한다. 오디널스로 저장된 데이터는 삭제가 불가능하고 비트코인 네트워크에 기록된다. 2023년 오디널스가 처음 시작되면서 비트코인 수수료가 크게 증가하기도 했다. 지금은 다른 블록체인이 오디널스 개념을 활용하는 등 새로운 패러다임을 이끌 시도로 주목받고 있다.

한편 반대하는 목소리도 만만치 않다. 비트코인이 본래 용도인 결제와 송금이 아닌 다른 목적으로 사용된다는 점 때문이다. 결국 비트코인 수수료가 증가해 채굴자에게만 이득이라는 의견이다. 반대로 채굴자가 얻는 수수료 수익이 늘어야 비트코인의 보안과 안정성이 유지된다는 의견도 있다. 오디널스는 비트코인의 존재 가치를 두고 근본적인 질문을 던짐과 동시에 새로운 비즈니스를 창출하는 기회가 될 수 있다. 누군가는 비트코인 오디널스가 사기라고, 수수료만 높아진다고, 비정상적인 거래 때문에 결제와 송금에 방해가 된다고 말한다. 아직 초기 단계라 오디널스가 어떻게 발전할지 지켜봐야 하지만, 앞으로 뜨거운 감자가 될 것만은 분명하다.

비트코인은 탄생 이후 10년이 넘는 시간 동안 암호화폐 시장을 이끄는 상징적인 존재가 됐다. 과거 비트코인은 사기라는 의견도 많았지만, 2024년 현물 ETF 승인이 이루어지는 등 제도권의 전통 금융에서도 가치를 다루는 하나의 재화가 되고 있다. 화폐는 가치 저장 수단으로 활용되기 시작해 이후 교환이 가능해지고 전 세계 적으로도 재화로 인식되면서 회계 장부에 반영되는 단계를 거친 다. 현재 비트코인은 가치 저장 수단으로 수용되는 단계를 지나고 있다. 곧 전 세계 누구나 거래하고 교환할 수 있는 단계로 나아갈 것이다.

2세대 블록체인, 이더리움

InvestingCube

이더리움Ethereum, ETH
블록체인 기술을 기반으로 스마트 계약 기능을 구현하기 위한 플랫 폼. 2015년 비탈릭 부테린이 개발 했다. 여러 조건과 서비스를 만들 수 있는 스마트 계약 기능을 추가 해 많은 블록체인 프로젝트가 활 용하고 있다.

비탈릭 부테린 Vitalik Buterin
이더리움 블록체인 암호화폐를 만 든 개발자다. 2011년에 비트코인 잡지를 만들었을 정도로 블록체인 과 비트코인에 큰 관심을 갖고 있 었다. 2012년 팀을 구성하고 이더 리움 백서를 작성했다.

비트코인 다음으로 많이 알려진 블록체인은 **이더리움**이다. 2013년 당시 19세의 **비탈릭 부테린**이 백서를 작성하면서 이더리 움 개발을 제안했다. 2014년 이더리움 재단을 설립하고 개발 자 금을 모은 후, 2015년 시작한 블록체인 암호화폐 플랫폼이다. 비 트코인과 이더리움의 가장 큰 차이는 기능에 있다. 비트코인은 화 폐와 결제 기능에 집중하는 반면, 이더리움은 블록체인을 기반으 로 다양한 분산화 애플리케이션을 만들 수 있는 플랫폼으로 운영 된다. 이더리움 기반의 암호화폐는 수천 개가 넘고 이더리움을 활 용한 암호화폐와 블록체인 프로젝트 개발이 활발히 이뤄지고 있다. 이더리움은 **솔리디티**라는 프로그래밍 언어를 사용해 이더리움 블록체인 플랫폼의 스마트 계약을 만든다. 솔리디티는 이더리움 핵심 개발자가 만든 프로그래밍 언어로, 이를 통해 누구든지 이더리움 기반 블록체인을 개발할 수 있다. 단순한 암호화폐 거래나 전송이 아니라 복잡한 형태의 계약 조건을 설정할 수 있고, 다양한 비즈니스 모델을 구현한다.

솔리디티Solidity
정적타입의 프로그래밍 언어로 주로 이더리움 기반 블록체인 플랫폼의 스마트 계약 작성 및 구현에 사용된다.

스마트 계약은 이더리움과 비트코인의 가장 큰 차이점으로 비트코인을 1세대 블록체인으로, 이더리움을 2세대 블록체인으로 구분하게 된 주요 요소다. 이더리움은 스마트 계약 기능을 부여해 블록체인이 단순한 암호화폐 거래를 넘어 다양한 서비스에 적용될 수 있도록 만들었다. 스마트 계약의 특징은 사람의 개입 없이 거래가 자동으로 이루어진다는 점이다. 이후 거의 모든 블록체인이 스마트 계약을 활용하고 있으며, 스마트 계약을 기반으로 다양한 서비스를 만들 수 있다.

스마트 계약은 2013년 비탈릭 부테린이 비트코인의 블록체인 기술을 이용해 송금 등 금융 거래뿐 아니라 모든 종류의 계약을 처리할 수 있도록 기능을 확장하면서 탄생했다. 그는 원래 비트코인의 소스 코드를 일부 수정해 계약 기능을 추가하고자 했으나, 결국 이더리움을 만들어 스마트 계약 기능을 구현했다. 스마트 계약 참여자는 특정한 규칙을 설정하고, 규칙으로 명시된 여러 변수를 설정한다. 예를 들어 매월 말일 비용을 지불하도록 규칙을 설정하고 5명이 10만 원씩 지불하는 변수를 설정한다. 그 규칙에 따라 참여자들에게 자원을 재분배하거나 특정한 행동을 하도록 만들 수 있다. 모든 참여자에게 공개되는 규칙과 변수는 누구나 검증할 수 있으므로 스마트 계약의 보장과 신뢰도는 높을 수밖에 없다.

또한 스마트 계약은 생성 시점에 모든 참여자를 확정할 필요가 없다. 앞으로 상대 참여자가 어떤 일을 하면 얼마만큼의 금액을 지급하겠다는 식으로 규칙을 만들고, 후에 참여자가 확정되면 스마트 계약을 실행하면 된다. 예를 들어보자. 동호회 회비로 매달 10만 원씩 내기로 계약을 했다. 그런데 동호회에 나가면서 제공되는 기념품은 받았지만 회비를 입금할 생각이 없어졌거나 개인적인 용도가 생겨서 10만 원을 다른 데 써버린 사람도 있다. 스마트 계약에서는 이런 경우가 일어날 수 없다. 조건이 반드시 실행되고, 나중에 취소하려고 해도 불가능하다. 오류 없이 실행 가능한 프로그램이 스마트 계약이다. 이번에는 월세 계약을 예로 들어보자. 만약 스마트 계약을 통해 매월 일정한 월세를 암호화폐로 받는 경우, 어떤 상황에서도 계약한 기간에 월세를 지급받게 된다. 일부러 입금하지 않거나 일부만 입금하는 경우가 발생하지 않도록 설정할 수 있다.

스마트 계약은 일반적인 계약과 동일한 개념이다. 다만 약속을 반드시 지키도록 설정할 수 있다. 동호회 회비로 120만 원을 미리 은행에 넣어뒀는데, 갑자기 다른 목적으로 50만 원을 인출할 수 없다. 이미 스마트 계약으로 규정되어 있기 때문이다. 사람이 다른 마음을 품어도 블록체인상에서 맺은 스마트 계약은 무조건 이행되며, 모두가 합의한 규칙과 변수를 기반으로 한다. 이러한 계약 내용은 모두가 검증, 확인, 동의할 수 있다.

PCMag

DAO

Decentralized Autonomous Organization 중앙화된 조직 없이 구성원이 자율적으로 투표, 의견 제시를 하고 다수결 등의 의사결정을 통해 조직이 운영된다.

탈중앙화 조직인 **DAO**는 스마트 계약의 또 다른 사례를 보여준다. DAO는 분산화된 탈중앙의 자율 조직이다. 중앙에서 관리하는 특정한 주체 없이 개인들이 자율적으로 투표하고 의사결정해 운영하는 조직을 의미한다. DAO가 구성되려면 주로 탈중앙과 자율성이라는 기본 요건이 마련돼야 한다. 일반적인 조직이 통제와 관리 탓에 완전한 자율성을 확보할 수 없고, 누군가의 지시로 일이 진행되는 것과 다르다.

DAO에서 발행한 '토큰Token'은 주식이나 펀드 같은 투자의 개념을 넘어 모든 참여자의 권리를 대변하는 일종의 투표권 역할도 한다. 언제 어디서나 실시간으로 참여자가 보유한 지분만큼의 권리를 행사할 수 있다. 'DAO 토큰'을 이용해 펀드 투자의 승인, 거절 같은 의사결정을 수행할 수 있으며, 이러한 투표에 참여하거나 DAO 내 활동에 기여하면 인센티브가 주어진다. 자율적인 조직에서 참여자의 행동을 유도하기 위해 보상이 부여되는 것이다. 활동의 성과에 따라 보상이 증가한다. 이처럼 블록체인의 투명한 구조를 바탕으로 한 새로운 조직 및 서비스 운영 형태가 기대를 받고 있다.

투명한 구조, 보상 지급, 자율적으로 운영되는 조직이라는 매력은 있지만 반대로 DAO는 여러 가지 단점도 갖고 있다. 가장 큰 문제는 의사결정 비용이다. 수십 명에서 많게는 수천, 수만 명에 달하는 참여자 의견을 수렴해야 하므로 다양한 목소리가 존재한다. 의견 교류 과정에서 정치적인 갈등이 생기거나 의견이 갈리는 경우도 있다. 이러한 과정 때문에 의사결정이 느리고 비효율적일 수 있다. 또한 DAO의 법적 지위에 대한 해석이 여전히 모호하며, 어디까지가 규제 대상인지, 토큰 발행 후 발생할 수 있는 수익과 관련된 세금은 어떻게 할지 등의 문제가 논의 중이다. DAO는 새로운 조직 형태이므로 기존 법인과 동일한 권위를 인정해야 하는

지에 대한 논쟁도 있다. 미국에서는 DAO를 법적 지위를 가진 기업 형태로 승인한 적도 있으며, DAO가 새로운 기업 운영 방식으로 떠오를 수 있다는 의견도 있다.

정당성을 검증하는 '합의 알고리즘'

합의 알고리즘 Consensus Algorithm 다수의 참여자들이 의사결정을 하기 위해 사용하는 알고리즘. 블록체인 네트워크에는 중앙에서 의사결정을 내릴 수 있는 기관이나 조직이 존재하지 않는다.

블록체인에는 **합의 알고리즘**이라는 개념이 있다. 블록체인을 사용하면서 사용자들의 자발적인 참여로 정보의 정당성을 검증하는 과정이다. 블록체인 네트워크에는 다수의 참여자가 존재하는데, 블록체인의 합의 알고리즘 형태도 점차 다양해지고 있다. 합의 알고리즘은 블록체인의 처리 능력, 보안성, 수수료 등 다양한 요소에 영향을 미치며, 해당 블록체인이 무엇에 핵심 가치를 두는지에 따라 그 형태도 달라진다.

수많은 참여자가 블록체인 네트워크에 존재하지만 이를 관리하는 중앙 서버는 존재하지 않는다. 정보 도달에 시차가 있는 블록체인 네트워크에서 참여자들은 한 가지 결과에 대해 합의한 후 블록체인에 정보를 생성해야 한다. 만약 합의가 이뤄지지 않은 채 수많은 정보가 무작위로 블록체인에 생성되면 심각한 문제가 발생한다. 예를 들어보자. A가 1만 원을 갖고 있는데 B에게 1만 원을 송금하면서 동시에 C에게도 1만 원을 송금한다. 이 송금 작업이 유효한 거래인지 아닌지 합의를 이뤄내지 못하면 같은 가치가 양쪽에 송금되는 경우가 발생한다. 기존에는 은행처럼 신뢰를 보장하는 제삼자가 개입해 이 작업을 검증해서 한 사람에게만 송금되거나 애초에 동시 송금이 불가능하다고 통보한다. 하지만 블록체인은 P2P 네트워크이기 때문에 제삼자가 신뢰를 보장하거나 통제하는 기능이 없다. 따라서 미리 설정해둔 규칙에 따라 검증된 정보만 블록체인에 기록되어야 한다. 이것이 바로 '합의 알고리즘'이다.

가장 많이 알려진 합의 알고리즘은 작업증명PoW, Proof of Work과 지분증명PoS, Proof of Stake, 위임지분증명DPoS, Delegated Proof of Stake이 있다. 비잔틴 장애 허용 알고리즘BFT, Byzantine Fault Tolerance 기반으로 설계된 여러 알고리즘도 있다. 합의 알고리즘은 보안성과 기능성, 확장성 측면에서 각기 다른 장단점이 존재한다. 합의 알고리즘은 블록체인 네트워크의 무결성과 보안을 위한 중요한 요소다. 합의 알고리즘을 통해 어떤 버전의 블록체인이 유효한지 분산화된 노드들이 검증하고 합의할 수 있다. 블록체인 네트워크가 유지되려면 합의 알고리즘의 활용이 매우 중요하다. 최근에는 속도가 느리거나 효율성이 떨어지는 합의 알고리즘보다 합의를 진행하는 노드 수를 줄이고, 대신 빠르게 신뢰성을 확보할 수 있는 절차를 더하는 등 확장성을 고려한 합의 알고리즘이 주로 채택되고 있다.

PoW, 즉 작업증명 방식은 어떤 문제를 푼 사람에게 블록을 검증할(채굴할) 기회를 제공한다. 열심히 일한 만큼 그 보상으로 암호화폐를 받는 방식이다. 컴퓨터 연산으로 특정 값을 먼저 찾는 사람이 블록을 검증할 권리를 얻는다. 연결되는 블록이 많아질수록 난이도는 점점 높아진다. 문제는 무작위로 숫자를 넣어 대입하는

PoW
블록을 생성하고 검증하는 작업에 참여했음을 증명하는 합의 알고리즘. '작업증명 방식'으로 불린다. 컴퓨터와 그래픽 카드로 비트코인을 채굴할 때 사용하는 방식이다.

방식인데, 컴퓨팅 파워가 높을수록 연산 능력이 좋아서 숫자를 찾을 확률이 높으므로 더 많은 작업을 할 수 있다. 이렇게 컴퓨팅 파워에 의존하는 특성 때문에 PoW는 보안상 큰 장점이 있다.

장점과 더불어 엄청난 전력 소비가 필요하다는 문제점도 있다. 한마디로 비효율적이다. 특정 채굴자에게 채굴 파워가 집중되어 블록체인의 핵심 가치인 분산화, 탈중앙화에 반하는 현상이 생기기도 한다. 전력 소비가 많고 환경 문제를 유발한다는 지적도 있다. 점차 PoW 합의 알고리즘은 사용하지 않는 추세이며, 비트코인 다음으로 시가총액이 큰 암호화폐인 이더리움은 PoW 방식에서 PoS 방식으로 전환했다.

PoS
'지분증명 방식'인 PoS는 해당 암호화폐를 보유하고 있는 지분에 비례해 의사결정 권한을 주는 방식이다. 주주총회에서 주식 지분에 비례해 의사결정 권한을 가지는 것과 유사하다.

PoS, 즉 지분증명 방식은 블록체인에서 암호화폐를 많이 가진 (지분을 많이 보유한) 만큼 블록의 유효성을 검증할 확률이 높아지는 구조다. 만약 1개의 암호화폐를 가지고 있을 때 1개의 블록을 검증하고 보상을 받는다면, 10개의 암호화폐를 가지고 있으면 10개의 블록을 검증해 더 많은 보상을 받는 구조다. 누가 더 많은 작업을 했는지 경쟁이 필요하지 않고, 모두가 블록을 검증하고 보상받을 수 있다. 다만 단순히 지분이 많은 참여자가 선정되는 것은 아니며, 무작위로 선정하거나 암호화폐 보유량과 함께 보유 기간을 고려해 선정하기도 한다.

PoS 방식은 PoW의 문제점들을 해결하는 데 적합하다. 컴퓨팅 파워를 소비하지 않기 때문에 전력 같은 자원 낭비가 없어 경제적이고 친환경적이다. PoS 방식은 데이터 검증자가 일종의 보증금 (지분)을 맡겨놓기 때문에 쉽사리 조작할 수 없다. 또한 지분과 보유 기간에 따른 권한이 각기 다르므로 독점 문제가 해소된다. 다만 합의 과정에 시간이 걸리고 많은 지분을 가진 소수에 의해 블록체인이 좌우될 수 있는 위험 또한 존재한다.

　PoS 방식에도 여러 가지 단점이 있어, 이를 해결할 대안으로 DPoS 같은 새로운 합의 방식이 탄생하기도 했다. PoS가 직접민주주의 방식이라면 DPoS는 자신의 투표권(권한)을 다른 이에게 위임하는 간접민주주의 방식이라고 할 수 있다. 참여자들이 대표자에게 자신의 권한을 위임해 합의 속도를 높이는 등 편의성을 증대할 수 있다. 그러나 DPoS 방식도 중앙화와 보안 위험 등 여러 가지 문제점을 드러내고 있어 보완이 필요한 상황이다.

　PoW, PoS, DPoS, BFT 외에도 많은 합의 알고리즘이 탄생했다. 하지만 아직 단점이 없는 완벽한 합의 알고리즘은 등장했다고 보기 어렵다. 기본적으로 블록체인이 지닌 트릴레마 문제를 해결하지 못하기 때문이다. 하나를 선택하면 다른 하나를 포기해야 하는 상황을 딜레마라고 한다. 이와 유사하게 두 가지가 아닌 세 가지 선택지가 존재하고 세 가지 모두를 만족시킬 수 없는 상황을 **트릴레마**라고 한다.

　블록체인은 확장성, 보안성, 탈중앙성 중 적어도 하나를 희생해야 하는 트릴레마를 갖고 있다. 예를 들어보겠다. 블록체인 네트워크에서 거래를 하면 기본적으로 트랜잭션(거래와 데이터 생성)이 발생한다. 네트워크에 있는 노드가 트랜잭션을 검증하는 과정이 필요하다. 노드가 많다면 그만큼 많은 노드가 검증에 참여한다는 의미이며, '탈중앙성'이 높아진다고 볼 수 있다. 노드가 많다면 악의적으로 거래를 이용하기 어려워져 '보안성'이 높아진다. 하지만 많은 노드가 검증에 참여하면 검증하는 데 오랜 시간이 걸리기 때문에 '확장성'이 저하된다.

트릴레마
세 가지 선택지나 옵션이 제시되지만 세 가지 모두를 만족시킬 수는 없는 상황. 블록체인은 확장성 Scalability, 보안성 Security, 탈중앙성 Decentralization 중 적어도 하나를 희생해야 하는 트릴레마를 갖고 있다.

결국 트릴레마를 해결하려면 보안이 철저하고 수많은 참여자가 검증을 빠르게 처리할 수 있어야 한다. 이를 위해 블록체인 데이터를 처리하고 검증하는 합의 알고리즘을 개선하면서 최적의 합의 알고리즘을 만들어내고자 하는 노력이 여전히 이어지고 있다.

합의 알고리즘으로 블록체인 데이터를 처리할 때 블록체인에서 새로 생성된 블록의 무결성을 검증하는 역할은 **검증인(밸리데이터)**이 맡는다. 검증인은 블록체인상에 기록되는 거래 내역을 확인하는 주체다. 검증인은 모든 거래의 유효성과 정확도를 검증하는 역할을 한다. 이는 누구나 할 수 있지만 필수적으로 네트워크에 참여할 수 있는 노드, 즉 쉽게 말해 컴퓨터가 있어야 하고, 각 체인마다 필요 요구사항을 갖춰야 한다. 일정 수량 이상의 해당 블록체인 암호화폐를 **스테이킹**해야 하거나, 더 높은 사양의 컴퓨터가 필요할 수 있다.

검증인 Validator
블록체인상에 기록되는 거래 내역을 확인하는 주체. 블록을 생성, 검증 및 승인하는 과정을 통해 블록체인 네트워크의 안정성과 신뢰성을 유지하고 이에 따른 보상을 받는다. 개인도 가능하지만 주로 기업이나 단체가 검증인을 맡는다.

스테이킹 Staking
본인이 가진 암호화폐의 일정량을 네트워크에 맡기는 방식. 블록체인 네트워크에 맡긴 암호화폐를 블록체인 검증에 활용하면, 그 대가로 암호화폐를 받는다.

블록체인 트릴레마

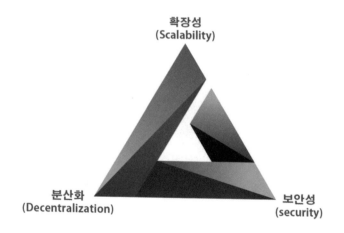

확장성
(Scalability)

분산화
(Decentralization)

보안성
(security)

모든 블록체인에 적용 가능한 합의 알고리즘이 탄생하기까지는 여전히 시간이 필요하다. 하지만 관련 기술 개발 속도가 점차 빨라지고 있고, 비즈니스 목적이나 기술 활용을 위해 앞으로도 새로운 합의 알고리즘이 다양한 방향으로 연구될 것이다.

넥스트 비트코인과 이더리움

새로운 합의 알고리즘의 등장과 블록체인 기술 발전이 계속됨에 따라 비트코인과 이더리움의 자리를 노리는 새로운 블록체인이 속속 나타나고 있다. 블록체인은 이더리움처럼 일반적으로 **레이어1**으로 불리는 메인넷과, 메인넷을 보완하고 확장할 수 있도록 돕는 별도의 블록체인인 **레이어2**로 구분할 수 있다. 메인넷은 자체적인 블록체인 네트워크를 구성하고 합의 알고리즘에 따라 블록을 생성하고 데이터를 처리한다. 다른 블록체인에 종속되지 않고 독립적인 생태계를 구축하는 것이다. 이더리움을 비롯해 앱토스Aptos, 니어 프로토콜NEAR Protocol, 솔라나Solana 등 전 세계적으로 활성화된 메인넷만 수십 개가 넘는다.

메인넷을 기반으로 다양한 서비스 애플리케이션을 만들고 운영할 수 있다. 독립적인 생태계를 만들려면 많은 서비스와 사용자가 필요하다. 따라서 각각의 메인넷은 데이터 처리 속도를 높이고 편리한 개발 도구를 제공하는 등 개발자를 위한 지원을 아끼지 않

레이어1 Layer1
블록체인 기본 네트워크. 다른 블록체인과 독립적으로 운영된다. 우리가 흔히 아는 블록체인이 바로 레이어1이다. 가장 많이 알려진 비트코인, 이더리움, 에이다, 솔라나 등이 해당한다.

레이어2 Layer2
레이어1을 기반으로 작동하는 블록체인 네트워크. 실제 트랜잭션은 레이어2에서 생성하고 처리한 뒤 압축한 정보만 레이어1에 기록한다. 더 많은 양의 데이터를 레이어1보다 빠르게 처리할 수 있다.

는다. 메인넷에겐 해결해야 할 과제가 많다. 기존 메인넷은 독립적이기 때문에 원칙적으로 다른 블록체인과는 연결이 불가능하다. 하지만 탈중앙화 인터넷을 구현하기 위해서는 서로 다른 메인넷도 연결되고 결합돼야 한다. 이 때문에 메인넷끼리 연결될 수 있도록 많은 기술이 개발되고 있다. 예를 들어 A라는 블록체인에서 만든 데이터와 암호화폐가 B라는 블록체인에서도 똑같이 쓰이고 가치를 지닐 수 있다.

메인넷은 많은 데이터를 처리하는 동시에 탈중앙성을 확보해야 하기 때문에 빠른 속도와 확장성이 필요하다. 이를 위해 기존 메인넷의 문제점을 보완하고 확장을 돕기 위한 '레이어2'가 등장했다. 레이어2는 기존 블록체인이 아니라 바깥에 있는 별도 레이어에서 연산을 수행하고 기록을 검증한 후 결괏값만 원래 블록체인에 기록한다. 이러한 방식은 메인넷 블록 생성 부담을 줄여 확장성을 높일 수 있다. 데이터 처리가 빨라지고 메인넷에서 높게 부과되는 수수료도 크게 절감할 수 있다.

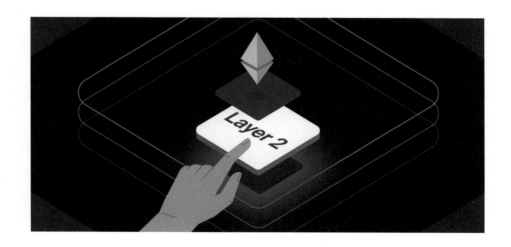

Chapter 2 블록체인, 웹 3.0 디지털 경제의 근간

레이어1과 레이어2의 이해를 돕기 위해 맛집을 예로 들어본다. 이더리움은 가장 맛있고 유명한 빵을 판매하는 맛집이다. 빵이 빨리 나오는 빵집도 있고 가격이 저렴한 다른 빵집도 있지만 모든 사람이 이더리움을 찾는다. 전국에 매장 체인이 있어 접근성이 높고, 누구나 알고 있는 빵을 만나볼 수 있는 곳은 이더리움이 유일하다. 다만 구매자가 너무 몰려들어 항상 줄을 길게 서야 한다. 게다가 빵을 하나 사기 위해 여러 직원에게 검증받아야 한다. 누군가 웃돈(높은 수수료)을 얹으면 남들보다 먼저 사갈 수도 있다. 이런 문제를 해결하기 위해 레이어2 매장이 생겼다. 2020년 비탈릭 부테린은 레이어1의 처리속도를 높이는 것도 방법이지만 레이어2에서 연산을 처리해 레이어1에는 데이터만 저장하자는 아이디어를 제안했다.

레이어2 매장은 이더리움 대신 주문을 받아 결제를 하고 이더리움에게 전해준다. 일단 빠르게 처리하고 나중에 결제 문제가 생기면 확인해 처리하기도 한다. 이러한 과정을 '롤업'이라고 한다. 레이어2 매장이 커지면서 이더리움의 빵을 가져와 팔기도 하고 독립적으로 빵을 만들어 팔기도 한다. 레이어2의 중요성이 대두되면서 폴리곤Polygon, 아비트럼Arbitrum, 옵티미즘Optimism 등 여러 네트워크가 탄생했다. 이더리움의 부담을 레이어2가 덜어주며 레이어2 역시 자체적인 서비스를 만들고 사람도 모으며 생태계를 함께 키워간다.

롤업Roll up
레이어2에서 데이터를 대신 처리하고 요약된 결과만 레이어1에 전달하는 과정과 방식.

폴리곤 블록체인은 이더리움 확장성 문제를 해결하고 보안성을 높이고자 개발됐다. 레이어2로 불리는 이더리움의 조력자 역할로 시작했으나 자체 메인넷을 구축해 이더리움과 별개로 주력

블록체인 메인넷으로 성장하고 있다. 폴리곤 블록체인 개발자들은 굳이 이더리움을 통해 애플리케이션을 만들지 않아도 폴리곤을 사용하며 이더리움에서 제공하는 거의 모든 기능을 이용할 수 있다. 이더리움이 1분에 6개의 트랜잭션을 처리하는 반면 폴리곤은 3초 안에 1개의 트랜잭션을 완료할 수 있다. 빠른 속도, 확장성, 저렴한 수수료 등의 장점을 바탕으로 디즈니, 스타벅스, JP모건, 인스타그램 등 많은 글로벌 기업이 폴리곤을 비즈니스에 활용하고 있다.

레이어2는 아니지만 레이어1인 메인넷으로 넥스트 비트코인과 이더리움을 꿈꾸는 블록체인도 많다. 솔라나는 빠른 처리 속도와 낮은 수수료를 강점으로 메인넷을 운영하며, 에이다Cardano는 높은 보안성이 특징이다. 니어 프로토콜은 개발자 친화적인 환경을 제공하는 등 각각의 메인넷이 자체 생태계를 꾸리기 위해 노력하고 있다.

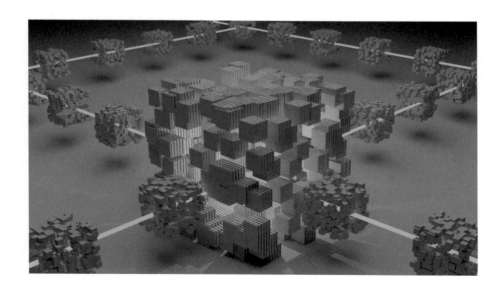

과거 소셜 네트워크 서비스 기업 페이스북이 리브라Libra라는 블록체인 프로젝트를 추진하다 중단한 사례가 있다. 리브라가 결국 사업화되지 않자 당시 리브라 프로젝트를 진행하던 개발자들이 퇴사 후 자체 개발한 언어인 **무브**를 활용해 메인넷을 만들어 선보이기도 했다.

메인넷은 블록체인 산업 전체의 근간이 되기에 많은 회사와 개인들이 자체적인 메인넷을 만든다. 메인넷을 통해야 서비스 개발과 암호화폐 발행 등이 가능하기 때문이다. 안타까운 사실은 해외에서 개발된 수많은 메인넷이 전 세계적으로 사용되지만, 국내에서 개발한 메인넷은 사실상 명맥이 끊겼다는 점이다. 국내 기업이 개발한 메인넷은 국내 일부 서비스에서 활용되거나 여러 문제로 생태계 구축에 실패하는 등 대표적으로 내세울 만한 게 없는 상황이다. 하지만 국내에서도 메인넷을 개발하는 프로젝트가 여럿 있으니 앞으로 국내 기업이 만든 메인넷이 세계적으로 주목받기를 기대해본다.

무브move
과거 메타(페이스북)가 개발했던 블록체인 전용 언어로 무브를 기반으로 앱토스, 수이 등 레이어1 블록체인이 개발된다.

암호화폐는
어떻게 발행될까?

레이어1과 레이어2는 블록체인 기반 암호화폐를 만들 수 있다. 과거 암호화폐는 블록체인 기술을 알아야만 발행할 수 있었지만, 지금은 누구나 몇 분 안에 암호화폐를 만들 수 있다. 물론 암호화폐를 만든다고 해서 이를 화폐처럼 쓰게 하거나 암호화폐 거래소에 상장해 거래될 수 있다는 건 아니다. 기술의 발전으로 암호화폐를 만드는 방법 자체는 난이도가 낮아졌지만, 암호화폐를 발행하고 유통하는 방법은 전 세계적으로 규제를 적용 받기 시작했다.

몇 년 전만 해도 암호화폐는 **ICO**를 통해 판매되고 대규모의 초기 자금을 모금했다. 암호화폐 공개는 유가증권시장의 IPO(Initial Public Offering, 기업공개)와 개념이 비슷하다. 블록체인 기반 프로젝트를 추진하는 주체가 초기 자금 조달을 목적으로 암호화폐를 발행해 투자자들에게 판매하고 자금을 확보하는 방식을 의미한다. 하지만 최근에는 ICO를 진행하는 경우가 없다. 이를 악용해 여러 문제가 생겼기 때문이다. ICO 때 미리 암호화폐를 사두면 향후 수십 내지 수백 배 이익을 얻을 수 있다고 투자자를 속여 돈을 빼돌리거나, 프로젝트 자체가 사기인 경우도 있었다. ICO로 거액의 투자금을 모아놓고 계획대로 개발하지 않는 등 방만한 경영과 개발로 문제가 되기도 했다.

ICO의 문제점을 보완하고자 IEO라는 새로운 방식이 등장했다. 이미 여러 거래소에서 이 방식으로 투자금을 모았다. **IEO**는 블록체인 프로젝트를 추진하는 주체가 발행한 암호화폐를 직접 판매하지 않고 암호화폐 거래소에 위탁해 판매함으로써 자금을 조달하는 방식이다.

이후 IEO는 **런치패드**라는 형태로 바뀌었다. 런치패드는 거래소가 특정 암호화폐를 선별해 투자자에게 판매하는 형태로 거래소가 기준을 적용해 심사하므로 불량 프로젝트를 1차적으로 걸러

ICOInitial Coin Offering
블록체인 프로젝트를 추진하는 주체가 초기 자금 조달을 목적으로 암호화폐를 발행하고 투자자들에게 판매해 자금을 확보하는 방식이다.

IEOInitial Exchange Offering
블록체인 프로젝트를 추진하는 주체가 발행한 암호화폐를 직접 판매하지 않고 암호화폐 거래소에 위탁해 판매해서 자금을 조달하는 방식이다.

런치패드Launchpad
암호화폐 거래소가 특정 코인 프로젝트를 선정해 해당 프로젝트의 코인을 투자자에게 판매하는 것. IEO 방식와 동일한 의미로 쓰인다.

낼 수 있다는 장점이 있다. IEO와 크게 다르지 않지만, 거래소가 좋은 프로젝트의 인지도를 높일 수 있어 마케팅 성격이 강하다고 볼 수 있다. 전혀 정보가 없는 암호화폐보다는 어느 정도 정보를 제공받으므로 유망한 프로젝트에 투자하는 기회가 될 수 있다.

그러나 런치패드로 판매하는 암호화폐가 거래소와 모종의 거래를 했을 가능성도 있고, 프로젝트가 진행 중에 중단되거나 실패하는 사례도 적지 않다. 따라서 암호화폐는 어떠한 형태로 구매해 투자하더라도 여러 정보를 면밀하게 살펴보는 과정이 필요하다. 암호화폐와 거래소 관련 정보를 제공하는 웹 사이트 코인마켓캡 CoinMarketCap에 따르면 2023년 9월 기준 암호화폐 종류는 180만 개가 넘고 거래소는 670개가 등록돼 있다. 이렇게 많은 암호화폐와 거래소는 신뢰도가 가장 중요하므로 항상 신중하게 접근하고 판단해야 한다.

암호화폐를
보관하는 방법

전 세계에는 수백 개의 암호화폐 거래소가 있고, 거래액이 하루 최소 몇 억에서 많게는 수조 원 단위까지 올라가기도 한다(한때 국내 거래소가 전 세계 거래액 기준 상위에 오른 적도 있다). 암호화폐 거래소는 주로 거래 수수료로 수익을 올린다. 거래소마다 취급하고 상장한 암호화폐 종류가 다르므로, 모든 암호화폐를 모든 거래소에서 거래할 수는 없다. 높은 평가를 받는 암호화폐는 많은 거래소에 등록되며, 특정 기준에 미흡한 암호화폐는 거래소에 상장되지 않는다. 암호화폐 거래소는 일반적으로 운영 주체가 있는 중앙화 형태로 운영된다. 수수료로 수익을 올리면서 중개자 역할을 담당하므로 블록체인의 특징인 분산화, 탈중앙화와는 거리가 멀다는 비판도 많다.

그 대안으로 투자자와 암호화폐 보유자가 직접 거래할 수 있는 **분산화 거래소(DEX)**가 있다. 탈중앙화 혹은 분산화 거래소인 DEX는 중앙화 거래소와 달리 P2P 방식으로 운영한다. 거래소 주체가 없고 거래자를 직접 연결해 서로 다른 암호화폐를 교환한다. 예전보다는 많이 줄었지만 중앙화 거래소를 타깃으로 한 해킹 사건이 계속 일어나고 있다. 그런 가운데 DEX를 이용하는 최대 장점은 거래소에 자금을 맡길 필요가 없다는 것이다. 이용자가 암호화폐를 거래소 지갑에 입금하는 방식이 아니라 이용자들이 서로 합의한 스마트 계약에 따라 자금이 교환된다. 본인 인증이 필요하거나 데이터를 중앙에서 보관하지 않기 때문에 보안성이 높고 개인정보 유출 우려가 없다. 하지만 운영 주체가 없기 때문에 암호화폐

분산화 거래소

Decentralized Exchange
기존 중앙화 거래소와 달리 참여자의 직접 거래를 통해 암호화폐 매매가 가능한 거래소. 점차 분산화 거래소의 거래량이 중앙화 거래소를 넘어서는 모습을 보이고 있다.

지갑을 직접 관리해야 하고 문제가 발생했을 때 해결 방법이 딱히 없다는 약점도 있다. P2P 거래에 참여하는 사용자가 부족하면 유동성이 없어 거래가 잘 성사되지 않는 점도 단점이다.

거래소 형태를 떠나 중요한 사실은 보관 측면에서 암호화폐 거래소는 기존 제도권의 금융기관보다 훨씬 위험하다는 점이다. 실제로 암호화폐 거래소가 해킹당해 암호화폐가 유출되는 사례가 언론에 수차례 보도되기도 했다. 국내 거래소도 해킹으로 개인 투자자가 자산을 잃는 경우가 발생했고, 해외에서도 해킹 탓에 거래소가 투자자에게 큰 피해를 입히기도 했다.

암호화폐 거래소 대부분은 보안에 온 힘을 기울인다고 밝혔지만, 투자자들은 현금과 마찬가지인 암호화폐를 보관하는 데 불안함을 느낄 수밖에 없다. 암호화폐 거래소에서는 암호화폐를 두 가지 형태로 보관한다. 이는 비단 거래소에만 해당되는 방식이 아니라 일반 보유자도 마찬가지다. 인터넷에 연결된 보관 방식은 **핫 월릿**, 연결되지 않았다면 **콜드 월릿**으로 구분할 수 있다. 일반적으로 핫 월릿은 암호화폐 판매나 전송 같은 거래가 바로 가능한 암호화폐 지갑이다. 실시간으로 편리하게 이용할 수 있지만, 해킹이나 피싱 사기에 노출될 위험이 커 보안성이 낮다. 반대로 콜드 월릿은 인터넷에 연결되어 있지 않아 즉시 거래는 불가능하지만 해킹 우려가 없다. USB 같은 별도 하드웨어 저장 장치에 암호화폐를 보관하는 식이다.

물론 모든 지갑에는 보안 요소가 적용되어 있다. 거래소에서도 핫 월릿의 별도 보안과 더불어 OTP 등 추가 보안이 가능하지만, 인터넷에 연결돼 있으므로 해킹 위험을 완전히 차단할 수는 없다. 콜드 월릿은 하드웨어 저장 장치를 분실하거나 파손하지 않도록

핫 월릿 Hot Wallet
온라인상에 암호화폐를 보관하는 방식.

콜드 월릿 Cold Wallet
온라인과 연결되지 않은, 별도의 하드웨어 저장 장치를 사용하는 암호화폐 보관 방식.

주의해야 하고, 보안장치를 분실하면 복구하기가 어려워 이를 잘 보관해야 한다. 대부분의 암호화폐 거래소는 고객의 암호화폐를 핫 월릿과 콜드 월릿으로 나눠 보관하고 있다고 밝혔다.

현재 수백 종 이상의 블록체인 지갑이 출시되어 있다. 각 블록체인 메인넷에 맞게 사용할 수 있는 지갑이 있다. 사람들이 가장 많이 사용하는 대표적인 지갑은 **메타마스크**다. 한 달 사용자가 무려 3,000만 명 이상이다. 이러한 블록체인 지갑의 장점은 개인정보를 담지 않는다는 것이다. 메타마스크 지갑을 만들 때 필요한 건 개인적으로 사용할 비밀번호뿐이다. 이메일도 필요하지 않고 그저 크롬이나 엣지 같은 웹 브라우저 확장프로그램을 추가해 지갑을 생성하고 사용하면 된다. 익명성을 보장하는 좋은 방식이다.

메타마스크는 암호화폐 보관은 물론 DEX처럼 암호화폐를 환전 및 송금할 수도 있다. NFT를 비롯해 각종 디지털 자산을 보관할 수도 있다. 모든 블록체인 관련 활동을 위해서는 지갑이 필수

메타마스크 MetaMask
암호화폐 전용 지갑으로 가장 널리 사용된다. 메타마스크에서는 암호화폐 송금, 교환 등이 가능하다. 2022년 기준 월 사용자는 3,000만 명에 달하며 월 매출은 약 120억 원을 기록했다.

대표적인 블록체인 지갑 '메타마스크'

출처 Metamask

다. 지갑은 무조건 보유해야 하는 기능이라 기업들은 지갑을 장벽으로 인식하지 않도록 용어도 바꾸고 사용자를 모으고 있다. 지갑은 다른 암호화폐로 환전하거나 대출 등 금융상품과 연계도 가능한 만큼, 지닌 가능성이 단순한 인증이나 송금에 그치지 않는다. 국내외 수십 개의 지갑 개발 업체가 있는 이유도 여기에 있다. 앞으로 지갑은 누구나 하나씩은 갖고 있는 기본 아이템이자 기능이 될 것이다.

새로운 블록체인 비즈니스①
: X2E

암호화폐와 지갑이 준비됐다면 이제 금융, 게임, NFT 거래 등 다양한 서비스를 이용할 수 있다. 플랫폼 역할을 담당하는 블록체인을 활용해 탄생한 수많은 블록체인 프로젝트를 디앱DApp, 즉 분산된 애플리케이션이라고 한다. 스마트폰을 예로 들어보자. 삼성전자의 갤럭시 시리즈는 안드로이드, 애플의 아이폰은 iOS 운영체제 기반이다. 각각의 스마트폰에서 사용하는 다양한 모바일 앱이 있다. 블록체인의 디앱은 블록체인 위에서 작동하는 애플리케이션을 말한다. 예를 들어 이더리움 기반 암호화폐와 블록체인은 모두 이더리움의 디앱이라고 할 수 있다.

기본적인 환경이 갖춰지면서 블록체인에 구현된 서비스가 다양해지고 있다. 대표적으로 X2E와 디파이가 있다. 2019~2020년 암호화폐 침체기를 겪는 동안 여러 기업이 NFT를 활용하거나 게임성이 가미된 서비스, 금융 서비스 등을 준비했다. 그리고 2021년 암호화폐 시장이 호황을 맞으면서 이들이 출시됐다.

X2E Something to Earn
특정 행위에 대해 금전적 보상을 지급하는 서비스.

2021년과 2022년 가장 뜨거웠던 키워드는 바로 **X2E**다. 그중 P2E Play to Earn가 매체나 커뮤니티에서 주로 언급됐다. X2E는 어떠한 행동만큼 벌어들이는 경제활동을 의미한다. 지금까지 우리가 게임을 하며 했던 행동을 떠올려보면, 일반적으로 무료로 게임을 즐기거나(Free Play), 이기기 위해 돈을 지불하는 일명 현질(Pay to Win)을 한다. 하지만 2021년 P2E 게임이 본격적으로 등장하면서 주목받기 시작한 구조가 'Play to Earn'이다. P2E 구조에서는 개인이 게임이나 다른 어떤 활동을 하는 만큼 보상을 받는다. 단순히 게임에서 이기면 보상을 받는 것과 다르게 현금화할 수 있는 재화나 보상이 주어져 사람들의 폭발적인 관심을 일으켰다. NFT로 만들어진 캐릭터나 아이템을 소유하고 이를 기반으로 행동하면 그에 따른 차등된 보상이 주어진다.

예를 들어 '걷기'처럼 사람의 행동을 하나의 콘텐츠로 전환한 사례가 있다. 스테픈STEPN은 사람들이 걷거나 뛰는 운동을 게임과 NFT, 블록체인의 보상 구조에 연결했다. 운동하며 돈을 벌 수 있다고 소문이 나니 스테픈 열풍이 불어 많은 사람이 몰렸다. 그러자 수많은 서비스가 P2E 구조를 차용해 만들어졌다. 게임뿐만 아니라 음악, 건강관리, 교육 등 다양한 산업 분야에 적용되었다.

P2E 열풍의 시작에는 '엑시 인피티니'가 있다. 이 게임을 플레이하고 보상을 받기 위해서는 NFT로 제작된 캐릭터 3개를 우선 구매해야 한다. 엑시 인피니티는 보상으로 꽤 큰 금액을 받을 수 있어 많은 사람이 뛰어들었다. 동남아시아에서는 수십, 수백 대의

X2E 열풍을 불러일으킨 스테픈

출처 STEPN

스마트폰을 설치해 공장처럼 자동으로 게임을 돌리는 상황까지
나올 정도로 많은 사람이 이 게임을 즐겼다. 문제는 시간이 지나
면서 드러났다. 게임을 하면서 보상으로 받는 재화를 현금화하는
사람이 늘어나기 시작한 것이다. 이때 재화를 소각해 없애서 수요
와 공급을 맞추는 밸런싱이 제대로 이뤄지지 않았다. 게임 NFT를
구매하고 보상이 늘어날수록 처음에는 재화를 모으던 사람들이
현금화하기 시작했고, 일순간 걷잡을 수 없이 경제체제가 무너져
버렸다. 보상과 소비의 밸런스를 이루지 못하게 되자 보상으로 받
는 암호화폐 가격이 폭락했다. 뒤늦게 게임을 시작한 사람들은 거
액의 초기 자금을 투자했지만 막상 수익을 얻을 수 없었다. 이 때
문에 뒤에 참여한 사람들의 돈을 가져가 앞서 참여한 사람들에게
쥐여주는 일명 폰지 사기 구조라는 비난이 많았다. 보상 구조가 유
지되려면 실물 경제와 연계하거나 사용처가 많아서 지속적으로
재화를 소비하도록 만들어야 한다. 이러한 구조를 설계하기는 쉽

지 않다. 결국 소비처가 없고 지속적으로 콘텐츠를 제공하지 못한 데다가 기본적으로 사용자들이 게임의 재미보다는 보상을 목적으로 몰려들다 보니 사람들이 빠르게 빠져나가버렸다. 엑시 인피티니와 스테픈은 X2E 열풍을 불러왔지만 대표적인 실패 사례로 남게 되었다. 이후에도 많은 X2E 게임이 등장했으나 결국 비슷한 결말을 맞이했다.

X2E 구조가 나온 이후 S2E Sleep to Earn, E2E Eat to Earn, L2E Like to Earn 등 다양한 서비스가 등장했다. 하지만 대부분 유지되지 않고 서비스 지속에 어려움을 겪었다. X2E의 1차 붐은 큰 거품이 사라지면서 막을 내렸지만, 앞으로 기존 구조를 보완하고 개선한 새로운 형태의 X2E가 또 등장해 사람들의 관심을 끌 수 있다.

새로운 블록체인 비즈니스②
: 디파이

블록체인에서 가장 대중화된 분야는 게임과 금융이다. 앞선 X2E 구조나 여러 게임사가 블록체인을 도입하는 건 아무래도 게임이 대중성을 지니고 있고 접근성이 좋기 때문일 것이다. 한편 블록체인 관련 금융은 암호화폐라는 새로운 형태의 재화를 활용하면서 은행, 증권사 등 기존 중앙집중적인 금융업의 대척점에 있어 앞으로 가장 주목받을 분야다.

NFT, X2E와 함께 뜨거웠던 키워드는 **디파이**다. 디파이는 '탈

디파이 De-Fi, Decentralized Finance 탈중앙화된 금융을 의미한다. 암호화폐를 담보로 대출을 받거나, 송금, 결제, 금융상품 개발 등 기존 금융기관의 전유물을 블록체인과 암호화폐로 구현한다.

중앙화 금융'을 뜻하는데 블록체인 네트워크 위에서 작동하는 금융 생태계를 의미한다. 디파이라는 개념이 등장했을 때 사람들은 과연 어떻게 금융이 블록체인 위에서 서비스로 구현될 수 있을까 궁금해했다. 디파이는 일반 금융과 유사하게 담보대출이나 보험, 파생상품 거래 등을 이용할 수 있다. 현실처럼 신용점수 확인이나 신원인증이 어렵기 때문에 보유한 암호화폐나 디지털 자산을 기반으로 대출 등이 이뤄진다. 또한 탈중앙화 거래소(DEX)처럼 중개자 없이 금융 서비스가 이루어지며 실물자산을 대신한 디지털 자산의 가치 측정, 현실 화폐의 가치를 반영한 스테이블 코인 등 독특한 요소를 지닌다.

디파이의 가장 두드러진 특징은 누구나 금융 서비스를 만들고 사용할 수 있다는 점이다. 비록 이 과정에서 온갖 사기와 문제점이 드러나기도 했지만, 디파이라는 새로운 금융 생태계가 갖춘 여러 장점도 있다. 개발도상국처럼 신용 시스템이 없거나 금융 서비스를 쉽게 이용할 수 없는 나라에서는 디파이가 대안이 될 수 있다. 인터넷이 연결되기만 하면 누구나 금융 서비스에 접근할 수 있

기 때문이다. 또한 디파이는 모든 데이터가 공개돼 있어서 누구나 언제든지 이자율이나 예금 대비 대출 비율 같은 수치들을 확인할 수 있다. 기존 금융 서비스에서는 일부 정보는 공개되지만 실제로 내 돈이 어디에 투자됐는지, 어떻게 활용되는지 정확히 알 수 없다. 하지만 디파이는 블록체인 특성상 모든 데이터가 공개되므로 자금 이동이나 투자 리스크 등을 실시간으로 확인할 수 있다. 이러한 투명성은 디파이의 최대 장점으로 꼽힌다.

그밖에도 온라인, 특히 블록체인 위에서 금융 생태계가 만들어지다 보니 디파이에는 기존 금융과는 다른 요소들이 존재한다. 대출의 경우 신용으로 대출을 하는 방식보다 개인이 소유한 암호화폐나 NFT를 맡기고 그 가치에 상응하는 이자율과 대출금액이 산정되는 식이다. 이 과정에서 개인들이 유동성 공급자LP, Liquidity Provider 역할을 하기도 하는데, 이 역할은 기존 금융 시스템에서는 대형 은행이나 금융기관만 할 수 있는 영역이다. 디파이에서는 개인이 이런 유동성 공급자로 참여하며 이자 수익 등을 올릴 수 있다. 또한 중개자가 없는 탈중앙화 형태에서는 사람이나 기관이 아닌 스마트 계약이 은행처럼 중개자 역할을 하면서 프로그래밍으로 대출이나 상환이 진행된다. 이렇게 절감되는 비용은 이자 등 개인의 수익으로 돌아온다.

물론 디파이는 금융제도나 규제에서 벗어나 있어 잘못된 상품으로 인한 피해가 발생하기도 하고 해킹 사고가 일어나기도 한다. 한때 디파이에서는 연 이자율이 수백 퍼센트가 되는 경우도 있었는데, 이런 말도 안 되는 이자율이 나오는 이유는 그만큼 하이 리스크, 하이 리턴 상황이 발생할 수 있다는 것을 의미한다. 기존 금융 시스템에서도 고위험 파생상품이 존재하고 청산이 생기는 것처럼 디파이에도 높은 이자율만큼의 위험이 도사리고 있다.

　디파이에 금융 규제를 적용하려는 움직임은 전 세계적으로 일어나고 있지만, 아직 개인이 만들어내는 탈중앙 금융 서비스를 일일이 규제하지 못하고 있다. 누군가 사기를 치려는 목적으로 높은 이자율로 사람들을 속이기도 하고, 디파이 서비스와 연결된 일부 지점을 해킹으로 공격해 암호화폐를 빼돌리는 등의 일이 가끔씩 터지고 있다. 그런 게 아니더라도 암호화폐 자체가 변동성이 크다 보니 거대한 서비스나 경제체제가 **루나 사태**처럼 한 번에 허물어지는 일도 일어날 수 있다. 따라서 사용자는 디파이가 새로운 서비스인만큼 리스크 역시 있다는 점을 감안해야 한다.

　디파이는 기존 금융시장과 다르게 개인이 시장의 중심에 설 수 있는 토대를 마련한다는 점에서 기업과 개인의 관심이 여전히 크다. 따라서 앞으로 디파이의 장점을 잘 살린 안전하고 편의성 높은 서비스의 등장은 그리 멀지 않았다. 디파이 같은 서비스는 누구나 블록체인 데이터의 생성과 이동 등 정보를 쉽게 확인할 수 있다는 특성이 있다. 이처럼 블록체인에서 생성된 데이터를 **온체인 데이터**라고 하는데 이는 블록체인상에서 일어나는 트랜잭션에 대한 기록이다. 누구나 블록체인 데이터를 확인할 수 있도록 다양한 도구가 존재한다. 예를 들어 이더리움 블록체인상의 데이터를 보고 싶다면 이더스캔이라는 사이트((https://etherscan.io/)에 접속해서 모든 데이터 내역을 확인할 수 있다. 각 블록체인마다 이 같은 사이트가 있으며, 전 세계 누구나 원하는 데이터를 찾아볼 수 있다. 하지만 아쉽게도 이런 데이터는 일반적으로 접하기에는 다소 복잡하고, 가공되지 않은 형태다. 따라서 불편함을 해결하기 위해 여러 블록체인 분석 서비스가 나와 있다. 이미 전 세계적으로

루나 사태
2022년 5월 경, 암호화폐 테라 USD와 루나 코인이 폭락한 사건. 1개당 10만 원에 달하는 코인이 -99% 이상 폭락했다. 해당 사건으로 여러 기업이 파산하고 개인 투자자의 피해가 속출했다. 해당 코인의 창업자는 해외 도피 중 몬테네그로에서 체포되어 미국 혹은 한국에서 여러 범죄 행위에 대한 재판을 앞두고 있다.

온체인 데이터
모든 사람이 열람할 수 있는 블록체인 시스템에 관한 정보. 블록체인에서는 언제, 얼마나, 어디로 암호화폐가 이동했는지 기록되고 공개된다. 암호화폐 지갑 주소, 지갑 수는 물론 송금 수수료 등 다양한 정보를 누구나 확인할 수 있다.

수백 개 이상의 분석 툴이 존재하는데, 데이터 분석과 가공을 잘하면 이것만으로도 충분히 성공적인 비즈니스가 되기도 한다. 실제로 듄 애널리틱스라는 분석 서비스는 블록체인 분석 도구로 유니콘 스타트업 반열에 오르기도 했다.

듄 애널리틱스에 접속하면 데이터가 다양한 대시보드 형태로 정리되어 있는 모습을 볼 수 있다. 예를 들어 특정 NFT 내역을 별도로 볼 수 있는데, 실제로 NFT가 몇 개 발행됐고 얼마나 많은 사람이 NFT를 소유하고 있는지, NFT가 언제 몇 개씩 발행되는지 같은 데이터를 누구나 확인할 수 있다. 여기서 중요한 특징은 이 데이터는 위조나 변조가 절대 불가능하도록 블록에 기록되기 때문에 그 어느 데이터보다 투명하고 신뢰할 수 있는 수치라는 것이다. 이러한 데이터 도구를 잘 활용하면 디파이를 비롯해 여러 블록체인 서비스를 사용할 때 큰 도움이 된다. 누구나 데이터를 확인하고 자금 이동 흐름을 보거나 분석할 수 있는 점이 데이터와 정보를 확인할 수 없는 기존 서비스의 한계를 뛰어넘게 해준다.

듄 애널리틱스 Dune Analytics
2018년 10월에 출시된 온체인 데이터를 위한 분석 및 대시보드 플랫폼. 다양한 데이터를 시각화하고 대시보드로 만들어 볼 수 있다. 약 7,000만 달러에 달하는 시리즈B 투자를 유치한 유니콘 기업이다.

대체 불가한 자산
NFT

NFT는 더 이상 낯선 용어가 아니다. NFT는 2021년부터 블록체인 및 암호화폐 시장의 성장과 더불어 뜨거운 관심을 받았다. 잘 알려진 대로 암호화폐 침체기가 찾아오면서 NFT 거품이 꺼졌고 NFT 시장 역시 침체에 빠졌다. NFT 거래량이 급감했고 일명 블루칩으로 불리며 개당 1억 원이 넘는 가격을 호가했던 NFT는 크게는 90%까지 폭락했다. NFT는 2022년 1월 구글 트렌드 검색 관심도 점수 100점을 기록했지만, 2023년 관심도 점수는 10점에 그쳤다. 실제 글로벌 NFT 거래량도 90% 이상 하락했다.

글로벌 시장조사 기업 스태티스타 자료에 따르면 2021년 NFT 시장은 8억 1,000만 달러의 수익을 창출했다. 스태티스타는 2022년 말 자료를 통해 2023년에 36억 8,000만 달러, 2025년에는 62억 달러의 매출 규모를 예측했다.[4] 하지만 2023년 스태티스타는 2025년 예상 매출을 27억 5,000만 달러로 낮췄다. 기존 예상치보다 크게 낮은 수치로 수정한 것이다. NFT 전문 데이터 분석 플랫폼 NFTGo 자료에 따르면 2023년 5월 NFT 시장에는 구매자 대비 판매자가 상회하는 상황이 초래됐다. 공급이 수요보다 많은 상황이 연출되면서 NFT 가격 하락의 요인이 되기도 했다.

NFT Non-fungible token
대체 불가능한 토큰. 다른 동일 토큰이 없어 세상에 단 하나만 존재하는 특성을 갖는다. 주로 수집 목적으로 사용되며, 다양한 서비스에서 아이템처럼 쓰이기도 한다.

NFT(대체 불가능 토큰)란 블록체인 기술을 이용해 디지털 자산의 소유주를 증명하는 가상 토큰이다. 그림, 영상 등 디지털 파일을 가리키는 주소를 토큰에 담음으로써 고유한 원본성 및 소유권을 나타내는 용도로 사용된다. '대체 불가능하다'라는 말은 동일한 것과 교환 또는 대체될 수 없음을 의미한다. 대체 불가능한 것은 세상에 하나밖에 없어서 그 무엇과도 교체될 수 없다. 대체 불가능한 토큰들은 각기 고유성을 지닌다. 항공권 티켓이 비행일자, 좌석 위치, 비행 편명 등이 기록되어 있어 같은 티켓이 존재할 수 없는 것과 같다. NFT는 특정 개인이나 기관으로부터 인증을 받고 고유성을 확보하는 방식이 아니라 암호화된 거래내역을 블록체인에 영구적으로 남김으로써 고유성을 보장받는다.

NFT의 인기가 수그러들었다지만, NFT에 관심을 두는 기업과 사람은 여전히 많다. 사실 NFT의 종류와 쓰임새는 다양하다. NFT는 실용성 있는 디지털 권리증서이자 소유권이다. 실용성이 있다는 의미는 경제적 가치를 나타내기도 하고 기능적으로 어떠한 용도에 맞게 쓰이기도 한다는 뜻이다. 다만 NFT가 상품인지 증권인지도 여전히 결정된 사항이 없고, NFT를 어떻게 분류하고 바라봐야 할지도 애매하다. NFT는 발행 목적, 혜택, 보상 등에 따라 다양하게 분류할 수 있다. NFT를 더욱 잘 분류하려는 논의는 계속되지만 아직 뚜렷하게 구분되고 합의된 분류 방식은 없다.

필자는 개인적으로 NFT를 112쪽의 그림처럼 분류하고 정리할 수 있다고 본다. NFT는 다양한 분야에서 발전하고 있는데, 주요 분류는 커뮤니티 NFT, 자산 NFT, 참여(개인) NFT 그리고 새로운 형태의 NFT 등이다. 커뮤니티 NFT는 주로 특정 프로젝트나 디스코드 채널에서 회원 등급과 독점적인 접근 권한을 부여해 다양한 혜택을 제공한다. 그중 멤버십 NFT는 회원들에게 할인 혜택이나 특정 콘텐츠에 대한 접근 권한을 주며, 소셜 NFT는 배지

NFT 분류

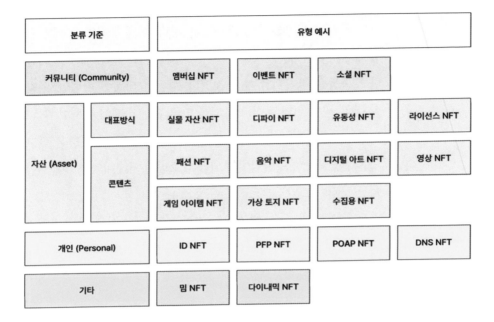

분류 기준		유형 예시			
커뮤니티 (Community)		멤버십 NFT	이벤트 NFT	소셜 NFT	
자산 (Asset)	대표방식	실물 자산 NFT	디파이 NFT	유동성 NFT	라이선스 NFT
	콘텐츠	패션 NFT	음악 NFT	디지털 아트 NFT	영상 NFT
		게임 아이템 NFT	가상 토지 NFT	수집용 NFT	
개인 (Personal)		ID NFT	PFP NFT	POAP NFT	DNS NFT
기타		밈 NFT	다이내믹 NFT		

나 이모티콘 등을 통해 소셜 활동을 촉진하고, 이벤트 NFT는 온라인 및 오프라인 이벤트의 티켓으로 사용된다.

자산 NFT는 판매, 임대, 양도가 가능하다. 그중 디파이 NFT는 소유자가 이를 스테이킹이나 담보 대출에 활용해 수익을 창출한다. 실물 자산 NFT는 물리적인 자산에 대한 디지털 소유권을 보증하며, 유동성 NFT는 NFT를 분할해 유동성을 확보하고, 라이선스 NFT는 저작권, 상표권, 라이선스를 양도하거나 강화한다.

게임 NFT는 캐릭터와 아이템을 NFT로 만들어 다양한 게임 내 활용을 지원한다. In-game NFT는 게임 내에서 아이템, 능력, 캐릭터 등을 거래하며, 웨어러블 NFT는 가상세계에서 아바타를 꾸미는 데 사용된다. 가상 토지 NFT는 블록체인 기반 가상세계의 부동산을 NFT로 소유하면 수익 창출과 가상 토지 소유권 주장이 가능하다.

참여(개인) NFT는 주로 신원을 나타내거나 인증 목적으로 사용된다. ID NFT는 아바타나 캐릭터로 신원을 나타내지만 양도가 가능하다는 단점이 있다. PFP NFT는 소셜 미디어에서 프로필 사진으로 활용되며, POAP NFT는 이벤트 참석을 증명하고 교육 프로그램 인증을 제공한다.

새로운 형태의 NFT 중 다이내믹 NFT는 외부 조건에 따라 스마트 계약 내 메타 데이터가 변경돼 게임 캐릭터의 성장이나 부동산 가격 변화를 반영할 수 있다. 참고로 SBT는 지갑 소유자들의 정보를 담고 있는 전송 불가능한 토큰으로, NFT와는 차이가 있다.

NFT가 앞으로 성장할 가능성은 충분하지만, 반대로 지금까지 발생한 많은 문제점과 취약점을 반드시 해결해야 한다. 누구나 NFT를 만들 수 있다 보니 익명성과 탈중앙화를 앞세워 '한탕' 하고 사라지는 **러그풀**이 많았기 때문이다. 애초에 사기를 염두에 두고 NFT를 만들어 팔고 도망가는 러그풀(하드 러그풀)과 NFT를 판매한 후 프로젝트를 로드맵대로 진행하지 않거나 방치하는 러그풀(소프트 러그풀)이 있다. 초기 NFT를 판매할 때 제시한 계획을 지키지 못하고 프로젝트가 중단되거나 고사 상태에 빠졌다면 피해자는 NFT 보유자밖에 없다. NFT 판매 수익은 NFT를 발행한 회사나 프로젝트팀이 고스란히 가져갔기 때문이다. 하지만 이제 NFT 거품이 꺼지고 사기꾼을 걸러내는 시기를 지나고 있다. 이 세상에는 재능 있는 예술가도 많고 진심으로 NFT를 만드는 프로젝트와 회사들도 있다. 거품이 꺼지고 내실을 다지는 기간을 지

러그풀Rugfull
새로운 암호화폐 또는 NFT 프로젝트 등에서 많은 거래자, 사용자를 모은 후 갑자기 운영자가 자금을 인출하거나 암호화폐를 매각해 이익을 취하고 투자금을 가로채는 행위.

나면서 옥석이 가려지기 마련이다. '투자'로서의 NFT 시장도 다시 열리겠지만 디지털 '소비재' 혹은 가치를 지닌 '자산'으로서의 NFT 시대가 기대된다.

　NFT를 디지털 소비재의 관점에서 접근하는 기업이 시장에 뛰어들 준비를 하고 있다. 여러 브랜드와 기업이 NFT를 활용하기 시작했다. 스타벅스, 인스타그램, 나이키, 레딧에 더해 버버리, 구찌, 루이비통, 페라가모 같은 명품 브랜드도 뛰어들었다. 주요 브랜드는 모바일 시대에 소셜 미디어 전략을 만든 것처럼, 경쟁력을 유지하기 위해 NFT 전략을 개발해야 한다는 사실을 깨닫기 시작했다. 이름만 들어도 알 만한 글로벌 대기업이 NFT 세계에 진출했고, 인스타그램과 유튜브처럼 본격적인 NFT 활용을 준비하는 기업들도 있다. 그들은 NFT가 단순한 JPG 이미지 이상임을 입증

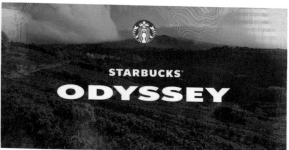

하고 있다. 글로벌 브랜드의 마케팅과 멤버십 구축, 독점 콘텐츠 제공, 지식 재산권 표현, 라이브 이벤트와 메타버스 개최에 더해 음악과 영화 등 콘텐츠는 물론 한정판 상품 등을 만든다.

나이키와 스타벅스는 대표적인 사례다. 비싼 NFT를 판매해 수익을 추구하는 방식보다는 대중을 위한 방식을 선택했다. 이들은 철저한 준비와 전략을 기반으로 움직인다. 나이키는 멋진 신발을 NFT 이미지로 찍어내는 방식은 진정한 디지털 혁신이 아니라고 생각했다. 나이키는 메타버스에서 활용할 수 있는 의상과 신발 등 아바타용 디지털 패션 상품에 중점을 두고 NFT를 연계했다. 디지털 가상 스니커즈 컬렉션 같은 NFT를 출시한 후, NFT 판매에 그치지 않고 궁극적으로 커뮤니티인 **닷스우시**를 만들어 실제 신발 교환, 운동선수와의 만남 등 멤버십 관련 활동과 이벤트를 진행해 NFT를 보유한 사람들과의 연대를 강조했다.

스타벅스는 모바일 앱 경험을 도입한 주요 브랜드 중 하나다. 고객이 앱에서 주문 및 결제를 하고 보상까지 받을 수 있다. 스타벅스가 발표한 **오디세이**는 기존 스타벅스 리워드 프로그램의 연장선에 있다. 스타벅스에서 주문하면 받는 별을 모으는 것과 유사하게 별도로 NFT 스탬프를 획득한다. 굳이 NFT라는 용어를 사

닷스우시 .Swoosh
나이키의 웹 3.0 플랫폼. 웹 3.0 게임에서 사용 가능한 아바타용 아이템을 제작할 수 있고 크리에이터는 수익을 창출할 수 있다. 나이키는 제품을 NFT로 발행하거나 수집품을 모으고 교환할 수 있는 기능을 제공한다.

오디세이 Odyssey
2022년 12월에 출시한 스타벅스의 웹 3.0 리워드 프로그램. NFT를 기반으로 한 스탬프를 제공하고 다양한 미션을 통해 스타벅스 고객을 위한 새로운 경험을 전달한다. 스타벅스는 베타로 운영하던 오디세이를 2024년 3월 말 종료했다.

유명 브랜드 NFT 컬렉션 론칭 시기

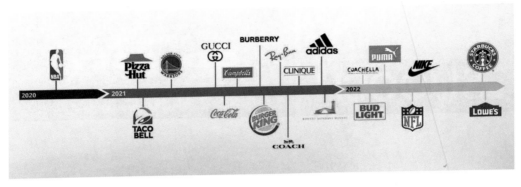

출처 Companies and Brands indicated on Timeline, 메사리 2022년 6월 22일 데이터

용하지 않으며, 암호화폐 지갑을 연결하는 등 번거로움이 없다는 점이 핵심이다. NFT 보유 시 기존 멤버십과 다른 혜택을 제공한다. 일단 두 기업의 전략은 성급하지 않다. 고객이 자연스럽게 참여하도록 만든다. 오프라인 매장을 갖고 있어 **피지털**을 활용하는 것도 전략이다. 많은 국내외 기업도 NFT를 활용하려면 두 기업을 벤치마킹할 필요가 있다.

또한 등록된 유저 수만 15억 명인 대형 온라인 커뮤니티 레딧 Reddit은 성공적인 NFT 프로젝트로 자리 잡았다. NFT 프로젝트를 시작하면서 초기에 430만 명이 넘는 신규 사용자를 끌어들였다. 특히 레딧은 NFT라는 단어를 언급하지 않고 사용자에게 지급되는 아바타를 '디지털 컬렉터블'로 지정했다. 기존 유저가 거부감 없이 NFT 서비스를 이용할 수 있도록 소프트 랜딩 전략을 활용한 것이다.

앞서 살펴본 NFT를 활용하는 기업의 가장 큰 특징은 멤버십을 활용하는 방식이 두드러진다는 점이다. NFT 탄생 초기에는 많은

피지털 Physital
물리적 공간을 의미하는 '피지컬 physical'과 '디지털digital'의 합성어. 디지털 기술을 활용해 오프라인 공간에서의 경험을 확대하는 방식을 뜻한다. 온라인과 오프라인 경험을 연결시키는 것이 중요하다.

기업이 NFT를 하나의 제품처럼 판매해 단일 수익 창출을 목표로 삼았다. 그 결과 단기간 수익과 마케팅으로 끝나버린 경우가 많았다. 이에 기업들은 로열티와 멤버십을 중심으로 NFT 활용법을 재편하고 있다.

앞으로의
NFT

NFT 제작자의 두 가지 주요 수익원은 기본 NFT 발행과 2차 거래에서 발생하는 로열티다. NFT 시장이 성장하면서 등장한 주요 논쟁은 크리에이터 로열티다. 로열티는 현재 블록체인 프로토콜에서 적용할 수 없으므로 주로 NFT 마켓플레이스에서 로열티를 배분했다. 일부 NFT 마켓플레이스는 가격 경쟁력을 유지하고 구매자와 거래자 간 거래를 유도하기 위해 로열티를 0%로 만들었다.

NFT 로열티를 없애는 방향으로 움직인다면 NFT 창작자는 수익원이 사라지므로 새로운 수익원을 찾아야 하고 로열티 수입을 보충하기 위해 NFT 판매가를 올릴 수 있다. 창작자는 콘서트, 이벤트, 굿즈 등에 추가비용을 청구하거나 2차 창작 시장에서 탄생하는 저작권, 지식 재산권 등을 제한할 수 있다. 따라서 어떠한 방식이 맞는지에 대한 논쟁은 계속되고 있다. NFT가 디지털 자산 혹은 콘텐츠로서 가치를 가지려면 더 많은 크리에이터가 뛰어들어 양질의 작품과 콘텐츠를 NFT로 만들어야 한다. 이를 위해서는

대표적인 NFT 마켓플레이스

크리에이터가 로열티를 꾸준히 확보할 수 있는 방법이 필요하다.

NFT 생태계는 아직 초기 단계에 있으며 시장은 계속해서 이 기술을 탐색하고 구현할 것이다. 공급망 추적에서부터 명품 위조 방지, 이벤트 티켓팅, 메타버스, 금융 애플리케이션, 음악 및 엔터테인먼트, 투표 및 거버넌스 권한, 게임 및 가상 경험에 이르기까지 NFT는 확장하고 적용할 분야가 무궁무진하다.

NFT가 '투자'와 '디지털 소유권'의 목적에만 머무르면 투기와 사기로 이어질 수 있다. 하지만 이제 NFT를 통해 고객과 커뮤니티를 형성하고 커뮤니티가 브랜드 로열티를 높이는 실질적인 활용이 받아들여지기 시작했다. NFT가 새로운 혜택과 커뮤니케이션 방식을 제공해 브랜드 인지도를 상승시키고 고객과 소통하는 새로운 패러다임이라는 사실을 알게 된 것이다. 앞으로 NFT는 기업과 고객이 디지털 콘텐츠를 통해 상호작용하는 방식을 바꿀 가능성이 높다. 예를 들어 NFT는 해당 NFT 소유자만 접근할 수 있는 가상현실 세계 또는 제품, 서비스 등 기존에 접할 수 없었던 고유한 경험을 만드는 데 사용될 수 있다. 이러한 잠재력과 성장 가능성을 일찌감치 알아본 글로벌 브랜드는 NFT를 매개체로 고객과의 접점을 만들면서 커뮤니티를 구축하고 있다. NFT를 게임에 활용하는 사례도 점차 늘어나고 있으며, 음악 등 엔터테인먼트 분야에서 활용될 잠재력도 갖고 있다.

그러나 NFT가 법률상 '가상자산'으로 분류될 수 있을지 여부는 아직 모호하다. FATF(자금세탁방지국제기구)는 '가상자산과 가상자산 사업자에 대한 지침'에서 이렇게 밝혔다. "상호 교환가능하다(Interchangeable)'기보다는 '고유하다(Unique)'는 특성을 가지며, 지불이나 투자수단(Payment or Investment)으로서가 아니라 수집품(Collectible)으로 사용되는 디지털 자산은 NFT라 할 수 있으며, 그러한 NFT는 일반적으로 가상자산으로 분류되지 않는다." 유럽연합의 **가상자산 규제안**에서도 아직 NFT를 암호화폐나 토큰 같은 가상자산에 포함하지 않고 규제에서 제외했다. 2023년 말 발표된 금융위의 '가상자산 이용자 보호법 시행령 및 감독규정 제정안'에 따르면 NFT는 가상자산에 해당하지 않는다. 물론 암호화폐처럼 대량으로 발행해 지급 수단으로 사용된다면 NFT의 특성인 '대체 불가능한' 수집 목적에 반하므로 가상자산에 포함된다.

이러한 법률 정의는 앞으로 기틀이 마련될 전망이다. NFT 형태가 워낙 빠르게 다양해지고 활용 방안이 새로 생겨나면서 아직 이를 위한 규제와 정의가 완벽하게 따라가지 못하고 있다. 하지만 NFT에 대한 법제화와 규정은 반드시 필요하다. NFT는 단순히 디지털 자산에 그치지 않기 때문이다.

가상자산 규제안 MiCA
EU는 세계 최초로 가상자산 기본 법인 MiCA 법안에 합의했고, 2024년 시행 예정이다. 한국, 미국 등 여러 국가에서 MiCA 법안을 참고하며 이를 일종의 기본 법안으로 인식하고 있다.

NFT의 한 가지 중요한 함의는 NFT가 문화의 토큰화 및 금융화를 가능하게 한다는 점이다. 무형 자산이나 문화 등 기존에 수치나 금액으로 환산하기 어려웠던 대상이 NFT를 통하면 가능해질 수 있다. 또한 NFT는 틈새 아이디어와 관심사를 중심으로 초기 커뮤니티를 형성하고 아티스트들이 노력을 수익화할 새로운 방법을 찾도록 돕는다. 단순히 NFT가 비싼 가격에 팔리는 것이 중요한 것이 아니다. NFT는 개념 자체로 수집 대상이나 상품이지만, 상품 이상으로 더 많은 일을 만들 잠재력과 가치를 지니고 있다. NFT를 활용하면 지금까지 불가능했던 영역을 가능케 하거나 더 많은 사람들을 모이게 할 구심점을 만들 수 있다. 혹자는 NFT가 끝났다고 하지만, NFT가 앞으로 어떻게 성장하고 변화할지 관심을 갖고 지켜보자.

블록체인이 만드는
5가지 새로운 경제 시스템

① 토큰 이코노미

토큰 이코노미는 행동심리학에 기초를 두고 있다. 행동심리학은 주로 정신질환자를 치료하는 방법으로서 연구됐다. 행동치료 목적으로 환자가 자신을 돌보는 행동을 하도록 유도하고, 목적을 달성하면 그에 따른 보상을 주는 식이다. 블록체인 네트워크에서는 수행하는 일이나 지분에 따라 보상의 크기가 달라지고, 참여자

토큰 이코노미 Token Economy
모든 참여자가 블록체인 기반 생태계에 기여하는 만큼 정당한 보상을 받도록 설계된 시스템. 기본적인 토큰 이코노미는 게임이론과 인센티브 시스템에 기반을 둔다.

가 보상으로 받은 암호화폐는 다른 재화와 교환할 수 있다. 이처럼 블록체인 생태계가 작동하는 뼈대가 되는 경제 체제가 바로 '토큰 이코노미'다.

지금 이 시각에도 전 세계에서 수많은 블록체인 기반 서비스가 만들어지고 있다. 모든 서비스는 각각의 내용과 참여자에게 맞는 경제체제를 필요로 한다. 토큰 이코노미는 블록체인 프로젝트의 장기적인 성공을 결정하는 아주 중요한 요소다. 블록체인에는 행동을 강제할 수 있는 주체가 존재하지 않기 때문에, 정교하게 짜인 규칙과 보상 구조가 있어야만 참여자들의 행동을 이끌어낼 수 있다.

②스테이블 코인

스테이블 코인 Stable Coin
비트코인 등 암호화폐와 블록체인 기반 자산의 높은 가격 변동 문제를 해결하기 위해 통화, 상품 등 자산을 담보로 가치 안정을 도모하는 암호자산. 실제 자산에 가치가 고정되어 변동성이 없거나 최소화된 암호화폐 자산이다.

대부분의 암호화폐는 가격 변동성이 매우 크다. 이는 그 가치가 빠르게 변할 수 있음을 의미한다. 따라서 블록체인에서 가치가 변하지 않고 고정된, 실제 자산과 동일한 가치를 유지하도록 설계된 암호화폐가 있다. 바로 스테이블 코인이다. **스테이블 코인**은 가격이 일정하게 유지된다. 기존 암호화폐와 달리 스테이블 코인의 가치는 특정 통화나 상품에 고정peg된다. 대부분의 스테이블 코인은 미국 달러에 가치를 고정시킨다. 그 예로 테더에서 발행한 USDT나 서클에서 발행한 USDC가 있다. 이는 블록체인상의 디지털 달러로 그 가치가 정확히 1달러를 유지해야 한다.

달러가 아닌 금이나 유로 가격에 가치가 고정된 스테이블 코인도 있다. 스테이블 코인은 실제 자산의 가치에 연동되므로 일반적인 암호화폐 시장에서 발생하는 시장 변동에도 대부분 영향을 받지 않는다. 간혹 스테이블 코인을 발행한 곳에서 가치를 고정한 상품에 문제가 발생하거나 발행자 자체에 문제가 있는 경우 1달러 가치를 유지하지 못할 때도 있다. 미국 달러에 고정된 스테이블 코인의 발행자는 코인을 1개 만들 때마다 준비금으로 1달러를 보유해야 한다. 만약 1억 달러의 스테이블 코인을 발행했다면 실제 1억 달러 가치만큼 자산이 있어야 한다는 의미다. 스테이블 코인은 변동성이 없기에 주로 자산을 보관하거나 수수료 용도로 활용한다.

③ CBDC

스테이블 코인이 등장하면서 국가 중앙은행이 직접 디지털 화

폐를 발행하는 방안이 검토되고 있다. 비트코인, 이더리움 등으로 알려진 암호화폐는 디지털 화폐의 일종이다. 디지털 화폐는 기존 실물화폐와 다르게 가치가 전자적으로 저장된다. 기본적으로 화폐가 가치를 인정받고 제 기능을 하기 위해서는 몇 가지 조건이 필요하다. 물물교환에 사용할 수 있을 만큼 보편적이어야 하고 충분한 수량이 제공돼야 한다. 또한 가치를 저장하는 만큼 가치가 훼손되지 않고 안정성을 갖고 있어야 한다.

CBDC Central Bank Digital Currency 중앙은행이 발행하는 디지털 화폐. 은행권(지폐)이나 주화(금속화폐)와 형태만 다를 뿐 동일한 가치를 지닌다. 한국은행은 CBDC 활용성 테스트를 진행하고 개념 검증, 시스템 구축 등을 통해 일반 국민 대상 테스트를 계획하고 있다.

각국 중앙은행이 발행을 검토하고 있는 **CBDC(중앙은행 디지털화폐)**란 기존 실물화폐와 달리 가치가 전자적으로 저장되며 이용자 간 자금이체 기능을 통해 지급결제가 이루어지는 화폐다. 민간에서 발행하는 암호화폐와 구별되는 법정통화로서 실물화폐와 동일한 교환비율이 적용돼 가치 변동의 위험이 없고 중앙은행이 발행하므로 화폐의 공신력이 확실하게 담보된다. 2020년을 기점으로 여러 국가 중앙은행은 CBDC 발행에 대한 연구와 테스트를 진행하기 시작했다. 국제결제은행(BIS)이 2020년 진행한 조사 결과에 따르면 이미 전 세계 65개 중앙은행 중 86%가 CBDC 관련 연구를 진행 중이다.[5] 한국은행도 2024년부터 본격적으로 CBDC를 테스트할 계획이다.

CBDC는 실물 화폐가 아닌 디지털 화폐로 발행하는 만큼 여러 장점이 있다. 일단 화폐를 제작, 발행하는 비용을 줄일 수 있다. 또한 거래 내역이 블록체인에 기록되기 때문에 탈세나 자금세탁을 방지할 수 있다. 도난 및 분실 우려가 줄어들고 거래의 신속성과 편의성을 확보할 수 있는 부분도 장점이다.

중앙은행의 디지털 화폐 발행은 전통적인 실물화폐 개념과 사용에 큰 변화를 가져올 것이다. 중앙은행 본연의 업무인 화폐 발행과 가치 안정은 물론 통화정책, 물가 등 경제 전반에 CBDC로 인한 파급 효과가 클 것으로 보인다. 점차 실물이 사라지고 디지털로 전환되는 시대 변화에 더해 비대면 디지털 경제체제가 가속화되기 시작했다. 디지털 경제의 주요 축으로 작동할 중앙은행의 블록체인 기반 CBDC는 곧 우리 삶으로 다가올 것이다.

④ RWA 토큰

변동성이 높고 가상의 가치를 기반으로 삼은 암호화폐는 잠재력도 크지만 반대로 큰 리스크를 지니고 있다. 사람들은 안정적인 가치를 갖는 가상자산을 찾기 시작했다. CBDC처럼 실물자산과 연동되어 리스크를 최소화할 방안이 필요하다. 이러한 흐름에서 주목받기 시작한 것이 **RWA 토큰(실물자산 토큰)**이다. RWA 토큰은 한마디로 실물자산(부동산, 미술품, 채권, 와인, 명품 등)을 기반으로 하는 토큰이다. 실물자산을 블록체인에 올려 금융에 활용한다. 실

RWAReal World Asset
블록체인 기술을 활용해 채권, 주식 등 현실세계의 자산을 토큰화한 것. 증권형 자산을 포함한 모든 실물 자산을 블록체인에서 거래할 수 있다.

출처 beincrypto.com

물자산이 가상자산 시장에서도 활용되기 위해서는 실물자산 정보와 가치 등을 블록체인에 기록하는 토큰화 과정이 필요하다. 토큰화된 자산은 블록체인에서 거래 가능한 대상이 되며 이 토큰을 RWA 토큰이라 한다. RWA 토큰은 실물자산을 기반으로 발행되기 때문에 기본적으로 내재 가치가 있다. 실제 가치를 갖고 있지 않거나 평가하기 어려운 대부분의 기존 가상자산과 달리 최소한의 가치가 존재한다. 또한 실물자산 가치가 명확하기 때문에 토큰의 가치도 객관적으로 평가할 수 있다.

오래전부터 RWA 토큰은 실물자산을 토큰화해 더 많은 사람이 접근할 수 있고 금융의 비효율성을 낮추는 존재로 주목받았다. RWA는 다양한 전통 금융상품, 실물자산을 블록체인으로 활용하는 대표적인 사례가 될 것이다. 블록체인 전문 매체 코인데스크는 RWA 토큰에 대해 2030년까지 10조 달러에 이를 것이지만 현재 규모는 그 0.05%에 불과한 작은 시장이라며 향후 폭발적인 성장을 예상했다.[6] 세계 최대 자산운용사 블랙록 역시 RWA 관련 자산에 투자하는 펀드를 조성하는 등 기존 금융 기업과 블록체인 기업들이 RWA에 뛰어들기 시작했다.

⑤ 토큰 증권(STO)

2018년 하반기부터 암호화폐가 제도권 내에서 발행 및 유통될 수 있을지에 대한 논의가 본격화됐다. 바로 증권형 암호화폐 발행, 즉 **STO**에 대한 논의다. STO는 기존의 암호화폐와 달리 여러 가지 법과 규정을 준수하면서 발행되는 암호화폐다. 보유한 만큼 일정 소유권을 부여받거나 배당받을 수 있는 증권의 특징을 갖고 있

STO Security Token Offering
증권을 블록체인 기반 토큰으로 발행한 것. 토큰 증권을 활용하면 부동산, 미술품 등 소액 발행이 가능한 비정형적 증권을 법적으로 손쉽게 거래할 수 있다. 실물 증권과 전자 증권에 이은 새로운 증권이다. 국내 STO는 규제 샌드박스 적용을 받는 일부 조각투자사에 의해 제공되는 투자상품에만 제한적으로 허용되고 있다.

출처 beincrypto.com

다. 블록체인 버전의 주식 투자와 비슷한 개념이다. 기존 ICO(암호화폐 공개) 방식에서 사용되던 암호화폐는 해당 생태계에서만 사용할 수 있지만 STO는 주식, 부동산, 미술품 등 실물자산을 근거로, 실물자산 지분을 기반으로 가상화폐를 발행한다.

토큰 증권이 이처럼 큰 관심을 받는 이유는 그동안 자산화, 금융화할 수 없었던 자산을 거래할 새로운 길이 열렸기 때문이다. 토큰 증권 시장이 탄생하면 그간 규제 샌드박스에서 일부만 가능했던 디지털 자산 거래가 가능해진다. 현재 토큰 증권 대상으로 여겨지는 자산은 기존에 조각투자가 가능했던 부동산, 미술품, 한우 등이다. 자동차 같은 실물은 물론 음원 저작권 등 디지털 기반 자산도 발행 대상이다.

STO는 규제를 준수해 발행되므로 신뢰도와 투자 안정성이 높다고 할 수 있다. 하지만 금융투자 상품에 속하므로 무턱대고 암호화폐를 발행하면 법에 저촉된다. 증권사 라이선스에 준하는 자격이 있어야 하며, 증권의 속성을 지닌 이상 자본시장법을 적용받을 수밖에 없다. 금융위원회는 자본시장법 규율 내에서 STO를 허용하기 위한 체계를 정비하고 실물 증권과 전자 증권에 이은 증권의 새로운 발행 형태라는 점에서 '토큰 증권'으로 명칭을 정리했다. 일반 증권과 가상자산(암호화폐)의 성격을 모두 지닌 블록체인 기반 토큰 증권은 2023년 금융위원회가 토큰 증권을 공식화하면서 새로운 시장이 열렸다.

토큰 증권은 자산의 토큰화를 통해 디지털 세계로 향하는 전환을 가속하는 역할을 맡는다. 지금까지는 거래할 수 없었던 새로운 자산을 금융화하며 관련 기업 및 기관은 새로운 수익원을, 개인 투자자는 새로운 투자처를 만나게 된 것이다. 이러한 토큰 증권은 2024년 국내에 법적 제도가 정비되고 마련될 예정이다. 아직 연

디지털 자산 증권성 논란 완화 대책

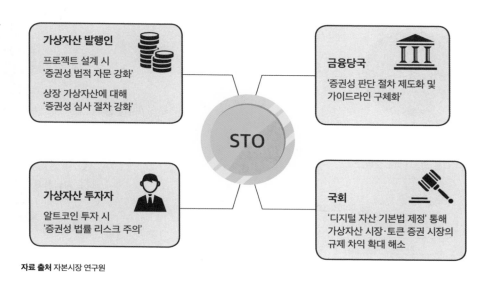

자료 출처 자본시장 연구원

구와 논의의 초기 단계이기 때문에 향후 시장이 어떻게 형성될지 주목할 필요가 있다.

블록체인은 기존 사업모델의 문제점을 해결하거나 불필요한 비용을 최소화할 가능성을 열어준다. 개인을 거치지 않거나 중개인의 역할이 변하면서 제품이나 서비스 가격이 합리적으로 바뀔 수 있고, 많은 사람이 공평한 방식으로 보상받는 사업모델을 구상할 수도 있다. 투명성, 익명성, 신뢰성 같은 블록체인의 특성을 활용하면 전자투표, 신분증 및 졸업장 발급, 기부금 사용처 확인 등 공익 목적으로도 활용할 수 있다.

토큰 증권 발행·유통 규율체계

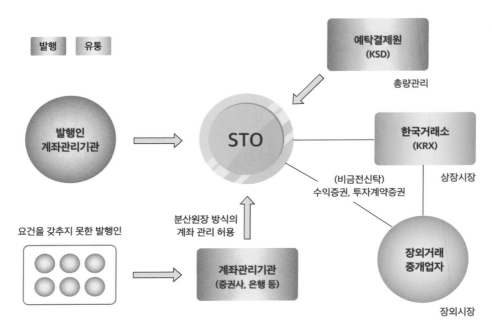

자료 출처 금융위원회

블록체인은 비트코인과 이더리움 탄생 이후 최근 몇 년 간 NFT와 디파이 등의 등장으로 새로운 가능성에 대해 시도와 검증을 거치는 중이다. 단순히 암호화폐의 가격만 바라보면 블록체인의 전부를 볼 수 없다. 암호화폐를 발행하지 않고도 블록체인의 고유 특성을 활용해 기업 내에서 활용하기도 하고, 마케팅 수단으로 적용하기도 한다. 웹 3.0에 대한 관심이 커지면서 데이터의 소유권을 확보하고 중앙화된 기업과 집단의 구조를 타파할 가능성도 있다. 블록체인을 더 이상 거품으로만 볼 것이 아니라, 곧 이것이 다가올 미래에 어떤 가치를 가져올지 한 번쯤 고민해볼 필요가 있다. 물론 블록체인에 대한 문제점과 우려, 규제 부족 등 그동안 쌓인 문제도 빠르게 해결돼야 한다. 앞으로는 블록체인이 각종 사기와 사회 문제를 일으키는 주범이 아니라, 새로운 웹 시대를 열어가는 기반이 될 거라 생각하고 반드시 주목해야 한다.

Chapter 3

데이터와 클라우드,
미래를 예측하는 정보

디지털 세상의 미래 시나리오 >>>

아침에 일어나 스마트폰 알람을 보니 주문하지도 않은 각종 소스와 야채, 고기가 문 앞에 배송되어 있다. '웬 식재료가 왔지?' 하는 생각에 냉장고를 열어보니 텅 비어 있다. 평소 출근 시간보다 늦어 급한 마음에 택시를 부르려 음성 인식 스피커에 말을 걸자 내가 입을 열기도 전에 '택시를 호출할까요?'라고 묻는다. 점심 식사를 하러 나갈 때, 주변 식당의 할인 가격과 손님 대기 줄이 스마트폰 알람으로 전송된다. 가장 덜 붐비는 식당에서 식사를 하고 돌아와 오후 회의에 필요한 자료를 정리하는데 인공지능이 지난 수십 년간의 데이터를 토대로 향후 5년 치 예측 데이터를 이미 내놨다. 지금까지 인공지능이 예측한 데이터는 오차 없이 맞았다. 물론 갑작스러운 사고나 기후 변화로 인한 변수는 아직 완벽히 반영되는 것 같지는 않다. 그래도 빅데이터 분석의 정확도가 워낙 높아져 생산과 재고로 인한 손실은 크게 줄었다.

✳✳✳

우리는 살아가는 매 순간 건강 상태, 심리 상태, 방문한 장소, 먹은 음식, 앞으로 할 일 같은 다양한 정보를 만들어낸다. 데이터가 있다면 과거와 현재의 일을 아는 것은 물론, 앞으로 일어날 일도 예측할 수 있다. 데이터를 통해 소비자가 주문하기도 전에 언제 어떤 상품을 살지 예측해 물류센터에 가져다 놓을 수 있으며, 구매할 확률이 높은 상품을 소셜 미디어 광고로 보여줄 수도 있다. 앞으로는 내가 어디에서 누굴 만나 무엇을 먹을지까지 정확히 예측할 수 있는 시대가 온다. 새로운 누군가를 만날 때 상대

방의 모든 정보가 담긴 데이터베이스에 접속해 확인하는 날이 올 수도 있다.

기술 발전으로 인해 가늠하기 힘들 정도로 많은 데이터가 개인과 기업, 사회로부터 실시간으로 생성되고 있다. 그렇다면 지금 이 순간에도 생성되는 수많은 데이터는 다 어디로 가는 걸까?

가장 먼저 우리가 쓰는 컴퓨터의 하드 디스크를 떠올릴 수 있다. 다음으로 생각할 수 있는 것이 요즘 보편적으로 사용되는 클라우드 서비스다. '클라우드Cloud'라는 명칭은 네트워크 다이어그램에서 인터넷을 솜사탕처럼 생긴 구름으로 그리던 데서 유래했다. 데이터는 인터넷에 둥둥 떠 있는 구름인 '클라우드'에 모여든다. 예전에는 음악 데이터를 CD에 저장해두고 들었다면, 지금은 음악 스트리밍 사이트나 유튜브에 접속해 네트워크를 통해 음악을 듣는다. 게임을 설치하지 않아도, 콘솔 게임기가 없어도 클라우드 게이밍을 통해 실시간으로 게임을 즐길 수도 있다.

클라우드를 쓰면 원하는 만큼 저장 공간을 늘릴 수 있으며, 무엇보다 언제 어디서나 서비스에 접속이 가능하다. 구글 드라이브나 네이버 클라우드와 같이 IT 회사에서는 클라우드를 일정량 무료로 제공하기도 한다. 현재 우리가 접하는 많은 IT 서비스가 클라우드를 통해 제공된다. 시간과 장소에 구애받지 않고 많은 데이터를 보관하고 서비스에 쉽게 접근하기 위함이다. 이러한 데이터를 담는 그릇이 바로 클라우드다.

빅데이터란
무엇일까?

시장조사 기관 IDC에 따르면 2020년 전 세계 디지털 정보량은 90ZB*로, 이는 99조GB에 해당된다. 2025년이 되면 전 세계는 하루에 4,640억GB를 생성하고 데이터 총량이 175ZB에 이를 것으로 예상된다.[7] 2021년 2,200억 달러(317조 원) 수준이었던 데이터센터 산업은 2030년에는 3,436억 달러(495조 원) 수준에 이를 것으로 전망된다. 시너지 리서치 그룹이 발표한 하이퍼스케일 데이터센터 현황에 따르면, 전 세계에서 운영 중인 **하이퍼스케일 데이터센터** 수는 2021년 3분기 말 기준으로 700개에 달한다. 하이퍼스케일 데이터센터 수가 2배가 되는 데는 5년이 걸렸지만, 용량이 2배 되는 데는 4년이 채 걸리지 않았다. 이렇듯 데이터를 다루는 데이터센터 수와 평균 크기는 매년 꾸준하게 증가하며, 그 수요도 늘어나고 있다.[8] 생성되는 데이터가 예상보다 빠르게 증가 중이다. 이는 사람이 생성하는 데이터뿐만 아니라, 기업이나 사물인터넷에 활용되는 기기, 공장 기계 등에서 생성되는 데이터가 계속 더해지기 때문이다. 이러한 추세라면 현재의 예측도 무의미해질 수 있다.

이제는 모든 산업에서 데이터의 중요성이 커지고 있다. 데이터를 바탕으로 과거를 분석하며 미래를 예측할 수 있기 때문이다. 전

> **하이퍼스케일 데이터센터**
> 하이퍼스케일은 일반적으로 빅데이터 또는 클라우드 컴퓨팅 용도로 컴퓨팅에서 이루어지는 대규모 확장에 관한 모든 것을 의미한다. 하이퍼스케일 데이터센터는 5,000대 이상의 서버를 갖추면서 10,000평방피트를 초과하는 규모이며, 네트워크 연결은 초당 40GB라는 조건을 충족한다.

---

* 제타바이트. 1 제타바이트는 1조 1,000억 기가바이트(GB)에 해당한다.

하이퍼스케일 데이터센터

세계 기업들은 모두 데이터 확보와 분석에 열을 올리고, 개인 역시 데이터의 주권과 중요성을 인식하기 시작했다. 인공지능과 블록체인 등 미래 기술에서도 데이터는 빠지지 않고 언급된다. 데이터 생산량이 폭발적으로 증가하면서 '빅데이터'라는 개념이 등장했으며, 빅데이터는 기존 데이터가 아닌 대량의 데이터를 분석하는 기술로 분류되기 시작했다. 빅데이터는 정형화된 데이터와 더불어 기존 데이터 저장 형태와 다른 비정형 데이터까지 분석 대상에 포함한다. 워낙 방대한 범위를 다루다 보니 빅데이터는 정치, 경제, IT를 비롯해 사회 전반에 걸쳐 가치 있는 분석 결과를 제시한다. 빅데이터가 부각되면서 **데이터 사이언티스트**, 데이터 분석가, 데이터 엔지니어 같은 새로운 직업도 탄생했다.

데이터 사이언티스트 Data Scientist
데이터 수집과 분석을 통해 기업이나 서비스 등에 필요한 전략과 관련 결과물을 제공하는 전문가. 데이터 엔지니어와 통계 분석가, 마케터 등의 영역으로 나뉜 업무를 융합한다.

데이터에서
가치를 발견하는 법

빅데이터란 크고 복잡해 일반 컴퓨터로는 처리할 수 없는 많은 양의 데이터를 말한다. 데이터는 단순히 수집하는 것뿐만 아니라 분석이 수반돼야 한다. 기존 수준을 넘어서는 막대한 데이터에서 가치를 추출하고 결과를 분석하는 기술로 정의할 수 있다. 빅데이터가 다루는 영역에는 한계가 없다. 정치, 경제, 사회 등 전 영역에 걸쳐 인간에게 가치 있는 정보는 모두 빅데이터 영역에 포함된다. 우리는 그 어느 때보다도 많은 데이터를 보유한 덕에 이전보다 할 수 있는 것이 많아졌다. 기후 예측, 전력 공급, 이커머스 등 모든 분야에서 데이터가 효과적으로 활용되고 있다. 빅데이터 이전에는 정보가 어떤 형태로 존재했는지 생각해볼 필요가 있다. 과거에는 일반적으로 글이나 그림의 형태로 정보가 저장됐다. 현재는 하드디스크 혹은 서버라고 불리는 공간에 디지털 형태로 저장된다. 이러한 데이터를 데이터 그 자체로 두지 않고 분석을 통해 가치를 찾고 여러 관련 기술 및 비즈니스에 활용하는 과정이 바로 빅데이터다.

IT 분야 리서치 기업 가트너의 애널리스트 더글러스 레이니는 2001년 빅데이터의 특징을 3V로 정의했다. 3V는 '양(Volume)', '속도(Velocity)', '다양성(Variety)'을 뜻한다. 2012년 가트너는 '빅데이터는 큰 용량, 빠른 속도, 다양성을 갖는 정보 자산으로 통찰력, 의사결정, 프로세스 자동화 등 혁신적인 처리 방식이 필요하

빅데이터 Big Data
일반 컴퓨터로는 처리할 수 없는 방대한 양의 데이터. 데이터 그 자체뿐만 아니라 데이터의 가치를 분석하고 결과를 만드는 기술까지로 정의한다.

다'라고 정의한 바 있다.

빅데이터의 '양'은 과거와 다르게 컴퓨터와 기계를 통해 생성된다. 과거에는 사람이 직접 기록하고 생산했지만 이제는 각종 컴퓨터, 검사 기계, 사물인터넷 기기 등이 무수히 많은 데이터를 생성한다. 킬로바이트 단위에 불과했던 텍스트 데이터는 이미지와 영상 등이 포함된 데이터로 바뀌며 메가바이트와 기가바이트 수준으로 용량이 커졌다. 인터넷과 소셜 네트워크, 자동차 운전, 온라인 쇼핑 등 일상생활과 비즈니스를 통해 인간과 기계 모두 끊임없이 엄청난 양의 데이터를 생산한다.

빅데이터의 '속도'가 빠르다는 말은 데이터가 생성되고 수집되는 속도가 빠르다는 것을 의미한다. 데이터 수집은 컴퓨터, 네트워크, 스마트폰 등에서 이루어지며 이러한 데이터 흐름은 단절되지 않고 연속적으로 신속히 진행된다. 데이터 생성, 수집 및 분석이 실시간으로 이뤄지면서 빅데이터와 관련된 비즈니스 역시 빠르게 움직인다.

빅데이터의 '종류'는 매우 다양해 **정형 데이터**를 비롯해 **비정형 데이터**까지 생성된다. 예를 들어 환자가 병원에 방문하는 경우, 과거에는 관련 정보를 종이 차트에 손으로 기록했다. 현재는 컴퓨터에 정보를 입력하는 동시에 검사 기기에서 생성된 생체 정보, 유전자 정보, 질병 정보, 영상 정보 등 다양한 데이터가 저장된다. 의사가 처방한 의약품 정보와 다음 검진 예약 정보도 모두 데이터가 된다. 과거 PC통신 시절에는 텍스트 데이터가 대부분이었다고 하면 현재는 페이스북, 트위터, 유튜브 등 다양한 플랫폼에서 생성되는 텍스트, 이미지, 동영상까지도 데이터가 된다.

정리하자면 빅데이터는 생산되는 데이터 양이 많고, 빠른 속도

정형 데이터 Structured Database 수집되는 정보의 형태가 정해진 데이터. 구조화 데이터라고도 하며 엑셀 파일의 스프레드시트나 CSV 파일 형태 등이 있다.

비정형 데이터 Unstructured Database 특정 형태가 없고 구조화가 불가능한 데이터. 유튜브, X 등에 업로드 되는 영상, 음악 파일, 이미지 등이 해당한다.

로 생성되며, 그 형태가 다양한 것이 기본 특징이다. 가트너의 정의 이후 '가치(Value)'와 '정확성(Veracity)'이라는 특징을 더해 빅데이터 5V로 정의하기도 한다. 최근에는 '가변성(Variability)'과 '시각화 (Visualization)'라는 특징을 추가해 7V로 정의하거나 시각화를 제외하고 '휘발성(Volatility)'을 포함하기도 한다. 빅데이터의 정의와 특징은 시대에 따라, 해석하는 사람에 따라 달라질 수 있다. 중요한 점은 빅데이터는 점차 더 많은 데이터에서 유용한 가치를 창출할 수 있는 중요한 기술이라는 것이다. 빅데이터는 단순히 방대해진 데이터를 보관하는 데 그치지 않고, 이를 관리하고 분석하는 기술로 발전했다.

데이터 관련 기술이 발전한 이유는 인터넷과 모바일의 발전, 스마트폰 카메라 등의 등장으로 다뤄야 하는 데이터 양이 기하급수적으로 늘어났기 때문이다. 하드디스크 드라이브를 비롯한 데이터 저장 공간 기술이 발달하면서 관련 비용이 낮아졌다. 이와 더불어 과거와 다르게 분산 처리와 병렬 처리로 데이터를 다룰 수 있는 기술 발전이 함께 이뤄졌다. 방대한 데이터를 수집하고 분석하면서 지금까지 보이지 않았던 새로운 시장과 비즈니스가 탄생해 데이터의 가치 또한 급격히 상승 중이다.

과학자들은 기후 변화, 전염병 현황, 지진 빈도 등을 예측하기 위해 데이터를 사용한다. 금융 회사는 데이터를 통해 투자처를 결정하고 투자금을 조정한다. 또 당국은 교통량 데이터를 분석해 교통 상황을 원활하게 하고 사고를 예방한다. 이밖에 마케팅, 보험, 에너지 등 다양한 분야에서 빅데이터를 활용한다. 그렇다면 그 많은 데이터를 제대로 활용하기 위해서는 어떤 방법이 필요할까?

데이터 마이닝 Data Mining
방대한 데이터 속에서 유용하고 가치 있는 정보를 찾아내는 프로세스. 일반적으로 대규모 데이터에서 통계적 규칙이나 패턴을 찾아낸다. 데이터를 기반으로 패턴을 찾아내므로 사람이 놓칠 수 있는 패턴까지 찾아낸다.

텍스트 마이닝 Text Mining
정확한 단어와 용어를 모르더라도 주요 개념과 내용을 인식하고 숨겨진 패턴의 관계를 찾아내기 위한 데이터 마이닝의 한 종류다. 자연어 처리 도구가 필요하며 한글과 영어 같은 언어 속에서 가치 있는 데이터를 찾아낸다.

빅데이터 활용에는 **데이터 마이닝**이 필수적이다. 데이터 마이닝이란 빅데이터 안에서 체계적이고 자동적인 규칙이나 패턴을 찾아내는 작업으로, 통계학에서 쓰이는 다양한 기법을 활용한다. 데이터는 우리가 알고 있는 '정보'를 의미하고, 마이닝은 광산에서 광석을 캐내는 '채굴'을 뜻한다. 즉 데이터를 광산이라고 하면, 그 광산에 묻힌 금(가치 있는 정보)을 캐낸다는 의미로 해석할 수 있다.

데이터 마이닝이 다루는 데이터베이스는 크게 정형 데이터와 비정형 데이터로 구분할 수 있다. 정형 데이터는 결제 금액, 회계 등과 같이 구조화된 데이터를 일컫는다. 비정형 데이터는 소셜 미디어의 텍스트, 이미지, 영상처럼 형태와 구조가 정형화되지 않은 복잡한 데이터를 뜻한다. 대표적인 비정형 데이터로는 온라인 리뷰 및 소셜 미디어 포스팅을 꼽을 수 있다. 과거에는 데이터 마이닝이 대부분 정형 데이터 위주였다면, 지금은 비정형 데이터의 비중이 월등히 높다.

이때 생성되는 데이터는 형태와 구조가 다양해 기존의 통계로는 분석이 쉽지 않다. 최근에는 비정형 데이터 중 텍스트 데이터를 분석하기 위해 (1995년 처음 등장한) **텍스트 마이닝**이 부각되고 있다. 텍스트 데이터를 다룰 때 가장 어려운 점은 바로 구조화가 되지 않았다는 것이다. 컴퓨터가 데이터를 분석하려면 그 데이터를 이해할 수 있어야 하는데, 언어에 따라 의미나 문법 규칙이 전부 다르다는 문제가 있다. 따라서 언어를 이해하고 처리하는 기술이 필요하다. 모든 텍스트는 특정 언어로 만들어지는 만큼, 언어의 문장구조를 분석하고 단어의 의미를 이해해야 비로소 데이터에서 가치를 찾아낼 수 있다. 이러한 작업을 가능하게 하는 기술이 텍스트 마이닝이다. 가령 소셜 미디어에서 텍스트 데이터를 모아 키워드가 무엇인지 구분하고 해당 키워드가 긍정 혹은 부정인지 판별할 때 긍정과 부정의 비율은 얼마인지, 그 원인은 무엇인지 텍스트 데이터를 기반으로 분석하는 기술인 것이다. 그렇다면 이런 데이터 마이닝은 왜 중요한 걸까?

하루에 생성되는 빅데이터 양은 정말 어마어마하다. 페이스북과 인스타그램 같은 소셜 미디어에는 수십억 개 이상의 콘텐츠가 공유되고 있다. 유튜브와 틱톡 등 동영상 기반 서비스는 짧게는 몇 초에서 길게는 수십 시간 분량의 영상이 끊임없이 생겨나고 스트리밍된다. 최근 생성형AI 등장 이후에는 인공지능 서비스로 생성되는 데이터가 기하급수적으로 늘어났다. 이러한 데이터는 텍스트, 영상, 음악, 이미지 등 다양한 형태로 존재하는데 특정한 목적을 위해 처리되지 않은 상태다. 이것을 원시 데이터라 하며, 다양한 원시 데이터 세트를 기본 형식으로 저장하는 곳을 **데이터 레이크**라 한다. 데이터 과학자들은 분석 도구를 써서 원시 데이터에 접근해 목적에 맞게 정제하고 분석한다.

이렇게 많은 데이터를 분석하려면 컴퓨터의 성능은 물론 담당 인력의 수고 등 많은 시간과 비용이 필요하다. 그 시간과 비용을 줄이거나 좀 더 효율적으로 정보와 지식을 활용하기 위해, 데이터 마이닝은 많은 양의 데이터에서 인간이 찾을 수 없는 패턴을 추출해 **'스마트 데이터'**를 찾아낸다. 빅데이터가 가공처리 전 원재료라면, 데이터 마이닝은 이를 정제하는 작업이다. 정제 및 가공 처리된 데이터를 '스마트 데이터'라고 할 수 있다. 이렇게 분석과 가공된 스마트 데이터가 개인과 기업에게 필요한 역할을 한다.

데이터 레이크 Data Lake
데이터 레이크는 조직에서 수집한 정형·반정형·비정형 데이터를 원시 형태raw data로 저장하는 단일한 데이터 저장 공간이다. 다양한 데이터를 한곳에 모아 저장한다.

스마트 데이터 Smart Data
스마트 데이터는 빅데이터에 비해 더 빠르고, 실시간 분석이 가능한 데이터를 뜻한다. 정확성Accurate, 민첩성Agile, 행동성Actionable이라는 특징을 갖는다.

데이터의
다양한 모습들

빅데이터라는 새로운 기술이 등장한 이후 관련 분야에서는 각종 새로운 용어가 탄생하고 있다. 대표적으로 빅데이터의 반대 개념인 **스몰 데이터**가 있다. 스몰 데이터는 개인의 생활양식이나 취향, 건강 등을 파악할 수 있는 작은 정보를 의미한다. 빅데이터처럼 대량의 데이터 기반 분석이 아닌, 개인의 사소한 행동과 특징적인 정보를 바탕으로 분석하는 개념이다. 빅데이터가 놓칠 수 있는 부분을 보완해주는 장점이 있다. 실제로 한 스타트업은 특정 소비자 집단의 행동 패턴만 별도로 분석해 제품에 반영한 결과 매출을 크게 늘렸다.

스몰 데이터 Small Data
개인의 사소한 행동과 정보를 바탕으로 분석되는 개인 관련 데이터.

패스트 데이터와 슬로우 데이터도 빅데이터 시대 이후 탄생한 개념이다. **패스트 데이터**는 지금 이 순간 분석과 활용이 필요한 데이터를 가리킨다. 패스트 데이터는 음악 스트리밍 등 실시간으로 순위나 사용량이 집계되는 데이터 또는 반응이 즉각 일어나는 각종 소셜 미디어의 댓글과 포스팅 등에 해당한다. 주식이나 외환 시장에서 초 단위로 일어나는 거래 데이터 역시 패스트 데이터다. 패스트 데이터는 수집과 활용이 실시간, 단기간에 필요한 데이터일 경우 활용도가 높다. 예를 들어 한 소셜 미디어 사용자가 특정 제품을 검색했다는 데이터가 생성되면 이커머스 사업자는 사용자에게 할인 쿠폰이나 관련 정보를 제공함으로써 상품을 구매하도록

패스트 데이터 Fast Data
음원 순위, 주식 거래량과 같이 반응이 즉각 일어나는 분야에서 실시간으로 생성 및 활용에 필요한 데이터.

141

유도할 수 있다. 패스트 데이터를 즉각적인 마케팅이나 홍보에 활용할 수 있는 것이다.

슬로우 데이터는 패스트 데이터와 정반대 개념으로 수집, 분석과 활용 빈도 등이 비교적 느리고 적다. 예를 들어 해안가의 파도 높이를 모니터링하는 경우라면 매초 분석할 필요 없이 일정 시간 단위 업데이트로도 충분하다. 이처럼 데이터로서 가치를 지니지만 실시간으로 활용될 필요는 없는 데이터가 슬로우 데이터다.

슬로우 데이터 Slow Data
패스트 데이터와 반대 개념으로 데이터 수집과 활용이 빈번하지 않고 실시간으로 활용될 필요가 없는 데이터.

빅데이터, 패스트 데이터, 슬로우 데이터 등이 특정 목적으로 사용되며 가치 평가를 받는 것과 달리 보유하고는 있지만 어디에 있는지조차 모르거나 사용하지 않는 데이터도 있다. 이를 **다크 데이터**라 한다. 컴퓨터 폴더를 보면 분명히 언젠가 다운로드받았지만 사용한 적도 없고, 아예 다운로드받은 기억조차 없는 파일이 있다. 이러한 파일이 다크 데이터다. 다크 데이터는 빅데이터와 비슷하지만, 구조화되지 않고 일반적으로 잘 사용하지 않는 데이터를 말한다. 다크 데이터는 기업 입장에서는 저장 비용을 발생시키며, 필요한 데이터를 찾는 데 방해요소가 될 수도 있다. 리서치 기업 가트너는 다크 데이터를 '기업의 활동으로 수집되고 저장되지만 특별한 용도로 사용되지는 않는 정보'라고 정의했다.

다크 데이터 Dark Data
어디에 있는지조차 모르거나 사용한 적도 없는, 한 마디로 방치되어 있는 데이터. 불필요한 정보로 여겨질 수 있지만, 의외의 가치를 발견할 수 있는 데이터.

재밌는 사실은 이러한 다크 데이터에서 의외의 가치를 발견할 수도 있다는 점이다. 과거에는 다크 데이터를 포함한 대규모 데이터를 처리할 기술이 없었거나 처리에 많은 비용이 필요했다. 하지만 기술 발전으로 다크 데이터를 빅데이터와 결합하면서 새로운 사용자 행동이나 기업이 놓치고 있던 데이터를 찾아낼 수 있게 되었다. 다크 데이터가 단순히 버려지거나 숨겨진 데이터가 아니라 빅데이터의 일부로 포함되면서 새로운 가치가 빛을 발하게 된 것이다. 빅데이터 시대에 접어들면서 필요한 데이터와 불필요한 데이터를 나누지 않고 모든 데이터를 분석 대상으로 삼게 되었다.

하지만 이렇게 버려지거나 불필요한 데이터까지 가치를 지니게 되면, 모든 데이터가 영원히 가치를 유지할 수 있을까? 일반적으로 데이터는 생성 후 시간이 지나면 가치가 하락하는데 이는 **데이터의 생애주기**로 나타낸다. 생성된 데이터는 특정 저장소에 저장되며 활발히 분석되고 사용되다가 시간이 지남에 따라 사용 빈도가 줄어들고 마지막에는 폐기된다. 이러한 데이터 생애주기를 고려하여 데이터 수명에 따라 저장 방식을 조절해 비용을 절감할 수도 있다. 그러나 모든 데이터가 가치가 떨어졌다고 해서 무조건 폐기되는 건 아니다. 예를 들어 미국은 회계 관련 데이터를 10년 혹은 20년 이상 보관하도록 의무화한 법률이 있고, 건강 및 의료 보험 관련 데이터를 보관하는 법률도 있다. 국내에서도 금융 거래 데이터, 개인정보, 제조 관련 정보 등 다양한 데이터를 특정 기간 동안 보존하도록 하는 법률이 제정돼 있다.

데이터 생애주기
데이터가 생성, 저장, 활용, 폐기되는 일련의 과정이다. 데이터 생애주기를 파악하면 생애주기에 따라 저장 방식이나 기간을 다르게 설정해 효율적으로 데이터를 활용하고 비용을 절감할 수 있다.

두 얼굴의 빅데이터와 그 미래

빅데이터는 더 많은 정보를 모아 이전까지는 할 수 없던 일들을 가능하게 만들고 인공지능과 결합해 새로운 비즈니스와 가치를 창출한다. 예를 들어보자. 중고차 판매 플랫폼은 지난 몇 년간 거래된 중고차의 외관 이미지를 특정 위치에서 촬영한다. 이렇게 쌓인 이미지 데이터는 신차 이미지와 비교할 수 있다. 인공지능이 이미지 분석을 통해 중고차 상태를 확인하고 자동으로 등급을 매긴다. 또 다른 예를 보자. 빅데이터를 활용하면 고객이 어떤 상품을 자주 구매하거나 구매하지 않는지 알아내고 취향에 맞는 상품을 추천하는 것은 물론 더 나아가 고객이 미처 몰랐던 취향까지 알아낼 수 있다.

이처럼 빅데이터는 우리 삶을 한층 더 나아지게 만든다. 하지만 반대로 어두운 면도 있다. 무수히 많은 데이터가 개인의 사생활을 침해할 수 있기 때문이다. 페이스북을 비롯한 거대 IT 기업의 정보 유출 사건을 보면 과연 데이터가 안전하게 보관되며 활용되고 있는가에 대한 의문을 떨칠 수 없다. 데이터 수집에 사적인 정보가 포함될 수 있고 보안 문제로 정보가 유출되는 경우 굳이 알리고 싶지 않은 정보까지 분석되고 공개되는 등 문제가 발생할 수 있다. 한편 빅데이터의 발전은 우리의 일자리를 위협할 수도 있다. 생산성이 부족하거나 인간의 분석력이 필요 없는 일자리를 데이터 기반으로 찾아내 축소하거나 아예 없앨 수 있기 때문이다.

하지만 빅데이터는 앞으로 영향력을 계속 확대할 전망이다. 한국 IDC는 2023년 3월 '국내 빅데이터 및 분석(BDA) 시장 전망 2023~2027' 연구 보고서를 발표했다. 보고서에 따르면 2023년 국내 빅데이터 및 분석 도구 시장이 전년 대비 11.1% 성장한 2조 7,054억 원 규모 매출을 형성할 것으로 전망된다. 또 해당 시장은 2027년까지 연평균 10.6% 성장률을 기록하며 3조 9,771억 원 규

모에 달할 것으로 분석됐다.[9]

한국데이터산업진흥원 보고서에 따르면 2021년 기준 국내 기업의 빅데이터 도입률은 15.9%로 전년 대비 2.5%p 증가했다.[10] 특히 매출 1,000억 원 이상 기업의 경우 도입률은 38.9%로 나타났다. 업종별로는 공공의 도입률이 55.4%로 가장 높고, 민간기업에서는 금융(40.0%), 통신, 미디어(31.0%) 업계 도입률이 높다. 의료, 교육 등 여러 업계에서도 빅데이터 관련 기술과 서비스 도입을 추진 중이거나 고려 중인 비율이 높게 나타났다. 향후 국내 기업 빅데이터 도입률은 지속해서 높아질 것으로 예상된다.

빅데이터를 잘 활용하기 위해서는 IT를 비롯해 통계학, 경영학 등 다양한 분야 간 융합이 필요하다. 빅데이터는 단순히 데이터의 양적 수집을 뜻하지 않는다. 빅데이터가 제대로 활용되려면 다양한 분야의 지식과 데이터가 합쳐져 우리 생활과 기업의 비즈니스 활동에 유의미한 가치를 만들어낼 수 있어야 한다. 빅데이터를 적용함으로써 해당 분야에서 비용 절감, 에너지 절감 등 1%라도 효율성이 증가한다면 전체 산업에서는 막대한 비용 절감으로 이어진다. 빅데이터는 미래를 살아갈 우리에게 결코 빼놓을 수 없는 중요한 기술이자 정보다. 그렇다면 이제 이렇게 중요한 빅데이터가 어디에 보관되는지 알아보겠다.

클라우드,
데이터를 담는 가상의 공간

클라우드는 컴퓨터 같은 특정 저장 공간이 아닌 인터넷에 연결된 가상의 공간이다. 단순히 데이터를 저장하는 것에 그치지 않고 하드웨어나 소프트웨어 등 IT 자원을 인터넷에 접속해 사용하는 컴퓨팅 환경을 제공한다. 클라우드는 분산 컴퓨팅에 기원을 두고 있는데, 하나의 컴퓨터로 처리할 수 없는 문제를 여러 컴퓨터를 연결해 증가된 처리 능력으로 해결하는 방식이다.

클라우드는 사용자의 유휴자원을 활용하자는 아이디어에서 출발했다. 평소 사용하지 않는 컴퓨팅 자원을 타인에게 임대해 수익을 거두는 데에서 시작해 이 자체가 하나의 산업이 되었다. **서버 호스팅**은 인터넷과 모바일이 발전하면서 대기업은 물론 중소 규모 기업에 의해서도 크게 성장했다. 클라우드는 서버나 저장 공간을 대여하는 것에서 한발 더 나아가 각종 서비스와 애플리케이션을 제공해 기업의 IT 인프라를 빠르게 확대할 수 있도록 했다. 사용 용량만큼 비용을 내는 방식으로 기존 서버 호스팅과는 큰 차이가 있다. 클라우드가 도입되면서 스타트업을 비롯한 많은 기업이 더욱 효율적으로 온라인 기반 비즈니스를 발전시킬 수 있었다. 클라우드로 인해 IT 기술은 물론 각종 비즈니스와 산업 발전이 가속화된 것이다.

클라우드는 각 개인이나 기업이 저장 공간과 컴퓨팅 능력을 단

클라우드Cloud
인터넷에 연결된 가상의 공간에 정보를 보관하면 언제 어디서나 불러올 수 있다. 정보를 보관하는 양만큼 비용을 지불하기 때문에 효율적이다. 다양한 IT 서비스와 도구를 함께 제공한다.

서버 호스팅
서버 컴퓨터의 전체 또는 일정 공간을 이용할 수 있도록 임대해주는 서비스 쇼핑몰 등 인터넷 사업에서 일반 컴퓨터로 24시간 내내 운영하는 것은 불가능한 만큼 호스팅 업체의 서버를 임대 사용한다.

독으로 소유하는 형태가 아니라 인프라를 '공유'하는 개념이다. 클라우드는 기본적으로 공유라는 본질이 기저에 깔려 있다. 만약 좋은 음악을 저장한 외장하드가 있는데, 이를 친구에게 빌려주면 나는 음악을 들을 수 없다. 하지만 외장하드 대신 클라우드에 저장하면 친구와 내가 동시에 음악을 들을 수 있다. 클라우드는 비싼 비용을 지불해가며 컴퓨팅 자원 및 인프라를 소유하지 않고도 공유해 사용하는 합리적인 방식이다.

'웹하드'가 가장 기초적인 클라우드 컴퓨팅의 형태라고 할 수 있다. 상용화된 대표적인 클라우드 서비스는 아마존 웹서비스AWS, 구글 클라우드, 마이크로소프트 애저Azure 등이다. 네이버와 다음을 비롯한 각종 포털 사이트나 구글 등 검색 사이트에 가입하면 데이터를 저장할 수 있는 공간(보통 1~2GB)을 기본적으로 받는데 이 저장 공간 역시 클라우드다. 하드디스크에 저장된 데이터는 특정 기기가 없으면 꺼내 쓸 수 없지만, 클라우드는 인터넷만 연결돼 있으면 언제 어디서나 데이터에 접속해 활용할 수 있다는 큰 장점이 있다.

위에 언급한 아마존과 구글, 마이크로소프트 외에도 IBM, 오라클 등 글로벌 IT 기업들이 공통적으로 확대하고 집중하는 비즈니스가 바로 클라우드 서비스다. 이처럼 많은 기업이 클라우드에 집중하는 이유는 명확하다. 클라우드가 단지 클라우드 비즈니스에 그치지 않고 인공지능, 빅데이터, 블록체인 등 미래 핵심 기술을 뒷받침하고 융합하는 플랫폼으로 자리 잡고 있기 때문이다.

클라우드는
어떻게 구분될까?

클라우드는 서비스 제공 형태에 따라 퍼블릭 클라우드, 프라이빗 클라우드, 하이브리드 클라우드, 멀티 클라우드로 구분한다. 각각의 서비스가 어떤 특징을 갖는지 하나씩 살펴보자. **퍼블릭 클라우드**는 특정 기업이나 사용자를 위한 서비스가 아니다. 인터넷에 접속 가능한 모든 사용자를 위한 클라우드 서비스 모델이다. 퍼블릭 클라우드 서비스 내 데이터나 각종 기능, 서버와 같은 모든 자원은 누구나 쓸 수 있어 권한 관리나 특정 서비스 접근 제한 때문에 사용자 간 정보가 교환되지 않는 등의 문제가 발생하지 않는다. 퍼블릭 클라우드는 사용자가 높은 비용의 서버를 구매하거나 설치할 필요가 없어 사업 초기의 비용 절감에 효과적이다. 서버를 운영하고 유지 보수할 필요가 없는 점 역시 비용 절감 효과가 있다. 또한 사용한 만큼 비용을 결제하는 종량제 결제가 가능해 불필요한 비용이 발생할 염려가 없다. 원하는 만큼 추가해서 사용하므로 무제한의 컴퓨팅 성능과 저장 공간을 합리적인 비용으로 확보할 수 있다.

프라이빗 클라우드는 제한된 네트워크에서 특정 기업이나 사용자만 이용할 수 있다. 모든 데이터와 자원은 내부에 저장된다. 기업이 프라이빗 클라우드를 사용하면 모든 제어권을 갖는다. 기업이나 사용자의 상황에 맞게 맞춤형으로 기능을 개발할 수 있고 보안성이 매우 뛰어나다는 장점이 있다. 쉽게 말하면, 자체 데이터

퍼블릭 클라우드 Public Cloud
퍼블릭 클라우드는 개인이나 기업이 사용료를 내고 서비스 제공업체가 구축한 서버와 저장 공간 등의 인프라를 이용하는 방식이다. 대규모 서비스로 이루어져 있어 서비스 구축비용이 낮아 비용 절감 효과가 있다.

프라이빗 클라우드 Private Cloud
특정 기업이나 사용자를 위해 설계된 클라우드 서비스. 기업이 자체적으로 기업 내에 클라우드 환경을 구축한다. 기업의 상황에 맞게 원하는 형태로 구축할 수 있는 장점이 있다.

센터를 유지하면서 공유 개념을 도입한 클라우드다. 자체 데이터 센터를 활용하기 때문에 기존 인프라를 활용할 수 있고, 단독으로 사용하므로 보안이나 성능에 큰 문제가 생기지 않는 것이 장점이다.

하이브리드 클라우드는 퍼블릭 클라우드와 프라이빗 클라우드를 하나 이상 병행해 사용하는 방식이다. 기업에서 가장 중요하고 핵심적인 데이터와 서비스는 프라이빗 클라우드에 저장하고, 중요성이 상대적으로 낮은 서비스는 퍼블릭 클라우드로 운영한다. 이 경우 성능, 안정성, 보안, 비용 절감 등 퍼블릭 클라우드의 장점과 프라이빗 클라우드의 장점을 동시에 누릴 수 있다. 기존의 퍼블릭 클라우드와 프라이빗 클라우드도 각각 장단점이 확실하기 때문에 하이브리드 클라우드를 포함한 세 가지 형태의 클라우드는 앞으로도 공존할 전망이다. 예를 들어 새로 창업한 소규모 스타트업의 경우 적은 초기 비용으로도 IT 인프라를 확보할 수 있는 퍼블릭 클라우드를 사용하고, 대형 기업은 자사 데이터 확보와 관리를 위해 프라이빗 클라우드를 사용할 수 있다.

멀티 클라우드는 이름 그대로 다양한 클라우드 서비스를 사용한다. 퍼블릭 클라우드나 프라이빗 클라우드를 2개 이상 결합하는 형태다. 하이브리드 클라우드와 비슷해 보이지만, 멀티 클라우드는 복수의 클라우드 서비스 제공업체의 클라우드 환경을 함께 사용한다. 기업은 클라우드를 사용할 때 하나의 서비스 제공업체에 구속되는 위험을 피하거나, 각 클라우드의 장점을 결합해야 할 때 멀티 클라우드를 선택한다. 일반적으로 멀티 클라우드 환경에서는 기업의 사업 분야나 서비스 특성에 따라 종류가 다른 클라우드 서비스를 이용할 수 있다. 기업들은 특정 업체에 대한 의존도

하이브리드 클라우드 Hybrid Cloud 퍼블릭 클라우드와 프라이빗 클라우드를 병행해 사용하는 방식. 필요에 따라 클라우드를 선택할 수 있어 퍼블릭과 프라이빗 클라우드 각각의 장점을 얻을 수 있다.

멀티 클라우드 Multi Cloud 두 개 이상의 클라우드 공급업체가 제공하는 복수의 퍼블릭 또는 프라이빗 클라우드로 구성된 방식. 사용자는 사업 종류나 서비스에 따라 원하는 클라우드로 전환해 사용할 수 있다.

를 낮추고, 복수의 공급업체를 선택적으로 이용하기 위해 멀티 클라우드를 선택한다. 2023년 초 오라클이 발표한 '기업 인프라의 주류로 자리매김한 멀티 클라우드Multicloud in the Mainstream' 보고서에 따르면, 전 세계 기업 중 멀티 클라우드를 채택한 곳이 98%에 이르는 것으로 조사됐다.[11] 98%의 기업이 최소 2개 이상의 클라우드 서비스를 이용하고 있다는 의미다.

클라우드의 종류가 늘어나면서 퍼블릭, 프라이빗, 하이브리드 같은 클라우드의 상호 연결을 의미하는 **인터클라우드**라는 용어도 등장했다. 인터클라우드는 '클라우드의 클라우드'란 뜻이다. 단일 클라우드 서비스가 제공할 수 없는 서비스 요청이 있을 때 다른 클라우드 서비스에서 필요한 자원을 가져와 서비스할 수 있다. 이때는 두 개 이상의 클라우드 서비스 제공업체 간 연동이 필수다. 점차 데이터가 늘어나고 클라우드에서 처리해야 할 업무량이 늘어나면서 클라우드 공급업체 간 연결로 부담을 줄이고, 유연성을 갖추기 위한 방법이다. 많은 클라우드 공급업체들이 사용자에게 클라우드 간 연동 환경을 제공하는 추세다.

인터클라우드 Intercloud
인터클라우드는 '클라우드의 클라우드'라는 의미로, 클라우드에서 다른 클라우드로 업무 처리를 이동시키는 등 확장성이 뛰어난 장점이 있다.

3가지 클라우드
서비스 모델

클라우드 서비스는 어떤 자원을 제공하는지에 따라 **SaaS**, **IaaS**, **PaaS**로 나뉜다. SaaS는 사용자가 클라우드 기반 '소프트웨

SaaS, IaaS, PaaS
SaaS는 제공되는 다양한 '소프트웨어'를 이용할 수 있는 서비스, IaaS는 각종 컴퓨팅 리소스를 이용하는 '인프라'를 이용할 수 있는 서비스, PaaS는 개발에 필요한 각종 기본 개발 도구와 애플리케이션을 이용할 수 있는 '플랫폼' 서비스다.

어'를 이용할 수 있는 서비스다. 별도로 소프트웨어를 설치하거나 저장할 필요가 없이 인터넷을 통해 클라우드에 접속하면 이용할 수 있다. 과거에는 플로피디스크나 CD 등으로 소프트웨어를 설치했다면, 이제는 그런 과정 없이 인터넷만 연결되면 소프트웨어를 이용할 수 있다. 구글의 G-스위트와 마이크로소프트의 오피스 365, 드롭박스와 같은 서비스를 써 봤다면 이미 SaaS를 경험한 것이다.

IaaS는 사용자가 공급업체를 통해 서버, 스토리지, 네트워킹 같은 컴퓨팅 '인프라'를 이용할 수 있는 클라우드 서비스다. 많은 데이터를 보관하기 위해 데이터센터를 구축하려면 비용과 관리 측면에서 어려움이 크다. 이때 사용자는 서비스 제공업체의 클라우드를 활용해 서버 등의 리소스를 이용할 수 있다. 빌려온 인프라로 운영체제와 애플리케이션 등을 설치한 다음 원하는 서비스를 운영할 수 있다. 서버를 구입하거나 데이터센터를 구축하지 않아도 되고, 사용량에 따라 요금이 부과되므로 비용을 줄일 수 있다. 미국의 영상 스트리밍 업체 넷플릭스가 대표적인 사례다. 넷플릭스는 자체 **데이터센터**를 구축해 서비스를 운영하는 대신 아마존 웹서비스를 이용한다. 덕분에 필요한 컴퓨팅 인프라를 몇 분 또는 몇 시간 안에 준비해 운영할 수 있다. 서버를 비롯해 다양한 사항을 준비하려면 많은 비용과 시간이 필요하다. 이 때문에 많은 기업이 IaaS를 도입하거나 계획하고 있다. 아마존 웹서비스, 마이크로소프트의 애저, 구글의 GCP Google Cloud Platform가 대표적이다.

PaaS의 기본 개념은 각종 개발 도구와 관련 애플리케이션을 안전하게 제공하는 것이다. 주로 소프트웨어 서비스를 개발할 때 필요한 '플랫폼'을 제공하는 서비스로, 사용자가 쉽게 소프트웨어를

데이터센터
서버 컴퓨터와 네트워크 회선 등을 제공하는 건물이나 시설. 인터넷의 성장과 더불어 대량의 서버 컴퓨터가 필요하게 되자, 이 서버 컴퓨터를 한 장소에 모아 안정적으로 관리하기 위해 탄생했다.

개발하고 관리할 수 있는 클라우드 환경을 제공한다. 사용자는 저장 공간 및 기타 컴퓨팅 리소스 외에도 제공되는 여러 프로그램을 사용해 자체 애플리케이션을 개발하거나 수정하고 테스트할 수 있다. 예를 들어 앞서 설명한 IaaS가 레고 블록을 만드는 공장이라면, PaaS는 레고 블록이다. 이때 레고 블록은 소프트웨어고, 레고 블록을 직접 이리저리 조립해 완성하면 새로운 프로그램이나 서비스가 만들어진다.

클라우드의 장단점

클라우드의 가장 큰 장점은 USB나 외장하드 같은 외부 저장 장치가 필요 없다는 점이다. 외부 저장 장치의 고장이나 분실 염려 없이 언제 어디서든 데이터를 열람하고 활용할 수 있다. 기업에서 사용하는 일반적인 데이터센터 시스템은 초기 비용이 매우 크다. 기업 입장에서 사용자가 많지 않은 비즈니스 초기에 고가의 서버를 구매하고도 서버 공간을 100% 활용할 수 없는 것은 부담스럽다. 사용자가 갑자기 증가해 용량이 부족해지면 급하게 서버를 추가해야 하는 문제점도 있다. 반면에 클라우드는 초기 데이터센터 구축이라는 큰 투자 비용 없이 이용한 만큼 지불하고, 최소 자원으로 유연하게 데이터를 저장할 수 있다. 또한 사용량에 따라 손쉽게 확장할 수 있고, 최신 기술과 IT 서비스를 받을 수도 있어 효율적인 IT 운영이 가능하다.

클라우드는 인공지능에 필요한 데이터를 쉽게 모을 수 있어 인공지능 대중화에도 큰 역할을 한다. 즉, 인공지능을 발전시키는 데 유용하다. 챗GPT를 만든 오픈AI가 마이크로소프트와 제휴를 맺으면서 강점을 갖게 된 것도 클라우드 덕분이다. 클라우드는 인공지능이 학습할 데이터를 공급하고, 인공지능이 생성한 데이터를 보관하는 장소다. 일반적으로 인공지능은 높은 사양의 장비가 필요해 개인이 사용하는 스마트폰이나 태블릿 PC 등에서 구현하기 어렵다. 하지만 폭넓은 저장 공간인 클라우드에서는 인공지능을 구축하고, 사용자가 스마트폰 등 개인 기기를 통해 인공지능을 활용하는 것이 가능하다. **구글 코랩**은 개인 컴퓨터가 아닌 클라우드로 인공지능을 개발할 수 있는 유용한 도구로, 인공지능 연산을 위한 GPU와 데이터 공간을 제공한다. 전 세계 수많은 인공지능 개발자와 기업이 코랩에서 인공지능을 활용하고 있다.

이처럼 클라우드는 기업과 개인의 IT 환경에 큰 변화의 바람을 불러왔지만 단점도 존재한다. 첫 번째로 '의존성'을 꼽을 수 있다. 클라우드 공급업체가 서비스를 제공하므로 각종 장애나 보안사고

구글 코랩 Colab
클라우드 기반 개발환경. 구글의 CPU, RAM 등 자원을 사용해 클라우드에서 코딩할 수 있다. 웹 브라우저에서 인공지능 개발과 데이터 분석 등을 할 수 있다.

colab
GOOGLE COLABORATORY

발생 시 공급업체의 기술력에 의존해야 한다. 특정 클라우드를 이용하면서 누리는 다양한 기능에 지나치게 의존할 경우, 향후 다른 클라우드를 쓰기 어렵다. 국내에서 클라우드 서비스 장애가 일어나 해당 서비스를 이용하는 기업들이 수 시간 동안 서비스를 제공하지 못한 상황도 발생했었다. 또한 언제 어디서나 접근하고 사용할 수 있는 장점과 동시에 인터넷이 느리거나 접속이 불량한 경우 클라우드 서비스를 이용할 수 없는 문제도 생길 수 있다. 따라서 이를 방지하기 위해 여러 클라우드에 같은 데이터를 복제해 백업하고 대비하는 과정이 필요하다. 앞으로 클라우드 보안과 데이터 손실에 대한 대비책으로 복원 시스템을 구축하는 게 최우선순위가 될 것이다.

두 번째 문제는 바로 '성능'이다. 대부분의 퍼블릭 클라우드 서비스는 데이터센터에 설치된 다수의 서버와 **스토리지**를 사용해 사용자에게 필요한 만큼 자원을 할당한다. 그 때문에 서버에 사용자가 몰릴수록 성능이 떨어진다. 기업에서 자체 데이터센터를 운영하는 것보다 성능과 반응속도 등이 떨어질 수밖에 없다.

또 다른 문제는 '안정성'이다. 클라우드는 기본적으로 높은 안정성을 제공하지만, 자체 데이터센터 기반 환경보다 가용성이 떨어진다. 예상치 못한 오류나 사고로 클라우드 자체를 사용하지 못하는 경우가 발생할 수도 있다. 아마존 클라우드 서비스가 장애를 일으켰을 때 국내 기업 상당수가 몇 시간 동안 서비스를 아예 제공할 수 없었다. 2022년 SK C&C 데이터센터 화재로 카카오의 거의 모든 서비스가 장애를 일으킨 사례가 대표적이다.

하지만 이러한 문제점에도 불구하고 클라우드의 장점을 고려하면 기업에서 활용할 이유는 충분하다. 사용자의 필요에 따라 클

스토리지Storage
데이터 저장 장치. 스토리지 디바이스라고도 한다. 이 뜻이 확대돼 전문화, 네트워킹화, 대용량화된 데이터 저장 기술 등을 총칭하는 IT 용어로 사용한다.

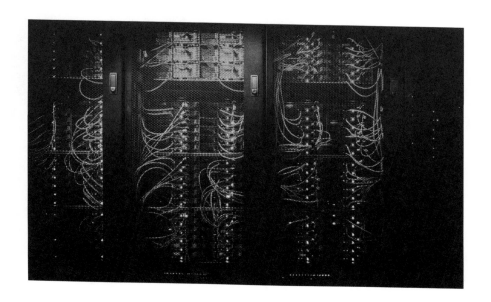

라우드 구축과 사용을 유연하게 적용할 수 있다. 다양한 기능을 제공하고 유지 관리도 자체 데이터센터 운영보다 편리하다. 클라우드는 여러 장점을 바탕으로 꾸준히 성장하고 있다. 이미 여러 기업이 클라우드의 장점을 인식하고 기업 서비스 전체를 클라우드로 옮기고 있다.

아마존 웹서비스,
클라우드의 지배자

아마존 웹서비스

Amazon Web Services, AWS
아마존이 만든 클라우드 컴퓨팅 회사. 현재 클라우드 분야에서 세계 1위의 점유율을 차지하고 있다. 아마존이 이커머스 비즈니스를 하면서 쇼핑 비수기 시즌에 남아 있는 서버를 외부에 임대하면서 시작됐다.

사실 클라우드는 아마존을 빼놓고 이야기할 수 없다. 2006년 아마존은 클라우드 서비스 기업인 **아마존 웹서비스(AWS)**를 설립하고 첫 클라우드 제품을 출시하면서 사업을 시작했다(사실 아마존이 클라우드 서비스를 처음 시도한 시점은 2002년이다. 당시에는 아마존 닷컴 웹 사이트에 해당 기능을 넣어 무료로 이용할 수 있도록 했다).

아마존이 클라우드 서비스를 시작한 이유는 아마존 자체의 문제점을 해결하기 위해서였다. 블랙 프라이데이(미국 추수감사절 다음 금요일) 및 사이버 먼데이(추수감사절 연휴 이후 첫 월요일) 등 미국 유통업계의 대목에는 소비자들이 쇼핑몰에 몰려든다. 이런 트래픽을 감당하려면 평소보다 많은 서버를 운용해야 했지만, 이 시즌이 끝나면 늘린 서버는 애물단지가 되곤 했다. 아마존은 남아 있는 서버 자원을 다른 기업에 빌려주자는 생각을 했고, 지금과 같은 클라우드 서비스를 시작했다. 아마존의 서비스는 사용자 요구에 따라 서버를 확장할 수도, 줄일 수도 있어 당시로서는 파격적이었다.

현재 아마존은 네트워크 속도를 향상하고 각종 재해에 대비하기 위해 세계 26개 지역에 데이터센터를 보유하고 있다. 이제 아마존 웹서비스는 단순히 클라우드를 통해 서버를 임대하는 사업에 그치지 않고 클라우드를 기반으로 다양한 기술을 개발하고 비즈니스를 펼칠 수 있는 플랫폼 역할을 한다.

아마존 웹서비스는 2012년 미국 라스베이거스에서 **리인벤트**라는 개발자 콘퍼런스를 개최했다. 이는 현재 매년 3만 명 이상이 등록하며 아마존 웹서비스를 대표하는 세계적인 행사로 거듭났다. 많은 기업이 콘퍼런스를 통해 새로운 클라우드 기술을 선보이고 있다. 클라우드를 활용한 다양한 비즈니스 모델과 세계 여러 기업의 사례도 함께 발표된다. 또한 클라우드와 함께 인공지능, 자율주행, 블록체인 등 다양한 IT 기술을 선보인다.

리인벤트 re:Invent
2012년부터 시작한 아마존 웹서비스 주최 개발자 컨퍼런스. 아마존 웹서비스의 클라우드 서비스를 중심으로 인공지능, 자율주행을 비롯해 다양한 최신 기술을 선보인다.

아마존은 사용하지 않는 서버를 다른 기업에 빌려준다는 발상으로 '클라우드 서비스'라는 새로운 비즈니스를 탄생시켰다. 아마존 이전에도 남는 자원을 빌려주는 아이디어는 있었다. 하지만 아마존은 이를 실천에 옮겼고, 단순히 자원만 빌려주는 비즈니스를 넘어 새로운 가치를 만들어냈다. 더 많은 기업이 아마존 웹서비스를 사용하면서 아마존 클라우드 서비스는 데이터센터 규모의 경제를 실현하고 있으며, 이용자가 늘어날수록 더 많은 데이터센터를 구축해 낮은 가격에 경쟁력 높은 서비스를 제공하는 선순환 단계로 접어들었다.

본격화되는
클라우드 전쟁

클라우드 시장은 그 어느 때보다도 경쟁이 뜨겁다. 클라우드 서비스를 제공하는 대형 IT 기업은 앞서 살펴본 아마존 외에도 마이크로소프트, 구글, 오라클, IBM, 알리바바 등이 있다. 인공지능, 블록체인 등 데이터 관련 기술의 발달로 데이터 생산량이 늘어나고 클라우드 기반으로 각종 미래 기술이 구현되면서 클라우드 시장은 매년 꾸준한 성장을 보인다. IT 시장분석 기관 IDC에 따르면 2022년 기준 세계 퍼블릭 클라우드 시장 매출은 5,458억 달러(약 706조 원)에 달한다. 가트너는 클라우드 시장이 2025년에 1,000조 원을 돌파하고, 2026년에는 1,300조 원도 넘길 것으로 예상했다.[12] 매년 꾸준히 성장 중이지만, 과거와 달리 폭발적인 성장세는 둔화됐다는 지적도 있다. 여러 시장조사 기관과 증권사들은 2023년 클라우드 서비스 시장 성장률을 2022년의 절반 수준인 18%로 예상한다. 성장은 하지만 성장세가 줄어들어 클라우드 기업은 새로운 돌파구를 찾고 있다.

현재 글로벌 시장 약 80%는 상위 5개 기업이 장악하고 있다. 2022년 기준 아마존 웹서비스의 매출은 481억 달러(60조 9,300억 원)로 시장 점유율 40%를 기록했다. 마이크로소프트의 매출은 259억 달러(32조 8,100억 원)로 시장 점유율 21.5%다. 이어 알리바바(93억 달러, 7.7%), 구글 클라우드(91억 달러, 7.5%), 화웨이(52억 달러, 4.4%) 등이 뒤를 이었다.

가트너에 따르면 2022년 기준 아마존 웹서비스는 전 세계 IaaS 클라우드 시장에서 40%의 점유율을 보이고 있다. 국내 시장에서 아마존 웹서비스의 시장 점유율은 62% 안팎으로 나타났다.[13] 공정거래위원회가 발표한 '클라우드 서비스 분야 실태조사' 자료에 따르면 국내 클라우드 시장 점유율은 아마존이 2019년 77.9%, 2020년 70.0%, 2021년 62.1%로 최근 3년간 1위였다.[14] 마이크로소프트는 2019년 6.7%, 2020년 9.4%, 2021년 12%로 2위였다.

마이크로소프트는 아마존 다음으로 높은 클라우드 시장 점유율을 확보하고 있다. 마이크로소프트는 2009년 **애저 클라우드**를 테스트하면서 클라우드 전쟁에 뛰어들었다. 처음에는 클라우드 서비스에 대한 확신이 없어 본격적인 비즈니스를 시행하진 않았다. 하지만 아마존 웹서비스의 성장을 보며 경각심을 느낀 마이크로소프트는 2014년부터 회사의 비전을 '클라우드 퍼스트Cloud First'

애저 클라우드 Azure Cloud
2010년 시작된 마이크로소프트의 클라우드 서비스. 2011년 PaaS에 이어 2013년부터 IaaS 서비스를 시작했다. 현재 전 세계 클라우드 시장에서 2위를 차지하고 있다.

클라우드 플랫폼 서비스 매직 쿼드런트(2023년 10월 기준)

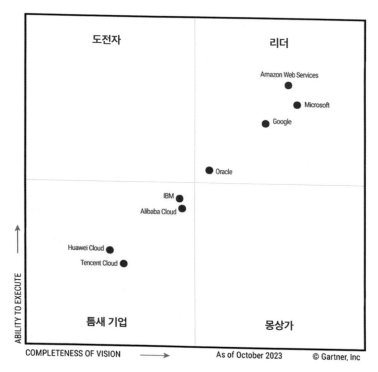

출처 Gartner

로 선정하고 클라우드 사업에 매진하고 있다. 아마존 웹서비스보다 후발주자지만, 기업 고객을 적극적으로 유치하며 클라우드 확장에 나서고 있다. 마이크로소프트는 윈도우와 오피스 소프트웨어를 기반으로 기업 고객이 클라우드를 쉽게 이용할 수 있는 서비스와 인프라를 제공한다. 소프트웨어 기업답게 아마존 웹서비스의 주력인 IaaS와 PaaS는 물론 SaaS에도 강점이 있다. 또한 애저 클라우드를 기반으로 하이브리드 클라우드 시장을 선점하고 있다.

IDC의 발표에 따르면 마이크로소프트는 2022년 퍼블릭 클라우드 서비스 시장에서 1위를 차지했다. 2위 아마존 웹서비스와 격차는 크지 않지만 클라우드 시장에서 빠른 성장을 증명해냈다. 또한 최근 마이크로소프트는 생성형AI를 중심으로 클라우드 서비스를 재편하고 있다. 마이크로소프트는 챗GPT 개발사인 오픈AI와 긴밀한 협력을 기반으로 최근 애저 클라우드에서 '애저 오픈AI 서비스Azure OpenAI Service'를 공식 출시했다. 애저 오픈AI 서비스를 이용하면 오픈AI의 거대 언어 모델 서비스 챗GPT와 코드 작성 도구 코덱스Codex, 이미지 생성 AI 기술 달리2를 클라우드에서 이용할 수 있다. 마이크로소프트와 오픈AI의 협력은 클라우드 판세에 큰 변화를 몰고 올 것이다. 마이크로소프트는 오피스365, **코파일럿** 등 간판 제품에 오픈AI 거대 언어 모델 기반 AI 기술을 적용하고 애저 클라우드 플랫폼에서 서비스 상품으로 제공하는 데 속도를 내고 있다. 인공지능을 클라우드 점유율을 늘릴 핵심 요소로 삼고 인

코파일럿Copilot
마이크로소프트의 엑셀, 파워포인트 등 프로그램과 이메일, 연락처, 스케줄, 인공지능 모델이 결합한 서비스. 인공지능이 이메일을 대신 써주거나 엑셀 함수를 입력하고 파워포인트 슬라이드를 만드는 등 생산성 향상을 돕는다.

마이크로소프트의 코파일럿

출처 Microsoft

공지능과 클라우드의 연계를 강화하는 것이다.

구글은 2011년 클라우드 서비스 시장에 본격적으로 합류했다. 구글의 클라우드 서비스는 GCP로 지메일, G-스위트 같은 소프트웨어 기반 클라우드가 강점으로 꼽힌다. 구글은 아마존과 마이크로소프트의 클라우드 서비스에 비해 점유율에서 뒤처졌지만, 서비스를 강화하며 입지를 다지고 있다.

중국의 대형 이커머스 기업 알리바바는 기본적으로 자체 쇼핑몰 주문 처리에 클라우드를 활용하고 있다. 알리바바는 자사 비즈니스는 물론 중국 내 기업의 클라우드 서비스를 장악하며 아시아 시장을 넘어 유럽 및 중동 등 해외 시장으로 진출하고 있다. 알리바바는 2009년부터 클라우드 서비스를 시작했는데, 중국과 아시아 지역을 중심으로 유럽과 미국에서도 데이터센터를 운영 중이다. 중국 내 시장 점유율은 다소 떨어지는 것으로 나타났지만 전 세계 IaaS 퍼블릭 클라우드 시장 점유율은 아마존 웹서비스와 마이크로소프트의 뒤를 잇는 3위(점유율 9.5%)다. 알리바바는 2022년 한국에서 첫 데이터센터를 열었으며 국내에서 클라우드 사업도 펼치고 있다.

국내에서는 아마존 웹서비스, 마이크로소프트와 함께 SK와 네이버, KT 등 많은 IT 기업이 클라우드 서비스를 제공하고 있다. 국내 클라우드 시장 규모도 빠르게 성장 중이다. 한국클라우드산업협회의 '2022 국내 클라우드 산업 실태조사 결과 보고서'에 따르면 국내 클라우드 시장 규모는 2021년에 4조 9,250억 원에 달했다.[15] 한국IDC가 2023년 초 발표한 국내 퍼블릭 클라우드 시장 전망에 따르면 국내 퍼블릭 클라우드 소프트웨어 시장은 5년간 연평균 성장률 15.5%를 기록하며 2026년에는 3조 614억 원이라는 시장 규모를 형성할 전망이다.

클라우드는 대부분 영역에서 매년 꾸준히 성장하고 있고 이러한 성장세를 바탕으로 국내외 기업이 국내 클라우드 시장에 뛰어들었다. 하지만 국내 기업과 글로벌 기업과의 경쟁력에서 큰 차이가 나는 것이 현실이다. 공정위 조사 결과에 따르면 네이버 클라우드는 국내 시장 점유율 7%로 3위를 차지했다.

국내 시장은 크게 서비스형 인프라(IaaS)와 서비스형 소프트웨어(SaaS)로 나뉜다. 네이버, NHN 클라우드, KT 등이 국내 주요 클라우드 기업이다. 네이버 클라우드는 다양한 전략을 앞세워 시장 공략에 나서고 있다. 네이버는 틈새시장을 먼저 공략한다. 글로벌 경쟁자와의 대결에 그치지 않고 기업에 필요한 솔루션을 제공하는 방향으로 전략을 세웠다. 무엇보다 글로벌 경쟁사와의 본격적

IDC 국내 퍼블릭 클라우드 소프트웨어 시장 전망(2021~2026년)

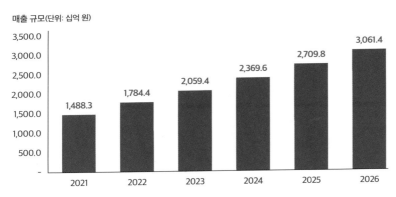

매출 규모(단위: 십억 원)

출처 IDC, Korea Public Cloud Software Market Forecast, 2022~2026

인 대결을 위해서는 천문학적 규모의 투자가 필요하다. 규모의 경제를 이루면 운영비용이 절감되며 가격 경쟁력이 생긴다. 아마존 웹서비스를 비롯한 글로벌 기업은 인공지능, 모바일, 블록체인, 가상현실, 증강현실, 자율주행 등 다양한 서비스를 제공하지만, 국내 클라우드는 아직 서비스가 제한적이다. 또한 최근 클라우드의 목적이 데이터 저장과 서버 임대에서 인공지능 등 미래 기술을 활용하는 형태로 진화하고 있어 선도 기업과 격차가 점점 커질 전망이다. 따라서 국내 클라우드 제공업체는 특정 산업이나 기업에 특화한 클라우드 서비스를 개발하는 틈새시장 공략이 하나의 전략이 될 수 있다.

더 많은 기업이 클라우드 환경으로 옮길 수 있도록 다리 역할을 하는 기업도 국내 클라우드 시장을 이끌고 있다. 메가존 클라우드는 클라우드 컴퓨팅 관련 종합 서비스와 솔루션을 제공하는 **클라우드 MSP**다. 메가존 클라우드는 2조 4,000억 원의 기업가치를 인정받은 국내 최초의 클라우드 유니콘이다. 클라우드 MSP는 클라우드와 관련된 모든 서비스를 제공한다. 기업 컨설팅부터 시스템 구축, 유지 보수에 이르기까지 클라우드와 관련한 전 영역을 아우른다. SK 텔레콤도 생성형AI로 촉발된 클라우드 시장 성장에 대응하기 위해 오는 2027년까지 국내 MSP 시장 3위 사업자로 자리매김하겠다는 목표를 제시했다. MSP 시장은 클라우드와 함께 성장하는 비즈니스다. 클라우드 시장은 규모가 크지만, 아직도 전세계 90% 이상의 IT 시스템이 클라우드가 아닌 자체 서버에 머물러 있다. 그만큼 클라우드 시장이 성장할 가능성이 높고, 클라우드 MSP 같은 기업도 산업의 주요 플레이어가 될 것이다.

클라우드 MSP

Managing Service Provider
클라우드 인프라 관리 서비스를 제공하는 기업. CSP Cloud Service Provider는 클라우드 인프라를 제공하는 역할을 한다면, MSP는 CSP와 고객을 연결하는 역할이다.

2017년 쿠팡이 사내 모든 IT 인프라를 클라우드로 전환한 이후 국내 주요 기업과 금융 기업, 은행들도 클라우드 도입을 추진하고 있다. KB금융그룹, NH농협, IBK기업은행, 신한은행 등 대부분의 금융권에서 클라우드 전환과 도입을 진행하고 있다. 최근에는 생성형AI 기반 서비스가 등장하면서 클라우드 이용이 더욱 늘어났다. 생성형AI와 함께 앞으로 더 빠른 성장이 예상되는 분야인 자율주행과 드론 비행, 스마트 팩토리 등이 대중화되면 기업이 보관하고 분석해야 할 데이터 양은 기하급수적으로 늘어난다. 이를 미래 사업의 핵심으로 바라보는 수많은 IT 기업이 클라우드 시장에 승부수를 던지고 있다.

클라우드 MSP 서비스 환경

출처 드림마크원

클라우드 시장의 판도를 바꾸는 생성형AI

클라우드 시장은 생성형AI의 등장으로 큰 변화가 일어나고 있다. 챗GPT 같은 생성형AI에는 대규모 언어 모델(LLM)이 뒷받침돼야 하는데, 대규모 언어 모델은 다수의 사용자로 인해 엄청난 양의 실시간 데이터 처리가 필요하다. 클라우드는 이를 위해 확장성이 뛰어난 컴퓨팅 기능에 최적화된 솔루션과 서비스를 제공할 수 있다.

인공지능 시장이 커질수록 클라우드 시장 역시 커진다. 마이크로소프트는 챗GPT를 개발한 오픈AI와 협력을 강화하고 있다. 오픈AI의 챗GPT 기술 독점권을 활용해 애저에서 챗GPT를 비롯한 여러 생성형AI 서비스를 제공한다. 기업들이 생성형AI를 쓰려면 마이크로소프트의 클라우드를 사용하는 구조를 만들어 사업성을 강화할 수 있다.

구글 역시 클라우드 사업 확장을 위해 기업의 생성형AI 기술 활용을 돕는 솔루션을 대거 선보이며 기업용 AI 시장 공략에 공들이고 있다. 구글 클라우드는 2023년 여름 '구글 클라우드 넥스트 2023'에서 GPU 최강자 엔비디아와의 협업을 발표했다. 생성형AI를 통해 클라우드 시장에서 아마존과 마이크로소프트에 이은 '만년 3위' 딱지를 떨쳐내겠다는 전략이다.

구글은 클라우드를 통해 머신러닝 플랫폼과 생성형AI 검색 서비스, 구글 워크스페이스, 구글 독스는 물론 구글 음성 AI 어시스턴트 등 다양한 인공지능 서비스를 지원한다. 또한 구글은 오픈AI의 챗GPT와 경쟁하는 스타트업 앤트로픽에 3억 달러를 투자했다(아마존도 앤트로픽에 투자했다). 앤트로픽에 구글 클라우드 서비스를 제공하는 한편, 또 다른 생성형AI 스타트업 **런웨이**에는 약 1억 달러를 투자했다. 대형 AI 스타트업이 모두 구글 클라우드를 이용하게 된 것이다.

런웨이Runway
비디오 생성 인공지능 기업으로 Gen-2라는 서비스를 출시했다. 비디오 분야 인공지능 선두 기업으로 구글, 엔비디아, 세일즈포스 등으로부터 투자를 유치했다.

구글의 전략에서 보이듯 클라우드의 또 다른 잠재 고객은 AI 스타트업이다. 생성형AI의 근간인 파운데이션 모델이나 대규모 인공지능을 개발하는 스타트업은 물론, AI 기반 서비스를 만드는 소규모 스타트업도 모두 클라우드의 고객이다. 스타트업이 생성형 AI 서비스를 제작해 활용하면 할수록 해당 클라우드 서비스 업체는 안정적인 고객 수요를 확보해 장기적으로 시장 점유율을 높일 수 있다. 이런 이유로 현재 클라우드 서비스 업체들은 생성형AI 스타트업에 투자하거나 동맹 관계를 확장하는 데 주력하고 있다. 미국 4위 클라우드 서비스 업체인 오라클도 생성형AI 스타트업 **코히어**가 진행한 2억 7,000만 달러 규모의 투자 라운드에 참여했다.

코히어Cohere
구글 출신 연구원들이 2019년 설립한 캐나다 AI 스타트업. 챗GPT와 유사한 대화형 AI 모델을 개발한다. 오픈AI의 경쟁사로 알려졌다.

코히어는 구글, 엔비디아, 오라클로부터 투자를 받으며 성장성을 인정받았다. 오라클도 생성형AI를 통해 클라우드 사업 강화를 노리는 것이다.

클라우드 기업과 AI 스타트업이 연계되는 이유는 결국 비용이다. 대규모 데이터센터와 GPU 등이 필요한 스타트업은 대형 클라우드 기업과의 파트너십을 추구한다. 시장분석 기관 세미애널리스에 따르면, 챗GPT를 만든 오픈AI는 하루에 수십만 달러, 한화로는 거의 10억 원에 육박하는 클라우드 비용을 매일 지출하고 있다. 스타트업이 클라우드 기업과 제휴를 맺으면 클라우드를 저렴하게 이용할 수 있다. 생성형AI 스타트업이 클라우드 서비스를 제공하는 아마존, 마이크로소프트, 구글과 같은 대형 IT 기업과 결합하는 것은 인공지능 연구와 서비스를 지속하려면 어쩔 수 없는 선택이다. 한 번 클라우드를 사용하면 수십, 수백억 개의 매개변수를 가진 대규모 인공지능 모델을 다른 클라우드 플랫폼으로 옮기기가 어렵기 때문이다. 물론 이러한 관계 탓에 스타트업이 특정 클라우드 기업의 품에서 벗어날 수 없다는 우려도 있다. 실질적으로 해당 스타트업의 기술이나 제품이 클라우드 플랫폼에 종속되게 만든다. 결과적으로 클라우드 대기업의 대결이 파트너십을 맺은 스타트업의 대리전 양상으로 변할 수 있다.

생성형AI는 클라우드 사용을 늘리고 활용 범위를 키우는 잠재력이 있다. 하지만 동시에 클라우드 운영에 직접적인 부하를 줄 가능성도 있다. 워낙 많은 자원을 소비하므로 클라우드 자원을 과도하게 사용해 시스템 성능과 가용성을 저하시키거나 비용과 탄소 배출량 등을 증가시킬 수 있다.

생성형AI 활용이 갈수록 늘어나고 다양한 서비스가 탄생하며, 인공지능의 방향과 성과가 클라우드 시장 판도에 적잖은 영향을 줄 전망이다. 앤디 재시 아마존 CEO는 "생성형AI의 발전으로 향후 수년 동안 많은 신규 클라우드 비즈니스가 생겨날 것"이라며 생성형 AI 분야 투자 의지를 내비쳤다. 앞으로 생성형AI와 클라우드는 점점 더 뗄 수 없는 관계가 될 것이다.

에지 컴퓨팅,
데이터 생태계를 구축하다

에지 컴퓨팅 Edge Computing
중앙집중식 데이터 처리 방식이 아니라, 데이터가 생성되는 네트워크와 가까운 곳에서 데이터를 수집하고 전달하고 처리하는 방식. 에지 컴퓨팅은 대기시간 없는 실시간 데이터 처리를 포함해 데이터 흐름 가속화를 지원한다.

최근 **에지 컴퓨팅**이 클라우드 컴퓨팅과 함께 주목받고 있다. 에지 컴퓨팅과 클라우드는 상반되는 개념은 아니다. 에지 컴퓨팅은 클라우드를 더 실용적으로 이용하기 위한 기술로 원본 데이터에 최대한 가까운 곳에서 데이터를 빠르게 분석하는 데 필요하다. 클라우드는 이용할 때 기기와 중앙에 있는 데이터센터가 직접 연결되는 방식이라면, 에지 컴퓨팅은 사용하는 기기와 가까이 위치한 '에지 데이터센터'와 먼저 연결돼 데이터를 주고받는다. 이후 주고받은 데이터를 다시 중앙에 있는 데이터센터에 전송하는 방식이다. 간단히 말해서 에지 컴퓨팅은 네트워크 또는 장치가 사용자 근처에 있다. 에지 컴퓨팅을 활용해 데이터가 생성되는 위치에서 더 가깝게, 더 빠른 속도와 볼륨으로 데이터를 처리할 수 있다. 사용자 기기에 가까운 위치에서 작업을 처리하는 에지 컴퓨팅을 통해 사용자는 더 빠르고 안정적인 서비스를 제공받을 수 있다.

에지 컴퓨팅은 수백, 수천만 개 기기가 방대한 네트워크를 구축하는 개념이다. 자율주행 자동차나 사물인터넷 분야에서 생산되는 무수한 데이터 중에는 실시간으로 전송돼야 쓸모 있는 데이터가 많다. 이런 상황에서 중앙에 있는 클라우드 서비스까지 데이터가 오가려면 긴 시간이 걸린다. 이때 에지 컴퓨팅을 활용하면 빠른 데이터 처리가 가능하고, 이후 필요한 데이터는 중앙으로 보내 보관할 수 있다. 또한 온라인에서 많은 데이터가 생성되면 대역폭 및 데이터 스토리지 등으로 관련 비용이 증가한다. 반면 에지 컴퓨팅을 활용하면 데이터를 인접한 위치에서 바로 처리하므로 클라우드로 전송하는 데이터가 감소하고, 비용을 절감할 수 있다.

에지 컴퓨팅이 대표적으로 활용될 수 있는 분야가 바로 '자율주행' 기술이다. 차선을 감지하고 앞 또는 옆 차량과 거리를 유지하려면 대량의 데이터를 기반으로 실시간으로 복잡한 연산이 이루어져야 한다. 자율주행차 센서에서 수집한 데이터를 클라우드 센터에 보내 분석하면, 신속하게 반응해야 하는 차량에서 활용도가 떨어질 수밖에 없다. 자율주행차 외에도 실시간으로 대응해야 하는 영역은 점차 늘어나고 있다.

제조 현장에서도 센서 등의 사물인터넷 기기를 사용하면서 에지 컴퓨팅 시스템을 활용하고 있다. 제조업체는 에지 컴퓨팅 솔루션으로 데이터 간 신속한 통신과 데이터 수집, 분석을 하고 있다.

유사하게 의료 현장에서도 에지 디바이스가 체온 및 혈당 수치 등 환자 신체 기능을 실시간으로 모니터링한다. 에지 컴퓨팅은 의료 기기 가까운 곳에 데이터를 저장하고 활용함으로써 환자 데이터를 중앙으로 전송하지 않고도 즉각적인 의료 대응에 활용한다.

또한 에지 컴퓨팅은 스마트 팩토리 등 인공지능이 적극 활용되는 분야에서 특히 유용하다. 에지 컴퓨팅이 적용된 스마트 팩토리에서는 공장의 온도와 습도, 생산 현황, 장비의 이상 유무 등을 관리하는 데이터 처리를 에지 컴퓨팅이 담당한다. 데이터를 클라우드로 전송하고 분석을 기다리는 대신 현장에서 즉시 적절한 조치를 취할 수 있다. 기계 수명을 관리하거나 오작동 또는 사고 위험을 예측하는 연산과 분석이 필요한 데이터는 중앙 데이터센터에서 보관한다.

자율주행과 사물인터넷 기술이 발전하고 수많은 기기가 연결되며 수십억 개에 달하는 기기들이 클라우드와 에지 컴퓨팅을 통해 새로운 생태계를 만들어나가고 있다. 클라우드와 에지 컴퓨팅이 상호 보완하며 발전하면 클라우드의 단점을 상쇄할 수 있다. 클라우드는 대규모 데이터 분석을 담당하고, 에지 컴퓨팅은 실시간 데이터 대응에 초점을 맞춘다면 활용 가치가 크게 상승할 것이다.

클라우드 없이는 불가능한 미래 기술

산업화 시대에 반드시 필요한 요소는 '전기'였다. 전기가 없으면 모터가 작동하지 않아 물을 퍼 올릴 수도, 다른 기계들을 작동시킬 수도 없었다. 전기 공급을 계기로 여러 기계가 돌아가고 다양한 산업이 발전할 수 있었다. 마찬가지로 인공지능과 사물인터넷, 블록체인 등 최신 기술은 클라우드가 없으면 작동할 수 없다. 실시간으로 쏟아지는 어마어마한 데이터를 안정적으로 분석 및 보관하기 위해서는 클라우드가 뒷받침돼야 하기 때문이다. 데이터를 일반 저장 장치에 저장했다가 다시 분석하기에는 지금 세상이 너무도 빠르게 변화한다. 이제는 클라우드에 데이터를 담아 실시간으로 언제 어디서나 확인하고 활용할 수 있어야 한다.

클라우드가 있으면 언제든지 데이터를 저장하거나 다른 저장소로 옮기는 것이 가능하다. 갑자기 홈페이지에 대량의 트래픽이 몰려도 이에 유연하게 대응할 수 있다. 소프트웨어를 꼭 컴퓨터에 설치하지 않아도 클라우드에서 다양한 소프트웨어를 이용할 수 있다. 클라우드는 넷플릭스와 스포티파이 같은 스트리밍 서비스를 가능하게 했다. 우리가 영화, TV, 음악을 소비하는 방식에 클라우드가 혁신을 일으켰다.

심지어 게임도 설치가 불필요하다. **클라우드 게임**을 활용하면 게임을 스트리밍해 즐길 수도 있다. 음악이나 영상처럼 게임도 스트리밍이 가능해진 것은 클라우드 덕분이다. 물론 아직 대중화는

클라우드 게임
클라우드 서비스의 일종으로 게임을 서버에서 스트리밍한다. 게임기나 게임 설치가 필요없이 게임을 즐길 수 있다. 비디오 게임의 넷플릭스와 같은 서비스다. 스포티파이나 넷플릭스처럼 언제 어디서든 게임을 즐길 수 있는 장점이 있다.

갈 길이 멀다. 구글은 스타디아Stadia 스트리밍 게임을 개발하는 데 수백만 달러를 썼지만 결국 성공하지 못하고 서비스를 중단했다. 비디오 게임은 음악이나 영상 스트리밍보다 더 많은 데이터가 빠르게 전송돼야 하기 때문에 고품질의 초고속 인터넷망이 필요하다. 5G를 비롯해 앞으로 등장할 차세대 초고속 네트워킹 기술이 발전하면 이러한 문제를 해결하고 클라우드로 게임을 즐길 수 있는 시대가 올 것이다.

클라우드의 탄생 목적이 비용 절감과 데이터 관리에 있었다면, 이제는 그 쓰임이 인공지능과 빅데이터 같은 미래 기술의 기반이 되고 있다. 디지털 트랜스포메이션이 가능한 이유는 바로 클라우드가 존재하기 때문이다. 클라우드는 온라인은 물론 오프라인에서 이루어지는 여러 활동을 소프트웨어를 이용해 자동화한다. 실

구글의 스트리밍 게임 서비스 '스타디아'

출처 Flickr(image by. dronepicr)

시간 데이터 수집과 분석, 업데이트까지 가능케 한다. 이처럼 클라우드의 역할이 커지면서 기업 간 경쟁은 더욱 치열해지고 있다.

현재 클라우드 시장은 몇몇 기업이 점유율을 나눠 갖고 있다. 과거에는 시장이 아마존 웹서비스나 특정 기업의 승자독식 구조로 진행될 거라고 예상했다. 여전히 대형 클라우드 기업의 점유율이 높지만, 후발주자도 AI를 활용하거나 독자적인 사업 영역을 통해 격차를 줄여가고 있다. 지금도 전 세계 기업의 데이터 저장과 활용 구조를 바꿀 영역이 많이 남아 있다. 아직까지 클라우드를 활용조차 못 하고 있는 기업이 더 많기 때문이다. 클라우드의 중요성은 그 어느 때보다 강조되며, 시장을 장악하기 위한 글로벌 IT 기업 간 전쟁은 더욱 치열해질 전망이다.

클라우드의 미래는 어떻게 전개될까? 기존 서버 구조의 퇴조 현상과 함께 앞으로 더 많은 전통적 데이터센터가 문을 닫을 것이다. 글로벌 빅테크 모두 클라우드 시장에 엄청난 투자를 이어가며, 국내 클라우드 역시 많은 플레이어가 경쟁을 계속할 것이다. 클라우드 시장에 인력과 자본이 몰리고 있고, 이는 이제 거부할 수 없는 흐름이 되고 있다. 클라우드는 단순히 데이터를 저장하는 데 그치지 않고 데이터를 생성하며 서비스까지 직접 제공한다. 시간은 걸리겠지만 클라우드는 이미 대부분의 데이터를 담고 더 나아가 AI와 한 몸이 되어가고 있다.

Chapter 4

가상현실과 증강현실,
새로운 경험의 탄생

디지털 세상의 미래 시나리오 >>>

거실에 새로운 TV를 놓고 싶었던 A는 스마트폰을 꺼내 온라인 쇼핑 앱을 실행한다. 마음에 드는 모델로 TV를 고른 뒤 스마트폰 카메라를 거실로 향하자 화면에 TV가 실제 크기로 나타났다. 이리저리 위치와 크기를 가늠해보던 A는 크기가 너무 작다고 생각해 더 큰 TV를 고른다. 다시 새로운 TV가 스마트폰 화면에 나타나고, 적당한 위치에 놓은 후 사진을 찍는다. 사진을 가족에게 전송해 의견을 물어보고 구매 버튼을 누르자 화면 속 TV가 즉시 주문된다.

B는 의자에 앉아 회사에서 지급한 VR 기기를 꺼내 착용한다. 아직 끝내지 못한 사내 교육을 이수하기 위해서다. 이내 실제 강의실에 있는 것 같은 화면이 눈앞에 나타나고 강사가 등장해 마지막으로 봤던 내용부터 설명을 시작한다.

교육 시간이 끝난 후 VR 기기를 내려놓고 스마트 글래스를 찾는다. B는 스마트 글래스의 도움을 받아 취미로 시작한 그림을 그린다. 스마트 글래스는 캔버스를 인식해 어느 부분에 색칠을 더하고 지워야 하는지 눈앞에 표시해준다. 스마트 글래스의 골전도 스피커에서 좋아하는 음악이 흘러나오고, 그림을 그리던 중 전화가 걸려오자 자동으로 음악이 멈춘다. 안경테를 한 번 터치하는 것으로 전화를 받을 수 있다.

***

아주 먼 미래 이야기가 아니다. 지금도 일부는 스마트폰으로 할 수 있는 일이다. 이처럼 가상현실과 증강현실은 차츰 우리 생활

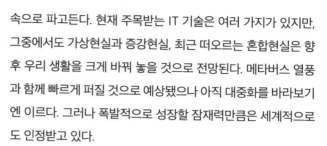

속으로 파고든다. 현재 주목받는 IT 기술은 여러 가지가 있지만, 그중에서도 가상현실과 증강현실, 최근 떠오르는 혼합현실은 향후 우리 생활을 크게 바꿔 놓을 것으로 전망된다. 메타버스 열풍과 함께 빠르게 퍼질 것으로 예상됐으나 아직 대중화를 바라보기엔 이르다. 그러나 폭발적으로 성장할 잠재력만큼은 세계적으로도 인정받고 있다.

가상현실과 증강현실 기술은 여전히 초기 단계에 머물지만, 애플과 메타 등 거대 IT 기업은 이를 차세대 먹거리로 삼는다. 미국은 물론 중국 IT 기업도 스마트 글래스와 VR 기기 개발을 지속 중이다. 스마트폰과 태블릿PC, 스마트 워치 등 스마트 하드웨어 시장에서 혁신이 나오지 않는 와중 새로운 혁신이 가능한 디바이스로 주목받고 있다. AR, VR 기기 개발과 관련 기술에 많은 투자가 이뤄지면서 이른바 '리얼리티 기술'에 대한 기대가 점점 커지고 있다.

가상현실과 증강현실은
어떻게 다를까?

지난 2016년, 증강현실 게임인 '포켓몬 고'가 전 세계적으로 큰 인기를 끌면서 증강현실에 관한 관심이 커졌다. 증강현실은 스마트폰으로 사용할 수 있어 이를 기반으로 앱이 탄생했다. 인스타그램, 틱톡, 스냅챗 등 유명 앱이 증강현실 기반 필터를 제공한다.

가상현실은 여러 빅테크 기업이 VR 기기를 개발하고 가격이 내려가면서 많은 사람들이 본격적으로 접하기 시작했다. 대형 쇼핑몰이나 놀이공원, 키즈카페 등에서 VR 기기를 쓰고 즐길 수 있는 어트랙션(체험형 놀이기구)도 어렵지 않게 찾아볼 수 있다. 증강현실과 가상현실은 어떻게 보면 비슷하지만 동작 원리는 다르다. 하지만 일반적인 사용자 입장에서는 두 기술의 차이점을 명확히 구분하지 못하는 경우가 많다.

가상현실VR, Virtual Reality과 증강현실AR, Augmented Reality은 모두 컴퓨터로 만든 가상 환경에서 시각, 청각, 촉각 등 오감을 활용해 현실적인 체험을 제공한다. 두 기술에는 공간이나 물리적 제약으로 현실세계에서 접할 수 없는 상황을 체험할 수 있다는 공통점이 있다. 반면 차이점은 증강현실은 현실 공간과 사물에 가상의 디지털 콘텐츠를 추가한 것인 데 비해, 가상현실은 배경과 환경, 사물이 모두 가상의 이미지로 구성되어 있다는 점이다. 가상현실과 증강현실은 주체가 '가상'이냐 '실상'이냐에 따라 구분된다. 또한 가상현실과 증강현실의 가장 큰 차이점은 '현실'에 얼마나 근접하는지

포켓몬 고 Pokémon GO
2016년 7월 출시한 모바일 애플리케이션. 실제 환경에 캐릭터가 등장하는 증강현실을 이용해 포켓몬을 잡는 게임으로 2019년 4월 기준 누적 매출액은 25억 달러, 한화 약 2조 7,000억 원에 달한다. 증강현실 게임의 새로운 지평을 열었다는 평가를 받는다.

의 정도다. 아래 그림은 캐나다 토론토대학교 폴 밀그럼Paul Milgrom 교수가 현실과 가상의 연속성 스펙트럼을 표현한 것이다. 실제 환경에 가까우면 증강현실, 가상 환경에 가까우면 가상현실이며, 증강현실과 가상현실을 혼합하면 혼합현실로 구분한다.

가상현실과 증강현실 시장은 계속 성장하고 있다. 시장조사 업체 IDC는 두 시장을 합친 규모가 2022년 138억 달러(약 17조 9,820억 원)에 이르며 오는 2026년에는 509억 달러(약 66조 3,228억 원)까지 확대될 것으로 전망했다.[16] 또한 IDC는 가상현실과 증강현실 관련 소비가 향후 5년간 매년 32.3% 증가할 것으로 예상했다. 일반 소비자가 가장 큰 관심을 가지는 분야는 게임으로 오는 2026년까지 전체 시장 규모에서 25%를 차지할 전망이다.

문제는 가상현실과 증강현실 기기의 출하량이 크게 늘지는 않는다는 점이다. 대만 시장조사 업체 트렌드포스는 2023년 증강현실, 가상현실 헤드셋 출하량이 745만 대로 전년 대비 18.2% 감소할 것으로 예상했다.[17] 증강현실 헤드셋은 크게 변화가 없지만, 가상현실 헤드셋, 즉 VR 기기 출하량은 많이 감소할 거라고 봤다. 고가의 VR 헤드셋은 소비자들이 높은 비용을 지불하면서 구입하기

폴 밀그럼의 현실과 가상의 연속성 스펙트럼

혼합현실
Mixed Reality

실제환경
Real Environment

증강현실
Augmented Reality

증강가상
Augmented Virtuality

가상현실
Virtual Reality

엔 다소 부담스러운 것이 사실이다. 그러나 메타의 퀘스트가 저렴한 가격의 VR 기기를 출시한 것처럼 합리적인 가격대의 VR 기기가 점차 늘어나면 가상현실은 꾸준한 성장세를 보일 것이다.

가상현실,
새로운 세계를 창조하다

가상현실(VR)은 컴퓨터를 비롯한 여러 기기로 만들어낸, 실제가 아닌 인공적인 환경을 말한다. 말 그대로 현실과 유사한 체험을 할 수 있도록 구현된 '가상의 공간'이다. 예전에는 컴퓨터 그래픽을 활용해 현실에 존재하지 않는 가상 공간을 만들고 체험하는 방식이었다면, 최근에는 쉽게 접할 수 없는 장소에 실제로 방문한 것 같은 환경을 구현하는 방식으로도 발전하고 있다. 예를 들어 유럽, 동남아시아의 유명 관광지를 그대로 화면에 옮겨와 실제 공간에 머무는 느낌을 주는 것이다.

가상현실이 처음 등장한 것은 1960년대다. 카네기멜론대학의 이반 서덜랜드Ivan Sutherland 교수가 '다모클레스의 검Sword of Damocles'이라는 별칭의 가상현실과 증강현실 HMD(머리에 쓰는 디스플레이)를 만들어냈다. 당시에는 기기가 너무 크고 무거워 천장에 고정해야 했고, 구현되는 가상 공간 역시 무척 단순했다. 가상현실 구현에 필요한 세 가지 요소는 '3차원 이미지', '상호작용', '몰입감'이다. 각 요소를 구현하려면 최신 컴퓨터 그래픽 기술, 근거리

HMD Head Mounted Display
안경처럼 머리에 착용하고 영상을 즐길 수 있는 차세대 영상 표시 장치. 작은 디스플레이가 장착돼 있지만, 눈앞에 있는 화면을 통해 영화관 스크린이나 빔 프로젝터를 보는 듯한 효과를 느낄 수 있다.

통신 기술, 디스플레이, 스피커 등 여러 가지가 필요하다. 현재 가상현실 기술은 발전을 거듭해 다양한 기술이 집약된 전용 기기로 체험할 수 있다. 최근에는 이미 많은 기업이 VR 기기를 판매하고 있다.

다모클레스의 검을 착용한 모습

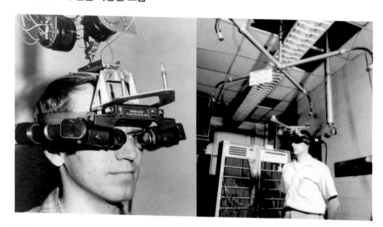

출처 3rockAR

오큘러스의 '리프트'로 가상현실 게임을 하는 모습

출처 Oculus

Chapter 4 가상현실과 증강현실, 새로운 경험의 탄생

메타는 **오큘러스**를 인수해 메타퀘스트라는 제품을 판매하고 있고, 그밖에 소니의 플레이스테이션 VR, 밸브의 인덱스, HTC의 바이브vive 등이 대표적이다. 중국은 VR 시장에 뛰어든 기업이 한둘이 아니다. 중국 정부 차원에서 VR을 디지털 경제의 핵심 산업으로 여기고 다양한 지원을 하기 때문이다. 중국은 2026년까지 VR 시장을 확대하겠다는 계획을 세웠다.

스마트폰처럼 대중화되기 위해서는 아직 갈 길이 멀지만, 가상현실은 미래에 다양한 분야에서 활용될 것으로 전망된다. 그 가운데 이미 도입돼 활용되고 가장 먼저 대중화에 힘을 실어줄 수 있는 분야는 역시 '게임'이다. 현재까지 나온 VR 콘텐츠 상당수가 게임이거나 게임 요소를 도입했다. 기본적으로 게임은 대부분 가상의 공간을 무대로 삼는다. 배경이 실제 존재하는 공간이더라도 게임 내에서는 가상으로 만들어지기 때문에 VR과 게임은 매우 밀접한 관계다. 소니에서는 전용 VR 기기를 출시하면서 관련 게임 콘텐츠를 제공하고 있다. TV 화면에서만 즐기던 게임을 가상현실에서 직접 몸을 움직이며 하다 보면 내가 게임 속에 있는 것 같은 효과를 느끼게 된다.

가상현실은 건축이나 인테리어, 부동산 분야에서도 활용도가 높다. 실제 건물이나 집 안을 그대로 구현한 환경에 들어가 경험할 수 있기 때문이다. 집을 사려는 고객뿐만 아니라 건축을 위해 일하는 작업자에게도 유용하다. 설계 도면만으로는 알 수 없는 공간을 확인할 수 있고, 어떤 장비와 부품을 써서 배치해야 하는지 미리 알아볼 수 있다.

교육 분야에서도 활용도가 높다. 모니터나 책 같은 2차원 환경

오큘러스
오큘러스는 '오큘러스 리프트'라는 HMD를 개발 및 생산한다. 최초의 오큘러스는 2012년 미국의 크라우드 펀딩 서비스인 킥스타터에 등장했다. 2014년, 20억 달러(약 2조 2,000억 원)의 금액으로 페이스북에 인수되었다.

PC World

에서 3차원 환경으로 전환되면 교육 몰입도가 높아지기 때문이다. 만약 유럽 미술관을 방문하는 가상현실 콘텐츠가 있다면, 세계적인 명화나 작품을 실제로 눈앞에서 보는 것 같은 경험을 할 수 있다. 역사 교육에서도 가상현실을 통해 르네상스나 조선시대 환경을 체험할 수 있다. 생물 시간에 해부학 실습을 하거나 인체에 대해 배울 때 인체 내부 모습과 혈액이 혈관을 타고 이동하는 모습 등을 가상현실로 체험할 수 있게 된다.

자동차 운전 교육을 할 때는 차량에 탑승하지 않아도 실제로 운전을 체험할 수 있다. 가상의 사고 사례를 구현해 경각심을 일깨우고 안전한 운전 습관을 갖도록 교육할 수도 있다. 이처럼 교육 분야는 활용 범위가 매우 넓고 다양해 향후 가상현실 대중화에 큰 영향을 끼칠 것이다.

점차 기술이 발달하면서 VR 기기 크기가 작아지고 무게도 가벼워지고 있다. 여기에 VR 전용 콘텐츠까지 보강되면 관련 시장도, 기술도 본격적으로 성장하면서 대중화가 빠르게 이뤄질 전망이다. VR 기기는 시선 추적 기능을 추가하고, 4K 그래픽 등을 지원하면서 고질적인 문제로 지적되는 어지럼증을 개선하고자 노력하고 있다.

메타는 '메타퀘스트 플러스'라는 이름의 구독 서비스를 선보였다. 월 7.99달러를 내면 매달 두 개의 가상현실 게임을 즐길 수 있다. 기술과 콘텐츠라는 두 목표를 통해 새로운 세상을 창조 중이다.

∞ Meta Quest+

메타퀘스트 플러스
2023년 6월 26일에 발표된 메타퀘스트의 구독 서비스 메타퀘스트2, 메타퀘스트3 및 퀘스트 프로에서 이용 가능하며 매달 두 개의 무료 VR 게임을 다운로드할 수 있다.

증강현실,
현실에 가상을 더하다

가상현실과 증강현실 같은 기술은 2016년 초부터 각종 IT 전시회와 콘퍼런스 등을 통해 소개되면서 대중에게 알려지기 시작했다. 스마트폰 및 태블릿PC 기반 증강현실 서비스와 애플리케이션 또한 계속해서 등장하고 있다. 2017년부터는 증강현실을 개발하기 위해 애플, 구글 등 거대 IT 기업의 소프트웨어가 본격적으로 등장했다.

대중에게 증강현실을 알린 일등공신은 바로 앞서 언급한 닌텐도의 '포켓몬 고'다. 출시 후 단 20일 만에 1억 달러의 매출을 올리고, 서비스 시작 이후 한 달 만에 1억 3,000만 건의 다운로드를 기록하는 등 대중의 관심이 폭발적이었다. 포켓몬 고로 대변되는 증강현실(AR)은 동사인 '오그먼트Augment'의 뜻을 알면 이해하기 쉽다. 직역하면 '증가한 현실', 즉 실제 현실에 가상의 영상 혹은 사물을 더했다는 의미다.

증강현실은 현실의 정보를 수집하는 동시에 가상의 이미지를 보여주기 때문에 현실감이 높고, VR 기기를 착용했을 때 느끼는 어지러움이 거의 없거나 덜하다는 특징이 있다. 또한 스마트폰만으로도 충분히 구현할 수 있어 대중에게 쉽게 받아들여진다는 장점이 있다. 포켓몬 고에서 특정 위치에 가야 희귀한 포켓몬을 잡을 수 있거나, 카메라로 찍은 현실 영상 위에 포켓몬이 3D 형태로 나타나는 효과는 기기를 통해 수집된 정보가 증강현실에 활용된 사례라고 볼 수 있다.

증강현실에 관한 관심은 2016년 포켓몬 고 이후 이케아, 이베이, 아마존 등이 잇달아 증강현실 모바일 앱을 출시하면서 더욱 커졌다. 특히 글로벌 IT 기업인 메타와 애플이 증강현실의 미래에 대해 낙관적인 견해를 밝히기도 했다. 메타는 2017년 개발자 행사에서 증강현실 제작 플랫폼 **스파크 AR스튜디오**를 선보였고, CEO 마크 저커버그는 향후 페이스북의 미래를 이끌 기술로 증강현실과 메신저를 꼽았다. 스파크 AR을 사용하면 인스타그램 필터 및 이펙트를 제작할 수 있다. 비주얼 프로그래밍을 써서 기본 로직, 인터렉티브 요소, 애니메이션을 추가해 다양한 증강현실 콘텐츠를 만들 수 있다.

증강현실 제작 도구를 활용하는 'AR 크리에이터'라는 직업도 생겼다. AR 크리에이터는 인스타그램, 스노우, 틱톡 등 플랫폼에서 카메라 기능에 활용하는 필터와 증강현실 효과 등을 만든다. AR 크리에이터는 인스타그램의 스파크 AR, 틱톡의 이펙트 하우스Effect House, 스냅챗의 렌즈 스튜디오Lens Studio 같은 주요 도구를 활용한다. 플랫폼에 사용자가 많아야 잘 팔리는 AR 콘텐츠를 만들 수 있다.

애플의 CEO 팀 쿡은 증강현실이 인공지능과 더불어 애플의 핵심 기술이 될 것이라고 언급했다. 애플은 증강현실을 개발할 수 있는 기술 도구를 공개하고 모바일 앱에 증강현실을 구현하기 위해 힘쓰고 있다. 애플의 증강현실 애플리케이션 제작 도구는 2017년 공개한 **AR키트**로, 애플의 운영체제인 iOS에서 작동하는 다양한 증강현실 모바일 앱과 콘텐츠를 제작할 수 있다.

애플은 매년 개발자회의(WWDC)에서 버전을 업데이트해 공개

스파크 AR스튜디오 Spark AR Studio
메타가 개발한 AR 콘텐츠 제작 전용 툴. 초보자도 쉽게 간단한 프로젝트를 제작할 수 있도록 설계되었다.

Virtual Reality Times

AR키트ARkit
애플이 구현한 증강현실 개발 도구로 2017년 9월 처음 공개됐다. 애플의 모바일 운영체제인 iOS에서 작동하는 증강현실 애플리케이션을 개발할 수 있다. 현재는 업데이트 버전이 출시됐고 아이폰과 아이패드에서 작동하는 다양한 증강현실 앱이 계속 나오고 있다.

하고 있다. 최신 버전인 AR키트6에는 4K 비디오가 도입돼 증강현실에서 고해상도 비디오를 캡처할 수 있다. 증강현실을 활용한 전문적인 비디오 편집, 영화 제작, 소셜미디어 앱 개발 등이 가능하다. 많은 AR 개발자가 애플 운영체제에서 구동되는 증강현실 콘텐츠를 만들기 위해 AR키트를 사용한다.

또한 애플은 'AR스페이스'라는 서비스를 내놓았다. AR스페이스는 라이다 스캐너를 이용해 공간을 촬영하고 각종 효과를 적용하는 앱이다. 색종이 조각이 흩날리는 모양과 프리즘, 댄스플로어, 디스코 등의 효과를 적용할 수 있으며 효과를 입힌 사진을 찍거나 영상을 촬영할 수 있다.

구글은 2017년 안드로이드 운영체제에서 증강현실 콘텐츠와 애플리케이션을 제작할 수 있는 'AR코어ARcore'를 공개했다. 사실 구글은 2014년에 탱고Tango라는 명칭의 증강현실 사업을 시작했는데, 2018년 3월을 기점으로 그동안 지지부진했던 탱고에 대한 지원을 중단하며 AR코어에 집중할 것이라고 발표한 바 있다. 이후 2019년 8월 명칭을 '구글 플레이 AR 서비스'로 변경하고 증강현실 개발 지원을 이어가고 있다.

지금까지는 증강현실이 주로 스마트폰에서 활용되고 있지만, 앞으로는 다른 형태로 활용될 가능성이 더 높을 것이다. 차량 운전석에 도입된 헤드업 디스플레이HUD, Head Up Display는 증강현실의 대표 사례다. 앞으로 더 많은 차량에 헤드업 디스플레이가 도입될 것이다. 스마트폰 외 기기는 스마트 글래스 형태가 가장 높은 점유율을 차지할 것이다. AR을 활용하는 폼팩터는 스마트폰, 차량, 안경 등 다양한 형태로 발전 중이다. VR이 전용 기기가 반드시 필요한 점과 다르게 AR은 다양한 기기 위에서 동작할 수 있다.

혼합현실과 확장현실, 현실감을 극대화하다

혼합현실 Mixed Reality
가상현실과 증강현실을 혼합해 활용할 수 있는 환경과 기술. 현실 화면에 실제 사물의 3D 스캔 이미지를 출력하고 이를 자유롭게 조작할 수 있다. 실시간으로 가상과 현실 사이에서 상호작용이 가능한 경우 혼합현실이라 할 수 있다.

홀로렌즈 HoloLens
2016년 마이크로소프트에서 출시한 혼합현실 기반 웨어러블 기기. 2019년 2월 홀로렌즈2가 공개됐다. 하드웨어 부품과 성능이 뛰어나지만 비싼 가격 때문에 일반 소비자용으로는 판매되지 않는다.

가상현실과 증강현실이 만들어가는 세상에 이 둘을 합친 개념도 등장했다. 바로 '혼합현실'이다. **혼합현실**은 가상현실에 증강현실을 혼합한 기술이다. 기존 VR 헤드셋은 가상현실만 보여주지만 혼합현실은 실제 현실과 가상 환경을 결합한다. 현실감을 살려주는 증강현실의 장점과 몰입감을 높여주는 가상현실의 장점을 살려 새로운 가상세계를 구현하는 방식이다. 현실을 기반으로 가상 공간을 덧씌우거나 2차원 그래픽을 3차원으로 바꿔 입체감 있게 보여준다.

혼합현실 생태계 구축에 가장 먼저 발을 들인 기업은 마이크로소프트다. 마이크로소프트는 2015년 **홀로렌즈**라는 기기를 공개했는데, 홍보 영상만으로도 폭발적인 관심을 불러모았다. VR 기기처럼 착용하고 단독으로 구동할 수 있는 홀로렌즈는 혁신이라 부를 만했다. 홀로렌즈는 세계 최초의 웨어러블 홀로그래픽 컴퓨터로, 스마트폰이나 컴퓨터와의 연결 없이도 혼합현실 경험을 제공한다. 홀로렌즈는 혼합현실을 3D 홀로그램으로 구현하고 사용자의 손동작이나 음성으로 이를 자유롭게 조작할 수 있다.

개발자용으로 출시한 이후 새로운 기기를 내놓지 않은 마이크로소프트는 2019년 2월 스페인 바르셀로나에서 개최된 IT 전시회 MWC 2019에서 홀로렌즈2를 발표하고 이를 활용한 다양한 솔루션도 공개했다. 홀로렌즈2는 기존 홀로렌즈보다 하드웨어 성능이 한층 개선되며 건설, 의료 등 다양한 산업 현장에서 활용되는 모습도 함께 제시됐다.

코로나19 팬데믹을 거치면서 메타버스와 가상현실에 관한 관심이 커졌다. 마이크로소프트는 AR 기기를 통해 메타버스 시장에 진입하려고 했지만, 당초 예상보다 메타버스의 대중화가 늦어지고 열풍이 사그라들면서 홀로렌즈 시리즈의 누적 판매량은 30만 대에 그쳤다.

한때 사업을 중단한다는 이야기가 있었지만, 마이크로소프트는 홀로렌즈에 대한 지속적 투자계획을 발표하고 홀로렌즈2에서 통화, 채팅, 문서 작업을 위한 기능 업데이트를 진행했다. 또한 마이크로소프트는 세계 최대 IT 전시회 'CES 2023'에서 홀로렌즈2를 활용한 산업 메타버스 사례를 공개했다. B2B 시장을 목표로 여러 대의 홀로렌즈를 다룰 수 있는 관리 솔루션을 선보였다.

마이크로소프트의 '홀로렌즈2'

출처 Microsoft

오큘러스를 인수하면서 VR 시장에 뛰어든 메타는 이제 가상현실을 넘어 혼합현실 헤드셋인 퀘스트 시리즈를 선보이고 있다. 메타는 2022년 10월 '메타퀘스트 프로'를 출시했다. 기기 내부 센서가 사용자의 표정을 인식해 아바타가 사용자와 같은 표정을 짓는다. 시장조사 업체 IDC에 따르면 세계 VR·AR 관련 헤드셋 시장에서 메타의 점유율은 75% 수준이다.

VR 기기는 원래 가성비가 떨어지는 제품이다. 제품이 고가라 일부 사람들의 전유물처럼 여겨졌다. 메타가 출시한 퀘스트 프로의 출고가는 1,500달러(약 200만 원)였다. 이후 지나치게 비싼 가격으로 수요가 부진하자 메타는 출시된 지 반년도 채 되지 않아 가격을 1,000달러(약 134만 원)로 낮췄다. 메타가 공개한 업그레이드 버전 퀘스트3는 499달러에 판매된다. 퀘스트3에는 카메라로 실제 외부를 볼 수 있는 '패스스루' 기능도 있다. 사용자가 굳이 헤드셋을 벗지 않고도 주변 사물을 볼 수 있도록 설계했다. 여기에

메타의 '메타퀘스트3'

출처 Meta

'팬케이크 광학렌즈'를 도입해 디스플레이를 40% 얇게 만들고 무게도 줄였다. 팬케이크 광학렌즈는 스마트폰에서 주로 사용되는데 콘텐츠의 몰입감을 높여준다. 혼합현실 헤드셋 자체의 업그레이드도 중요하지만, 결국 헤드셋을 착용하고 즐길 콘텐츠가 더 중요하다. 메타는 신규 개발 및 업데이트된 게임 100여 개를 퀘스트 3에 탑재한다. 많은 사람이 즐길 수 있는 콘텐츠 제공을 핵심으로 보고 있다.

팬케이크 광학렌즈
팬케이크 구조는 빛이 지나가는 길을 여러 번 꺾는 '옵티컬 폴딩' 방식을 채택한다. 디스플레이와 렌즈 사이 거리를 획기적으로 줄여 렌즈의 부피와 두께를 줄인다. 가볍고 얇아 VR 기기에 쓰기에 용이하다.

Zephyrnet

메타와 경쟁하는 애플은 2023년 개발자 회의에서 첫 혼합현실 헤드셋 '비전 프로Vision Pro'를 공개했다. 커다란 고글 같은 형태에 VR과 AR 겸용으로, 별도의 핸드 컨트롤러 없이 손가락 터치와 '시리' 음성 명령으로 작동한다. 다른 헤드셋과 다르게 투명한 디스플레이를 도입해 헤드셋 착용 중 누군가가 접근하면 디스플레이가 밝아지며 외부를 볼 수 있는 게 특징이다.

애플은 2024년 비전 프로를 출시했다. 약 500만 원에 달하는 고가에도 공개 직후 주문이 쇄도하며 큰 관심을 불러모았다. 비전 프로를 착용하고 길거리를 다니는 유튜브 영상이 화제가 되고 심지어 운전 중에도 착용해 우려를 사기도 했다. 하지만 출시 후 무료 반품 기간인 2주가 지나자 반품 사례가 늘어났다. 대다수 의견은 이 제품이 지금까지 겪어보지 못한 새로운 경험을 제공하지만, 착용 시 어지러움이 발생하거나 무게 때문에 장시간 착용하기 어렵다는 내용이었다. 비싼 가격에 비해 착용감이 떨어지고 업무용으로 사용하기에도 생산성이 부족한 상태다. 비록 반품 행렬이 이어졌지만, 1세대 제품으로서 시도와 혁신은 높이 평가받는다. 애플이 지속적으로 성능을 개선하면서 대중화를 위한 개발을 이어갈 예정이기 때문이다. 아이폰, 아이패드, 애플워치 등 혁신적인 하드웨어를 선보여온 애플에게 비전 프로는 차세대 하드웨어이자 공간을 지배하는 차세대 플랫폼이 될 것이다.

애플은 홈페이지를 통해 비전 프로를 최초의 '공간 컴퓨터'라고 밝히고 있다. 애플의 CEO 팀 쿡은 "오늘은 컴퓨팅 방식에 있어 새로운 시대의 시작을 알리는 날이다"라며, "맥 컴퓨터가 개인 컴퓨터 시대를, 아이폰이 모바일 컴퓨팅 시대를 열었던 것처럼 비전 프로는 공간 컴퓨팅을 선보이게 되었다"고 말했다.

공간 컴퓨팅이라는 개념은 2003년 MIT에 재학하던 사이먼 그린월드Simon Greenwold의 석사 논문에서 처음 제시됐다. 그는 논문에서 "기계가 실제 물체와 공간을 참조하고 조작할 수 있게 하는 것으로, 인간과 기계가 함께 상호작용하는 것"이라고 정의했다.[18] 공간 컴퓨팅은 기계, 사람, 사물 및 환경의 상호작용을 지원하고 최적화하는 방향으로 디지털화하는 것을 의미한다. 공간 컴퓨팅은

공간 컴퓨팅
컴퓨터와 물리적 세계의 상호작용을 다루는 컴퓨터 과학 분야로 증강현실, 가상현실, 혼합현실을 포함한 다양한 기술을 포괄하는 용어다. 사람의 움직임에 따라 화면과 터치스크린 등이 있는 공간이 이동하며 디지털 기기를 사용할 수 있어 기계와 상호작용이 가능하다. 현실과 가상의 구분이 없는 사실적이고 몰입감 있는 콘텐츠가 주를 이룬다.

애플의 '비전 프로'

출처 Apple

여러 요소를 결합한 개념이다. 데이터를 수집할 수 있는 사물인터넷, 디지털 트윈, 증강현실 등이 모두 연결되어야 한다.

과거 메타버스는 디지털 현실에 초점이 맞춰져 있었지만, 애플이 바라보는 공간 컴퓨팅은 물리적 현실에 중심이 있다. 애플의 비전 프로는 혼합현실 헤드셋에 머무는 게 아니라 새로운 하드웨어 플랫폼을 노리고 있다. 비전 프로를 사용하면 영화를 보고 음악을 들을 수 있다. 회사 업무를 위해 화상회의 앱을 사용하거나 PDF를 열람하는 소프트웨어를 쓸 수 있다. 음성 인식과 명령을 통해 손을 사용하지 않고도 지시를 내릴 수 있다. 애플은 비전 프로를 일상생활과 업무, 여가 등 모든 활동이 가능한 하드웨어 플랫폼으로 바라보고 있다. 팀 쿡 CEO의 말처럼 과거 컴퓨터와 스마트폰이 했던 그 역할을 비전 프로에게 맡길 계획으로 보인다.

공간 컴퓨팅과 유사한 개념으로 **확장현실**이 있다. 확장현실은 기본적으로 디지털 세계에 기반하며, 공간 컴퓨팅은 물리적 현실 세계에 기반한다는 점이 차이점이라고 할 수 있다. 확장현실은 가상현실, 증강현실, 혼합현실을 통칭해 부르는 용어다. XR이라고 표현하는데, X는 리얼리티(Reality) 앞에 위치한 가상(V), 증강(A), 혼합(M) 모두를 의미한다. 현재는 가상현실과 증강현실을 다른 기술로 구분하지만 머지않은 미래에는 별도 구분 없이 가상현실과 증강현실이 모두 확장현실에 포함되어 불릴 전망이다. 현재의 혼합현실은 촉각이나 후각이 완벽하게 더해지지 않았지만 앞으로는 실제 물체를 만지는 느낌이나 냄새 등을 통해 더욱 가상과의 경계가 사라지는 방향으로 발전할 것이다. 따라서 일부에서는 확장현실을 혼합현실의 확장 개념으로 구분하기도 한다.

확장현실 XR, Extended Reality
확장현실은 가상현실, 증강현실, 혼합현실 등을 모두 통칭한다. 5G 시대가 본격적으로 열리면서 초고속, 초연결을 통해 가상현실과 증강현실 등의 구분이 사라지고 확장현실의 시대로 발전할 전망이다.

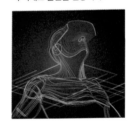

'스마트 글래스'의
시대

　'스마트 글래스'란 안경이나 고글 형태를 한 웨어러블 기기다. 렌즈를 통해 보이는 현실세계에 증강현실 영상을 입힘으로써 기술을 실현한다. 앞서 소개한 증강현실 기술은 스마트폰 카메라를 사용하는 것인데, AR 기반 스마트 글래스를 사용하면 스마트폰을 손에 들고 있을 필요가 없어 양손을 자유롭게 쓸 수 있다.

　구글은 2022년 구글 개발자 컨퍼런스에서 실시간으로 언어 번역이 가능한 스마트 글래스 프로토타입을 공개했다. 증강현실 기반 스마트 글래스를 착용하는 것만으로 언어의 장벽을 뛰어넘을 수 있는 미래를 제시했다.

　본격적인 스마트 글래스의 시작은 2011년 구글에서였다. 웨어러블 기기의 혁신을 일으킬 것으로 기대됐던 구글 글래스는 2014년 완성도가 낮은 상태로 출시되면서 큰 반향을 일으키지 못했다. 카메라의 상시 촬영으로 인한 사생활 침해와 지속되는 발열, 짧은 배터리 지속 시간 등 여러 문제가 생겼다. 당시 많은 테크 기기 리뷰어들이 역사상 최악의 제품이라는 혹평을 내놓을 정도였다. 이후 구글은 기업용으로 엔터프라이즈 에디션을 내놓고 산업 현장에서 쓰는 용도로 방향을 수정했다.

　그래도 스마트 글래스는 차세대 기기가 될 가능성이 높다. 최근 몇 년간 스마트 글래스 개발에 뛰어든 기업이 수십 곳에 달한다. 스타트업을 비롯해 많은 IT 기업이 스마트 글래스를 개발하고

　　　　　　　　　　　　　　Chapter 4 가상현실과 증강현실, 새로운 경험의 탄생

구글 스마트 글래스

출처 Google

있다. 구글, 메타, 아마존 등 거대 IT 기업은 물론 소니, 퀄컴 등 많은 기업이 참여한 결과물이 몇 년 안에 점차 빛을 볼 것으로 예상된다.

구글은 2020년 노스North라는 스마트 글래스 제조업체를 인수한 바 있다. 한 번 실패한 구글 글래스의 경험을 토대로 새로운 스마트 글래스는 진일보한 모습을 보였다. 사람의 언어는 물론 수화를 하는 사람의 손짓을 파악해 번역하는 기능은 증강현실 기기의 장점을 제대로 보여줬다. 물론 구글의 스마트 글래스가 단순히 번역 용도에 머물지는 않을 것이다. 구글의 큰 경쟁력인 음성 인식 인공지능 구글 어시스턴트와 연계해 확장성을 높일 전망이다. 개발자 컨퍼런스에서 공개된 프로토타입이 대중화되면 스마트 글래스의 전환점이 될 것이다.

메타는 메타 커넥트 2023 행사에서 유명 선글라스 브랜드인 레

레이밴-메타 스마트 글래스

출처 Ray-Ban 홈페이지

이밴과의 협업으로 스마트 글래스를 발표했다. 메타의 스마트 글래스에는 사진 촬영이나 전화 등 일반 기능 외에 생성형AI가 탑재되어 주목받았다. 스마트 글래스를 쓰고 있으면 사진을 찍지 않아도 기기가 실시간으로 바라보는 시선을 인식해 질문에 답한다. 고기를 구울 때 얼마나 더 익혀야 하는지 알려주거나 특정 건물이나 랜드마크를 바라보면 관련 정보를 전달한다.

아마존도 2019년부터 스마트 글래스 시장에 뛰어들었다. 2019년 처음 출시한 **에코 프레임**은 2020년 2세대 제품으로 발전했다. 사용자가 자기 시력에 따라 렌즈를 맞출 수 있다. 스마트폰과 연동해 음악을 재생하거나 통화가 가능하고 아마존 음성 인식 인공지능 에코를 활용하는 것이 특징이다. 2023년 9월 발표된 에코 프레임에는 생성형AI 알렉사가 탑재됐으며 두께는 이전 세대보다 15% 더 얇아졌고, 배터리 수명도 향상돼 1회 충전으로 최대 6시

에코 프레임 Echo Frames
아마존이 2019년 처음 선보인 스마트 글래스 안경 프레임에 탑재된 스피커와 마이크를 사용해 음악 감상과 음성 통화 등을 이용할 수 있다. 생성형AI를 탑재하고 기타 사용자 편의성을 높인 버전을 출시했다.

Chapter 4 가상현실과 증강현실, 새로운 경험의 탄생

아마존 에코 프레임

출처 Amazon

간 사용할 수 있다.

중국 IT 기업들도 스마트 글래스 개발에 한창이다. 중국의 대표적인 컴퓨터 제조업체 레노버Lenovo를 비롯해 샤오미 같은 거대 IT 기업, 하이씬HiScene, 엔리얼Nreal, 로키드Rokid 등 스타트업이 스마트 글래스를 만든다. 엔리얼은 스마트 글래스를 착용하면 눈앞에 130인치 화면이 펼쳐지는 기술을 선보였다. 영화를 감상하거나 게임을 하기 위해 별도의 TV나 스크린이 필요하지 않다. 2014년에 창업한 로키드는 다양한 스마트 글래스 버전을 공개했다. 로키드는 알리바바와 협업해 스마트 글래스를 업무 협업툴로 사용할 수 있도록 하며 확장현실을 추구하고 있다.

삼성도 스마트 글래스 시장에 뛰어들었다. 지난 2014년 출시한 VR 헤드셋 '기어 VR' 이후 약 10년 만이다. 삼성전자는 구글과 손잡아 XR 생태계를 만들겠다 발표했고, '갤럭시 글래스'라는 이름으로 상표권을 출원하며 XR 기기 출시 가능성을 높이고 있다.

과연 스마트 글래스는 저렴하고 실용성 있는 대중적 IT 기기가 될 수 있을까? 과거 스마트 글래스는 카메라 장착 여부 때문에 많은 논란을 빚었다. 카메라 촬영과 관련한 사생활 침해 문제는 여전히 논란의 여지가 있다. 배터리도 문제다. 아직은 장시간 사용 가능한 제품이 없다. 사용 시간을 늘리기 위해 배터리 용량을 늘리면 스마트 글래스의 설계 공간이나 무게에 영향을 준다. 스마트 글래스를 위한 뛰어난 배터리 기술이 필요하다.

이처럼 스마트 글래스가 스마트폰을 대체할 주류 기기로 자리 잡기 위해서는 아직 넘어야 할 산이 많다. 하지만 스마트 글래스는 스마트폰과 연계해 작동하는 형태로 대중화가 먼저 진행되고 이후 기술 발전에 따라 독립적인 기기로 발돋움할 것이다. 안경을 쓰고 있으면 손이 자유롭고, 사진을 찍는 대신 실시간으로 바라보는 장면을 인식해 솔루션을 제시하므로 스마트폰보다 훨씬 편한 인터페이스가 될 것이다.

가장 중요한 조건은 자체 인공지능 기술, 운영체제 같은 소프트웨어 경쟁력 보유 여부가 될 것이다. 자체 음성 인공지능 기술이나 운영체제를 보유한 기업이 스마트 글래스 생태계를 확장할 수 있다. 구글이나 애플, 아마존 등은 자체 운영체제가 있으며, 음성 기반 인공지능 관련 기술도 보유하고 있다. 스마트 글래스가 독자적인 모바일 기기로 독립하기 위해서는 하드웨어 성능과 더불어 인공지능을 비롯한 소프트웨어 기술도 중요하다. 인공지능과 연계된 실시간 데이터 처리 기술, 음성 인공지능을 활용한 기능 등이 향후 스마트 글래스의 핵심이 될 것이다.

가상현실과 증강현실의
비즈니스 활용

가상현실과 증강현실은 빠르게 우리 삶에 다가오고 있다. 이미 많은 기업이 연구를 진행하고 있으며, 산업에서 상용화돼가고 있다. 부동산 서비스, 내비게이션, 건축, 군사 등 다양한 분야에서 활용 중이다. 메타와 애플, 구글 등 글로벌 빅테크 기업들은 VR, AR, XR을 새로운 미래 먹거리로 설정했다. 스마트폰에서 VR, AR, XR 장비로의 전환은 점차 빨라질 것이다.

국내에서도 가상현실과 증강현실에 대한 관심이 커지면서 SKT와 KT를 비롯한 이동통신 기업과 교육 콘텐츠 및 게임 개발사 등이 관련 서비스 개발과 출시를 위해 힘쓰고 있다. 안경점에서도 증강현실을 통해 안경을 사용자 얼굴에 착용해보고 구매할 수 있는 모바일 앱을 사용해 매장에 직접 가지 않고도 착용해본 것 같은 체험 후 구매할 수 있다.

'증강현실'은 전자상거래, 데이터 비즈니스, 음성통화, 영화, 모바일 앱 등 다양한 분야에서 활용될 것으로 예상된다. 앞선 시나리오에서도 알 수 있듯 휴대전화로 실제 물품을 집 안에 옮겨 놓은 듯한 환경을 구현할 수 있으므로 전자상거래 분야에 적합하다. 가상현실과 증강현실이 주목받는 이유는 우리 미래를 바꿔 놓을 큰 잠재력이 있기 때문이다. '가상현실'의 경우 향후 게임, 하드웨어, 영화, 테마파크 등의 순서로 시장 규모가 커질 전망이다. 이미

가상현실 노래방이 등장해 아이돌 가수와 함께 노래를 부르는 듯한 체험을 할 수 있는 공간이 생겨났으며, VR 기기를 체험할 수 있는 장소도 점차 늘어나고 있다.

가상현실과 증강현실 같은 기술의 필요성과 중요성은 공간의 물리적인 한계를 부수는 것에 있다. 비단 재택근무를 하거나 메타버스 공간에서 회의를 진행하는 데 그치지 않는다. 현실 공간이 주는 다양한 감각을 느낄 수 있어야 한다. 이를 위해 여러 시도가 필요하고 이러한 실험의 장으로 한때 메타버스가 주목받았다. 그렇다면 가상현실과 증강현실, 메타버스의 관계는 어떻게 이루어져 있을까?

메타버스,
디지털 공간 속 또 다른 삶

디지털 세상의 미래 시나리오 >>>

B는 오늘도 재택근무다. 굳이 사무실로 출근해 회의를 하지 않아도 디지털로 회의실과 똑같이 만들어진 화상 회의실에 접속한다. 동료들의 아바타는 실제 모습과 구분이 어려울 정도로 똑같다. 인사를 건네는 동료 아바타에게 회의자료를 요청하자 회의자료가 눈앞에 일목요연하게 펼쳐진다. 과거에는 회의 내용을 모두 받아적고 회의록을 작성했다. 하지만 이제 회의 내용은 자동으로 녹음되고 AI가 중요한 사항을 요약한다. 회의가 끝나면 각자 메신저와 업무 폴더에 해야 할 일이 전달된다.

퇴근 시간 이후 메타버스 콘서트장에 접속한다. 전 세계에서 온 아바타와 함께 채팅하며 오프닝을 기다린다. 오늘 콘서트는 1년 전에 데뷔한 7인조 버추얼 아이돌 그룹의 공연이다. 원할 때마다 생생하게 콘서트를 볼 수 있다. 버추얼 아이돌은 공연마다 다른 모습과 멘트로 팬들을 만난다. 원하면 콘서트를 멈췄다가 내일 다시 이어볼 수 있다. 그때까지 버추얼 아이돌은 화면 속에 웃는 모습 그대로 멈춰 있다.

스마트폰을 켜자, 며칠 전 매물로 내놓은 메타버스 땅의 매수자가 나타났다는 알림이 뜬다. 미국의 한 대도시 일부 지역과 건물을 NFT로 구매했는데, 실제 임대료 수익을 꾸준히 받아왔다. B는 메타버스 땅을 판매한 수익금으로 디지털 매장에서 디지털 자전거와 아바타 옷 여러 벌을 샀다. 내일이면 이미지와 똑같은 실제 자전거와 옷이 집으로 배송된다. 메타버스 전용 안경을 벗으려 하자 다음 날의 중요한 일정이 표시된다. 내일 매장 오픈 시간에 맞춰 점심 예약을 확인하도록 비서 아바타에게 지시한 후 잠자리에 들었다.

＊＊＊

아직은 이른 것 같은 먼 훗날의 이야기지만 가상세계와 현실세계를 넘나드는 시대가 다가오고 있다.

메타버스란
무엇일까?

메타버스는 코로나19 팬데믹 기간에 가장 뜨거웠던 단어다. 마크 저커버그 메타 최고경영자는 자신의 아바타를 공개하면서 회사 이름을 '페이스북'에서 '메타'로 바꿨다. 메타버스 열풍이 불면서 많은 기업이 관련 서비스를 내놓았다. **로블록스**, 포트나이트, 마인크래프트 등의 게임은 메타버스의 대명사로 떠올랐다. 블록체인과 NFT를 결합한 디센트럴랜드, 샌드박스 같은 새로운 서비스도 생겨났다. 회사명까지 바꾼 메타는 물론 애플, 구글, 마이크로소프트 등 글로벌 빅테크 기업도 속속 메타버스에 관심을 갖고 투자를 시작했다.

메타버스 열풍이 끝났다는 시각도 있지만, 메타버스는 여전히 많은 기업과 사람들의 주목을 받을 수 있는 잠재력이 크다. 물론 그 정의나 활용 영역이 워낙 방대해 메타버스를 어떻게 이해해야 하는지 시작부터 어려운 것도 사실이다. 메타버스는 과연 무엇인가? 누군가는 메타버스를 인터넷의 3D 버전이라고 이야기하며 누군가는 디지털 아바타가 모여 있는 가상공간이라고 한다. 사람 간 물리적 거리와 상관없이 상호작용이 가능한, 경제·사회·문화 활동이 일어나는 새로운 경제체제라고 주장하기도 한다. 전문가들 사이에서도 메타버스에 대한 정의는 천차만별이다.

먼저 **메타버스**라는 단어 자체는 초월을 뜻하는 '메타(Meta)'와 우주를 뜻하는 '유니버스(Universe)'의 합성어로 공상과학 소설에

로블록스

2006년 탄생한 메타버스 게임 플랫폼. 사용자가 직접 콘텐츠를 만들어 다양한 게임을 플레이할 수 있다. 음성 채팅을 비롯해 여러 기능을 지속해서 업데이트하고 있다. 월 사용자가 1억 명을 넘는 대표적인 3D 플랫폼이다.

메타버스 Metaverse

메타버스의 정의는 다양하다. 메타버스에서는 현실세계와 가상세계가 연결되어 있고 경제, 사회 활동 등이 가능하다. 다른 사람이나 기계와 상호작용이 가능한 특징이 있다. 단순히 3D 가상공간을 의미하는 데 그치지 않고 현실과 디지털이 혼합된 공간, 개념, 기술을 모두 포괄하는 방대한 의미다.

출처 Roblox

서 처음 등장했다.* 메타버스는 기술 발달과 새로운 서비스의 출현, 시대적 변화에 따라 계속 진화하며 광범위한 의미로 사용되고 있다. 오늘날 메타버스는 현실과 가상의 경계를 허물고 현실세계와 가상세계의 경제·사회·문화 활동이 상호 연결되는 개념으로 이해할 수 있다. 더 간단히 말하면, 아바타로 디지털 자산을 소유할 수 있고 경험과 상호작용이 가능한 가상공간이라고 할 수 있겠다. 사람들은 메타버스가 인터넷의 3D 버전이자, 디지털 라이프를 구현할 수 있는 또 다른 공간이라 생각한다. 자신과 닮은 아바타가 나를 대신하고 다른 사람들과 소통할 수 있는 공간으로 해석한다. 인터넷 속 또 다른 삶의 공간인 셈이다. 하지만 진정한 메타버스는 아직 구현되지 않았다. 심지어 온라인에서는 휴가철에 메타버스에서 휴가를 보내는 사람보다 실제 휴양지에 가는 사람이

•   1992년 닐 스티븐슨의 소설 《스노 크래쉬》에서 등장했다. 이 소설 속에서 메타버스는 '현실과 연결된 특별한 가상공간'이자 '아바타를 통해 경제활동이 가능한 가상공간'으로 정의되었다.

더 많을 거라며 메타버스는 결코 삶을 대체할 수 없다고 말한다.

메타버스는 실제 세상, 실제 삶과는 구분된다. 인터넷과 디지털에서 구현되기 때문이다. 사실 메타버스가 이전에 존재하지 않던 전혀 새로운 개념과 세상은 아니다. 게임 속에는 내가 조종하며 감정이입을 하는 아바타나 캐릭터가 존재한다. 유명 게임 '심즈Sims'의 경우 캐릭터가 게임 속에서 먹고 자고 성장하는 과정을 그린다. 포트나이트나 로블록스는 사람들이 만든 공간에서 다른 사람들과 소통하며 함께 게임을 즐긴다. 누군가는 게임 공간을 만들어 판매해 돈을 벌기도 하고 아이템을 사기 위해 현금을 지불하기도 한다. 이러한 게임에 이미 메타버스라는 개념이 포함되어 있다. 메타버스는 실제 현실과 연결될 수도 있고, 실제 현실에서 체험할 수 없는 경험을 제공하는 또 다른 세계를 만들어낼 수도 있다.

앞선 정의에 따르면 메타버스는 단순히 가상공간 혹은 가상세계를 지칭해왔다. 하지만 최근에는 가상공간과 실제공간이 합쳐진 형태라는 의견도 있다. 2023년 메타의 창업자 마크 저커버그는 메타버스가 단일 서비스나 제품 혹은 '디지털 트윈' 같은 모습이 아니라 현실세계가 디지털 세계와 혼합돼 결합한 것이라고 언급한 바 있다. 단순히 가상의 디지털 세계로 한정 짓기에는 메타버스가 현실과 연결된 부분이 너무나 많기 때문이다. 우리가 현실에서 인터넷을 사용하며 다양하게 활동하고 경제 가치를 창출하듯 메타버스도 현실세계와 연결된 개념으로 봐야 한다. 지금까지 인터넷은 모니터 속 2D에 가까운 세상이었다면, 메타버스는 VR, AR 등이 결합돼 기기를 직접 착용하고 경험할 수 있는 진화된 형태의 인터넷이라고 볼 수 있다.

메타버스를 가상세계, 디지털 세계로만 생각할 필요는 없다. 메

타버스는 다양한 기술과 새로운 기기를 활용해 지금까지 경험한 인터넷 세상과 확연히 다른 새로운 서비스와 제품을 탄생시킨다. 예를 들어 지금까지 모니터 속에 고정되어 있던 내 아바타나 게임 캐릭터가 이제 스스로 대화도 하고 라이브 방송도 하는 등 살아 움직이게 된다. PC와 스마트폰 외에 혼합현실 헤드셋, 스마트 글래스를 비롯한 다양한 3차원 기술과 기기도 활용하게 될 것이다. 그리고 메타버스에서만 가능한 새로운 경제 활동과 가치 창출, 서비스 제작 등도 일어날 것이다.

시장조사 기관 마켓앤마켓이 메타버스 시장을 구성 요소(하드웨어, 소프트웨어, 전문 서비스)와 수직 시장(소비자, 상업용, 제조, 헬스케어, 기타), 지역 등으로 구분해 조사한 전망보고서에 따르면, 메타버스 시장은 2027년까지 연간 47.2%의 성장률을 기록할 전망이다. 시장 규모는 2022년 618억 달러(약 82조 7,000억 원)에서 2027년 4,269억 달러(약 572조 원)까지 증가할 것으로 추정한다.[19]

메타버스의
기본 요소

메타버스는 '내재성과 외재성' 그리고 '증강과 시뮬레이션'이라는 두 중심축을 기준으로 네 가지 개념으로 분류한다. '증강현실'은 물리적 환경(현실) 위에 CG로 연출한 오브젝트나 인터페이스를 중첩해 보여주는 방식으로 모바일 게임 포켓몬 고가 대표적이다. '라이프로깅'은 인간의 일상 정보와 경험을 가상세계에 기록하고 저장하며, 더 나아가 공유하는 것이 핵심이다. 페이스북과 인스타그램 같은 소셜 미디어가 이에 해당한다. '거울세계'는 가상세계에 물리적 환경을 최대한 가깝게 재현하고, 여기에 추가 정보들을 더하는 형태다. 구글어스를 비롯한 지도형 서비스가 적당한 예

메타버스의 개념 분류

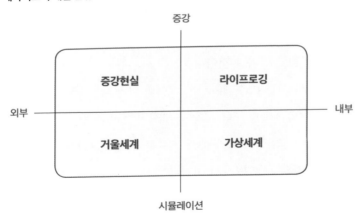

출처 ASF

시라고 볼 수 있다. '가상세계'는 온라인 게임 장르인 MMORPG처럼 현실에 존재하지 않는 세계를 CG로 구현한 것이다.

이처럼 메타버스는 크게 네 가지로 분류하는데 반드시 VR 기기를 쓰고 만나는 3D 공간만을 지칭하는 게 아니라 증강현실처럼 현실을 배경으로 가상의 물체를 표현하는 것도 메타버스라고 한다. 현실을 그대로 가상세계에 옮긴 '디지털 트윈' 같은 개념도 있으니 메타버스는 디지털 기반의 현실과 가상공간을 넘나드는 개념으로 볼 수 있다. 여기서 핵심은 메타버스에서는 '가상과 현실이 연결되어 있다'는 점이다. 가령 가상공간에서 어떤 경제적 활동으로 획득한 포인트나 재화를 온·오프라인 상점에서 실제 상품을 주문하는 데 사용할 수 있다.

메타버스의 핵심 요소도 살펴봐야 한다. 핵심요소 중 첫 번째는 사용자 간 커뮤니케이션과 경제활동이 가능한 디지털 가상경제 체제다. 이 체제가 있어야 사람들이 메타버스를 사용할 동기가

메타버스의 7가지 핵심요소

경제체제	디지털 가상경제 체제	
UX+ 컨텍스트	유저들과 공유되어 상호작용할 수 있는 가상의 컨텍스트	다중 Identity, Multi-presence 기반의 사용자 경험
	사용자	
시공간	현실과 연결된 디지털로 구현된 세계	자체적인 주기의 시간계에 따라 지속되는 시공간
디바이스	다중 입출력 장치 하드웨어와 소프트웨어를 통해 접속 (PC, 스마트폰, AR/VR기기)	
네트워크	상시연결 (클라우드) 기반	

자료 출처 《메타버스가 만드는 가상경제 시대가 온다》(최형욱 저, 한즈미디어, 2021)

Chapter 5 메타버스, 디지털 공간 속 또 다른 삶

생기기 때문이다. 즉, 메타버스에서 돈을 벌고 보상을 받는다는 개념 등이 있어야 한다. 유저 경험 측면에서는 '부캐'처럼 다양한 캐릭터를 만들고 경험할 수 있어야 한다. 다른 유저와 함께 게임하거나 대화하는 등의 상호작용도 핵심이다.

이런 요소들로 구성된 디지털 세상에서 사용자가 메타버스를 경험하기 위해서는 다양한 기기들이 필요하다. 꼭 VR 헤드셋 같은 기기가 아니어도 PC나 스마트폰으로도 메타버스를 접할 수 있다. 그리고 이때 디바이스를 연결하는 핵심은 네트워크다. 네트워크는 항상 연결돼야 하기 때문에 5G 같은 통신 네트워크는 물론 클라우드 서비스를 기반으로 데이터가 계속 제공되어야 하는 점이 메타버스의 핵심 요소라 할 수 있다.

메타버스의 엔진

전 세계 수억 명의 사용자가 있는 로블록스나 마인크래프트, 제페토는 대표적인 메타버스 플랫폼이다. 아예 메타버스 기업이 되겠다고 선언한 페이스북은 '메타'로 사명까지 변경했다. 그렇다면 메타버스 세계는 어떻게 만들 수 있을까?

3D 기반의 가상세계를 만들려면 핵심 엔진이 필요하다. 메타버스 플랫폼과 다양한 콘텐츠 개발에 가장 많이 쓰이고 널리 알려진 게임 엔진은 '**유니티**'와 '**언리얼**'이 대표적이다. 게임 엔진은 그

유니티 Unity
3D 및 2D 비디오 게임 개발 환경을 제공하는 게임 엔진이자, 3D 애니메이션과 건축 시각화, 가상현실 등 인터랙티브 콘텐츠 제작을 위한 통합 제작 도구. 주로 저사양, 소규모 게임 개발에 적합하며 2005년 6월 8일에 처음 발표되었다.

언리얼 Unreal
1994년부터 시작되어 1997년 첫 게임이 출시되었다. 강력한 그래픽 성능과 다양한 개발 옵션, 시장 동향에 따른 빠른 변화와 적응 등을 장점으로 실시간 3D 그래픽 제작 분야의 산업을 주도하고 있다. 2015년 무료화 선언 후 매출이 발생하지 않는 무료 모바일 앱이나 건축 설계, 영화 제작, 시뮬레이터 제작에는 개발비가 들지 않는다.

메타의 메타버스

출처 Meta

웹XR WebXR
웹에서 즐길 수 있는 혼합현실. VR 헤드셋 등 별도 기기를 사용하는 것이 아니라 웹에서 가상현실, 증강현실을 접할 수 있다. 앱 기반 혼합현실에 비해 콘텐츠 개발이나 수정이 빠르고 자유롭다.

래픽을 하드웨어에 렌더링하고 3D 작업이 가능하도록 솔루션을 제공하는 소프트웨어다. 게임 엔진은 3D 기반의 입체감을 위해 빛의 변화, 명암과 객체의 움직임을 동시에 처리한다. 원하는 대로 동작을 구현하며 음악이나 소리를 추가할 수 있다. 물론 두 엔진을 사용하지 않고 자바스크립트를 사용해 혼합현실을 구축할 수도 있다. **웹XR**은 웹에서 혼합현실을 사용할 수 있도록 돕는다. 하지만 현재 대부분의 3D 게임과 XR 콘텐츠, 메타버스 플랫폼은 유니티와 언리얼로 개발하는 것이 대세다. 증강현실 기능이 탑재된 3D 게임 포켓몬 고는 유니티로 개발했고, 대표적인 메타버스 플랫폼인 제페토 역시 유니티를 사용한다. 마치 모바일에서 구글의 안드로이드와 애플의 iOS가 그렇듯, 두 게임 엔진이 업계를 이끌고 있다.

유니티와 언리얼 같은 게임 엔진이 메타버스에서 강점을 갖는 이유는 3D, XR 세계에서 뛰어난 그래픽 퀄리티와 부드러운 움직임으로 콘텐츠를 만들어낼 수 있는 도구이기 때문이다. 과거와 달리 실시간 렌더링으로 빠른 개발이 가능하고 비용도 절감할 수 있다. 다양한 리소스가 준비돼 있어 초심자도 쉽게 개발을 시작할 수 있는 부분도 장점이다.

메타버스와 함께 디지털 트랜스포메이션을 추구하는 산업 영역에서도 유니티와 언리얼의 영향력이 커지고 있다. 유니티와 언리얼은 자동차, 물류, 건설, 교육 등 다양한 분야에서 활용된다. 예를 들어 제약회사는 신약 개발을 할 때 화학, 분자 데이터를 시각화해 언리얼로 개발한 프로그램에서 시뮬레이션하는 과정을 진행한다. 자동차회사는 자동차 제조, 생산 과정에서 언리얼로 VR 교육 프로그램을 개발해 직원 교육에 활용한다. 그래픽과 특수효과가 중요한 애니메이션이나 영화, 자동차 디자인, 건축 디자인 등에도 두 엔진이 필요하다.

최근 몇 년간 두 엔진은 약점을 해결하고 강점을 강화하며 비약적으로 발전해왔다. 만약 새로 개발을 시작하는 경우라면, 유니티가 난이도나 사용 편의성 측면에서 좋은 선택이 될 수 있다. 대규모 게임 개발이나 실사 그래픽을 더 중요하게 생각한다면 언리

유니티와 언리얼 게임 엔진

얼이 적합하다. 유니티와 언리얼 모두 개인용 엔진을 무료로 제공

AAA게임
대규모 제작비로 질 좋은 게임을 만들어 수백만 장 판매를 목표로 한다. 영화로 비교하면 블록버스터급 영화와 유사한 개념.

고도 엔진 Godot
아르헨티나 개발자 후안 리니에츠키Juan Linietsky와 아리엘 만수르 Ariel Manzur가 개발한 게임 엔진. 오픈소스로 개발되는 엔진으로 무료로 사용할 수 있다. 유니티와 언리얼에 비해 인지도가 낮은 편이고 1인 개발자, 인디 게임 개발사가 주로 쓴다.

하면서 메타버스 생태계 확산에 앞장서고 있다. 과거에는 '모바일은 유니티, **AAA게임**은 언리얼' 같은 공식이 있었지만 지금은 두 엔진 모두 단순한 게임 제작 도구가 아니다. 앞으로 메타버스 개념이 확장되고 개발이 더욱 활발해질수록 두 엔진은 메타버스의 핵심 요소로 작용할 전망이다. 물론 유니티와 언리얼 외에도 **고도 엔진**을 비롯해 다양한 메타버스 제작, 개발 도구가 있다. 메타버스 엔진도 중요하지만, 그에 못지않게 비즈니스 모델과 생태계가 동작할 수 있는 사용성과, 사용자가 메타버스에 머무를 수 있는 지속가능한 서비스 구조가 중요하다.

메타버스 활용 사례①
: 버추얼 휴먼

'버추얼 휴먼'은 인간과 유사한 모습과 행동 패턴을 갖는 가상 인간을 뜻한다. 이 개념은 다양한 형태와 범위로 나타난다. 먼저 2D와 3D 형태로 구분할 수 있으며, 애니메이션 캐릭터처럼 생겼거나 실제 인간과 닮은 형태로 나타낼 수 있다. 외형뿐만 아니라 활동 방식 기반으로도 구분할 수 있다. 일부 버추얼 휴먼은 실제 인간이 캐릭터를 연기하는 방식으로 운영되고, 다른 방식으로는 AI를 비롯한 소프트웨어 기반으로 구동된다.

그러나 두 가지 중요한 차이점이 있다. 첫 번째는 '소통'이다. 과거의 버추얼 휴먼은 미리 녹화하거나 제작한 영상만을 제공해 실시간 소통이 불가능했다. 하지만 현재의 버추얼 휴먼은 실시간 라이브 방송으로 시청자와 소통하며 이를 위해 AI를 활용한다.

두 번째는 '콘텐츠'다. 기존 버추얼 휴먼은 주로 영상에 등장해 제품을 홍보하거나 정해진 스토리를 전달하는 역할에 그쳤다. 그러나 최근 버추얼 휴먼은 단단한 세계관과 스토리를 기반으로 콘텐츠를 제작해 전달하는 것이 특징이다. 이제 버추얼 휴먼은 단순히 외형을 보여주는 것뿐만 아니라 대중이 즐길 수 있는 온갖 콘텐츠를 꾸준히 제공한다. 버추얼 휴먼 자체도 콘텐츠의 일부지만, 버추얼 휴먼이 만들어내는 콘텐츠가 대중에게 전달되고 소비되는 게 핵심이다.

버추얼 휴먼
디지털 휴먼, 가상 인간 등 다양한 명칭이 있다. 실존 인물이 아닌 소프트웨어로 만든 가상 인간을 뜻한다. 버추얼 셀럽, 버추얼 인플루언서, 버추얼 유튜버 등 다양한 형태로 제작한다. 실사와 같은 형태 혹은 만화나 게임 등에 나오는 2·3D 캐릭터와 비슷한 외형을 지닌다. AI를 기반으로 동작하거나 실제 사람이 버추얼 휴먼을 활용하기도 한다.

버추얼 아이돌 그룹 '플레이브'

출처 VLAST

코로나19 시대에 등장한 메타버스 관련 키워드와 함께 수백 명에 달하는 버추얼 휴먼이 나타났다. 그러나 메타버스의 인기가 식으면서 많은 버추얼 휴먼이 사라졌고, 최근 생성형AI나 간단한 제작 도구를 사용해 누구나 버추얼 휴먼을 만들 수 있는 수준이 되자 대중화의 길을 열고 있다. 2022년 기준으로 활동 중인 버추얼 휴먼이 400명도 넘을 정도로 많은 기업이 뛰어들었다. 사실 버추얼 휴먼에 대한 기준이 무엇인지에 대한 논의도 이뤄지고 있는데, 버추얼 휴먼은 진짜 사람처럼 실사형태로 제작하는 방식과 만화 애니메이션 캐릭터 같은 형태로 제작하는 방식, 이렇게 두 가지로 구분할 수 있다.

TV 광고 등에 출연했던 버추얼 휴먼은 실제 사람과 유사한 형태가 대부분이다. 버추얼 기반 아이돌이 실제 음악 무대에 데뷔하기도 했는데, 이런 실사 형태의 버추얼 휴먼은 정말 사람처럼 만들지 않는다면 '불쾌한 골짜기' 문제가 발생할 수 있다. 어딘가 사람과 닮았지만 사람이 아니라는 생각이 강하게 들면서 불쾌감을 느낄 수 있는 것이다. 따라서 아예 애니메이션 형태로 버추얼 휴먼을 내세우는 사례가 점차 늘고 있다. 방송에 데뷔한 애니메이션 버추얼 아이돌도 있고, 유튜브 같은 곳에서는 아예 버추얼 휴먼이 콘텐츠를 진행하는 경우를 어렵지 않게 볼 수 있다. 버추얼 휴먼은 챗봇, 강의하는 튜터, 프로필 아바타 등으로 활용할 수도 있다. 일본에서는 이러한 버추얼 휴먼을 제작하고 활용하는 기업이 여러 곳 있다. 그들은 일본 증시에 상장됐거나 스타트업으로서 유니콘에 달하는 높은 기업가치를 인정받고 있다.

제작 형태를 떠나 버추얼 휴먼은 인공지능, 가상현실, 3D 모델링, 음성합성 등 웹 3.0의 중추적인 기술이 모두 포함된 기술 결정체다. 버추얼 휴먼의 활용도는 앞으로 점차 높아질 것인 만큼 주목할 필요가 있다. 기술 발전과 콘텐츠 생산이 가능한 덕에 높은 성장 가능성을 가졌다고 평가되기 때문이다. 글로벌 시장 조사업체 이머전리서치는 버추얼 아바타 시장 규모가 2022년 295억 달러(약 38조 3,000억 원)를 기록했고 연평균 성장률 34.2%로 성장할 것으로 예측했다.[20] 또 한 설문조사에 따르면 MZ세대 58%가 버추얼 인플루언서를 최소 1명 이상 팔로우하고 있다고 응답했다.

많은 기업이 직접 버추얼 휴먼을 광고 모델로 활용하거나 생성형AI가 제작한 캐릭터를 전면에 내세운다. 게임 업체들은 게임 개발을 통해 축적한 캐릭터 개발 및 디자인 노하우를 활용하며, 직접 제작한 버추얼 휴먼을 광고 및 게임 내 캐릭터로 내세우고 있다. 버추얼 휴먼을 활용하면 비용을 절감할 수 있고, 돌발상황의 우려가 없으며 광고 및 마케팅 효율을 높일 수도 있다.

버추얼 휴먼은 버추얼 인플루언서, 버추얼 스트리머, 버추얼 아이돌 등 다양한 형태로 진화 중이다. 버추얼 휴먼은 유튜브, 트위치처럼 실시간 방송이 가능한 플랫폼에서 시청자와 직접 소통하며 큰 인기를 얻고 있다. 버추얼 인플루언서의 본격적인 등장은 2016년 일본의 '키즈나 아이'로 알려져 있다. 이전에도 아바타를 이용한 유튜버의 활동은 있었지만 '키즈나 아이'는 전 세계적으로 큰 인기를 끌며 유튜브 시작 1년 만에 100만 구독자를 돌파하는 등 주목받았다. 버추얼 휴먼과 유튜버가 결합한 일명 '버튜버' 시장이 확장됐고, 일본에서는 이를 제작하고 관리하는 두 기업 **애니컬러**와 **커버**가 증시에 상장돼 빠르게 성장하고 있다.

애니컬러, 커버
버추얼 휴먼을 제작, 개발하는 일본 기업. 애니컬러는 '니지산지', 커버는 '홀로라이브'라는 이름의 버추얼 엔터테인먼트 비즈니스를 펼치며 엄청난 영향력을 발휘한다. 일례로 커버 소속 버추얼 유튜버의 합산 팔로워 수는 2023년 1월 기준 7,240만 명에 달한다. 영업이익이 수백억 원대이며 두 기업 모두 일본 증시에 상장돼 있다.

애니컬러의 '니지산지EN'

출처 애니컬러

커버의 '홀로라이브'

출처 커버

한국에서도 버추얼 아이돌 그룹이 큰 인기를 얻고 있다. **이세계 아이돌**, 메이브MAVE:, 플레이브PLAVE, 이터니티Eternity 등 버추얼 아이돌 그룹은 콘서트, 굿즈와 앨범 판매량 등에서 실제 아이돌 못지않은 성과를 거두고 있다. 유튜브에 공개한 뮤직비디오는 수백만에서 수천만 조회수를 기록하며, 멜론과 빌보드 같은 음악 순위에서도 상위권을 차지하고 있다.

또한 유튜브와 트위치 등에서 활동하는 버추얼 휴먼들도 큰 인기를 누리고 있다. 구독자를 수십만 명 보유한 버추얼 휴먼 채널도 많으며, 최근에는 국내에서도 버튜버를 전문으로 제작하고 MCN처럼 관리하는 기업이 다수 등장하고 있다. 이들은 실제 아이돌처럼 데뷔 전 티저 영상을 공개하고 데뷔일에는 라이브 방송을 진행하며 음원을 공개하는 등 활동을 펼치고 있다.

과거에는 유니티, 블렌더 같은 전문 제작 도구를 사용해야 버추얼 휴먼을 제작할 수 있었지만 이제는 스마트폰 하나만 있어도

이세계아이돌
인터넷 방송인 우왁굳이 기획한 6인조 버추얼 아이돌 그룹. 2021년 8월 결성돼 한국을 대표하는 버추얼 아이돌, 엔터테이너 그룹이 되었다. 음원 발매 후 뮤직 비디오 조회 수가 1,000만 회를 넘는 등 인기 있는 버추얼 휴먼이자 콘텐츠 크리에이터다.

라이브2D

출처 Live2D

라이브2D Live 2D
2D 그래픽 이미지를 움직일 수 있게 제작하는 애니메이팅 소프트웨어. 많은 버추얼 캐릭터의 외형이 라이브2D를 기반으로 제작된다. 일본에는 라이브2D로 제작한 버추얼 캐릭터를 몇만 원부터 수백만 원에 판매하는 별도 온라인 마켓이 있다.

가능하다. 모션 캡처까지 가능한 버추얼 휴먼을 만들려면 장비 등 큰 비용이 필요하지만 무료 제작 도구를 활용해 누구나 버추얼 캐릭터를 만들고 실시간 방송을 할 수 있다. **라이브2D**는 퀄리티 높은 버추얼 휴먼을 제작할 수 있지만, 캐릭터의 모든 동작을 제작자가 일일이 만들어야 한다. 캐릭터 제작 도구 중 하나인 브이로이드 스튜디오 VRoid Studio를 쓰면 클릭 몇 번으로 캐릭터를 만들 수 있다. 또한 모션 트래킹 기능을 활용해 자연스러운 움직임을 갖춘 캐릭터까지 구현 가능하다.

버추얼 캐릭터는 갑자기 생겨난 게 아니다. 이미 예전부터 온라인에서 우리가 즐기던 콘텐츠다. 게임이나 만화 캐릭터를 떠올려보면 익숙할 것이다. 기술적인 난이도가 있었지만 제작 진입 장벽도 낮아졌고 스마트폰만으로도 버추얼 캐릭터 제작이 가능한 시대가 됐다. 과거에는 애니메이션 캐릭터를 마이너한 취향으로 여겨 음지에서 몰래 즐기는 경향이 강했다. 하지만 Z세대와 알파 세대는 버추얼 캐릭터를 소통 가능한 존재로 인식한다. 과거 90년 대 사이버 가수 아담이 등장했을 때 저 캐릭터는 '가짜'라고 생각했던 대중이 이제는 가짜, 진짜와 상관없이 함께 소통하며 콘텐츠를 즐길 수 있는 존재로 인식한다.

버추얼 아이돌이나 버튜버가 인기를 얻는 이유는 대중이 이러한 감정을 받아들일 수 있고, 온라인과 가상 캐릭터에 익숙해진 환경 덕분이다. 물론 여전히 많은 사람이 버추얼 휴먼이나 캐릭터에 대해 거부감이나 어색함을 느끼기도 하지만 빠르게 인식이 바뀌고 있다. 굳이 버추얼 휴먼을 실제 인간과 동일 선상에 놓고 비교하기보다는 새로운 콘텐츠, 즐길 수 있는 존재로 인식하면 다르게 볼 수 있다.

이제는 누구나 직접 만들 만큼 버추얼 휴먼의 시대가 열릴 수 있는 기술적, 사회적 준비가 이루어지고 있다. 재능이 있지만 자신을 드러내기 어려웠던 사람들에게 버추얼 휴먼이 해결책이 돼 현실의 연령과 성별, 외모 등을 뛰어넘어 누구나 크리에이터가 될 수 있는 새로운 길을 열어줄 것이다.

메타버스 활용 사례 ②
: 공간 투자와 마케팅

가상세계 공간도 현실 속 공간처럼 바라볼 수 있다. 아바타나 가상 인물이 활동하는 공간을 토지로 보는 것이다. 심시티나 심즈 같은 게임에서는 '토지'가 게임 진행의 핵심 요소 중 하나다. 이러한 토지는 모두가 동등하게 공유하는 형태였지만, 이제는 개인이 소유하는 공간으로 탈바꿈하고 있다. 가상 공간 속 제한된 영역을 법정화폐나 암호화폐로 구매하는 시대가 된 것이다.

가상 부동산은 크게 두 가지 형태로 구분할 수 있다. 게임 등의 공간에 가상 토지를 만들어 판매하는 형태, 현실 부동산을 그대로 옮긴 가상세계 속 아파트나 건물을 사고파는 형태다. 현실 부동산을 가상세계에 옮기는 방식은 주로 NFT를 활용한다. 실물 부동산을 가상세계에 구현한 후 소유권을 분배해 디지털로 보유하는 방식이다. 가상공간에 지구를 그대로 옮겨 론칭한 가상 부동산 플랫폼 어스2Earth2도 이와 비슷하게 운영된다. 워낙 인기를 끌어 한때 한국 이용자 자산 총액이 미국에 이어 세계에서 두 번째로 많다고 알려졌었다. 개인 투자자뿐만 아니라 기업들도 가상 부동산 매입에 나서고 있다. 2021년 말 토론토에 위치한 가상 부동산 회사 메타버스 그룹Metaverse Group은 **디센트럴랜드** 내 가상 토지 116개 구역을 구입하는 데 250만 달러(약 32억 5,000만 원)를 투자했다.

그러나 일부에서는 메타버스 속 부동산 가격이 상승하는 데 회의적이다. 관련 시장이 빠르게 성장했지만 현재는 가상 부동산 거

디센트럴랜드
이더리움 블록체인 기반의 가상현실 플랫폼. 사용자는 가상현실 세계의 토지를 구매하고 다양한 활동을 할 수 있으며, 다른 사용자에게 토지를 판매할 수도 있다.

블록체인 기반 가상현실 플랫폼 '디센트럴랜드'

출처 Decentraland

래가 예전보다 크게 줄었기 때문이다. 암호화폐를 기반으로 한 메타버스 부동산 시장은 폭락을 경험하며 어려움을 겪고 있다. 또한 가상 부동산 판매 서비스가 우후죽순 증가하는 시기를 거치며 경쟁자가 많아진 탓도 있다.

　지금은 가상 토지 판매보다 B2B 기업 목적으로 중심이 이동 중이다. 블록체인 기반 메타버스 플랫폼 **더 샌드박스**는 현재 기업을 위한 공간에 주력한다. 세계적인 회계 및 컨설팅 기업 PWC는 웹 3.0 자문 허브를 구축하기 위해 샌드박스 플랫폼에 뛰어들었고, 아디다스도 샌드박스와 파트너십을 맺었다. 워너 뮤직 그룹 역시 가상세계에서 펼칠 콘서트 장소를 위해 파트너십을 맺었다. 기업들이 가상 부동산에 뛰어드는 이유는 소셜 미디어 못지않게 소비자의 눈앞에서 광고할 기회가 있기 때문이다. 이때는 가상세계와

더 샌드박스 The Sandbox
사용자가 NFT를 활용해 자신만의 복셀Voxel을 제작하는 게임이자 메타버스 플랫폼. 사용자가 NFT를 활용한 차세대 게임을 제작하고 수익을 창출할 수 있다.

메타버스 게임 소프트웨어 회사 '애니모카 브랜드'

출처 Animoca Brands

애니모카 브랜드 Animoca Brands
2014년 얏 시우가 홍콩에 설립한
게임 소프트웨어 회사 및 벤처캐
피털 회사. 주로 NFT, 메타버스,
P2E 관련 비즈니스를 개발하고
이에 투자한다.

디지털 자산에 대한 이해도와 접근성이 높은 Z세대가 타깃이 된다. Z세대는 메타버스 발전과 함께 향후 10년 이상 주요 고객층으로 자리할 전망이다.

샌드박스를 소유한 세계적인 콘텐츠 기업 **애니모카 브랜드**의 공동 설립자 얏 시우Yat Siu는 "샌드박스 내 토지를 가치 있게 만드는 요인은 그게 땅이라는 사실이 아닙니다"라고 말했다. 이어서 그는 "가상세계 공간에서 가장 영향력 있는 사람들이 그 위에 건물을 짓고 있다는 사실입니다"라고 말했다. 가상 토지를 단순히 부동산이라는 관점보다는 마케팅 도구이자 소통 공간이며, 새로운 비즈니스 기회의 장으로 바라봤다. 메타버스 공간의 일부분을 사고파는 데는 투자 개념도 있지만, 그보다 마케팅과 소통의 공간으로 사용하는 것이 장기적으로 메타버스의 성장을 이끌 수 있다. 이러한 이해를 기반으로 많은 기업이 메타버스 공간을 단순한 투자 수단으로만 보지 않고 브랜드 이미지 강화, 제품 홍보, 소비자와의 새로운 상호작용 창출에 활용하고 있다. 메타버스는 고객들에게 현실세계에서는 불가능한 체험을 제공하며, 이는 제품이나 브랜드에 대한 강력한 경험을 형성하는 데 도움이 된다. 가상세계에서 이뤄지는 활동은 소비자 간 상호작용을 유발하고 브랜드 충성도 증진에도 기여한다.

또한 메타버스는 글로벌 시장에서 다양한 소비자와 연결되는 플랫폼으로서의 역할을 강화하고 있다. 다양한 국가와 문화적 배경을 가진 소비자들이 소통하고 교류함으로써 기업들은 글로벌 시장에서 입지를 다질 수 있다. 단순한 투자 수익을 넘어 지속적인 브랜드 성장과 글로벌 비즈니스 확장에도 긍정적으로 기여할 것으로 예측된다.

디지털 트윈, 복제된 현실을 만나다

디지털 트윈은 실제 물리적인 물체 및 시스템을 가상의 디지털 세계에 고스란히 재현하는 방식으로 이뤄지는 복제를 의미한다. 디지털 트윈 기술의 개념은 미 항공우주국 NASA가 우주에서 발생하는 문제를 지상에서 반영하고 진단하기 위해 초기 우주 캡슐의 실물 모형을 디지털 시뮬레이션으로 대체하며 시작됐다. 이후 현실에 존재하는 다양한 물리적 사물과 프로세스를 가상에 구현함으로써 최적화를 위한 시뮬레이션이 가능하도록 진화했다. 디

디지털 트윈 Digital Twin
미국 제너럴일렉트릭GE에서 만든 개념이다. 실제 물리적인 자산 대신 소프트웨어로 자산의 가상 모델을 만들어 시뮬레이션한다. 실제 자산의 특성을 반영했기 때문에 향후 결과에 대한 정확한 정보를 얻을 수 있다.

지털 트윈을 지원하는 기술은 계속 확대돼 지금은 빌딩이나 공장, 도시 등 거대한 실체까지도 재현 대상이 되고 있을 뿐 아니라 사람이나 프로세스도 디지털 트윈으로 재현할 수 있다는 개념으로 확장되는 중이다.

많은 기업이 디지털 트윈 시장의 성장 가능성을 확인 중이다. 마켓스앤마켓스에 따르면 디지털 트윈 시장 규모는 2023년 101억 달러(약 13조 5,000억 원)에서 연평균 61.3% 성장해 2028년에는 1,101억 달러(약 147조 원)로 10배 가까이 커질 것으로 예측했다.[21]

디지털 트윈의 주요 형태는 크게 세 가지로 구분할 수 있다. 먼저 '자산 디지털 트윈'이다. 펌프나 압축기 같은 부품, 터빈 같은

현실세계를 가상에 구현하는 '디지털 트윈'

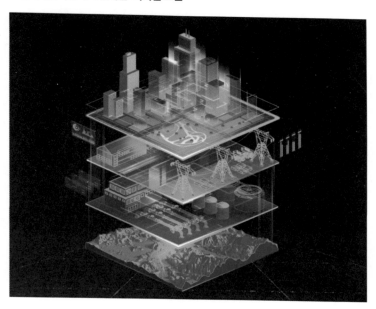

출처 esri

핵심 설비 그리고 발전소 같은 자산 시스템 전체의 운영 및 플릿Fleet 데이터를 기반으로 디지털 트윈을 생성한다. 자산 디지털 트윈을 활용하면 신속하고 효율적으로 기업의 예측 진단 역량을 향상시킬 수 있다.

두 번째는 '네트워크 디지털 트윈'이다. 이는 운영자가 세부 사항을 놓치지 않고 큰 그림을 볼 수 있도록 지원한다. 가상 모델을 생성해 실제 문제가 발생했을 때 어떻게 대응하고 보다 향상된 방식으로 운영, 분석, 최적화할지 알아볼 수 있다. 실제 운영 데이터를 기반으로 네트워크 자산 전체의 연결 현황을 제공하는 것이 특징이다.

마지막은 '프로세스 디지털 트윈'이다. 특정 환경에서 프로세스를 실행하는 최선의 방법을 모델로 만든다. 기존에 사람이 엑셀로 처리하던 프로세스를 인공지능과 머신러닝 알고리즘으로 대체하고 가변성 높은 데이터에 대한 대응 속도를 높인다.

디지털 트윈의 대표 사례는 스마트 팩토리와 스마트 시티다. 디지털 트윈 기술로 실제 공정을 모니터링할 가상 공장을 구축할 수 있다. 공장에서 실제로 어떠한 일이 일어나고 있는지 실시간으로 전달하는 디지털 공장을 구현하는 것이다. 생산 과정 전반에 걸쳐 수천 개에 달하는 센서가 종합적으로 데이터를 수집하고 이를 분석해 프로세스 최적화를 이뤄낸다.

산업 현장에서 활용하는 사례를 생각하면 디지털 트윈이 멀게만 느껴질 수 있다. 하지만 가상세계와 현실이 쌍둥이처럼 똑같이 움직이고 동기화된다는 관점에서 생각하면 디지털 트윈은 생각보다 우리 생활 가까이 있다. 대표적인 사례는 내비게이션이다. 실제

도로와 동일하게 구현된 내비게이션 속 도로는 GPS를 비롯한 각종 센서로 차량의 실제 이동에 맞춰 속도와 위치 데이터를 수집하고 화면에 그대로 구현한다. 스크린 골프도 비슷한 사례다. 현실 세계에서 골프채를 휘두르면 공이 스크린에 맞는 순간 현실 세계의 공과 스크린 속 공은 쌍둥이처럼 복제된다. 디지털 트윈은 이미 우리 생활 가까이에 자리 잡고 있다.

디지털 트윈을 만들려면 결국 건물, 자동차를 비롯한 다양한 물리적 물체의 구성 요소에서 데이터를 수집해야 한다. 또한 디지털 트윈을 만들고 난 후 생성되는 데이터의 수집과 분석, 활용에 클라우드 환경이 필수적이다. 이러한 데이터 흐름을 통해 디지털 트윈으로 구현된 자산에 대한 통찰력을 얻을 수 있고, 최적의 비즈니스 결과를 확보할 수 있다.

여기에 더해 5G 같은 네트워크 기술로 제공되는 데이터와 확장 가능한 컴퓨팅에 의해 구현된 에지 컴퓨팅 및 인메모리 프로세

싱의 발전은 디지털 트윈의 상호작용을 가능케 한다. 인공지능 등 다른 기술과 결합한 디지털 트윈은 기존 디지털 트윈에서 찾을 수 없는 새로운 결과를 만들어낼 수 있다. 인공지능 시장을 이끄는 엔비디아는 GTC 2024 행사에서 '옴니버스 클라우드Omniverse Cloud'를 공개했다. 젠슨 황 CEO는 '앞으로 제조되는 모든 제품에 디지털 트윈이 적용될 것'이라며 옴니버스는 디지털 트윈을 구축하고 운영하기 위한 운영체제라고 말했다. 삼성전자는 옴니버스 기반의 반도체 공장 디지털 트윈을 구축하는 등 디지털 트윈은 빠르게 발전 중이다.

메타버스는
앞으로 어떻게 될까?

유명 매체 인사이더가 '메타버스는 죽었다RIP Metaverse'라는 제목의 기사를 게재했다. 누군가는 메타버스가 실패한 분야라고 평가한다. 최근 생성형AI 열풍으로 이제는 인공지능 시대가 왔고 메타버스 시대가 저물었다는 의견도 있다. 반면 게임 업계 거물인 에픽게임즈Epic Games의 CEO 팀 스위니는 다양한 메타버스 플랫폼에 6억 명에 달하는 사용자가 있다며 인사이더가 낸 기사를 비꼬기도 했다.

메타버스가 죽었다는 의견은 메타버스에 대한 과대평가를 지적한다. 많은 기업이 메타버스에서 실현 가능한 기술 수준에 비해 너무 거창하고 원대한 목표를 제시했다는 것이다. 예를 들어 메타의 마크 저커버그는 사람들에게 '몰입형' 경험을 안겨주면서 가상 세계에서 원활하게 상호작용한다는 비전을 제시했다. 하지만 VR 전용 기기로 어색하게 생긴 아바타를 대하는 환경은 사람들의 머릿속 그림과 큰 차이가 있었다. 부풀려진 메타버스의 가치를 비판하는 의견도 있다. 가트너는 2026년까지 온라인 사용자 25%가 하루 최소 1시간 이상 메타버스에서 머물 거라는 예측 자료를 내놓았다.[22] 글로벌 컨설팅 기업 맥킨지는 메타버스가 최대 5조 달러(약 6,500조 원)의 가치를 창출할 수 있다고 예상했다.[23] 지금이라면 이러한 수치를 달성하기 쉽지 않다.

하지만 메타버스는 다음과 같은 이유로 다시 주목받을 수 있다. 메타버스 대신 인공지능의 시대가 왔다고 하지만 오히려 생성형 AI 덕에 메타버스가 폭발적으로 성장할 수 있다. 메타버스에는 가상공간도 중요하지만 사용자가 상호작용할 '콘텐츠'가 더 중요하다. 생성형AI의 도움을 받으면 메타버스가 구현할 콘텐츠가 폭발적으로 늘어날 수 있다. 또한 챗GPT처럼 실시간 대응이 가능한 인공지능을 활용하면 가상공간에서 다른 사용자가 아니라 **NPC**나 가상 사물과 상호작용할 수도 있다. 메타버스 플랫폼에 입장해도 때로 누구와도 상호작용할 수 없던 현실에서 벗어나 인공지능과 상호작용이 이뤄진다면 메타버스에 머물 이유가 충분하다. 혼자서도 온라인 RPG 게임을 장시간 즐길 수 있는 이유 중 하나가 게임 내 다양한 NPC 때문임을 떠올려보면 알 수 있다. 즉 생성형AI는 메타버스 콘텐츠와 공간은 물론 상호작용 부족 문제도 해결할 수 있다.

NPC
NPC란 Non Player Character의 약자이며 비플레이어 캐릭터, 쉽게 말해 플레이 불가능한 캐릭터를 뜻한다. 프로그래머가 설정해놓은 일만 수행한다.

　과연 메타버스가 필요할까? 메타버스의 거품이 꺼졌다는 의견과 함께 이러한 질문이 거론된다. 메타버스는 가상세계를 뜻하지만 결국 현실과 연결돼야 가치를 만들 수 있다. 사용자는 메타버스 안에 구축된 경제체계를 통해 디지털 공간과 그 밖에서도 수익을 올린다. 애초에 메타버스를 가상공간으로만 생각하면 인터넷 게임과 다를 바 없다. 메타버스는 엔터테인먼트, 소셜, 게임, 커뮤니케이션과 3D 기술, 가상현실과 증강현실 기술이 적용된 새로운 인터넷이자 디지털 세계다. 그러나 독립적으로 운영되는 디지털 세계가 아니다. 메타버스에서 활동하는 사람은 결국 우리 자신이기에 현실세계와 연결될 수밖에 없다. 나를 대신해 메타버스 속 세계에서 활동하는 아바타도 과거 인터넷을 사용하면서 만들어온 수많은 아바타나 게임 캐릭터와 크게 다르지 않다. 중요한 건 디지털과 아날로그 세상을 어떻게 연결할 것인지, 그 과정에서 사용자와 기업은 어떠한 전략을 취할지다. 메타버스는 새로운 컴퓨팅 플랫폼이자 진화하고 있는 인터넷이다. 메타버스는 죽은 개념이나 기술이 아니라 생성형AI와 NFT, 버추얼 휴먼 등이 만들 다양한 콘텐츠와 함께 성장할, 새로운 기술과 경제의 장이다.

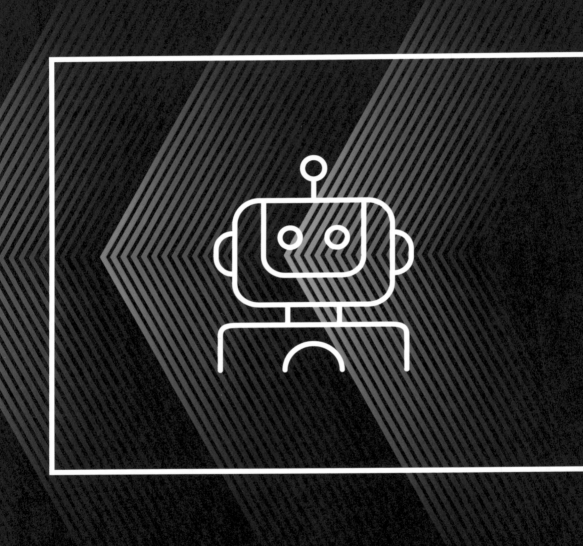

Chapter 6

로봇과 드론,
자율주행 모빌리티

디지털 세상의 미래 시나리오 >>>

아침에 자고 있는데 누군가 다가와 나를 깨운다. "일어나세요. 아침 준비해뒀어요." 내가 제일 좋아하는 배우의 목소리가 들리고 곧이어 가장 좋아하는 음악이 흘러나온다. 눈을 뜨니 협탁 위 동그란 모니터에 오전 7시 30분이라는 시각, 오늘의 날씨 정보, 지금 재생 중인 노래의 뮤직 비디오가 보인다. 집안에 가사 로봇이 들어온 지 1년. 이제 로봇 없는 일상은 상상할 수 없다. 요리, 청소, 빨래를 도맡는 가사 로봇은 A사에서 보급형으로 판매하고 있다. 고급형 로봇은 더 많은 기능이 있고, 인공지능 학습 능력도 빠르다고 한다. 가사 로봇은 어느새 오늘 입을 옷을 알아서 골라주고 신발까지 꺼내두었다. 다녀오겠다 말하자 "네. 앞에 택시를 불러뒀습니다. 좋은 하루 보내시길 바랍니다."라고 대답한다.

＊＊＊

영화 〈스타워즈〉에는 R2D2라는 로봇이 등장한다. 만화에서 나온 듯한 사람의 형태는 아니지만 요즘 시대에는 R2D2 같은 형태를 비롯해 다양한 모습의 로봇이 여러 목적을 위해 개발되고 있다. 로봇은 이제 현실에서도 영화의 한 장면처럼 하늘을 날거나 물속에 잠수하고, 심지어 사람 몸에 들어가 나쁜 병균을 없앤다. 레스토랑에서 식사하고 있으면 로봇이 음식을 나른다. 호텔에 가면 로봇이 고객을 맞이하고 필요한 물품도 가져다준다.

조금 더 먼 미래로 가보면 공장과 물류센터에서 더는 사람이 일하지 않는다. 로봇만이 쉴 새 없이 물건을 나르고 포장하고 만든

다. 대형마트나 백화점에 가면 로봇 점원이 다가와 고객을 응대한다. 집에서 키우는 애견 로봇은 집안일을 돕거나 필요한 물건을 가져다준다. 로봇을 파는 상점이 등장하고, 필요에 따라 로봇을 사고파는 시대가 열린다. 로봇은 더 이상 공상과학 영화나 만화에만 등장하는 존재가 아니다. 어느새 사람과 함께 생활하고 있고, 우리 삶에서 차지하는 비중이 커지고 있다. 앞으로는 더 다양한 로봇이 탄생해 우리 생활에 큰 변화를 불러올 예정이다. 로봇과 함께하는 미래는 과연 어떤 세상일까?

로봇의 탄생

'**로봇**'은 특정한 일을 할 수 있는 기계로, 시키는 대로 일하는 로봇과 스스로 일할 능력을 보유한 로봇으로 나눌 수 있다. 로봇은 체코 작가인 카렐 차페크가 1920년 발표한 희곡 〈로섬의 만능 로봇Rossum's Universal Robots〉에서 처음 등장했는데, 로봇은 '노동'을 뜻하는 체코어 '로보타Robota'에서 파생된 단어다. 이는 로봇이라는 기계가 인간 대신 일할 수 있다는 개념에서 출발했음을 보여준다. 초기에 소설에 등장했던 로봇은 인간을 상대로 반란을 일으키거나 공격하는 내용으로 묘사되며 인간을 멸망시킬 존재로 인식되기도 했다. 이 때문에 작가 아이작 아시모프는 자신의 소설 《아이, 로봇I, Robot》에서 '**로봇 3원칙**'을 제시했다. 로봇 3원칙은 로봇이 반드시 지켜야 하는 원칙으로 절대로 이를 어길 수 없다. 첫 번째 원칙이란 '로봇은 인간에게 해를 입혀서는 안 된다. 그리고 위험에 처한 인간을 모른 척해서도 안 된다', 두 번째 원칙은 '제1원칙에 위배되지 않는 한, 로봇은 인간의 명령에 복종해야 한다', 마지막 세 번째 원칙은 '제1원칙과 제2원칙에 위배되지 않는 한 로봇은 로봇 자신을 지켜야 한다'이다. 로봇 3원칙은 소설에 등장한 개념이고 법으로 정해진 바는 아니다. 하지만 이 원칙은 구체적인 내용보다 로봇이 인간을 돕는 이로운 존재이며 그 자체로도 가치 있음을 강조했다는 점에 의미가 있다.

로봇Robot
스스로 작업하는 능력을 가진 기계. 로봇이라 하면 사람과 유사한 모습을 가진 기계만을 생각할 수 있지만, 로봇의 형태는 다양하다.

로봇 3원칙 Three Laws of Robotics
작가 아이작 아시모프가 자신의 소설 《아이, 로봇》에서 제시한 원칙이다. 로봇이라면 반드시 지켜야 하는 원칙으로 인간을 해치거나 관련한 명령을 수행할 수 없고 인간에게 복종해야 한다는 내용이다.

인간과 닮은 기계

로봇은 국제로봇연맹에 따라 제조 현장에서 작업을 수행하는 **'산업용 로봇'**과 그밖의 **'서비스용 로봇'**으로 분류한다. 서비스용 로봇은 목적에 따라 전문 서비스용 로봇과 개인 서비스용 로봇으로 다시 구분한다. 전문 서비스용 로봇은 많은 사람을 대상으로 전문화된 작업을 수행한다. 인천공항을 누비며 승객을 만나는 안내 로봇이나 불을 끄기 위해 투입되는 소방 로봇, 의료 현장에 투입되는 의료 로봇 등이 전문 서비스용 로봇이다. 최근에는 식당에서 음식을 만들거나 고객에게 음식을 나르는 로봇도 등장했다. **개인 서비스용 로봇**은 일상생활에서 다양한 서비스를 제공하는 로봇이다. 대표적으로 집에서 쓰는 로봇 청소기, 아이들이 가지고 놀며 학습하는 교육용 로봇 등이 있다. 일상에서 사용되는 로봇이기 때문에 곰 인형, 둥근 모양, 장난감 형태 등 아이들에게 친숙한 모습으로 제작되어 거부감이 들지 않는 외형이 특징이다.

세계 로봇 산업은 2020년 약 250억 달러(약 34조 6,200억 원)에서 2030년 1,600억 달러(약 221조 6,000억 원) 규모로 연평균 20% 성장할 전망이다. 산업용 로봇이 대표적이지만 고령화나 삶의 질 향상에 대한 요구 등으로 로봇이 일상생활에 침투하면서 로봇 산업의 성장 축이 서비스용 로봇으로 이동할 전망이다. 한국과학기술정보연구원은 세계 서비스 로봇 시장 규모가 2021년 362억 달러(약 50조 1,400억 원)에서 2026년에는 1,033억 달러(약 143조 900억

산업용 로봇
공장 라인과 같은 산업현장에서 실제로 사용하는 로봇을 총칭하는 말. 제조업을 중심으로 여러 작업을 하는 자동 기계. 사람의 팔이나 손의 기능을 대신하는 용도로 활용된다. 조립, 압축, 용접 등 흔히 로봇 팔로 불리는 기계가 많이 사용된다.

전문 서비스용 로봇
의료 로봇, 국방 로봇과 같이 특정한 분야에서 서비스를 제공하는 로봇. 경찰 로봇, 소방 로봇 같은 다양한 전문 서비스를 제공하는 로봇으로 발전하고 있다.

개인 서비스용 로봇
청소 로봇, 교육용 로봇처럼 일상생활에서 서비스를 제공하는 로봇. 일상에서 사용하므로 인형이나 장난감 형태로 외형이 제작되어 친숙함을 더하는 경우가 많다. 대표적인 개인 서비스용 로봇은 로봇 청소기다.

원)가 될 것으로 예상했다.[24] 연평균 23.3%씩 늘어난다는 계산이다. 매년 조금씩 다르지만 연 20~30% 사이에서 꾸준히 성장하는 산업이다.

지능형 로봇 Intelligent Robots
외부환경을 인식하고, 스스로 상황을 판단해 자율적으로 동작하는 로봇. 지능형 로봇의 기술은 크게 세 가지로 나뉜다. 로봇이 인간처럼 인식하고 판단할 수 있도록 하는 지능 기술, 로봇의 행동을 제어하는 기술, 그리고 부품 기술로 구분된다.

로봇은 조립, 용접, 압착 같은 단순 반복 기능에서 시작해 센서와 인공지능 등이 추가된 지능형 로봇으로 발전하고 있다. '**지능형 로봇**'은 주어진 일과 주변 환경을 인식하고 스스로 판단해 자율적으로 동작하는 로봇이다. 기존 로봇과 구분되는 가장 큰 차이점은 로봇이 상황을 스스로 판단하고 행동할 수 있다는 점이다. 환경 및 위치 인식 기능으로 상황을 판단하고 조작제어와 자율이동 기능을 통해 행동한다.

앞으로 대부분의 로봇은 지능형 로봇으로 발전할 것이다. 지금까지 공장에서 사용한 로봇은 미리 입력된 내용을 바탕으로 반복적인 작업을 하는 수준이었다. 자동차 생산라인처럼 고정된 체계가 구축된 공장을 중심으로 자동화가 이뤄졌다. 하지만 점차 다품종 소량 생산 방식이 늘어나고 다양한 요구 조건을 반영하는 추세에 따라 지금까지 이어져온 로봇의 발전과는 다른, 지능형 로봇이 대세가 되고 있다. 공장도 스마트 팩토리가 되어 실시간 데이터 분석으로 생산 수량이나 방식을 조절하는데, 로봇도 이에 발맞춰 스스로 판단해 행동하는 지능형 로봇으로 발전 중이다.

1980년대에 〈은하철도999〉라는 애니메이션이 국내에 방영됐다. 주인공 '철이'와 함께 다니는 '메텔'이라는 캐릭터가 있다. 메텔은 엄마처럼 철이를 보살펴주고 함께 여행을 한다. 충격적인 사실은 사람인 줄 알았던 메텔이 '인조인간'이었다는 것. 그리고

40년 전 만화영화에도 이미 사람 같은 로봇이 등장했다는 사실이다. 인조인간은 때로는 사이보그, 안드로이드 등으로 불리는데 로봇을 이야기할 때 많이 언급되는 안드로이드, 휴머노이드, 사이보그, 인조인간 등의 차이점은 무엇이고 어떻게 구분하는 걸까?

안드로이드는 인간의 모습을 하고 있지만 생체기관이 없는 완전 기계를 의미한다. 어원은 그리스어로 인간이란 뜻의 'andro'와 형상이란 뜻의 'eidos'의 합성어로 '인간을 닮은 것'이라는 의미다. 대표적으로 영화 〈터미네이터〉에 등장한 로봇을 들 수 있다. 인조인간이 안드로이드와 유사한 개념이다. 안드로이드는 생명체나 생명기관과 무관하게 기계로만 만들어졌으며 생명체에 기계적 요소가 합쳐진 사이보그와는 반대 개념이다.

안드로이드Android
인간의 모습을 하고 있지만 생체기관이 없는 완전한 기계. 인간을 닮은 로봇인 만큼 이족 보행을 하며, 크기도 사람과 비슷하다.

사이보그Cyborg
로봇과 혼동하는 경우가 많으나, 신체를 다른 것으로 대체한 개조 인간이다. 의수나 의족, 인공심장 등을 이식하는 경우도 사이보그의 정의에 부합한다.

휴머노이드는 머리와 팔, 몸통, 다리 등 인간과 유사한 신체 구조를 지닌 로봇이다. 휴머노이드는 '인간Human'과 '안드로이드Android'의 합성어다. 안드로이드는 외형과 행동이 인간과 닮아 멀리서 보면 분별이 되지 않을 정도로 인간과 흡사하다. 반면에 휴머노이드는 안드로이드와 다르게 누가 봐도 로봇임을 알 수 있다. 대표적인 휴머노이드로 혼다에서 개발한 '아시모ASIMO', 한국에서 개발한 '휴보Hubo' 등이 있다. **사이보그**는 생명체에 기계적 요소가 결합한 경우다. 사람의 몸에 기계 장치가 결합하면 사이보그로 분류한다.

현재 로봇 기술은 시각과 청각 부분에서는 뛰어난 성과를 보이지만 촉각의 경우 상대적으로 연구가 부족하다. 로봇 피부는 외부 환경과 충격, 촉감 등을 통해 다양한 정보를 수집할 수 있어 로봇 및 의료 분야에 크게 기여할 것으로 예상된다.

다양한 분야에 활용되는 로봇

　로봇은 인간의 형태를 본뜬 안드로이드부터 원형, 박스 형태, 심지어 작은 새 모양 비행체까지 그 모습이 다양하다. 다양한 모습만큼 로봇이 활용되는 산업과 분야 역시 매우 넓어지고 있다. 현재 일상생활에서 가장 친숙한 로봇은 아마도 '로봇 청소기'가 아닐까 싶다. 로봇 청소기는 각종 센서와 인공지능까지 결합되면서 수요가 증가하고 있다. 로봇 청소기는 2001년 스웨덴 가전제품 회사인 일렉트로룩스Electrolux에서 처음 만들어졌다. 하지만 비싼 가격임에도 기대 이하의 성능을 보여 시장에서 외면 받았다. 이후 IT 기술의 발전으로 배터리 충전, 데이터 수집 기능이 개선되고 여러 센서가 탑재되면서 삼성, LG, 샤오미 등 각국 전자 기업들이 시장에 뛰어들었다. 다양한 기술 집약과 개발로 성능이 향상되고 가격은 낮아지면서 대중화가 이루어졌다.

　국제로봇연맹IFR, International Federation of Robotics이 발표한 '2023 전세계 서비스 로봇' 보고서에 따르면 2022년 기준 가정용으로는 490만 대의 로봇이 판매됐으며,[25] 이 중 실내 가정용 청소 로봇이 약 280만대를 기록했다. 최근 몇 년간 로봇 진공청소기는 가정에서 일반적으로 활용되고 있는데, IFR은 향후 몇 년 동안 두 자릿수 범위의 성장 잠재력을 예측했다. 로봇 청소기 시장은 맞벌이 가구와 1인 가구, 반려동물 가구 등의 증가에 발맞춰 계속 확대될 것으로 보인다. 아직 제조사마다 성능에 대한 의견은 갈리지만, 청소에 쏟는 시간과 노동력을 로봇이 대체하고 있다는 점에서 긍정적으로 평가된다.

소셜 로봇 Social Robot
인공지능, 사물인터넷, 클라우드
컴퓨팅 등을 접목해 사람과 교감
하는 감성 로봇.

로봇 청소기와 더불어 일상에서 주목받는 로봇은 '**소셜 로봇**'이다. 인구 고령화, 1인 가구 증가 등 사회적 변화로 인해 사람과 정서적 교감을 나눌 수 있는 소셜 로봇이 관심받고 있다. 지금까지는 로봇이 주로 사람의 노동력을 대체하는 목적으로 개발돼왔다면, 앞으로는 사람과 대화하며 감성적 교류가 가능한 로봇의 개발이 큰 진전을 이룰 것으로 보인다. 특히 생성형AI 같은 인공지능과 로봇의 결합으로 사람처럼 대화가 가능한 소프트웨어가 발전해 소셜 로봇 역시 한 단계 나아가고 있다.

현재 가정용 로봇은 대화나 단순한 청소 등 한정된 영역에서 활용되는 데 그친다. 하지만 가정용 로봇이 실제 사람과 버금가는 일을 하는 수준으로 발전한다면 우리의 삶은 크게 바뀔 것이다. 로봇 팔이 집안일을 하고 나대신 전화를 받고, 냉장고에 부족한 식품을 파악해 알아서 채워놓는 등 가정에서 제 역할을 하는 로봇이 등장하면 어떨까? 시간이 흐르며 스마트폰이 자연스럽게 우리 삶의 필수요소가 된 것처럼, 머지않아 집 안에 로봇이 없으면 불편하고 어색한 날이 오게 될 것이다.

시장조사 기관 마켓츠앤드마켓츠는 가정용 로봇 시장이 2022년 약 11조 원에서 2027년 약 23조 원 규모로 2배 이상 성장할 것으로 전망했다. 과거에 AI 음성인식 스피커 개발이 활발히 이루어지던 시기가 있었다. 그러나 스마트 스피커를 비롯한 스마트 홈 기기는 이동이 불가능하다는 한계가 있다. 이들은 주로 날씨 정보를 제공하거나 음악을 재생하는 정도로 간단한 기능만을 수행할 수 있다. 가정 내에는 가족 구성원 간 차이, 사용자 행동 패턴, 집안 환경 등의 특성이 매우 다양하다. 따라서 가정용 로봇 개발에 있어서 주요 고려 사항은 로봇의 이동 능력과 다양한 상황에 대처하며 지속적으로 학습하는 능력이라고 볼 수 있다.

인공지능을 기반으로 이러한 로봇이 등장하고 있다. 2024년 1월에 열린 CES 2024에서는 딥러닝 기반 학습과 자연어 처리 기능을 탑재한 가정용 로봇이 대거 등장했다. 삼성전자는 CES 2020에서 처음 공개한 로봇 '볼리'를 다시 선보였다. 볼리는 집안 곳곳을 이동하며 카메라 촬영을 하고 집안 환경을 인식한다. 사물인터넷으로 가전제품과 연결돼 집을 관리하고 대신 전화를 받거나 화상회의를 돕는 등 '로봇 집사' 역할을 할 것으로 기대된다. 볼리는 인공지능이 지속적으로 사용자의 패턴을 학습해 진화한다. 앞으로 가정용 로봇은 인공지능이 사용자의 얼굴과 음성 등을 인식하

삼성의 가정용 로봇 '볼리'

출처 삼성전자

고 개인화된 상호작용과 맞춤형 기능을 제공하는 것이 필수조건이 될 것이다.

가정에서 로봇의 활용은 아직까지 청소기나 스마트 스피커 수준에 그친다. 하지만 최근 가정용 로봇은 놀랍도록 빠르게 발전하고 있다. 가정용 로봇이 시간 맞춰 문 앞에서 기다리다가 가방을 들어 옮기거나 날짜에 맞춰 꽃에 물을 주고 음식을 나르는 등 집안일을 하나씩 해나가는 모습을 기대할 수 있다. 앞으로 가정용 로봇은 집안일을 하고 아이들 안전을 관리하며 노약자를 돌보는 데 이르기까지 다양한 일을 할 것이다. 모든 사람의 불편을 해소하는 존재가 될 수 있다. 집집마다 가정용 로봇을 한 대씩 갖는 모습이 낯설지 않을 날이 그리 멀지 않았다.

최근 로봇을 가장 많이 접하는 곳은 바로 요식업계다. 인공지능과 로봇 기술의 발전과 더불어 코로나19로 인해 대중화가 앞당겨졌다. 식당이나 카페에서 서빙 로봇이 음식을 나르고, 로봇 팔이 커피를 만들고 치킨을 튀기는 모습을 쉽게 볼 수 있다. 로봇 바리스타가 원두를 특성에 맞춰 정확하게 계량하고 커피를 추출한다. 로봇이 커피를 분쇄하고 만들면 직원은 다른 음료를 제조하거나 고객을 응대한다. 치킨을 조리하는 로봇도 등장했고, 피자를 만드는 데 일손을 보태는 로봇도 있다. 두산로보틱스는 교촌치킨과 업무제휴를 맺고 시간당 최대 24마리의 치킨을 튀기는 솔루션을 내놓았다. 국수를 삶는 로봇도 있다. 고객이 원하는 재료를 담아 건네면 로봇이 국수를 삶고 그릇에 담아 내놓는다. 일본에서는 인간 요리사보다 5배 빠른 속도로 초밥을 만드는 로봇이 큰 성공을 거뒀다. 이처럼 로봇 요리사는 사람이 반복적으로 하는 일을 맡아 인간 요리사를 돕고 요리 시간을 확보할 수 있도록 한다. 정확한 용량과 레시피에 따라 오차 없이 요리하는 것도 장점이다.

서빙 로봇은 장착된 카메라와 천장에 부착된 센서로 테이블을 비롯한 각종 장애물을 피해 고객을 찾아간다. 손님이 로봇에게 음식을 받아 확인 버튼을 누르면 로봇은 다시 주방으로 돌아간다. 이 과정에서 인건비가 절약되고 비대면 서비스가 가능해진다.

인공지능과 로봇 요리사가 항상 같은 맛을 낼 수 있다면 일정한 맛을 찾는 고객과 매번 동일한 품질의 음식을 제공해야 하는 체인점 등에게는 최고의 선택지가 될 수 있다. 조리부터 배달, 레시피 개발에 이르기까지 향후 로봇이 수행할 수 있는 일에 제한이 사라지고 있다. 과연 로봇 요리사가 사람의 '손맛'까지 구현할 수 있을지 이들이 갖춰갈 요리 실력이 궁금해진다.

치킨을 튀기는 두산-교촌 로봇

출처 교촌F&B

엔터테인먼트 분야에서도 로봇의 전망은 밝다. 월트 디즈니 그룹은 오래 전부터 로봇 연구를 이어오고 있다. 디즈니는 로봇 관련 특허를 갖고 있는데, 그 중에는 공기와 물을 이용해 하늘을 나는 로봇이 있다. 디즈니랜드에서 사람이 직접 와이어에 매달려 공연하기보다 슈퍼 히어로 모습을 한 로봇을 띄우는 방식으로 바뀌는 것이다. 방문객의 소지품을 가져다주는 로봇과 대신 보관해주는 로봇도 개발했다. 로봇 개발은 디즈니의 혁신 분야에서 중요한 기술이다. 디즈니는 로봇이라는 매개체로 디지털 콘텐츠와 오프라인 경험을 연결한다. 화면에서만 볼 수 있던 캐릭터가 현실에서 똑같은 모습으로 걸어 다니며 말을 건넨다. 디즈니가 제작한 로봇이 테마파크에 등장하면 방문객은 실제 캐릭터를 만난 느낌을 받을 수 있다. 디즈니는 주로 디즈니랜드 같은 테마파크에 로봇을 투입한다. 디즈니랜드의 스파이더맨 쇼에는 20m 높이에서 안전장치 없이 점프하는 스파이더맨이 등장한다. 물론 이는 로봇이다. 이처럼 캐릭터를 실존하는 로봇으로 개발해 디즈니랜드에 몰입감과 현실감을 선사한다.

디즈니 이매지니어링
Disney Imagineering
이매지니어링은 '상상하다Imagine'
와 '엔지니어Engineer'를 합친 단어
로 디즈니 내 연구개발 조직이다.

디즈니 이매지니어링은 디즈니의 테마파크, 리조트, 놀이기구 등을 설계하며 주로 테마파크 방문객을 위한 혁신을 추구한다. 최근 디즈니 이매지니어링은 국제로봇학회에서 두 발로 걷는 귀여운 모습의 로봇을 선보였다. 로봇은 소리를 내며 춤을 추기도 하고 사람의 말과 지시를 알아듣는 듯한 상호작용도 했다. 이들은 로봇 성능을 강화하기 위해 인공지능 기반 학습 플랫폼도 만들었다. 로봇 스스로 데이터를 학습하면서 행동을 교정하고 익힐 수 있다. 디즈니는 이러한 방식을 활용해 새로운 로봇을 개발하는 로봇 플랫폼으로 발전할 전망이다.

디즈니 이매지니어링의 로봇

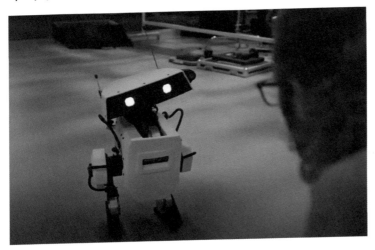

출처 Disney

물류는 로봇의 활약이 가장 큰 분야다. 퓨처마켓인사이트의 자료에 따르면 시장 규모는 2023년 82억 8,800만 달러(약 11조 4,900억 원)로 평가되었으며, 10년 간 연 평균 16.5%의 상승세를 기록해 2033년에는 381억 3,000만 달러(약 52조 8,700억 원) 규모로 성장할 것으로 전망된다.[26]

온·오프라인 커머스 시장의 성장과 더불어 물류센터 작업과 배송을 담당하는 물류 로봇이 혁신 사례로 주목받고 있다. 물류 로봇은 물류센터나 창고에서 효율성을 높이기 위해 사용되는 로봇이다. **자율주행 로봇**은 무거운 팔레트를 옮기고 수직으로 높게 뻗은 구조물에 물건을 알아서 적재하기도 한다. 자율주행 로봇은 컴퓨터 비전, 센서 등을 활용해 스스로 이동하며 작업한다. 기존 물류 로봇이 바닥에 그려진 트랙을 따라 움직이거나 정해진 작업만 수행했다면 자율주행 로봇은 갑자기 등장한 장애물을 우회하거나

자율주행 로봇 AMR
독립적으로 환경을 이해하고 이동할 수 있는 로봇 유형. 미리 정의된 경로에 의존하고 작업자 감독을 필요로 하는 방식이 아니라 카메라와 정교한 센서, 인공지능을 활용해 스스로 경로를 계획하고 이동한다.

동선을 새로 계산해 최적의 경로를 찾아낸다.

키바Kiva

키바는 믹 마운츠가 2003년에 설립한 '키바 시스템즈'에서 개발한 로봇으로, 넓은 물류창고에서 사람 대신 각종 물품을 나르는 역할을 한다. 로봇 청소기와 닮은 납작한 모양으로 최대 1.4톤까지 들어올릴 수 있다.

오카도Ocado

영국 글로벌 리테일테크 기업. 오카도의 물류 시스템은 무인 로봇을 활용하며 높은 생산성과 효율을 자랑한다. 2023년 말 롯데쇼핑이 부산에 오카도 물류센터를 착공했다.

물류 로봇의 대표 사례는 아마존의 '**키바**'다. 키바는 넓은 물류창고에서 인공지능과 자율주행 기술 등으로 직원 대신 물품을 운반한다. 키바는 아마존이 지난 2012년 7억 7,500만 달러에 인수한 키바 시스템즈Kiva Systems에서 개발됐다. 물품이 물류센터에 들어오거나, 배송을 위해 이동해야 하면 키바가 작업구역 내 길을 따라 돌아다니며 물품을 나른다. 아마존은 키바를 도입한 이후 운영 비용을 약 20% 절감했고, 물류 순환 시간도 기존 60분에서 15분으로 크게 줄어들었다. 아마존은 북미 지역 최대 라스트마일 사업자를 목표로 80개가 넘는 허브를 구축하고 물류센터에 로봇을 도입했다. 물류 로봇은 물류센터의 처리 효율을 향상하고 인력 부족 문제를 해결하는 데 큰 역할을 담당할 것이다. 아마존은 키바 외에도 로봇 팔을 비롯해 다양한 형태의 로봇을 활용하고 있고, 물류센터를 위한 로봇을 지속해서 개발하고 있다.

미국에 아마존이 있다면 영국엔 오카도가 있다. **오카도**는 물류센터에 컨베이어 대신 무인로봇을 활용한 스마트 시스템을 구축해 물류 생산성이 비약적으로 증가했다. 사람이 물건을 집어오는 물류센터는 시간당 최대 200개 품목을 꺼낼 수 있지만, 물류 로봇을 활용하면 700개까지 가능하다. 로봇 한 대가 3~4명의 인력을 투입해야 할 일을 해내는 것이다. 국내 커머스, 유통 기업이 오카도의 솔루션과 로봇을 도입하는 것도 효율성과 성능이 확인되었기 때문이다.

건설 중인 오카도와 롯데쇼핑의 협업 물류센터

출처 롯데쇼핑

보스턴 다이내믹스와
일론 머스크

BostonDynamics

보스턴 다이내믹스 Boston Dynamics
로봇 시뮬레이션, 디자인 및 로봇공
학 기업. 다양한 형태의 로봇을 개발
하며, 보행 로봇에 주력하고 있다.

　현재 로봇 분야를 선도하는 대표 기업은 '**보스턴 다이내믹스**'다. 이들이 만든 로봇은 각종 매체에서 영상을 다루며 대중적으로 가장 널리 알려지기도 했다. 보스턴 다이내믹스는 MIT 교수이자 '보행 로봇의 아버지'라고 불리는 마크 레이버트Marc Raibert 박사가 창업했다. 2013년 구글에 인수됐다가 2017년 소프트뱅크가 1억 달러(약 1,165억 원)에 인수했다. 이후 2020년 현대자동차 그룹이 약 1조 원에 인수했다.

　2019년 아마존의 콘퍼런스 '리마르스re:MARS3'에서 보스턴 다이내믹스는 '스팟Spot4'을 선보였다. 사족 로봇 '스팟'과 '스팟미니'는 상업용으로 제작해 판매하고 있다. 스팟에 3D 카메라를 장착하면 건설 현장이나 사고 현장 등에서 위험 요소와 작업 진행 상황을 파악할 수 있다. 여기에 로봇 팔을 장착하면 문을 열고 물체를 조작하는 등 유연한 작업 능력까지 갖추게 된다.

이족 보행 로봇인 **아틀라스**는 덤블링을 하고 계단을 뛰어오르는 모습이 공개되며 유튜브에서 화제가 됐다. 커다란 상자를 들어 옮기거나 주위 사물을 이용해 다리를 만드는 등 사람과 유사하게 움직인다. 다만 아틀라스는 대중화 및 상품화가 어려운 로봇으로 알려져 있고 연구 목적으로 개발하고 있다.

보스턴 다이내믹스는 보안, 배송, 건설, 물류 등 여러 산업에 활용할 수 있는 로봇을 계속 개발할 계획이며, 로봇 기술력은 이미 세계 선두를 달리고 있다. 아직까지 상업화에 성공하지 못하고 상당 기간 개발을 진행 중이지만, 지금까지 공개된 영상으로 판단했을 때 보스턴 다이내믹스의 로봇은 대중화에 가장 가까이 다가와 있다고 볼 수 있다. 산업용뿐만 아니라 가정용 로봇도 지속적으로 개발하고 있기 때문에 로봇 시장에 가장 큰 영향력을 발휘할 것으로 보인다.

그런데 일론 머스크의 테슬라에서 로봇을 공개하며 강력한 경쟁자가 등장했다. 테슬라가 개발 중인 휴머노이드 로봇은 '**옵티머스**'다. 옵티머스는 2022년 테슬라 'AI 데이' 행사에서 처음 공개됐다. 당시 테슬라 로봇은 간신히 앞으로 걸으며 손을 흔드는 모습만 보여줘, 공개 이후 온라인에서 조롱의 대상이 되기도 했다.

아틀라스Atlas

펫맨 로봇 개발 경험을 바탕으로 개발이 시작되었으며 2013년부터 공개했다. 완전 자율로 작동하는 인간형 직립 이족 보행 로봇이다. 달리기와 점프, 덤블링 등 사람과 같은 동작을 구현한다.

Robots Guide

옵티머스Optimus

테슬라가 개발 중인 휴머노이드 로봇. 2022년 10월에 옵티머스의 본체가 공개되었다. 일론 머스크가 설립한 AI 기업이 로봇을 위한 인공지능을 개발하고 테슬라의 소프트웨어 경쟁력이 더해진다.

2023년 새로 공개한 영상에서는 로봇이 걸으며 상자에서 물건을 꺼내 다른 상자로 옮기는 등 발전된 모습을 보여줬다. 한 발로 무게 중심을 잡은 채 요가 동작을 하는 등 사람과 흡사하게 움직인다. 2023년 말에 공개한 영상에서 휴머노이드 2세대 로봇은 스쿼트를 하거나 빠른 걸음으로 걷고 달걀을 집어 들기도 했다.

옵티머스의 차별화된 경쟁력은 인공지능과 자율주행 측면이다. 테슬라는 그간 갈고 닦은 인공지능과 자율주행 소프트웨어를 로봇에 탑재하면서 AI 기반 로봇의 미래를 보여주고 있다. 일론 머스크는 "테슬라의 시스템을 구현하는 데 사용하는 것과 동일한 종류의 소프트웨어를 실행할 수 있어야 한다"며 옵티머스의 향후 개발 방향을 밝혔다. 또한 앞으로 테슬라의 미래는 전기차가 아닌 로봇에서 나올 것이라는 의견과 함께 미래에 인간과 휴머노이드의 비율이 1:1을 넘어설 거라 말하는 등 로봇 개발에 큰 기대를 보이고 있다.

테슬라의 휴머노이드 로봇 '옵티머스'

출처 X

로봇의 미래와
인간과의 공존

로봇은 이제 국가 경쟁력을 위한 새로운 산업으로 거듭났다. 우리나라는 그동안 전 세계 최대 로봇 수요 국가였다. 이른바 로봇 밀집도는 한국이 8년간 세계 1위를 지켰다. **로봇 밀집도**란 노동자 1만 명당 설치된 로봇 대수를 뜻한다. 로봇 밀집도가 높으면 공장 자동화율이 높고, 인력 고용률이 낮다. 우리나라 기업들의 노동자 1만 명당 산업용 로봇 활용 대수는 1,012대로 글로벌 평균치(1만 명당 151대)보다 훨씬 많았다.[27] 국내에 전자, 조선, 자동차 등 제조업 기반 기업이 많아 로봇 활용도가 높은 것이다.

국내 로봇 산업은 사용 사례는 많지만 정작 로봇 개발력은 산업용 로봇 강자인 일본 등에 밀려 그동안 뚜렷한 성장세를 보이지 못했다. 하지만 대기업 위주로 로봇 산업에 투자가 잇따르면서 로봇이 신성장 산업으로 꼽히고 있다. 로봇은 다양한 산업과 연계성이 높다. 제조업은 물론 서비스 산업이나 일반 가정에서도 사용할 수 있다. 또한 로봇은 인공지능, 빅데이터 등 IT와 소프트웨어 중심으로 움직인다. 따라서 서비스, 콘텐츠, 제조업 등 다양한 산업과의 연계성을 기반으로 산업 전반의 확장이 가능하다.

로봇을 위한 인공지능, 특히 생성형AI가 데이터를 학습할수록 로봇 자체의 기계적인 성능보다 뇌에 해당하는 소프트웨어의 중요성이 더 부각될 것으로 예상된다. 인공지능 고도화와 하드웨어 단순화, 제작비용 절감 등이 이루어지면 고도의 제조업 공정과 서

로봇 밀집도 Robot Density
노동자 1만 명당 설치된 로봇 대수로 나타낸 지표. 한국은 다른 국가에 비해 반도체, 디스플레이, 자동차 등 제조업이 활성화되어 있어 산업용 로봇 활용도가 크고 로봇 밀집도가 높다.

비스업에서도 앞으로 로봇이 더 많이 활약할 수 있다.

로봇은 지금까지 산업 현장에서 반복 작업을 대체하는 데 활용되었다. 단순 작업을 로봇에게 위임함으로써 효율성 향상을 꾀한 것이다. 이제 로봇은 기술 발전에 따라 가격이 낮아지고, 기능이 유연해지고, 안전성이 강화되고, 경량화가 이뤄지는 중이다. 빠르고 정밀히 작업해 자동화 생산 시스템의 한 부분으로 자리매김하고 있다. 로봇은 센서와 인공지능 등 최첨단 기술과 결합하면서 스마트 로봇으로 발전했다. 무인 작업은 물론 인지능력 향상으로 사람과 어우러지는 작업까지 할 수 있게 된 것이다.

앞으로 많은 일자리가 로봇에 의해 대체될 것으로 예상된다. 로봇이 점차 늘어나고 업무가 자동화되면 일자리가 없어짐과 동시에 경제 불균형이 일어날 수 있다. 국가마다 경제 상황과 소득이 다르지만, 아무래도 로봇이 대체하는 일자리는 반복적이고 고된 일이 많기 때문에 저소득 직업군에 부정적인 영향을 줄 가능성이 높다. 로봇이 이러한 사람의 일자리를 빼앗아갈 우려가 제기되고 있지만, 현재 노동력 부족이라는 현실과 특정 직업군의 위험성, 낮은 보상 수준 등을 감안하면 로봇은 사람들이 선호하는 직업을 대신하기보다 기피하는 일을 맡을 가능성이 더 크다. 물류센터 로봇이나 서빙 로봇 등 어느 정도 실생활에서 사용하는 로봇은 이미 인간의 일자리를 차지했다. 하지만 아직 로봇이 사람의 일자리를 완전히 빼앗는 건 쉽지 않다. 돌발 상황에 대한 대처 부족이나 프로그래밍 오류 같은 여러 이슈로 완벽하지 않기 때문이다. 여전히 사람보다 못한 능력을 보여줄 가능성이 있다.

로봇을 개발하는 궁극적인 목적은 사람에게 도움을 주기 위해서다. 사람이 할 수 없거나, 혹은 할 수 있지만 많은 시간과 노동력이 필요한 일을 대신하기 위해 로봇이 존재한다. 로봇은 향후 가정과 회사, 산업 전반에 걸쳐 우리 삶에 가까이 다가올 것이다.

자율주행과
드론의 미래

한번 미래를 상상해보자. 스마트폰으로 차량을 호출하거나 예약해두면 자율주행차가 원하는 시간에 원하는 장소로 온다. 집에서 나오면 자율주행차가 대기하고 있고, 이동 중에 차 안에서도 일하거나 휴식을 취할 수 있다. 목적지에 도착해 사람이 내리면 차량은 자동으로 주차하거나 다른 사람을 태우기 위해 스스로 이동한다. 자율주행으로 운행되는 도로에서는 교통 사고를 걱정하지 않아도 되고, 운전으로 인한 피곤함도 없다. 한편 공중에서는 스마트폰으로 주문한 물건들이 드론을 통해 하늘에서 내려온다. 드론의 배터리와 안전성 문제를 해결하고 한 단계 진화한 덕에 가능해진 일이다. 드론은 소음도 없이 빠르게 날아와 순식간에 드론 전용 택배 구역에 물건을 내려놓고 저 멀리 사라져 간다.

"키트, 빨리 와줘." 1980년대 유명 드라마 〈전격 Z작전Knight Rider〉에 나오는 대사다. 키트라 불리는 자동차는 주인공의 음성을 알아듣고 스스로 이동하거나, 주인공이 위험에 처했을 때 주인을 보호한다. 현재 기술로도 아직 완벽히 구현이 불가능한 음성인식 기반 인공지능 '자율주행차'다. 그런데 30여 년이 흐른 지금, 자율주행과 인공지능 기반의 이동 수단은 점차 현실로 다가오고 있다.

　스스로 운행하는 차는 편리하지만, 운전을 즐기는 사람에게는 청천벽력 같은 일이다. 운전의 즐거움이 사라지기 때문이다. 컴퓨터와 기계를 어떻게 믿고 운전을 맡길 수 있냐는 의견도 있다. 자율주행 기술은 이제 막 기지개를 켜기 시작했다. 과연 자율주행은 어떻게 탄생했고, 어디까지 왔으며, 앞으로 얼마나 발전하게 될까?

자율주행차란
무엇일까?

　'**자율주행**'은 운전자나 승객의 조작 없이 스스로 운행하는 기술이다. 차량뿐만 아니라 선박, 비행기, 드론 등 다양한 이동수단에 적용할 수 있는데 현재까지 가장 대중적으로 알려진 자율주행 적용 사례는 자동차와 드론이다. 자율주행 개념은 1960년대에 등장했지만 기술적 한계로 발전이 이뤄지지 않다가 1990년대 이후 소프트웨어, 카메라, 센서 등 관련 기술이 발전하면서 본격적으로 연구되기 시작했다. 자율주행차는 컴퓨터공학, 전자공학, 기계공학 등 여러 공학기술이 활용되는 자동차와 IT 기술의 결합체다. 다양한 기술이 활용되는 만큼 자율주행차 개발에는 많은 시간과 노력,

자율주행
운전자 또는 승객의 조작 없이 스스로 운행하는 기술로 전통적인 자동차 제조사는 물론 구글, 아마존 등 IT 기업이 기술 개발에 앞장서고 있다.

투자가 필요하다. 자율주행 기술은 여러 측면에서 잠재력과 가능성이 있다. 운전자가 운전 대신 다른 일을 할 시간을 가질 수 있고, 개인 차량 감소로 연료 절감 및 환경오염 방지에도 도움이 될 것이다. 뿐만 아니라 장거리 주행에 따른 피로 누적으로 인한 사고, 음주운전이나 운전자의 갑작스러운 건강 이상으로 벌어지는 사고 등을 예방할 수 있다. 이처럼 사고 위험을 낮추고 비용 절감까지 기대할 수 있다는 것이 자율주행차의 장점이다. 자율주행차가 제시하는 미래는 운전이라는 노동과 위험에서 해방되고자 하는 인간의 욕구에서 출발했다고 볼 수 있다.

2014년 국제자동차기술자협회SAE International는 자율주행 기술 수준을 레벨0부터 레벨5까지 6단계로 구분해 가이드라인을 발표했다. 자율주행 기술 수준은 미국도로교통안전청NHTSA(0~4단계)과 국제자동차기술협회(0~5단계)의 기준을 주로 참고한다. 현재 많은 자동차가 지원하는 크루즈 컨트롤, 차선 이탈 경보 기술은 레벨1 수준이다. 테슬라의 오토파일럿 같은 기술은 레벨2 수준이다. 레벨3부터는 부분 자율주행 단계다. 운전자가 아닌 시스템이 자율주행을 제어하고, 레벨4부터는 운전자가 개입하지 않는다. 시스템이 정해진 조건에 따라 차량의 속도와 방향을 제어한다. 레벨5가 되면 시스템이 차량을 완벽히 제어하는 진정한 자율주행이 완성된다. 컴퓨터와 인공지능이 카메라와 레이더, 각종 센서를 통해 목적지까지 가며 상황을 인지하고 판단한다.

자율주행차 시장 규모는 엄청나다. 글로벌 컨설팅 업체인 KMPG에 따르면 2020년 71억 달러(약 10조 1,672억 원)에 불과했던 자율주행차 시장은 오는 2035년 1조 1,204억 달러(약 1,604조 4,128억 원) 규모로 급성장할 전망이다.[28] 이렇게 성장하는 자율주행차 산업은 최근까지는 관련 기술 확대 및 상용화를 추진했다면, 앞으로는 '통합 모빌리티 서비스'로 확대될 전망이다. 자율주행 기술이 포함되면서 기존의 모빌리티 서비스를 비롯한 교통 관련 플랫폼이 차량 공유를 넘어선 다양한 교통 서비스를 제공하는 진정한 모빌리티 플랫폼(MaaS, Mobility as a Service)으로 진화하는 것이다.

전 세계적으로 스마트 모빌리티에 대한 관심이 대단하다. 코로나19 팬데믹 이후 3년 만에 개최된 세계 최대 IT 전시회 'CES 2023'에서는 자율주행차 중심 모빌리티가 화두였다. 세계적인 기업들이 줄줄이 자율주행차를 내놓겠다고 밝혔고, 자동차 회사가 아닌 IT 기업들도 자율주행 기술을 개발하고 선보이겠다고 선언했다.

스마트 모빌리티

출처 Microsoft

대부분의 선도적인 자동차 제조기업들은 자동차에 자율주행, 인공지능, 사물인터넷 등 다양한 기술을 통합하려는 시도를 확대하고 있다. 자율주행차는 궁극적으로 대기오염 감소 및 기후 변화 대응이 가능하며 도로 안전성을 높일 수 있는 기술이자 이동 수단이다. 탄소배출을 줄이는 전기차를 비롯한 차량과 네트워크를 연결하고 도시의 교통 문제를 해결할 목적으로 활용할 수 있다. 워낙 거대한 시장으로 성장하다 보니 자동차 제조기업은 물론 테슬라, 아마존, 구글 등 IT 기업들이 자율주행 기술을 개발하고 직접 차를 생산하거나 소프트웨어 기술을 제휴하고 있다.

거대한 자율주행 시장을 선점하라

각국의 글로벌 완성차 기업들도 자율주행 기술력 확보에 경쟁적으로 뛰어들고 있다. 많은 기업의 목표는 레벨4 수준의 자율주행차 상용화다. 완성차 기업은 독자적으로 자율주행차를 개발하기도 하지만, 다른 기업은 글로벌 IT 회사와 손잡거나 자율주행 관련 스타트업을 인수해 기술을 빠르게 흡수하고 있다. 자율주행 기술은 인공지능 등 각종 IT 기술 기반으로 개발되면서 완성차 기업보다 IT 기업의 움직임과 투자가 활발하다. 아마존, 구글, 바이두, 소프트뱅크 등 전 세계 빅테크 기업이 자율주행 기술 개발에 뛰어든 상태다. 이들은 직접 차량을 제작하는 방식보다는 주로 인공지능과 데이터 분석 기술, 클라우드 등을 완성차 기업과 공유하는 형태로 발전하고 있다.

아마존은 자율주행을 활용한 물류 효율화에 초점을 맞추고 관련 사업에 뛰어들었다. 매년 물류, 운송비용으로 막대한 지출을 감당하고 있는 아마존은 외부 물류 기업과 파트너십을 맺었지만 자체 운송 비중을 꾸준히 늘리고 있다. 자율주행차는 아마존 물류의 미래가 될 수 있다. 미국은 물류비용에서 유류비가 트럭 운영비의 가장 큰 비중을 차지한다. 또한 운전기사는 쉬지 않고 운행을 할 수 없다. 아마존은 자율주행 기술 연구를 통해 밤새 운행되는 자율주행 트럭을 개발함으로써 시간의 효율성을 올리고 인건비를 줄이는 효과를 얻을 수 있다. 자율주행 배송으로 연간 매출액의 16%에 해당하는 운송비를 절감할 수 있으며, 유류비 역시 자율주행 기술을 전기자동차와 결합한다면 크게 절감할 수 있다.

2019년 2월, 아마존은 배터리로 작동하는 전기 픽업트럭을 생산하는 스타트업 **리비안**에 7억 달러(약 8,360억 원)를 투자했다. 또한 미국 유명 벤처캐피털인 세콰이어 캐피털 등과 함께 자율주행 스타트업 오로라Aurora에 5억 3,000만 달러(약 6,000억 원)를 투자했다. 아마존은 특허를 취득함으로써 배송 목적 외에도 자율주행 기술로 대중교통 시스템을 만들겠다는 의지를 나타낸 바 있다. 또한 아마존은 2020년 6월, 자율주행 기업 '**죽스**'를 인수했다. 죽스는 교통이 복잡한 도심 내 이동 차량과 보행자, 장애물 등을 실시간 모니터링하면서 자율주행 하는 기술을 보유하고 있다. 죽스는 2023년 2월 미국 캘리포니아에서 자율주행 택시 테스트를 진행했다. 아마존은 2021년 6월에도 자율주행 트럭 개발사 플러스Plus의 지분을 확보했다. 무인 택시 등의 수단으로 운송, 물류 사업을

리비안Rivian
아마존과 포드 등에서 거액의 투자를 받은 전기차 개발 스타트업. 2009년 설립 이후 전기 픽업 트럭인 R1T를 공개하면서 테슬라의 강력한 라이벌로 떠올랐다.

죽스Zoox
아마존이 인수한 자율주행 기업. 자율주행 무인 택시 '로보택시'의 테스트를 진행했다. 죽스의 로보택시는 최대 4명의 승객을 태울 수 있다. 시속 56km의 최고 속도로 운행한다.

강화하기 위함이다. 일단 자율주행 택시 사업을 진행하지만, 궁극적으로는 아마존의 주요 사업인 이커머스를 위해 자율주행 배송 및 모빌리티 서비스 분야로 확대할 전망이다.

아마존은 자율주행 기술을 물류, 배송 분야에 중점적으로 활용하겠지만, 고객이 쉽게 접할 수 있는 다른 분야에도 이를 적용할 수 있다. 쓰레기 수거 차량이나 잔디 깎는 기계 등 지상에서 주행하는 모든 기계에 자율주행을 적용할 수 있다. 대부분의 미국 가정이 일상으로 여기는 잔디 깎는 일은 보통 사람이 직접 해야 한다. 그런데 잔디 깎는 기계에 자율주행을 적용하면 스스로 작업을 진행하고 지정된 장소로 되돌아가는 것까지 가능해진다. 잔디 깎는 기계가 알아서 마을을 돌아다니며 집집마다 잔디를 깎고 다니는 모습을 상상해보면 자율주행을 적용할 수 있는 기계는 무궁무진하다는 것을 알 수 있다. 어쩌면 아마존은 세상 모든 이동수단에 자율주행 기술을 적용하는 꿈을 꾸고 있는 것은 아닐까?

죽스의 자율주행 택시

출처 Zoox

구글은 이미 2009년부터 도요타 일반 차량을 개조해 무인 자율주행차 개발과 시험 주행을 연구해오고 있다. 2016년에는 자율주행 개발을 위해 자회사 '웨이모'를 설립했다. 2018년 12월, 구글 웨이모는 미국 애리조나주 피닉스시에서 세계 최초로 자율주행 택시 서비스 '웨이모 원'을 개시했다. 초기에는 자율주행차 프로그램에 오류가 발생할 때를 대비해 엔지니어가 운전석에 앉아 상황을 모니터링하는 방식으로 운영했다. 현재 웨이모는 미국 애리조나주 피닉스, 캘리포니아주 샌프란시스코, 로스앤젤레스에 이어 텍사스주 오스틴에서 차량호출 서비스를 위한 자율주행차를 시범운영 중이다. 구글은 10년 이상 이어온 기술 개발을 기반으로 자율주행과 관련해 압도적인 특허를 확보하고 있으며, 세계 최초로 자율주행차 상용화에도 성공했다.

웨이모는 사용자가 차량을 호출하면 자율주행차가 고객이 있는 곳으로 이동해 태우는 우버 식의 택시 서비스를 제공한다. 또한 버스 등 대중교통에 적용할 자율주행 시스템을 개발 및 판매하려는 목표가 있다. 택배나 각종 물품을 취급하는 배송업체에 트럭이나 자율주행 기술을 판매하는 것도 가능하다. 웨이모는 자동차를 직접 생산하는 비즈니스에는 참여하지 않으며 자율주행 서비스가 필요하거나 기존 자동차 기업에 관련 기술을 제공하는 플랫폼 형성에 주력하는 전략을 추구한다. 현재 웨이모는 자율주행 분야 선두주자지만 가장 앞서 나간다고 말할 수는 없다. 워낙 많은 경쟁자가 시장에 진입한 탓이다.

2017년 CPU 최강자인 인텔도 이스라엘 자율주행 기업인 **모빌아이**를 무려 153억 달러(당시 약 18조 3,000억 원)에 인수했다. 인

웨이모Waymo
구글의 자율주행 회사. 2018년 세계 최초로 상용 자율주행차 서비스를 개시했고, 2020년 10월부터 일반인 대상 유료 자율주행 택시 서비스를 운영하고 있다.

모빌아이Mobileye
인텔이 2017년 인수한 자율주행 기술과 첨단 운전자 지원 시스템(ADAS)을 개발하는 기업. 2022년 미국 증시에 상장했다. 자율주행 기술력에 있어서 세계 최고 수준으로 평가받는다.

텔은 전 직원 600명에 불과했던 모빌아이를 인텔의 자율주행 부문 총괄 글로벌 R&D 기지로 만들면서 연구 인력을 대폭 충원해 2022년 말 기준 3,500명까지 늘렸다. 모빌아이는 기술력을 높이 평가받으며 2022년 미국 나스닥 상장 기업이 됐다. 모빌아이는 GM General Motors, 폭스바겐 Volkswagen, BMW, 도요타 등 세계적인 자동차 기업과 협력한다. 차량에 탑재되는 운전자 보조 카메라 시장의 약 70%를 점유하고 있으며 카메라와 센서를 활용한 자율주행 시스템을 개발한다. 자율주행 시스템에는 **ADAS** 및 차량 경보 시스템, 적외선 센서, 초음파, 빛 탐지 및 범위 측정 **라이다**, 카메라, 지도 시스템 등 다양한 기술이 내장돼 있다.

결국 인텔 같은 대형 IT 기업도 자율주행을 미래의 새로운 사업 모델로 점찍었고 엔비디아, 퀄컴 등의 기업도 자율주행 기술 개발에 뛰어들었다. 대부분의 IT 기업은 자율주행 기술을 개발해 직접 자율주행차를 생산하거나, 자율주행 시스템을 판매하는 비즈니스를 모색하고 있다. 또한 자율주행은 차량에만 활용되는 것이 아니라 드론과 선박 등 다양한 이동수단에도 적용이 가능하므로 확장성 또한 무궁무진하다. IT 기업과 자동차 기업이 자율주행 기술 개발에 뛰어드는 이유가 여기에 있다.

중국 최대 검색 서비스 기업 바이두도 자율주행차를 연구한다. 바이두는 2013년 자율주행차 연구를 시작했고 2017년 개방형 자율주행 플랫폼인 **아폴로**를 만들었다. 아폴로를 통해 포드, BMW, 혼다 등과 자율주행차 협력을 시작했다. 2021년부터는 자율주행차를 직접 생산하기로 했다. 지리차와 합작해 '지두'라는 브랜드를 만들었다. 2022년 6월에는 신형 자율주행차량인 아폴로 RT6를

ADAS

Advanced Driver Assistance System 첨단 운전자 지원 시스템. 운전하면서 발생할 수 있는 사고를 예방하는 시스템으로 완전 자율주행 구현을 위한 필수 단계다.

라이다

LiDAR, Light Detection And Ranging 자율주행차 핵심 기술 중 하나. 펄스 레이저를 목표물에 방출하고 빛이 돌아오기까지 걸리는 시간 및 강도를 측정해 물체의 거리, 방향, 속도, 온도 등을 감지한다. 자율주행차는 라이다를 통해 3차원 지도를 만들어 지형지물을 파악하고 식별한다.

아폴로 Apollo

중국 최대 검색엔진 기업인 바이두가 개발한 자율주행 개발 플랫폼. 자율주행 기술을 개발하고 싶은 누구나 활용할 수 있도록 오픈소스 플랫폼으로 운영하며 레벨4 수준의 자율주행 버스 개발을 목표로 삼고 있다.

개발하고, 현재는 충칭과 우한, 베이징에서 레벨4 수준의 자율주행 택시를 운행하고 있다.

IT 기업 화웨이도 5G 통신 기술과 인공지능 등의 강점을 활용해 자율주행차 기술 개발을 진행 중이다. 자율주행차에는 초고속 데이터 통신이 필요한데 화웨이는 통신 기술을 보유해 자율주행 개발에 유리하다. 또한 인공지능 기술과 클라우드를 확보하고 있어 머신러닝을 활용한 자율주행차 능력 향상에 집중하고 있다. 글로벌 완성차 업계는 중국 자율주행 기술을 견제하고 있다. 거대한 내수 시장에 더해 중국 정부의 지원과 IT 기업의 기술 개발이 이뤄지고 있기 때문이다. 중국은 차량과 도로 인프라에서 다양한 데이터를 수집할 수 있다. 중국 정부는 이를 바탕으로 2035년까지 레벨4 자율주행을 일상에 완벽히 구현하겠다는 계획을 갖고 있다.

앞서 주로 IT 기업 중심으로 자율주행차를 살펴봤지만, 많은 완성차 기업이 자율주행 사업에 사활을 걸고 있다. GM, BMW, 메르세데스-벤츠, 포드, 도요타, 혼다, 닛산, 푸조, 현대, 기아 등 거의 대부분의 자동차 제조사들이 자율주행을 연구하고 있다.

대표적으로 미국의 GM은 지난 2016년 자율주행 스타트업 크루즈Cruise를 인수해 자회사로 편입하고 '슈퍼 크루즈'라는 이름의 자율주행 시스템을 개발했다. 2022년 9월엔 샌프란시스코에서 완전 무인 로보택시 영업도 시작했다. 사람이 탑승하지 않는 무인 로보택시를 유료로 운행하는 건 크루즈가 최초였다. GM은 진보한 시스템인 '울트라 크루즈'를 개발 중이지만, 2023년 완성 목표는 달성하지 못하고 2024년 이후로 연기했다. 울트라 크루즈는 자율주행차에 7개의 카메라, 레이더, 라이다 등을 장착하고 주행의

95%를 사람이 개입하지 않는 자율주행으로 처리할 수 있다.

폭스바겐 그룹은 자동차 소프트웨어 회사인 카리아드CARIAD에서 자율주행 기술을 개발하고 있다. 카리아드를 통해 소프트웨어 개발 역량을 강화하고 자율주행 부문에서 강력한 경쟁력을 갖추겠다는 목표를 제시했다. 새로운 소프트웨어 아키텍처 E3 2.0을 개발해 전 브랜드에 걸쳐 시너지 효과를 강화할 계획이다. 폭스바겐 그룹은 소프트웨어를 적용한 차량이 2030년에 4,000만 대에 이를 것으로 예상하고 있다. 2025년까지 자동차에 적용하는 자체 개발 소프트웨어 비중을 현재의 10%에서 60%로 늘린다는 계획도 있다. 소프트웨어를 중심으로 폭스바겐 그룹 산하 모든 브랜드의 자율주행을 레벨4 수준까지 끌어올릴 것으로 기대하고 있다. 하지만 기대와 달리 카리아드에서 추진한 소프트웨어 개발은 수년씩 지체되고 있다. 폭스바겐, 벤틀리, 아우디 등의 출시 계획이 수정됐다. 카리아드는 레벨4 자율주행 기능을 구현하기 위한 아르테미스Artemis 프로젝트를 추진 중이다. 원래 2024년까지 2.0 버전 소프트웨어 출시를 목표로 했지만, 현재 해당 프로젝트의 완료 예정 시점은 2028년으로 연기된 상황이다.

폭스바겐 그룹과 포드가 함께 설립한 조인트벤처 아르고AI는 무려 36억 달러(약 5조 1,000억)를 투자받으며 자율주행 선두주자로 꼽혔던 스타트업이다. 하지만 아르고AI는 6년 만에 자율주행 사업을 중단했다. 아르고AI가 폐업한 이후 포드는 아르고AI 직원을 모아 자율주행 개발을 이어가기로 했다. 포드는 **래티튜드AI**라는 자율주행 자회사를 설립하고 첨단 운전자 지원 시스템ADAS '블루 크루즈Blue Cruise' 기술을 개발한다. 흥미로운 사실은 아르고AI

래티튜드AI Lattitude AI
포드의 자율주행 자회사. 손이 자유로운 핸즈프리에 더해 도로에서 눈을 뗄 때도 되는 자율주행 시스템을 만든다. 지금은 폐쇄된 포드의 자율주행 프로젝트 '아르고AI' 소속 550명의 직원이 합류했다.

폐업 이후 포드가 113건의 특허를 이전 받았고 LG이노텍이 77건의 특허를 인수한 점이다. LG이노텍은 주로 라이다 관련 특허를 인수했다.

도요타와 혼다 등 일본 자동차 제조사 역시 자율주행 기술을 개발한다. 혼다는 세계 최초로 인증받은 레벨3 자율주행차를 선보인 바 있다. 혼다는 1,000만 개의 주행 상황을 가정해 시뮬레이션

폭스바겐의 차량용 전지전자 소프트웨어 플랫폼 '카리아드'(위)
포드의 자율주행 회사 '래티튜드AI'(아래)

출처 Volkswagen 홈페이지(위), Ford(아래)

하고 실제 고속도로에서 시운전을 함으로써 일본 국토교통성 승인을 받은 자율주행 시스템을 개발했다. 도요타는 높은 레벨의 자율주행보다는 레벨2와 레벨3에 집중하는 모습이다. 사람이 운전하되 자율주행이 보조하는 수준을 극대화하는 것이다. 대부분의 자율주행이 사람의 개입 없이 AI나 자율주행 시스템의 온전한 차량 운전을 목표로 하는 데 비해, 도요타는 인간 중심의 지능형 운전, 즉 운전자를 더 잘 보조하는 자율주행 시스템 개발이 의미 있다고 여긴다. 사람이 개입하는 상태에서 수준 높은 AI 기술을 더하면 안전하고 편하게 운전할 수 있다는 것이다.

또 단순히 자율주행차 기술 연구에 그치지 않고 전기차와 수소차 등 친환경 자율주행차 개발도 병행할 계획이다. 자동차 제조사는 자율주행이 전통 자동차 산업을 혁신하며 미래 사업으로 전환할 수 있다는 점을 놓치지 않고 있다. 기업들이 그토록 자율주행 기술 연구에 사활을 거는 이유다.

42dot

포티투닷

국내 자율주행 소프트웨어 기업. 현대차 그룹이 향후 3년에 걸쳐 1조 원 이상 투자할 계획을 밝혔다. 자율주행 레벨 4 수준의 기술을 확보한 것으로 알려졌다.

현대차 그룹도 자율주행 개발에 박차를 가하고 있다. 현대차 그룹은 2022년 8월 자율주행 스타트업 '**포티투닷**'을 4,200억 원에 인수했다. 포티투닷은 라이다 없는 레벨4 자율주행 기술을 확보한 것으로 알려졌다. 현대차 그룹은 포티투닷 인수를 통해 <u>소프트웨어 중심</u>의 자동차를 만들어간다. 포티투닷은 일반적으로 활용하는 라이다를 쓰지 않는다. 현대차가 자체 개발하는 자율주행 기술과 포티투닷의 기술은 결이 다르다. 포티투닷은 자체 기술에 카메라와 레이더를 사용해 현대가 개발하던 라이다와는 차이가 있다. 라이다는 정확도는 높지만 전력 소모가 많고 가격이 비싸다. 테슬라도 라이다 대신 카메라를 사용한다. 포티투닷은 카메라, 레이더

와 함께 위성 기반의 내비게이션을 통합하고 AI로 데이터를 분석
해 거리와 속도를 예측한다. 앞으로 현대차 그룹이 라이다 기반 자
율주행과 포티투닷의 기술을 어떻게 융합할지가 미래 자율주행 기
술의 관건이 될 것이다.

폭스바겐과 포드 사례에서 알 수 있듯 자율주행차, 특히 레벨4
와 레벨5에 이르는 길은 매우 어렵다. 레벨4 수준 자율주행차가 시
범 운행되고 있다고는 하지만 아직 넘어야 할 장벽이 많다. 라이다
를 비롯해 각종 부품 가격을 낮춰야 하고, 자율주행을 위한 AI 개
발과 데이터 분석 능력도 지금보다 몇 단계 더 끌어올려야 한다.

자율주행 기술 기업 순위

	2021	2023
1	Waymo	Mobileye
2	Nvidia	Waymo
3	ArgoAI	Baidu
4	Baidu	Cruise
5	Cruise	Motional
6	Motional	Nvidia
7	Mobileye	Aurora
8	Aurora	WeRide
9	Zoox	Zoox
10	Nuro	Gatik
11	Yandex	Nuro
12	AutoX	AutoX
13	Gatik	Autonomous A2Z
14	May Mobility	May Mobility
15	Tesla	Pony AI
16		Tesla

	Leaders	Contenders	Challengers	Followers	Leaders	Contenders	Challengers	Followers

By OTV

출처 Guidehouse Insights

자율주행도 무조건 사람의 개입이 없는 레벨4, 5를 지향할 것인지, 도요타처럼 운전자를 보조하는 역할을 지향할 것인지에 따라 기업의 전략이 달라질 수 있다. 이는 자율주행차에 대한 기대감과 장단점에 따라 차이가 있다. 운전이라는 행동을 사람이 직접 해야 의미가 있다는 의견과 완전한 자율주행을 통해 역설적으로 운전에서 벗어나는 것이 의미 있다는 의견으로 갈린다. 빠르면 수년 내, 혹은 10년 내에 자율주행차가 대중화될 때 예상되는 여러 장단점이 있다.

자율주행차 상용화의 장단점

자율주행차가 상용화될 때 가장 기대되는 장점은 교통사고의 감소다. 교통사고의 주요 원인으로 운전 중 휴대전화 사용이 빈번하게 거론된다. 현재 전 세계에서 매년 120만 명이 교통사고로 사망하는데 사고 중 94%는 운전자의 실수 때문에 일어난다고 알려졌다. 자율주행차는 주변 환경을 인식해 위험을 판단하고 경로를 계획해 스스로 안전 주행이 가능하며 중앙선 침범, 안전거리 미확보, 신호위반 같은 교통사고 원인을 원천적으로 제거할 수 있다.

자율주행이 가능해지면 신체적으로 운전이 불가한 사람도 차량을 이용한 이동이 쉬워진다. 대중교통마저 이용하기 어려웠던 이들도 자율주행차로 편하게 이동할 수 있다. 운전을 하는 대신 휴식을 취하거나 일을 처리함으로써 업무 능률을 높이고 시간을 확보할 수 있다는 것도 장점으로 꼽힌다. 이밖에 도로 상황, 목적지와 차량에 관한 정보 등 데이터 수집을 통해 효율적으로 이동할 수 있다. 자율주행차가 더 많이 운행될수록 차량 흐름에 대한 예측과 주행 설정이 정교해질 것으로 예상된다.

반면 문제점도 있다. 자율주행 중 갑작스럽게 사고가 발생해 승객이나 행인이 다칠 수밖에 없는 상황이 생기면 자율주행차는 어떤 판단을 해야 할지 결정하기 쉽지 않다. 사람의 생명이 달린 대표적인 윤리적 난제 **'트롤리 딜레마'**가 끊임없이 논쟁이 되고 있다. 이 난제는 만약 자율주행차가 사람과 충돌을 피할 수 없는 경우, 여러 명을 살리기 위해 한 명을 희생시킬 것인지에 대한 논의다. 이에 대한 논란은 자율주행차 개념이 등장한 이후 계속되고 있다.

자율주행차가 사고를 얼마나 줄여줄지도 아직은 확신하기 어렵다. 자율주행차는 이미 수차례 사고를 낸 바 있다. 차가 시속 64km 미만으로 운행했음에도 인명 사고가 발생하기도 했다. 과거 자율주행차를 시험하던 우버는 애리조나에서 생긴 사망 사고 이후 한동안 자율주행차 시험을 중단했다.

소프트웨어 결함 및 보안 문제 또한 빠질 수 없다. 전자 장치가 없던 시대의 자동차는 지금보다 편의 사항은 부족했지만 기계 장치의 노후나 결함이 아닌 이상 고장이나 사고가 날 확률은 적었다. 하지만 전자 장치가 자동차의 중추 역할을 하고 외부와 네트워크로 연결되면서 소프트웨어 오류나 해킹 등 보안 관련 사항이 주요 쟁점으로 떠오르고 있다. 이를 해결하기 위한 소프트웨어 테

트롤리 딜레마 Trolly Dilemma
윤리학 사고 실험. 다수를 구하기 위해 소수를 희생할 수 있는지 판단해야 하는 상황을 제시한다. 브레이크가 고장난 기차가 달리는 선로에서 사고로 한 명을 희생하고 다수를 구하는 게 옳은 것인지 질문을 던진다.

스트나 보안 설정은 모든 자율주행 기업이 가장 집중하고 있는 영역이다.

사실 자율주행차의 대중화와 보급이 불러올 가장 큰 문제는 자동차나 운전에 관한 문제가 아니라 '일자리 감소'다. 자율주행이 본격적으로 보급되기 시작하면 택시와 버스 기사, 택배, 화물차 운전기사 등 여러 일자리 수요가 상당량 감소할 수밖에 없다. 장기적으로는 운전자의 필요성이 낮거나 위험성이 높은(야간 운행 등) 일자리부터 조금씩 대체가 이뤄져 결국 운전직 일자리가 자율주행차로 완전히 대체되는 쪽으로 진행될 전망이다. 자율주행차가 대중화되면 차와 관련된 일자리는 차량 점검, 유지 보수 등만 남게될지도 모른다. 이런 문제점을 극복할 수 있을 때 본격적인 자율주행차 보급이 이뤄질 수 있다.

자율주행은 기술 발전 속도가 예상보다 느리지만 완성차, IT 기업들은 자율주행 기술에 투자를 아끼지 않고 있다. 자율주행은 상용화가 이루어지면 막대한 경제 효과와 함께 거대한 시장을 형성할 것이다. 이미 구글 웨이모 같은 레벨4 수준의 자율주행은 운전자 없이 운행이 가능하다. 단, 레벨4는 특정 지역에서의 자율주행을 의미한다. 만약 캘리포니아의 레벨4 자율주행차를 서울에 갖다 놓으면 레벨4 자율주행이 불가능하다. 마치 우리가 동네 길은 익숙하지만, 외국에 나가면 길을 모르는 것과 동일한 상황이다.

레벨5 자율주행은 어느 지역에 가더라도 차량이 주변 사물을 인식하고 해당 지역의 교통 체계를 스스로 이해하면서 안전하게 달릴 수 있는 수준을 말한다. 따라서 레벨5의 완전한 자율주행은 상당히 먼 미래가 될 것이다. 다만 레벨4 수준의 자율주행은 이미

가능하고 사고 확률도 낮다는 사실은 데이터로 충분히 확인할 수 있다. 레벨4 자율주행은 이미 여러 국가에서 시범 운행이나 상용화 단계에 있다. 앞으로 자율주행 시장은 레벨4를 중심으로 고도화되 상용화가 추진될 것이다. 머지않은 미래에 자율주행 버스를 타거나 자율주행으로 편하게 장거리 운전을 할 수 있는 시대가 올 것이다.

자율주행차에서
드론으로

드론Drone
사람이 타지 않고 무선전파의 유도에 따라 비행하는 비행체.

오토파일럿Autopilot
조종사의 제어 없이 비행하는 무인 비행체의 기능. 비행체가 GPS 좌표를 따라 자동으로 비행하는 기능을 말한다.

자율주행 기술은 결국 **드론**의 대중화에도 큰 영향을 미친다. 사람이 취미용 드론을 조종하는 경우를 제외하면 미래의 드론은 무인으로 움직여야 한다. **오토파일럿**이 적용돼 완전한 자율비행 시스템을 탑재한 드론은 자율주행차와 마찬가지로 인공지능과 데이터를 기반으로 움직인다. 스스로 주변 환경과 상황을 파악해 비행 경로를 최적화하고 주어진 임무를 수행한다. 드론은 사진 촬영, 택배 배송, 환경 감시, 인명 구조 등 목적에 따라 스스로 우선순위를 판단해 비행한다. 드론은 하늘을 날아야 하는 만큼 GPS3를 활용해 위치와 공간을 인식할 수 있어야 한다. 목적지까지 성공적으로 비행하려면 드론이 스스로 장애물을 인식하고 비, 바람 같은 환경 요소를 알아채야 한다. 이런 점을 고려 할 때 '자율주행 기술'은 드론 상용화에 있어 필수 요소로 작용할 것이다.

흔히 무인 비행체라고 불리는 드론은 최근 들어 주목받고 있지만, 그 역사는 오래전에 시작됐다. 제1차 세계대전 당시 영국은 비행기를 개조해 무선으로 조종할 수 있도록 만들었는데, 이 비행체에 '드론'이라는 이름을 붙였다. 드론이란 명칭은 '낮게 윙윙대는 소리'라는 뜻도 있고, 여왕벌을 엄호하고 임무를 마치면 죽는 수벌을 일컫기도 한다. 드론은 무인 '비행체'로 널리 알려졌지만, 사실 사람이 탑승하지 않는 무인 '로봇' 개념에 가깝다. 드론을 포괄적으로 해석하면 비행기, 잠수함, 배 등 사람이 타지 않고 자율적으로 움직이는 무언가를 모두 드론으로 구분할 수 있으며, 자율이동 로봇이라고 불러도 무방하다.

드론의 활용도는 무척 높다. 취미로 띄우기도 하며, 배송에 활용하거나 방송 콘텐츠 제작에도 이용한다. 군사 목적 또는 인명을 구조하는 역할로도 활용되는 드론은 가장 빠르게 대중화를 이뤄 가고 있는 로봇이자 기술이며, 적용 산업과 범위가 넓은 만큼 우리 삶에 가장 빠르게 파고들 예정이다. 초기에 드론의 탄생 목적은 군사용이었다. 제1차 세계대전과 베트남전에서 드론을 군사 정보 수집과 전단 살포 등 정찰용으로 활용했다. 이후에는 드론이 직접 물리적 공격을 하는 형태로 진화했다. 드론은 일반적으로 군사용과 민간용으로 구분한다. 전 세계 드론 시장에서 군사용이 가장 많은 판매와 활용을 차지하고 있지만, 민간용 드론 시장 역시 빠르게 성장하고 있다. 민간용 드론 시장은 그간 취미로만 활용되며 소비자용 드론이 주도했지만, 그 중심이 산업용 드론 시장으로 옮겨 가고 있다. 포춘 비즈니스 인사이트의 '드론 서비스 시장, 2023-2030' 보고서에 따르면[29] 드론 시장은 2023년 189억 달러

(약 25조 원)에서 연평균 38.9%씩 고속 성장해 2030년까지 1,894억 달러(약 250조 원) 규모로 커질 거라고 예상한다. 포춘은 다양한 산업에서 상용 드론 채택이 늘어나고 배송 드론이 일상화됨에 따라 이 같은 성장이 가능하리라 예상했다.

산업용 드론이 소비자용, 군사용에 비해 크게 성장하는 이유는 배터리나 외관 소재 등 드론의 성능이 개선되고 여기에 고성능 카메라와 각종 센서 등을 추가할 수 있게 되면서 활용성이 크게 높아졌기 때문이다. 무거운 물품을 싣고도 비행할 수 있어 배송에 활용되기 시작했고, 고화질 사진 촬영이 가능한 카메라를 장착하면서 지도를 만드는 데 쓰이고 있다. 공간 정보 데이터를 수집하는 카메라를 장착한 드론은 측량도 가능하며 토지 관리 데이터를 수집할 수 있다. 환경오염 관련 센서를 부착하면 미세먼지 등 대기 오염도를 측정하거나 온도, 풍향을 측정해 기상 관측도 가능하다. 드론의 활용 분야는 촬영과 감시 및 순찰, 배송, 방역 작업, 기상 연구 등으로 다양하다.

드론으로 인한 우려와 문제점

드론이 우리 일상과 가까워진 건 사실이지만 아직 우려의 목소리도 높다. 여러 기술적 제약과 인프라 부족으로 오히려 문제를 야기할 수 있기 때문이다. 먼저 배터리 문제가 있다. 취미로 드론을 즐기려 해도 배터리 지속 시간이 짧아 여분 배터리를 서너 개씩 가지고 다니는 경우가 많다. 10분도 채 되지 않는 비행시간이 문제로 지적 받지만 충전 배터리 기술의 발전에 따라 점차 해결되고 있다. 다만 아직 장거리 비행이 불가능하고 적재할 수 있는 물품의 무게와 크기가 제한적이어서 드론을 활용하는 게 실용적인 방법인가에 관한 의문이 생긴다.

그 외에도 프로펠러로 인한 소음이 예상되고, 강한 바람이나 폭우, 혹은 어떠한 기계적 결함으로 드론이 추락할 때 발생할 피해에 대한 대비도 필요하다. 상공은 물론 도심 내부에서도 안전하게 날아다니려면 건물 입간판, 전신주 등의 위치까지 포함한 완전한 입체 지도를 만들어야 한다. 또한 비행 중 갑작스럽게 나타나는 조류, 지상에 착륙했을 때 나타나는 차량이나 사람을 피할 수 있도록 레이더와 각종 센서가 필요하다. 데이터를 습득해 능동적으로 판단하고 위험을 회피해 임무를 완수하도록 인공지능 기술의 발전도 함께 필요하다. 드론이 경쟁력을 갖추려면 다양한 영역에서 기술 개발이 빠르게 진행돼야 한다.

드론과 관련 인프라의 제약으로 인한 문제와 더불어 더 심각한 것은 드론을 사용하는 사람에게서 비롯되는 문제다. 2019년 9월 사우디아라비아 국영 석유회사 아람코의 정유 시설 두 곳이 공격받아 불탄 사건이 발생했다. 당시 예멘 반군이 드론 10여 기를 사용해 정유 시설을 공격했다. 근래에 우크라이나-러시아 전쟁, 이스라엘-하마스 전쟁에서도 탱크를 공격하는 등 대규모 살상 목적으로 쓰이고 있다.

또한 드론이 개인 생활을 몰래 촬영하거나 해킹을 통해 데이터를 불법으로 수집하는 데 활용될 수도 있다. 이밖에도 드론이 대중화되면서 산업과 사회 발전이 아니라 새로운 사회 문제를 일으킬 수 있다. 드론 탓에 생길 수 있는 새로운 문제점과 위협이 해소돼야 대중화에 한 걸음 더 가까이 다가갈 수 있을 것이다.

드론의 도약과 미래

드론은 장착된 카메라를 이용해 교통 상황을 파악하고, 범죄 발생 시 도주하는 차량이나 용의자를 검거할 수 있다. CCTV가 없는 범죄 취약 지대를 경찰관 대신 순찰하는 등 경찰 드론 활용 사례가 늘어나고 있다. 앰뷸런스 드론이 등장하면 하늘로 이동해 의약품이나 심장 제세동기 같은 응급구호 장치를 빠르게 옮길 수 있다. 드론에 마이크와 카메라가 장착돼 있으면 응급상황에서 소방관, 의사와 소통하며 환자의 골든타임을 확보할 수도 있다.

현재는 배터리 제약으로 오래 비행할 수 없지만, 태양열로 전력을 보충하며 365일 공중에 떠 있는 태양광 드론이 탄생할 수도 있다. 또한 현재는 물을 적재할 수 없지만, 소방 호스로 공중에서 물을 뿌리는 소방용 드론도 나타날 수 있다. 고층 건물 건설 현장으로 자재를 나르거나 작업자를 보조하는 역할도 맡을 수 있다.

드론의 발전으로 보안과 안전에 관하여 정부와 관련 기관이 규

지오펜스 Geo Fence
GPS 위치 정보를 바탕으로 드론이 이륙한 지점에서 지정 범위 밖으로 이동할 수 없도록 가상의 울타리를 치는 방법. 드론 비행 금지 구역을 설정하는 등 규제와 가이드라인에 쓰인다.

DJI
2006년 창업한 중국의 드론 전문 제조사. 산업용과 소비자용을 가리지 않고 가장 많이 팔리고 인지도 있는 기업이다.

제를 마련할 필요가 있다. 드론이 일정 범위에서 벗어나지 못하도록 **지오펜스**를 적용하는 등 규제가 함께 이뤄져야 한다. 기술적 한계, 각종 규제 준비로 인해 드론의 산업화, 대중화가 이뤄지는 데는 꽤 많은 시간이 필요해 보인다. 드론을 충분히 수용할 기술과 인프라가 갖춰지기 전까지는 기본적인 용도 위주로 시장이 성장할 것으로 보인다.

그렇다고 그간 드론이 발전하지 않은 것은 아니다. 오히려 기술적, 산업적으로 많은 발전을 이뤄왔으며, 아마존 외에도 많은 기업과 국가에서 드론을 연구하며 활용 방안과 합리적인 규제안을 만들어가고 있다. 설립 10년 만에 글로벌 민간 드론 시장 점유율 70%를 차지한 세계 최대 드론 기업 **DJI**는 시가총액이 약 30조 원을 넘는 거대 기업으로 성장했다. DJI 같이 성공을 꿈꾸는 수많은 드론 관련 기업이 지금도 드론 개발에 매진하고 있다.

드론이 앞으로 우리 삶에 필요한 이유는 지금까지 불가능하다고 여긴 일이나 인간이 하기에 위험하고 어려운 일을 수행할 수 있기 때문이다. 아직 어느 산업보다 갈 길이 멀지만 드론의 필요성은 매우 크다. 향후 자율주행차, 전기차와 함께 새로운 모빌리티 시대를 이끌어갈 핵심 기술이 될 것이다.

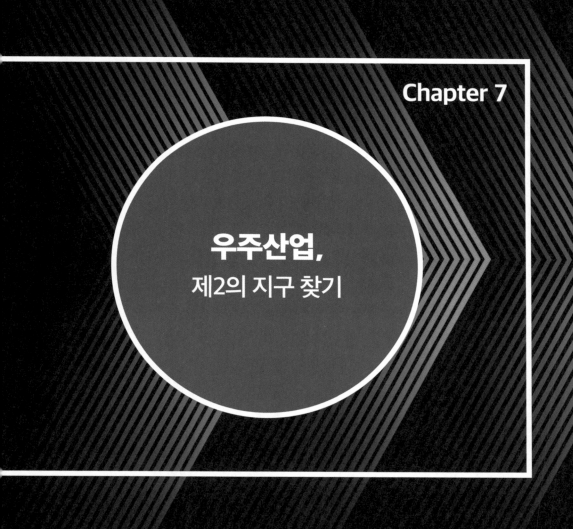

Chapter 7

우주산업,
제2의 지구 찾기

디지털 세상의 미래 시나리오 >>>

E는 설레는 마음으로 헬멧을 쓰고 안전벨트를 맸다. 5, 4, 3, 2, 1. 카운트다운이 끝나자 몸이 하늘로 솟구쳤고 순식간에 지구 대기권을 벗어났다. 달까지는 3일이 걸린다는 정보가 스크린에 뜬다. E는 대학 졸업 선물로 달 여행 패키지를 받았다. 2044년, 달 여행은 이제 새로운 여행 상품이 됐고 연간 수십만 명의 사람이 달로 향한다.

화성에서는 정착기지 건설이 한창이다. 아직 지구에서 출발하면 6개월이 걸리지만, 화성까지 가는 길 중간에 우주 주유소에서 우주선 연료를 채울 수도 있고, 핵 우주선이 개발되면서 더 적은 연료와 비용으로 화성을 왕복할 수 있게 됐다. 이미 수만 명의 선발대가 화성에 머물면서 인류의 새로운 정착지를 만들고 있다.

달에서 채취한 차세대 자원 헬륨3는 핵융합 발전에 사용되며 각국의 자원 경쟁을 이끌고 있다. 헬륨3가 지구에서 사용되면서 인류는 최소 1만 년 이상 에너지 걱정을 할 필요가 없게 됐다.

＊＊＊

우주산업은 천문학적 비용이 들어 국가 단위로 진행하지 않으면 불가능한 수준이었다. 민간이 우주산업 관련 비즈니스를 해도 이익을 창출하기도 어려웠다. 하지만 이제 우주산업에서 민간 기업이 차지하는 비율은 압도적이다. 갈수록 낮아지는 우주 개발 및 운영비용 대비 우주에서 벌어들이는 돈이 더 커졌기 때문이다. 스페이스X와 블루오리진 등은 물론 유럽, 일본, 한국의 우주 기업이 더 머나먼 우주로 나아가기 위해 많은 사람과 자재를 싣고 연일 로켓을 쏘아 올리고 있다. 한편 인공위성을 개발하는 비용과 기술 장벽이 크게 낮아지면서 늘어나는 우주 쓰레기는 인류의 골칫거리가 됐다. 이를 해결하기 위한 스타트업도 여럿 등장했다.

우주 경제의
탄생

2022년 7월 **제임스 웹 우주 망원경**으로 촬영한 아름다운 우주 사진이 공개됐다. 제임스 웹은 미국과 유럽, 캐나다가 합작해 25년간 무려 13조 원에 달하는 비용을 들여 개발한 최고 성능 우주 망원경이다. 2021년 12월 25일 지구를 떠난 제임스 웹은 우주에서 많은 정보를 관측하고 있다. 제임스 웹은 우주 초기 별과 은하의 모습과 탄생 과정, 외계 행성 탐색 등의 임무를 수행하고 있다.

제임스 웹 우주 망원경
우주의 탄생과 기원을 찾기 위해 제작한 우주 망원경. 가시광선보다 적외선 관측 능력이 뛰어나며 2021년 12월 25일 발사됐다. 허블 우주 망원경보다 100배 좋은 성능을 지녔다. 허블 망원경은 2.4m 크기의 거울 1개가 있는데 비해 제임스 웹은 1.3m 크기 육각형 거울 18개를 부착해 직경이 무려 6.5m에 달한다.

제임스 웹 우주 망원경으로 촬영한 우주

출처 NASA, ESA, CSA

인간은 과거부터 지구 밖의 새로운 세계, 우주에 대한 동경과 호기심으로 가득했다. 20세기 중후반부터 미국과 소련(구 러시아)을 중심으로 시작된 우주 개발 및 진출 경쟁은 인류의 우주 기술 수준을 빠르게 올려놓았다. 우주는 인류의 궁극적인 탐험이자 끝없는 상상의 대상이다. 우주 관련 산업은 이러한 염원을 현실로 만들어가는 핵심 원동력이다. 우주산업은 다음과 같은 이유로 매우 중요한 분야이자 미래를 열어가는 산업으로 평가받는다.

먼저 우주는 자원의 보물 창고다. 우주의 광활한 공간은 지구의 고갈되는 자원을 보충하고 새로운 에너지 원천을 찾는 데 무궁무진한 가능성을 제시한다. 금속, 광물, 물질의 발견은 산업과 경제를 발전시키는 열쇠다. 또한 우주산업은 미래의 통신을 이끌어나간다. 인공위성 통신은 세계 어디라도 연결할 수 있고, 정보의 자유로운 흐름을 가능하게 만든다. 뿐만 아니라 위성 내비게이션 시스템은 우리가 운전하거나 길을 찾는 데 도움이 된다. 우주산업은 기상 예측과 지구 관측에서도 핵심적인 역할을 한다. 위성으로 수집한 데이터는 정확한 기상 예보를 가능케 해 인류를 자연 재해로부터 보호한다. 또한 지구 환경 변화를 지속적으로 감시해 미래를 고려한 기후 정책 수립에도 도움을 준다.

우주산업은 여러 분야의 산업, 기술과 밀접한 관련을 맺고 있다. 예를 들어 우주에 가려면 다양한 장비와 이러한 장비를 구성하는 재료 연구가 필수적이다. 우주 탐사 장비나 우주복, 소형 위성 등에 활용되는 재료는 고온과 저온, 강한 압력과 충격 등을 견딜 수 있어야 한다. 따라서 새로운 합금, 강화 소재, 내열재 등의 개발을 이끌어낸다. 인간이 우주에 머물 때 필요로 하는 물과 공기 정화를 위한 필터나 항균 기술도 필요하다. 이러한 연구는 다양한 산업 분야에서 응용할 수 있다. 인공지능과 로봇도 자동화 측면에서 우주산업과 함께 발전하는 기술이다.

우주산업은 끊임없이 발전하는 기술 혁신의 중심지다. 우주 탐사용 로봇, 우주 장비 제작을 위한 새로운 재료, 태양 에너지를 포함한 신에너지 기술 등은 인류의 미래를 바꿀 수 있다. 또한 우주는 상상의 나래를 펼칠 수 있는 공간이다. 탐사 대상으로 남은 행성, 은하, 미지의 생명체는 우리의 지적 호기심을 충족시키며, 우리가 어떤 미래로 나아갈지 기대와 열망을 불러일으킨다. 우주를 향한 인류의 염원은 우주산업을 통해 현실로 다가오고 있다.

글로벌 투자은행 모건스탠리에 따르면 전 세계 우주 경제 규모는 2020년 3,850억 달러(약 510조 원)에서 오는 2040년에는 1조 1,000억 달러(약 1,456조 원)로 성장할 전망이다.[30] 1,400조 원이 넘는 거대한 산업으로 발전할 '우주산업'을 위해 많은 국가 주도

출처 Unsplash

프로젝트가 진행 중이며, 민간 차원에서도 치열한 경쟁이 펼쳐지고 있다. 한국도 **누리호** 발사 성공 경험을 통해 세계 7대 우주강국으로 도약하며 자신감을 얻고 우주산업에 뛰어들었다.

우주산업은 크게 '위성산업'과 '비위성산업'으로 나뉘는데, 위성산업이 73%를 차지한다.[31] 이는 다시 지상장비, 위성 서비스, 위성체 제조, 발사체 등 4개 분야로 구분되며 이 중 지상장비와 위성 서비스가 93.5%를 차지해 전체 위성산업을 견인한다. 위성산업은 전력 소모를 줄이고, 크기가 더 작은 위성에 고성능 카메라를 탑재하고, 위성을 쏘아 올리는 로켓을 재활용하는 등 각종 기술 혁신으로 많은 비용을 절감하고 있다. 이러한 기술 혁신은 위성체 제작, 로켓 발사, 지상장비 가격을 더욱 크게 낮출 전망이다. 위성 제작비용은 1,000분의 1, 무선데이터 처리비용은 100분의 1 이하로 떨어질 것으로 예상된다. 인공위성 발사비용은 이미 2억 달러(약 2,700억 원)에서 6,000만 달러(약 780억 원)까지 낮아졌다. 로켓 1단과 2단, 페어링을 회수해 재사용하면 발사비용은 다시 600만 달러(약 80억 원)까지 하락한다.

이렇듯 우주산업에서 나타나는 기술 혁신은 생산성과 수익성을 향상시킬 전망이다. 인공위성 제작비용도 수억 달러에서 수십, 수백만 달러 수준으로 크게 떨어졌다. 3D 프린팅 같은 기술을 활용해 부품의 제작비용과 기간도 크게 줄였다. 거대한 크기의 위성 대신 성능이 뛰어난 소규모 위성을 개발하는 등 기술 혁신으로 생산성과 수익성을 높일 수 있게 되면서 우주산업은 한층 탄력을 받고 있다.

예를 들어 **큐브 위성**은 가로, 세로, 높이 각각 10cm, 무게 1~2kg 내외인 정육면체 모양의 초소형 위성이다. 개별 위성으로 동작하

누리호

대한민국 최초의 저궤도 실용 위성 발사용 로켓. 2021년 개발됐고 2023년 5월 25일 3차 발사에 성공했다. 마지막 6차 발사는 2027년으로 예정됐다. 누리호 발사로 한국은 세계 11번째(북한을 제외하면 10번째) 자력 우주로켓 발사국이 되었다. 순수 국내 기술로 자체 개발에 성공한 한국형 발사체다.

큐브 위성

10cm×10cm×10cm 정도 크기의 작은 인공위성. 지난 20년간 전 세계에서 2,000개가 넘는 큐브 위성이 발사됐다. 누리호 3차 발사에도 큐브 위성이 탑재된 바 있다. 꼬마위성이라는 이름으로도 불린다.

기도 하고 이러한 정육면체 큐브를 연달아 붙여 대형 위성을 만들기도 한다. 수백 킬로그램에서 수 톤에 이르는 일반 위성에 비해 매우 작은 크기다. 이러한 큐브 위성은 무엇보다 개발 비용이 저렴하다. 기본적인 설계도가 오픈소스로 공개돼 있어 누구나 개발에 참여할 수 있다는 장점도 있다. 그 결과 빠른 개발, 저렴한 비용으로 큐브 위성을 대량으로 쏘아 올릴 수 있게 되었다. 이렇게 우주에 올린 큐브 위성을 네트워크처럼 연결해 운영하는 방안도 연구되고 있다. 앞으로 소형 위성은 우주로 향하는 로켓 대부분에 탑재될 것으로 예상된다.

기술 혁신을 통해 새로운 우주 시스템을 개발하고 효율적으로 우주에 위성을 올려놓으면서 국가뿐 아니라 민간 혹은 개인도 우주 개발에 참여할 수 있게 됐다. 특히 소형 위성과 큐브 위성 개발은 우주에 더욱 저렴하게 접근하며 여러 인공위성을 한 시스템 내에서 작동시킴으로써 새로운 비즈니스 모델을 만들어내고 있다.

출처 NASA

새로운 비즈니스 모델의 탄생과 비용 절감, 수익성 확보는 장기적으로 우주산업 제조와 서비스의 공급과 수요를 확대시킨다. 또 많은 위성과 로켓, 부품 등의 공급 확대는 수요 확대를 불러올 수 있다. 수요가 확대되면 **규모의 경제** 효과가 우주산업에서도 발생할 것으로 예측된다.

경제적 효과가 확실한 '**우주 경제**'가 탄생하고 우주산업이 크게 발전하면서 이러한 성장 궤도에 올라타려는 기업들도 빠르게 늘고 있다. 달이나 화성 등 우주 탐사는 물론 우주 여행 상품, 인공위성 인터넷, 희귀 광물과 자원 확보, 우주 쓰레기 청소 등 새로운 비즈니스와 기술을 개발하고 있다. 과거와 다르게 이제는 '우주에 어떻게 가느냐'보다 '우주에서 무엇을 하느냐'가 더 중요해졌다.

규모의 경제
기업의 생산 규모가 증가할 때 생산량 증가가 노동, 자본 등 생산요소 증가보다 더 크게 늘어나는 것. 대규모 생산을 위해 초기 비용은 많이 필요하지만, 일단 생산이 시작되면 평균 비용은 감소한다. 주로 고정비용이 높은 산업에서 규모의 경제가 발생한다.

우주 경제
우주 탐사와 활용뿐만 아니라 발사체 및 위성 개발, 제작, 발사, 운용 등과 관련해 가치를 창출하는 모든 활동을 뜻한다.

대한민국 정부의 '미래 우주경제 로드맵' 발표

출처 대한민국 정부

하늘을 뒤덮은 새로운 별,
인공위성

　우주 하면 가장 먼저 머릿속에 떠오르는 것이 인공위성이다. 인공위성은 통신, 기상 관측, 과학 탐사 등 다양한 목적으로 활용된다. 우주에서 활동 중인 인공위성 수는 2010년 958개에서 2020년 3,371개로 10년간 약 2.5배 증가했다.[32] 지난 10여 년간 우주에 간 인공위성보다 더 많은 인공위성이 앞으로 우주에 갈 예정이다. 스페이스X, 블루 오리진 등 민간 기업이 인공위성 발사에 뛰어들었기 때문이다. 또한 저궤도 위성을 활용한 초고속 인터넷망 구축 경쟁이 본격화되고 있어 인공위성 시장은 매년 약 20%씩 성장할 것으로 예측된다. 2023년 5월, 대한민국은 누리호 3차 발사와 함

나로우주센터에 설치된 누리호의 1, 2단 부품

출처 한국항공우주연구원

께 인공위성 여러 대를 하늘에 올려놓았다. 누리호에 탑재된 다수의 인공위성은 우주 궤도에 성공적으로 안착했다.

지구에서 먼 거리에 인공위성을 올려놓기도 하지만 최근에는 저궤도 위성이 주목받고 있다. '저궤도 위성 통신'이란 지구 주위 낮은 고도에 위치한 위성을 활용해 데이터와 정보를 교환하는 기술이다. 이러한 저궤도 위성은 지상 수백 킬로미터에서 수천 킬로미터까지 이르는 궤도에 놓여 있다. 저궤도 위성 통신의 활용 가능성은 빠르게 성장 중이다. 저궤도 위성은 UAM(도심항공모빌리티), 자율주행, 스마트 팩토리 기술의 완벽한 구현을 위한 초고속 통신 서비스의 핵심이기 때문이다.

저궤도 위성에는 여러 장점이 있다. 먼저 저궤도 위성이 지상 통신 장비와 가까이 있다 보니 신호가 빠르게 오가는 특징이 있다. 지연 시간이 적다는 뜻인데, 이는 실시간 통신을 요구하는 응용 분야에서 매우 중요하다. 예를 들어 원격 의료 상담이나 비디오 채팅 같은 서비스에 필요한 데이터를 저궤도 위성이 빠르게 전송할 수 있다. 대용량 파일 전송, 대규모 이벤트 라이브 스트리밍, 고해상도 영상 통화 등 대역폭이 넓은 분야에서 저궤도 위성의 장점이 발휘된다. 저궤도 위성 여러 개를 연결하면 지구상 거의 모든 지역이 통신 서비스 범위에 들어온다. 이러한 커버리지는 지리적, 기술적 제약을 극복하고 어디서나 통신이 가능한 환경을 만든다.

저궤도 위성은 다른 위성과 다르게 낮은 궤도에 위치하는 만큼 발사와 유지비용이 상대적으로 저렴하다. 통신 솔루션을 경제적으로 제공할 수 있고 이로 인해 다양한 통신 서비스가 등장할 수 있다. 저궤도 위성 통신은 통신, 인터넷 연결, 군사, 재난 방지 등 다양한 분야에서 핵심적인 역할을 한다.

스페이스X는 '**스타링크**'라는 위성 기반 통신 사업을 수행하고 있다. 스타링크는 지구와 화성 간 통신망을 구축하는 목적으로 시작됐으며, 기존 지구 내 유무선 인터넷과는 다르게 지구 밖 인공위성을 활용해 인터넷 서비스를 제공한다. 스타링크의 첫 번째 위성은 2018년 궤도에 진입했으며, 여러 소형 위성을 하나의 로켓으로 발사해 순차적으로 지구 궤도에 배치하는 방식을 채택하고 있다. 2023년까지 발사된 위성 수는 5,000개에 이르며, 앞으로 최소 1만 2,000개를 추가로 발사할 수 있는 인가를 받았다. 최대 4만 개를 궤도에 올려야 안정적인 서비스가 가능할 것으로 예상된다. 이는 인류가 지금까지 발사한 모든 인공위성 수의 4배 넘는 규모다.

스타링크가 주목받는 이유는 기존 인공위성 기반 통신 서비스와 다르게 상업화와 대중화에 가깝기 때문이다. 예전 인공위성 통신 서비스는 발사 및 유지비용이 비싸 사용료가 높았고, 특정 단말기만을 써야 하는 제약이 있었다. 그 결과 주로 유선이나 기지국 중심의 통신이 어려운 지역에서만 쓰였다. 반면 스타링크는 저렴한 비용 및 광범위한 서비스 지역을 바탕으로 인공위성 통신 대중화를 촉진하고 있다. 스타링크를 이용하려면 라우터 및 안테나 등 초기 비용으로 599달러(약 78만 원)가 필요하며, 일반 이용료는 월 99달러(약 13만 원), 고속 인터넷은 500달러(약 65만 원)다.

한편 스타링크의 위성 발사를 우려하는 목소리도 들린다. 지구 궤도에 많은 인공위성이 놓이면 우주 관측에 방해가 되고 우주 쓰레기를 증가시킬 수 있다는 지적이다. 또한 인구밀도가 높은 지역

스타링크
스페이스X의 지구 저궤도 통신망 사업. 2030년을 전후해 1세대 위성 1만 2,000개와 2세대 위성 3만개를 발사할 예정이다. 전 세계 어디서나 최대 1Gbps에 달하는 초고속 인터넷 서비스를 사용할 수 있도록 목표하고 있다.

Starlink

이나 대도시에서는 스타링크 서비스의 필요성이 낮을 수 있다. 따라서 스타링크가 기존 이동통신과 경쟁하거나 이를 대체하기는 쉽지 않다. 그 대신 자동차, 선박, 비행기 등 모빌리티 분야 활용과 통신 인프라가 부족한 지역의 문제를 해결하는 데 초점을 맞추리라 예상된다.

글로벌 컨설팅 기업 딜로이트는 2023년 말까지 5,000개가 넘는 광대역 위성이 지구 궤도에 진입해 전 세계 100만 가입자에게 초고속 인터넷을 제공할 것으로 예상한다.[33] 또한 2030년까지 위성 4~5만 개가 1,000만 명 이상의 최종 사용자에게 서비스를 제공할 수 있을 것으로 전망한다. 스타링크는 당장의 인터넷, 통신을 연결하려는 목적보다 미래를 위한 서비스에 가깝다. 기존 정지 궤도 위성보다 빠른 만큼 향후 기술 개발과 가격 경쟁력 확보가 관건이다.

스페이스X의 '스타링크'

출처 Starlink

우주 쓰레기를
제거하기 위한 노력

로켓을 우주로 발사하거나 인공위성 위치를 조정하려면 장애물이 없어야 한다. 그러나 현재 지구 궤도에는 수많은 인공위성과 로켓 파편 등의 우주 쓰레기가 떠다닌다. 인공 물체 약 2만 6,000여개가 궤도를 돌고 있다고 알려졌다. 이 중 약 7,000여 개만이 실제로 운영 중인 인공위성이며, 나머지는 우주 쓰레기로 분류된다.

인공위성은 1957년 첫 발사 이후 수많은 혜택을 제공하는 주요 기술로 자리 잡았다. 우리는 TV와 라디오 채널, GPS, 일기 예보, 인터넷 및 통신 연결 덕분에 일상생활에서 많은 혜택을 누린다. 그러나 한 번 우주로 발사된 인공위성은 문제가 생겨도 고칠수 없어 한순간에 핵심 존재에서 위험 요소가 된다. 자연히 우주 쓰레기 문제가 대두됐고, 최근에는 우주 쓰레기를 처리하는 기술에 대한 투자가 증가하고 있다.

사실 우주 쓰레기 문제는 수십 년 동안 계속 거론됐으나 우주 산업이 비약적으로 발전한 최근에야 이를 해결하려는 투자가 이뤄졌다. 유럽 우주국에 따르면 현재 우주에는 약 1억 7,000만 개에 이르는 우주 쓰레기가 존재한다. 이는 작동하지 않는 인공위성뿐만 아니라 로켓 부스터나 충돌로 파괴된 기계 부품 등을 포함한 것이다. 몇 센티미터 크기인 작은 파편까지 고려하면 실제 우주 쓰레기의 양은 더욱 많을 것으로 예상된다.

우주 쓰레기는 그저 평화롭게 지구 주위를 돌고 있는 게 아니다. 이들은 시속 17,000마일(약 27,300킬로미터)의 빠른 속도로 움직여 다른 위성이나 우주선에 엄청난 위협을 가한다. 이에 NASA와 유럽 우주국 등은 우주 쓰레기를 제거하고자 오랜 기간 기술 연구를 진행해왔다.

ClearSpace

클리어 스페이스 ClearSpace
클리어 스페이스는 2018년 스위스에 설립됐으며, 우주 쓰레기를 처리하는 청소위성을 개발해 1억 달러 이상의 투자를 유치했다. 우주 쓰레기를 4개의 집게로 포획하는 방식으로 작동한다.

우주 쓰레기 문제는 **클리어 스페이스** 같은 기업이 대응 기술을 개발 중이다. 클리어 스페이스는 로봇을 통해 약 664~801km 지점에 머무는 우주 쓰레기를 지구 대기권으로 내려보내 안전하게 연소시키는 기술을 연구하고 있다. 또한 아스트로스케일은 강력한 자석이나 거대한 그물을 활용해 우주 쓰레기를 수거하는 방식을 연구 중이다. **아스트로스케일**은 일본의 우주산업 스타트업으로, 2023년 초 시리즈G 라운드에서 7,600만 달러(약 988억 원) 이상의 자금을 유치해 누적 투자금 3억 7,600만 달러(약 4,888억 원)를 기록했다. 이 기업은 현재 우주선 간 도킹 기술, 인공위성 도킹을 통한 수명 연장, 우주 쓰레기 수거 등 다양한 분야에서 연구와 개발을 진행하고 있다.

아스트로스케일Astroscale
2013년 일본의 IT 분야 사업가 오카다 미츠노부가 우주 쓰레기를 제거해 지속가능한 우주 환경을 구현한다는 목표로 설립한 스타트업.

Astroscale

한편 NASA는 인공위성을 재생하는 기술을 개발 중이다. 이들은 오랫동안 미국 방위고등연구계획국DARPA과 협력해 인공위성을 재생시키는 로봇 서비스를 연구했다. 1999년 4월 발사된 랜드샛 7호Landsat 7 위성은 20년 이상 지구 주위를 돌며 지구 표면의 다양한 모습을 촬영하고 지구로 전송했다. 그러나 현재는 연료가 고갈돼 사실상 수명을 다한 상태다. 이와 같이 수명이 다하거나 손상된 인공위성에 로봇 팔, 연료 주입 장치, 카메라 등이 부착된 로봇을 보내 연료를 보충하고 수리하겠다는 계획이다.

물론 이러한 프로젝트에는 다양한 어려움이 존재한다. 로봇이 움직이는 위성을 잡는 기술은 고도의 과제이며, 안테나나 태양광 전지판 같은 부품은 강도가 낮아 부서질 위험이 크다. 또한 로봇과 지구 사이 시간 지연 문제도 고려해야 한다. 지상과 우주 간 통신 시 지연이 발생하면 예상 못한 상황에 처할 수 있기 때문이다.

**우주 쓰레기 문제를 연구하는 '클리어 스페이스'(위)
일본의 우주 스타트업 '아스트로스케일'(아래)**

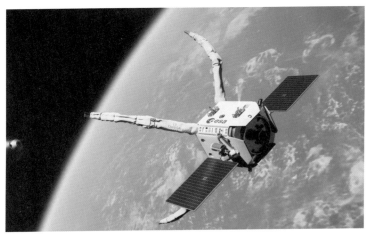

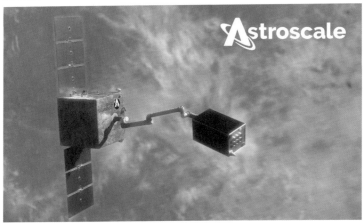

출처 Clearspace today(위), Astroscale(아래)

3D 프린팅
2D 프린터가 활자나 그림을 인쇄하듯이 입력한 도면을 바탕으로 3차원 입체 물품을 만든다. 재료를 한 층씩 쌓아올려 만드는 적층형과 큰 덩어리를 깎는 절삭형으로 구분한다. 간단한 컵이나 도구는 물론 비행기 부품, 인공관절 등을 만들 수 있다. 재료 범위도 플라스틱, 나일론, 금속 소재 등 다양하다.

우주 쓰레기를 청소하거나 인공위성을 수리하는 건 현재 직면한 중요 과제다. 그러나 장기적으로는 궤도 내에서 인공위성, 로켓을 조립, 제조하는 게 더 중요할 수 있다. 이는 지구에서 필요한 부품을 실어나르는 방식에서 벗어나 우주에서 **3D 프린팅**과 유사한 기술을 활용할 수 있다는 뜻이다. 이러한 기술이 실현되면 인공위성 수리를 위한 별도 정거장을 마련하고, 필요한 부품을 우주에서 직접 생산할 수 있다. 인공위성 수리 로봇의 연료 충전 및 부품 수급도 가능해지며, 우주 쓰레기를 제거하거나 수거해 재활용하는 작업도 실현 가능할 것으로 예상된다.

'아르테미스 프로젝트'와 비즈니스

아르테미스 계획 Artemis Program
2025년까지 달에 다시 인간을 보내려는 글로벌 우주 프로젝트. NASA뿐 아니라 세계 각국 우주기구와 민간 기업 다수가 참여하고 있다. 계획대로 진행된다면 인류는 아폴로 17호 이후 53년 만에 달 표면을 밟게 된다.

'**아르테미스 계획**' 또는 '아르테미스 협정'은 21세기 미국의 달 탐사 계획으로, 달에 유인 탐사기지와 우주정거장을 건설하는 것이 목표다. 유사한 계획이었던 컨스텔레이션 계획이 취소된 후 트럼프 행정부에서 재탄생한 달 탐사 계획이다. 2025년까지 달 유인 착륙을 목표로 하며 NASA뿐 아니라 세계 각국 우주기구와 민간 기업들까지 연계된 거대 국제 프로젝트다.

아르테미스 계획은 달을 사람이 활동하는 공간으로 만들려는 것이고, 나아가 화성까지 그 반경을 확장하려 한다. 기존 아폴로 우주인은 달에 착륙해 여러 측정 장비로 달 표면에 대한 자료를 얻었다. 그러나 본격적으로 달 표면에 상주하기 위해 알아야 할 환경적 정보가 부족하고, 현지 자원을 써서 상주기지를 건설하고 운영할 방법을 찾기 어렵다. 따라서 그를 미리 시험하고자 선발대 방식으로 탐사를 시작했다.

아르테미스 계획은 그저 달에 다녀오는 게 아니다. 달에 우주정거장을 짓고 2031년 이후 유인 기지를 세우는 게 목표다. 이를 발판으로 인류를 '달에서 화성으로Moon to Mars' 보내는 계획으로 발전시키려는 구상이다. 2단계인 아르테미스Ⅱ는 우주인 4명이 탑승한 오리온이 2024년 말 지구를 떠나 10일간 달 궤도를 비행하고 귀환하는 미션이다. 2025년에는 아르테미스Ⅲ(유인 우주선 오리온)를 발사하는데, 이때 마침내 사람이 달 표면에 발을 디딜 예정이다. 아르테미스 프로젝트 일정은 추후 바뀔 수 있지만, 인간을 다시 한 번 달에 보내고 달을 우주 탐사의 전진 기지로 삼으면

유인 달 탐사 프로젝트 '아르테미스 계획'

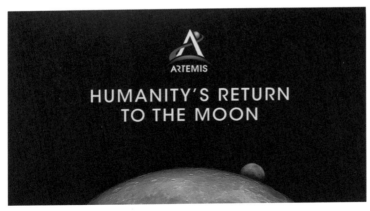

출처 NASA

서 인류로서는 매우 중요한 전환점이 될 전망이다.

　세계 각국의 우주 개발 동력이 오랜 자존심 싸움에서 경제 성장과 수익 창출로 급격히 전환되고 있다. 우주는 더 이상 밤하늘의 별처럼 그저 궁금증의 대상이 아니다. 500년 전 유럽인에게 아메리카 신대륙이 그랬듯, 선점하는 자가 막대한 부를 독차지하는 기회의 공간이 됐다. 우주 시장이 확대됨에 따라 향후 10년 동안 우주 시장에서 민간 기업의 역할은 더욱 커질 것이다. 많은 기업의 고위 경영진들은 우주 데이터 서비스 및 우주 내 제조 같은 새로운 추세에 따라 우주 시장에서 자신들의 역할이 확대될 것이라고 생각한다. 기업들은 우주여행과 자원 채취 등 우주를 기반으로 사업을 계획하고 진행 중이다. 로켓 재사용으로 우주를 오가는 비용이 크게 낮아지면서, 무중력 우주 공간에서만 가능한 사업이 급부상하고 있다. 그간 상상에 그친 관련 신사업 범위도 무궁무진하게 커질 전망이며 인류가 우주에 다녀온 사례도 이미 다양하게 존재한다.

　스페이스X는 최근 몇 년 동안 크루 드래곤Crew Dragon 우주선을 활용한 유인 우주선 발사에 다섯 번 성공했다. 블루오리진은 뉴 셰퍼드New Shepard 로켓을 사용해 무중력 환경에서 우주 비행에 성공했고, **버진 갤럭틱**은 유니티Unity 우주선으로 고객을 대상으로 한 우주 여행에 성공했다. 이러한 기업들은 상용 우주 여행의 가능성을 모색하고 새로운 우주 시장을 개척한다. 국제 우주 정거장ISS에서 진행되는 연구 및 실험에 지원하는 기업들 역시 우주 비즈니스 모델을 제시하고 있다.

　주목할 만한 우주산업으로 '자원 비즈니스'가 있다. 우주는 거

버진 갤럭틱 Virgin Galactic
버진 그룹 소속의 민간 우주기업으로, 다른 우주기업과 다르게 땅에서 발사하는 방식이 아닌 모선(비행기)에 장착하고 공중에서 로켓을 발사한다. 무중력 체험 관광 사업을 하고 있다.

출처 SpaceX

대한 광물의 보고로, 지금은 자원의 발견만으로도 경이로운 단계다. 그러나 기술 발전이 더 이뤄져 이를 지구로 운반하거나 우주에서 직접 활용하게 되면 우주는 엄청난 자원 창고가 될 수 있다. 2015년에 관측된 소행성 '2011UW158'에는 백금 등 귀금속이 포함돼 있었는데, 해당 소행성에서 추출 가능한 광물의 가치는 5조 3,000억 달러(약 6,890조 원)로 추정됐다. 소행성 '16 프시케'는 화성과 목성 궤도 사이에 위치하며 백금, 철, 니켈, 금 등으로 구성돼 있다. 추정 가치는 무려 123경 원에 달한다.

달에는 물과 산소처럼 생명에 필요한 자원뿐만 아니라, 차세대 에너지 자원 '헬륨3'도 존재한다. 2009년에 개봉한 영화 〈더 문The Moon〉은 달에서 에너지를 채굴하는 주인공 이야기를 담았다. 영화에서 주인공이 채굴하는 에너지가 바로 헬륨3인데, 이는 핵융합

소행성 '16 프시케'

출처 Maxar/ASU/P. Rubin/NASA/JPL-Caltec

발전에서 이상적인 연료로 활용될 수 있다. 핵융합은 꿈의 에너지 생성 방식으로 꼽히며, 이를 통해 에너지를 생산할 때는 탄소 배출이나 방사능 오염 걱정이 없다. 달 표면에 존재하는 헬륨3 양은 최소 100만 톤으로 추정되며 이는 인류가 1만 년간 사용할 에너지원과 맞먹는다.

핵융합과 헬륨3에 대한 연구는 상당히 오래 전부터 이어져왔다. 2004년 당시 미국 부시 대통령이 새로운 우주개발 프로젝트로 달을 탐사하고 기지를 건설할 계획을 발표하면서 헬륨3의 중요성이 강조됐다. 우주에는 헬륨3를 비롯해 엄청난 자원이 있기 때문에 서로가 우주로 나아가 자원을 확보하려는 움직임이 늘고 있다. 현재 국제조약에서는 우주가 인류의 공동 유산이며 특정 국가 소유가 아니라는 원칙이 명시돼 있지만, 우주에서 얻은 자원의

소유권은 여전히 불명확하다. 특히 달에 있는 자원을 가져와 판매하려는 국가들과 민간 기업 사이의 분쟁과 경쟁은 더욱 심화될 것으로 예상된다.

우주산업에 도전하는
민간 기업들

우주에는 거대한 비즈니스 기회가 펼쳐져 있어 다양한 민간 기업이 도전에 나서고 있다. 일론 머스크가 창업한 '스페이스X', 제프 베이조스의 '블루오리진', 리처드 브랜슨이 설립한 '버진 갤럭틱' 등 민간 우주산업에는 이미 치열한 경쟁 체제가 형성돼 있다. 다수의 전망에 따르면, 민간 기업 중심의 우주산업 분야는 급격한 성장을 거듭해 2040년까지 1조 달러(약 1,300조 원) 규모로 성장할 것으로 예상된다. 과거에는 미국과 러시아 등 국가가 주도하는 '**올드 스페이스**' 시대가 있었다. 우주선 및 인공위성 개발과 우주 정책을 국가가 주도하는 구조였다. 그러나 현재는 우주산업의 진입 장벽이 낮아지면서 우주 공간이 상업화되어 '뉴 스페이스New Space' 시대가 열렸다. NASA와 ESA(유럽항공우주국)는 구글, 아마존 등 IT 기업과 인공지능, 데이터 분석을 비롯한 다양한 분야에서 협업을 진행하고 있다. 이 시대적 흐름에서 가장 돋보이는 민간 우주 기업은 스페이스X와 블루오리진이다.

가장 큰 명성을 얻은 기업은 일론 머스크의 **스페이스X**다. 스페이스X는 재사용 가능한 로켓과 우주 왕복선 등을 개발하며, 2020년까지 위성을 90개 이상 쏘아 올렸고, 미 국방부의 인공위성과 로켓 개발 사업 등을 수주했다. 2020년 5월에는 민간 기업 최초로

올드 스페이스 Old Space
국가 목표 달성을 위해 정부 주도로 우주를 개발하던 방식. 반대로 민간 주도 우주 개발 방식은 '뉴 스페이스'라고 한다.

스페이스X
2002년 일론 머스크가 설립한 미국의 민간 우주 탐사 기업. 우주선, 소형 인공위성 등을 만들고 스타링크 같은 인공위성 기반 인터넷 사업을 진행한다. 장기적으로 화성을 거점으로 우주 사업 영역을 확장할 계획이다. 로켓 재활용 기술 개발과 세계 최초 상용 우주선 발사 등 민간 우주 산업에서 많은 업적을 달성했다.

화성 프로젝트를 추진하는 스페이스X. 사진은 스타십 우주선을 그린 일러스트다.

출처 SpaceX 홈페이지

첫 유인 우주선을 발사하며 가장 뛰어난 성과를 보였다. 스페이스X의 핵심역량은 재사용 가능한 우주선과 로켓을 개발해 기존 우주 개발 비용을 절반 이하로 절감시키는 것이다. 화성 도시 건설을 목표로 삼은 일론 머스크의 비전을 실행하고 있으며, 2026년 이전에 유인 우주선을 화성에 보낼 계획이다. 또한 2050년까지 화성에 100만 명을 보낼 계획이라고 밝혔다. 결국 스페이스X의 목표는 2030년까지 지구와 화성을 연결하는 우주 시대를 여는 것이다.

민간 우주 기업 **블루오리진**은 2000년에 제프 베이조스가 개인 재산을 출연해 설립했다. 그는 매년 10억 달러 상당의 아마존 주식을 팔고 이를 블루오리진에 투자해왔다. 블루오리진은 스페이스X가 화성 정착을 목표로 하는 것과 달리 화성 **테라포밍** 가능성을 낮게 본다. 대신 우주 인프라 구축에 중점을 두고 있다. 블루오리진은 우주 관광과 더불어 달을 목표로 삼는다. 2015년에 자체 개발한 우주 여객선 시험 발사에 성공한 이후 유인 우주 비행을

블루오리진
아마존 창업자 제프 베이조스가 설립한 민간 우주 기업. 발사체, 우주선, 로켓 엔진 등을 제조한다. 현재는 우주 관광 사업을 시범 영위하고 있다. 인공위성 기반 인터넷 사업인 카이퍼 프로젝트를 진행 중이다.

테라포밍Terraforming
지구가 아닌 외계 환경에 인간이 살 수 있도록 지구 생태계와 흡사하게 개척하는 과정.

블루오리진의 '뉴 셰퍼드' 발사 장면'(위)
블루오리진 승무원이 준궤도 우주 여행에 대해 설명하는 모습(아래)

출처 Blue Origin(위), GeekWire(아래)

Chapter 7 우주산업, 제2의 지구 찾기

위한 개발을 계속하고 있다. 여러 차례 유인 비행에 성공했으며 궁극적으로는 달에 사람을 보내 도시를 건설하는 것이 목표다.

제프 베이조스의 아마존은 우주 인터넷 사업에도 뛰어들어 '**카이퍼 프로젝트**'를 진행 중이다. 스페이스X의 스타링크처럼 지구 저궤도를 도는 인공위성을 활용해 인터넷을 제공할 계획이다. 아마존은 2019년부터 프로젝트를 시작했으며, 2023년에 시험 위성을 발사하는 데 성공했다. 스타링크가 저궤도 위성을 약 5,000개 보유한 데 비해 다소 뒤처졌지만 향후 공격적으로 우주산업에 투자할 계획이다.

민간 우주산업을 이끄는 이들은 최근에 생겨난 기업이 아니다. 블루오리진은 2000년에, 스페이스X는 2002년에, 버진 갤럭틱은 2004년에 설립되었다. 이들 기업은 약 20년 가까이 민간 우주산업을 선도해왔다. 우주 여행은 현재 비용도 높고 일반인에게 접근성이 떨어지는 등 문제가 있지만, 여객기가 대중화되고 많은 사람이 비행기를 타게 된 과정과 마찬가지로 미래에는 우주 여행도 더 가까워질 수 있다.

잘 알려진 바와 같이 블루오리진의 제프 베이조스와 스페이스X의 일론 머스크는 경쟁 관계다. 스페이스X가 미 국방부와 관련된 로켓 프로젝트에서 배제된 사안으로 소송을 진행하는 등 양측의 경쟁은 점점 치열해지고 있다. 2023년 말에는 아마존이 자존심을 접기도 했다. 카이퍼 프로젝트에 스페이스X의 로켓을 이용해 위성을 세 차례 쏘아 올리는 계약을 체결한 것이다. 위성 발사를 위해 경쟁 업체에 손을 내민 셈이다. 아마존은 향후 10년간 7,000개가 넘는 위성을 쏘아 올리고, 2024년 말까지 위성 인터넷

카이퍼 프로젝트 Project Kuiper
지구 저궤도에 통신 위성을 발사하는 아마존의 프로젝트. 통신 서비스 제공이 안 되거나 서비스가 부족한 지역사회에 저지연-고속 광대역 인터넷 연결을 제공하는 사업이다. 아마존은 향후 10년 동안 총 7,000개가 넘는 위성을 발사해 네트워크를 구축할 계획이다.

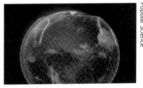

Popular Science

서비스를 시작할 계획이었다. 하지만 로켓 발사가 지연되면서 부득이하게 경쟁사 로켓을 빌리는 상황이 연출된 것이다. 두 기업은 경쟁 관계지만 비즈니스 협력도 가능함을 증명했다. 앞으로 두 민간 기업이 우주산업을 어떻게 발전시켜 나갈지 귀추가 주목된다.

혁신 기술과 뗄 수 없는 우주산업

우주산업은 이미 '인공지능'을 적극적으로 활용하고 있다. 우주에서 수집된 다양한 정보는 인공지능으로 처리되며, 이는 인공위성이 촬영한 영상 처리와 분석, 위성 자율비행과 충돌 회피 기동, 우주 쓰레기 및 우주 물체 추적과 모니터링, 미션 계획과 일정관리 등에 쓰인다. 우주 탐사 분야에서는 인공지능이 필수 도구로 활용되며, 지구와 거리가 멀어 탐사선과 실시간 통신이 어려워진 상황에서도 중요한 역할을 한다. 또한 순간적인 자세 제어가 필요한 착륙이나 돌발 상황에 따른 신속한 대응에도 인공지능의 도움이 필수적이다.

NASA는 스페이스X와 협력해 인공위성 자율 운행과 자율 충돌 회피 기동 테스트를 진행하고 있다. 이러한 협력은 지구 저궤도 교통관리라는 복잡한 문제의 해결책을 모색하는 중요한 단계다. 지구 관측위성이 촬영한 영상을 처리하고 분석하는 데도 인공지능이 널리 쓰이며, 고해상도 위성 영상을 효율적으로 처리하고 유의미한 정보를 추출하는 데에도 활용된다. 이러한 인공지능 개발이 경쟁적으로 진행되는 것은 경제, 정치, 군사적 효용성을 증대하는 영상 데이터의 중요성이 커지고 있기 때문이다.

기술 기업들은 '소프트웨어 기술'을 기반으로 우주 시장에 진출하고 있다. 현재 발사체 및 항공기는 소프트웨어 통합 제어 방식을 사용하므로 뉴 스페이스 시장에서는 소프트웨어 역량이 중요한 역할을 할 것이다. 특히 '데이터'와 '클라우드' 분야는 우주 산업에서 활용되는 주요 기술 중 하나다. 우주에서 수집한 데이터는 군사 통신, 해양 감시, 환경 및 기후 변화 모니터링, 비상 대응 등 점점 더 다양한 용도로 활용되고 있다. 이러한 우주 데이터는 자율주행차, 사물인터넷 같은 새로운 기술과 산업을 지원할 잠재력도 지녔다. 우주에 대한 접근 비용이 낮아지고 기술이 발전함에 따라 수집되는 데이터의 양과 다양성은 폭발적으로 증가할 예정이다. 이는 여러 산업과 최종 사용자에게 귀중한 인사이트와 혜택을 제공할 것이다. 2020년부터 2030년까지 우주에서 주고받는 데이터 양은 500EB(엑사바이트, 10^{18})로 해당 기간의 데이터 양은 약 14배 증가할 것으로 전망된다.[34]

클라우드 서비스 영역이 우주까지 확장되면서 우주 경제가 더욱 활성화될 것으로 예측된다. 수많은 위성에서 관측한 데이터가 기하급수적으로 증가할 것이며, 클라우드로 이 방대한 데이터를 안정되게 저장하고 분석함으로써 가치 있게 활용할 수 있다. 이러한 서비스 덕에 우주 산업은 더욱 발전하고 지속적인 성장을 도모할 것이다. 컴퓨팅 솔루션 수요가 늘어남에 따라 클라우드 빅테크 기업들은 본격적으로 우주 사업을 확대하고 있다. 최근에는 아마존 웹서비스가 인공위성 AI 테스트에 성공하며, 클라우드로 최상의 이미지를 전송하는 등 다양한 기술적 도전에 적극 대응하고 있다. 마이크로소프트는 **애저 스페이스**로 인공위성과 애저 클라우드를 연결해 통합된 솔루션을 제공한다. 이러한 노력은 효율적인 우주 데이터 활용과 클라우드 서비스 확장으로 우주 산업을 새로운 차원으로 이끌 것으로 기대된다.

또한 에지 컴퓨팅과 인공지능 같은 새로운 기술은 우주 데이터 서비스를 혁신할 수 있다. '에지 컴퓨팅'은 우주에서 새로운 소프트웨어 애플리케이션 영역을 개척할 수 있는 기술로, 데이터를 생성한 뒤 가까운 곳에서 빠르게 처리해 다양한 정보를 실시간으로 제공할 수 있다.

1950년대 우주 비행이 시작된 이래 현재까지 인공위성과 우주 탐사선은 지구와 교신하는 데 무선 전파(RF)를 사용해왔다. 이 기

애저 스페이스 Azure Space
마이크로소프트에서 추진하는 우주 관련 플랫폼과 생태계. 클라우드 시스템을 이용하며 우주에서 수집한 데이터를 추출·활용해 분석한다. 인공위성 발사 전 AI 시뮬레이션, 데이터 보관 및 예측 등 소프트웨어와 하드웨어를 함께 제공한다.

Analytics Drift

애저 스페이스 위성 다이어그램

출처 Microsoft

술은 지상 기지국에 있는 대형 파라볼릭 안테나가 인공위성, 우주 탐사선이 확보한 자료를 전파 형태로 송신하고, 탐사선은 이를 받아 지구와 통신하는 방식이다.

그러나 무선 전파 통신은 우주 탐사 임무나 초광대역 디지털 연결에서 한계를 보인다. 전파는 거리의 제곱에 반비례하기 때문에 우주에서 송수신 시스템 간 통신은 거리가 멀어질수록 연결하기 어려워지고, 데이터 전송에 필요한 시간을 증가시킨다.

이러한 문제를 극복하기 위한 기술로 '**우주 레이저 광통신 시스템**'이 등장했다. 레이저를 이용한 이 시스템은 지상과 우주 궤도를 도는 인공위성 간에 초고속 데이터 통신을 제공한다. 1초에 30만km 속도로 이동하는 레이저를 활용하기 때문에 연결 시간을 단축하고 통신 지연 문제를 해결하며, 대용량 정보를 전송할 수 있다. 보이지 않는 광선으로 데이터를 이동시키는 레이저 광통신 시스템은 이론적으로 전파 교신 방식보다 100배 빠른 데이터 전

우주 레이저 광통신 시스템
우주 광통신 시스템은 크기, 무게, 전력 사용 측면에서 전파 통신 시스템 대비 장점이 있다. 1초에 약 30만km 속도로 이동하고 넓은 대역폭을 갖는 빛을 활용한 통신 기술이다.

인공위성 간 초고속 통신을 제공하는 '우주 레이저 광통신'

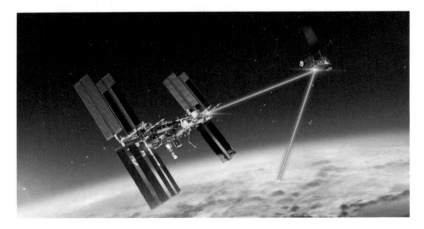

출처 NASA

송 속도를 제공한다. 이는 지구로 더 많은 데이터를 전송할 수 있게 된다는 뜻인데, 한 번 전송할 때 TB(테라바이트)급의 데이터를 보낼 수 있다.

'6G 이동통신'은 위성을 활용한 주요 사업으로 간주된다. 이 기술은 지구 저궤도에 통신위성을 대거 발사해 지구 어디에서나 연결 가능한 초고속 데이터 통신을 실현한다. 여기서 '어디에서나'는 지상뿐만 아니라 해양과 항공까지 포함한다. 기지국이 없는 육지 지역, 태평양 복판의 바다, 고도 몇 킬로미터 상공 등에서도 현재 쓰는 5G보다 5배 빠르게 데이터를 전송할 수 있다. 이로써 사람 간뿐만 아니라 사물 간 통신, 즉 사물인터넷 역시 급격한 발전이 가능해진다. 더불어 자율주행 차량, 도심항공교통(UAM) 등 자율주행 인프라도 현재보다 훨씬 정교해질 것으로 전망된다.

'GPS Global Positioning System'는 현대 사회의 필수 기술이다. 이는 지구 주위를 도는 위성 네트워크를 기반으로 하며, GPS 위성이 적어도 24개 이상 지구 궤도에 있어야 정상적으로 작동한다. 이 위성들은 지구의 특정 지점을 정확하게 식별할 수 있는 신호를 전송해 위치 정보를 제공한다. GPS의 중요성은 무시할 수 없다. 주로 차량 내비게이션 시스템으로 우리 일상생활에서 길 찾기와 위치 파악을 도와주는 데 사용되며, 군사 응용부터 비상 상황 시 구조 작업, 환경 모니터링, 농업 분야까지 다양한 곳에서 활용 가능하다. GPS는 항공 및 해상 탐사에서도 핵심 역할을 한다. 비행기와 선박은 GPS를 통해 정확한 위치와 항로를 결정하고 안전하게 운행할 수 있다. 지역 기반 검색, 사진 공유 앱 같은 애플리케이션은 GPS로 사용자 위치 정보에 기반한 서비스를 제공한다.

그러나 GPS 기술에도 몇 가지 제한과 문제점이 있다. 건물 벽이나 자연 지형 같은 장애물에 GPS 신호가 차단되는 경우다. 이는 도심 지역이나 산악 지대 등의 환경에서 위치 정확도에 영향을 미친다. 또한 보안 문제에 취약할 수 있으며, 전원 공급 의존성도 문제다. 이러한 문제들은 계속해서 기술 발전과 보완이 이뤄져야 할 과제다.

'로보틱스'는 우주 탐사 분야에서 핵심 역할을 수행한다. 우주선, 로버 및 다른 장치를 원격으로 조작하고 제어해 천체를 탐사하고 연구하는 데 기여한다. 관련 기술은 몇 년 새 크게 발전해 더 강력하고 다양한 로봇 시스템을 개발할 수 있게 됐다. 주목할 만한 예시 중 하나는 화성 탐사 **로버**다. NASA의 화성 탐사 로버 및 화성 과학 연구소는 화성 표면을 탐사하고 지질과 대기를 조사하며, 현재나 미래의 생명체 존재 가능성과 증거를 찾는 데 기여한다. 로봇 팔은 우주선과 우주 정거장에서 서비스, 유지 보수, 조립

로버
행성 표면 위를 지나다니며 탐사하는 장비. 주로 사람이 탑승하는 유인 탐사차와 사람이 탑승하지 않고 로봇 종류에 속한 무인 탐사차로 구분한다. 뉴스에서 주로 접하는 달이나 화성 표면을 탐사하는 탐사차는 무인 탐사차다.

NASA의 화성 탐사 로버 '큐리오시티'

출처 NASA

원격 조종 시스템SRMS
공사장에서 크레인 같은 역할을 하는 우주 전용 로봇 팔. 화물 배치, 조종 및 획득을 위해 우주왕복선 궤도선에서 쓰인다. 관절이 자유자재로 움직여 우주왕복선에서 물건을 옮기거나 고장난 위성을 수리하기도 한다. 캐나다의 대표적 우주 기술이며, 우주 정거장 건설에도 필요한 만큼 아르테미스 계획에서 매우 중요한 기술이다.

같은 작업을 수행하는 데도 널리 활용될 수 있다. 캐나다암으로 더 잘 알려진 **원격 조종 시스템**은 우주왕복선에서 탑재물을 옮기고 다른 작업을 수행하는 데 사용한다. 로봇 같은 기계공학 분야, 장치 분야는 우주산업에서 매우 중요한 기술이다.

한국과
우주산업의 미래

한국은 우주산업에서 다른 선진국에 비해 시작이 늦었다. 러시아, 미국, 유럽, 중국, 일본, 인도를 포함한 나머지 7대 우주 강국은 이미 20세기에 발사체 개발에 성공한 반면, 한국은 최근에 와서야 자체 개발 발사체를 통한 우주 진입에 성공했다. 일본은 1994년 H2 로켓으로 안전 궤도에 위성을 올렸다. 한국의 발사체 개발 성공 시점과 20년 이상 차이가 난다.

기술력 차이도 상당하다. 2020년 한국과학기술기획평가원이 발표한 기술수준평가보고서에 따르면, 항공·우주 분야에서 선두를 달리는 미국의 기술력을 100으로 가정할 때, 한국의 기술력은 60에 불과하다. 유럽은 92, 일본과 중국은 각각 85에 달한다. 보고서는 한국이 미국의 기술력을 따라잡는 데 18년이 걸릴 것으로 예측하며, 일본과 중국을 따라잡는 데만 10년이 필요하다고 밝혔다. 하지만 일각에서는 우주산업 일부 부문에서는 10년 내에 큰 성과를 낼 수 있다는 분석이 나온다.

한국은 2023년 12월 고체연료 추진 로켓 3차 시험 발사에 성공해, 105kg짜리 소형 위성을 우주 궤도에 진입시켰다. 2025년 4차 발사에는 700kg이 넘는 본격적인 위성을 발사할 계획이다. 개발 시점이 늦고 기술력 차이가 존재하지만 누리호 발사를 비롯해 자체 기술 개발 속도가 빨라 앞으로 인공위성 발사 등 우주 탐사에 크게 기여하리라 기대된다.

우주산업은 미래 기술과 혁신의 중심으로 자리 잡고 있으며, 앞으로 더 광범위한 발전을 이룰 것으로 전망된다. 정리하자면 우선, 우주 여행이 상용화되고 민간 우주 여행 기업들이 더 많은 사람에게 우주 경험의 기회를 제공할 것으로 예상된다. 둘째로, 위성 네트워크 확장은 세계적으로 안정적인 인터넷 접속을 가능케 하며 정보의 흐름을 더 빠르고 효율적으로 만들 것이다. 셋째로, 우주에서 이뤄지는 자원 탐사와 채굴 기술 발전은 지구 자원 부족 문

제를 해결하고, 새로운 비즈니스 기회를 만들 것이다. 태양 에너지처럼 우주에서 생기는 에너지를 활용해 지구에서 에너지 문제를 해결하는 방향으로 나아갈 것이다. 우주 활동으로 인한 쓰레기 문제에 대해서는 효과적인 관리와 재활용 기술이 필수적이다. 마지막으로 우주에서의 장기 거주와 탐사는 새로운 환경에서 펼쳐질 삶을 연구하고, 지구 외 행성에 대한 깊은 이해로 이어질 것이다. 이러한 흐름은 우주산업을 지속 가능한 미래의 핵심 요소로 간주하며, 우리 삶과 지구의 미래를 혁신하고 발전시킬 것으로 기대된다.

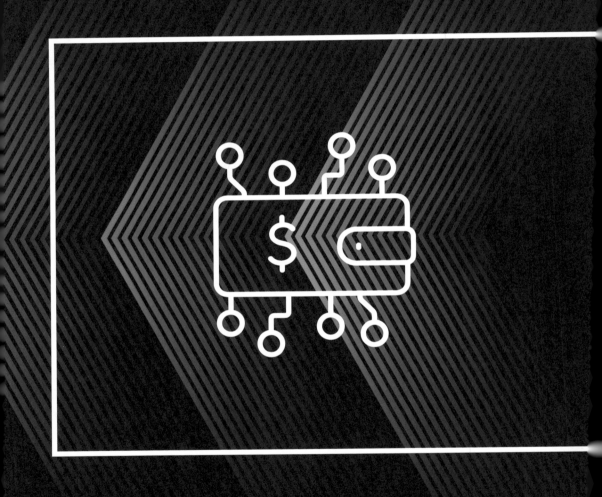

Chapter 8

핀테크,
IT와 금융의 만남

디지털 세상의 미래 시나리오 >>>

아침 출근길, 문득 주머니를 더듬어보니 지갑을 집에 두고 나왔다. 하지만 지갑이 없어도 하루를 보내는 데 아무런 문제가 없다. 카페에 들러 커피를 한 잔 주문하고 모바일 앱을 열어 바코드를 갖다 대면 바로 결제가 된다. 점심을 먹고 계산은 직장 동료가 대신한다. 모바일 메신저에서 제공하는 결제액 나누기 기능을 통해 연동된 은행 계좌에서 자동으로 송금이 이뤄진다. 퇴근길에도 스마트폰을 갖다 대면 버스나 지하철을 타는 일도 문제없다.
온라인 쇼핑을 하면서 상품을 고르고 구매 버튼을 한 번만 누르면 복잡한 공인인증서 확인이나 신용카드 번호 입력 없이 결제가 완료된다. 심지어 손바닥을 대거나 눈을 갖다 대기만 해도 결제가 이뤄진다. 많은 서류 없이도, 은행에 가지 않아도 몇 분 만에 대출을 받을 수 있다. 인공지능이 투자 종목을 추천하고, 스마트폰으로 손쉽게 해외주식에 투자할 수 있다. 온라인에서 소액을 송금하거나 투자금을 모집하는 펀딩도 가능하다. 이 모든 과정은 온라인과 오프라인을 넘나드는 '핀테크'로 만들어진다.

＊＊＊
과거에는 금융 업무를 볼 때 관련 기관을 찾아가 서류를 제출하거나 대면으로 처리했다면, 이제는 기술 발전으로 업무 대부분을 온라인으로 해결할 수 있다. 불과 10년 전만 해도 인터넷은행이 생겨나고 인공지능에게 투자 추천을 받을 거라고는 상상도 할 수 없었다. IT 기술이 급속도로 발전하면서 오랜 역사를 가진 금융산업도 빠르게 변하고 있다.

전 세계 금융 시장은 '핀테크'를 통해 결제 시스템, 크라우드 펀딩, P2P 대출, 인터넷은행, 인슈어테크, 환테크 같은 새로운 금융 서비스가 등장하며 혁신하고 있다. 이처럼 핀테크가 금융 시장에서 급부상한 배경은 바로 '데이터 기술' 발전이 뒷받침됐기 때문이다. 핀테크가 등장하기 전 금융 시장에서 IT 기술이 활용되는 방식은 오프라인 증권사 지점이나 은행 창구에서 업무 기록을 컴퓨터에 저장하는 정도에 그쳤다. 하지만 온라인 뱅킹이 활성화되고 데이터베이스에 금융 정보가 쌓이면서, 이를 활용할 방안을 모색하는 과정 끝에 핀테크가 등장했다. 핀테크는 기존 금융의 영역인 예금, 대출, 결제, 자산운용, 신용정보 관리 등을 바꾸며 금융 서비스를 혁신함과 동시에 해체하고 있다.

금융과 기술이
만나다

핀테크는 '금융Finance'과 '기술Technology'의 합성어로 두 단어의 뜻이 융합된 개념이다. 핀테크는 꽤 오래전부터 세계적으로 주목받았지만, 국내에서 쌓은 역사는 그리 길지 않다. 미국은 거대 IT 기업의 손으로 모바일 결제를 탄생시켰으며, 글로벌 핀테크 기업 절반 이상을 보유한 핀테크 역량 국가 중 하나다. 거대 이커머스 기업 아마존, 오프라인 소매점 수를 확보한 월마트 등을 고려할 때 미국은 핀테크의 영향력이 크게 발휘될 환경을 잘 갖추고 있다. 세계에서 가장 많은 인구와 소비력을 자랑하는 중국도 미국과 어깨를 나란히 하는 핀테크 강국이다. 특히 알리바바, 징동닷컴JD.com 등 이커머스 기업과 텐센트Tencent를 비롯한 대형 IT 기업이 있어 사용자 수는 물론 사용처가 많고 활용성도 매우 높다.

아무리 IT 기술이 모습을 바꿔놓았어도 모든 금융의 시작점은 바로 '은행'이다. 최초의 은행에 대한 기록은 고대에서 시작된다. 4대 문명 중 하나로 널리 알려진 메소포타미아 유적지에서 발굴된 점토판은 당시에 은행의 기능이 있었다는 사실을 증명한다. 점토판에는 소지자에게 특정 금액을 지급하라는 내용, 수확하는 식량 일부를 점토판 소유자가 받을 권리 등이 담겨 있다. 점토판은 개인이 만드는 것이 아니라 왕궁 같은 감독 기간의 승인을 거친 후 발행됐다.

핀테크FinTech
금융Financial과 기술Technology의 합성어. 금융과 IT의 융합을 통한 금융 서비스 및 산업의 변화를 뜻한다. 이를 통해 인터넷은행, 간편결제, 로보어드바이저 등 다양한 금융 서비스가 탄생했다.

14세기가 되면 이탈리아에서 오늘날과 같은 은행이 등장한다. 당시 이탈리아는 베니스, 제노바 같은 도시를 중심으로 무역이 활발히 이뤄지면서 금융 기관이 필요해졌다. 얼마 지나지 않아 세계 무역을 이끌던 영국에서 금을 보관하며 발행한 증서가 유통되기 시작했다. 이후 영국은 은행만 화폐를 발행할 수 있도록 제한했고, 이때 현대 중앙은행과 같은 모습을 갖췄다. 이후 전 세계적으로 동일한 형태의 은행이 세계 각국에 설립되며 오늘날 같은 금융기관과 시스템이 탄생했다.

컴퓨터가 없던 시절, 도장을 찍거나 화폐를 인쇄하는 등 특수한 업무 외 모든 금융 업무는 종이와 펜으로 이뤄졌다. 컴퓨터가 등장한 이후 금융 데이터를 입력해 보관하기 시작했고, 종이를 쓰는 비율이 줄어들었다. 인터넷이 등장하면서는 금융 서비스에 IT가 더해져 서비스 효율을 높이는 **전자금융**이 탄생했다. 온라인 뱅킹, 신용조회 서비스가 생겨나고 금융 데이터를 보관하며 활용하는 방법이 등장했다.

하지만 핀테크는 전자금융과 차이가 있다. 전자금융이 기술을 통해 기존 금융 서비스를 개선하고 효율을 높인다면, 핀테크는 기존 금융업에 없던 혁신적인 서비스를 만든다. 미국의 페이팔Paypal은 송금·결제 기능을, **로빈후드**는 수수료 없는 증권 거래 서비스를 만들었다. 여기에 한발 더 나아가 인공지능과 블록체인 등 새로운 기술을 접목해 기존보다 진화한 금융 서비스를 만드는 스타트업이 늘어나고 있다.

기존 금융 서비스는 신용카드와 현금으로 온·오프라인에서 결제 및 지불하는 방식이다. 핀테크가 활용되면 신용카드와 현금이

전자금융
집이나 사무실에서 컴퓨터, 전화 등을 이용해 여러 은행 업무를 직접 처리하는 방식. 넓은 의미로는 은행에서 제공하는 자동화기기에 의한 일처리도 포함하며, 기업이 직접 은행과 전산을 통해 자료, 정보를 처리하는 업무도 포함한다.

Robinhood
로빈후드Robinhood
2014년 설립된 미국의 핀테크 플랫폼. 모바일 주식 거래, 금융 상품 투자 등이 가능하고 수수료 없는 제로 커미션을 추구한다. 암호화폐 거래도 지원한다.

아니라 스마트폰을 통한 각종 페이 서비스로 지불이 이뤄진다. 송금 역시 수수료가 비싸고 오랜 시간이 걸리던 과거와 다르게 모바일에서 싼 수수료로 간편하고 빠르게 진행된다. 은행과 대부업체 등에서만 가능했던 대출도 기업이 아닌 개인에게 받을 수 있게 된다. 기업 투자나 증권 투자의 경우도 개인에게 후원을 받는 '**크라우드 펀딩**' 방식이 가능하며, 수수료 없이 주식을 거래할 수 있는 플랫폼도 생겨났다. 은행 거래를 위해 직접 찾아가지 않아도 되고 보험 가입도 개인 건강에 따라 맞춤형으로 추천 가능하다.

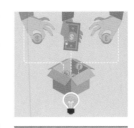

크라우드 펀딩 Crowd Funding
소규모 후원, 투자 등을 목적으로 인터넷 같은 플랫폼을 통해 여러 개인에게서 자금을 모으는 행위. 최초의 크라우드 펀딩은 2005년 영국의 개인 대출형 서비스 조파닷컴Zopa.com이다. 2008년 미국의 인디고고가 최초로 후원형 크라우드 펀딩을 시작했다.

  2023년 기준 삼성페이 월간 이용자 수는 약 1,600만 명으로 전체 간편결제 앱 이용자 수 약 39%를 차지한다. 모바일 금융 플랫폼 '토스'의 월간 이용자 수는 1,500만 명이 넘고 인터넷은행 '카카오뱅크' 이용자는 2,200만 명에 달한다. 온라인 기반 금융 서비스는 매년 엄청난 성장을 이어가며 기존 금융 기업을 넘어서는 실적을 보여주고 있다. 카카오톡, 라인 같은 모바일 메신저로 송금

하거나 더치페이 기능을 사용하는 모습은 일상이 된 지 오래다. 온라인 기반 핀테크는 결제, 은행을 넘어 보험, 자산관리 등 금융의 전 영역으로 더욱 빠르게 확장하고 있다. 핀테크를 활용해 가장 많은 사용자를 끌어모은 간편결제와 인터넷은행, 송금에 대해 자세히 알아보자.

간편결제,
현금 없는 세상이 열리다

간편결제 시스템
간단한 방식으로 결제를 지원하는 시스템. 신용카드를 비롯한 결제정보를 모바일 앱이나 웹에 미리 등록하고 편리한 인증(지문, 간편 비밀번호 등)만으로 결제하는 방식이다.

현금과 지갑이 필요 없는 시대가 왔다. 신용카드 역시 스마트폰에 넣어두면 된다. 스마트폰만 있으면 모든 결제가 가능하고 현금은 점차 오프라인에서 설 자리를 잃고 있다. 온라인에서도 신용카드 번호를 일일이 입력하거나 공인인증서를 꺼낼 필요가 없다. **간편결제 시스템**은 온라인 쇼핑몰에서 일반적인 결제 방식으로 자리 잡은 동시에 오프라인 매장까지 확대되고 있다. 아직 현금 사용 비율이 높은 소비 영역이 있지만, 간편결제와 페이 시스템이 상용화되면 현금과 신용카드를 들고 다닐 필요가 점점 더 없어질 것이다. '간편결제'란 신용카드를 비롯한 결제 정보를 모바일 앱이나 웹에 미리 등록하고 편리한 인증(지문, 간편 비밀번호 등)만으로 결제하는 방식이다. 신용카드를 대체하는 것이 아니라 편리하게 사용할 수 있도록 돕는다.

국내에 간편결제가 등장한 시점은 2014년 금융감독원 심사를 통과한 이후다. 카카오페이를 비롯해 다양한 서비스가 등장했고 현재 국내에서 쓸 수 있는 서비스만 해도 수십 종에 달한다. 여신금융연구소가 한국은행에서 발표한 과거 6년 사이 간편결제 이용액을 바탕으로 분석한 '지급결제 서비스 현황' 자료에 따르면 간편결제 이용액은 향후 10년 동안 매년 두 자릿수 성장률을 기록할 것으로 분석됐다. 2022년 267조 4,000억 원에서 2025년에는 477조 9,000억 원으로 78.7% 증가하는 데 이어 2031년 1,000조 원을 돌파할 것으로 예측됐다. 또한 시장분석 업체 와이즈앱·리테일·굿즈페이에 따르면, 2023년 1월 기준 국내 페이앱 이용자 수는 4,206만 명으로 2022년 1월(3,568만 명) 대비 17.9% 증가했다.

국내 지급결제 시장 전망

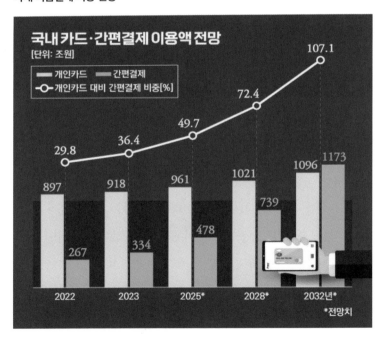

출처 비즈워치 **자료출처** 여신금융협회 '지급결제 서비스 시장 현황'

이 중에서도 삼성페이가 독보적이다. 삼성페이 이용자 수는 1,630만 명으로 점유율 38.8%를 기록했다. 삼성전자는 과거 미국의 모바일 결제 스타트업 **'루프페이'**를 인수했고, 2015년 3월 삼성페이를 공개했다. 삼성페이는 스마트폰에 탑재된다는 큰 장점을 갖고 있어 빠르게 확산됐다. 국내 모바일 메신저를 장악한 카카오톡 기반의 '카카오페이'도 다양한 온·오프라인 결제 서비스를 선보이며 금융에 뛰어들었다. 카카오페이는 카카오톡과 연계해 사용자와 주변인 사이 송금 서비스에 강점을 보인다. 또한 오프라인 가맹점을 늘리면서 바코드 방식으로 간편결제를 지원한다. 카카오페이는 궁극적으로 생활 금융 플랫폼을 추구하며, 결제와 송금 외에도 청구서 결제, 환전, 신용조회, 여행보험 등 다양한 서비스를 제공한다. 이밖에 서울시에서 운영하는 '제로페이'도 있다.

간편결제 시장이 이처럼 빠르게 성장하고 있지만 시장의 주도권은 전통 금융사가 아니라 많은 고객과 데이터, 기술력을 앞세운 빅테크 기업들에 있다. 그 결과 국내 카드사를 비롯한 기존 결제업계는 경쟁력을 높이기 위해 노력하고 있다. KB페이는 앱을 통합하고 카드 결제와 송금 등 여러 금융 기능을 하나로 모은 원One앱 전략을 추구한다. 그간 금융사에서는 신용카드, 은행, 보험, 증권 등 다양한 계열사가 각기 다른 앱을 제공하면서 이용자 편의성을 저하시켰기 때문이다. 빅테크 기업이 대부분 하나의 앱에서 간편결제와 금융 기능을 제공하는 이유기도 하다.

금융사 간 연합도 진행 중이다. 오픈페이는 한 카드사의 간편결제 앱에서 다른 카드사의 결제·부가기능을 사용할 수 있는 서비스다. 신한, KB국민, 하나카드 등이 자체 간편결제 앱에서 해당 서비스를 제공한다. 하지만 오픈페이는 사용성 경쟁에서 불리하

루프페이Loop Pay
2015년 삼성전자가 인수한 미국 모바일 결제 서비스 기업. 루프페이 인수 이후 삼성전자는 독자적인 간편결제 서비스인 삼성페이를 선보였으며, NFC 방식뿐 아니라 마그네틱 보안 전송MST과 바코드 방식까지 지원한다.

다. 모바일 기기에서 본인인증만 하면 바로 결제되는 삼성페이나 애플페이와 달리 오픈페이는 카드사 앱에서 중간 과정을 더 거쳐야 하는 불편함이 따른다. 게다가 오픈페이는 오프라인에서만 결제할 수 있다. 온라인 결제가 보편화된 요즘 사용자에게는 편의성이 부족하다. 오픈페이가 주춤하는 사이 휴대폰 제조사와 빅테크 간 연합은 더욱 공고해지고 있다.

해외에는 핀테크에서 앞선 미국과 중국의 간편결제 시스템이 있다. 중국의 '알리페이'는 세계 최대 온라인 쇼핑몰 알리바바 그룹의 모바일 결제 서비스다. 중국 간편결제 시장 점유율 1위로, 알리바바를 통한 온라인 쇼핑을 비롯해 음식점, 편의점 등 거의 모든 업종에서 결제할 수 있다. 또한 은행 계좌 관리, 송금 및 이체, 공과금 납부 등 다양한 서비스를 제공해 중국 내 온라인 결제 시장 절반을 차지한다. 시장조사 기업 아이리서치에 따르면 중국 내 모바일 결제 시장에서 알리페이의 점유율은 50% 이상으로 알려졌다.

중국에서는 알리페이와 더불어 위챗페이가 보편적인 결제수단으로 자리 잡았다. '위챗페이'는 중국의 대표 메신저 위챗을 운영하는 텐센트가 제공하는 간편결제 서비스다. 위챗페이의 기반은 모바일 메신저 위챗에 있다. 위챗페이 역시 40%에 가까운 시장 점유율을 차지하고 있다. 지갑이 없어도 택시는 물론 노점상을 포함한 작은 가게까지 모두 위챗페이로 결제 가능하다. 결제기기가 없는 곳도 스마트폰을 이용해 가게 주인의 위챗페이 계정으로 결제와 송금을 할 수 있다.

중국과 동남아시아에서도 QR코드로 결제하는 모습은 이제 익

알리페이 Alipay
2003년에 알리바바의 전자상거래 플랫폼 타오바오 사업을 지원하기 위해 출시됐다. 알리바바 금융 자회사 앤트 그룹이 운영하는 결제 서비스다.

WeChat Pay

위챗페이 WeChat Pay
중국 최대 인터넷 기업 텐센트의 모바일 결제 서비스. 월 평균 사용자가 13억 명이 넘는다.

숙한 풍경이 됐다. 중국은 신용카드와 직불카드 보급률이 낮아 상대적으로 신용관리 개념이 자리 잡기 어렵다. 높은 스마트폰 사용률, QR코드 기술 도입, 현금의 위조 여부 판별이 필수인 상황 등이 복합적으로 작용하면서 중국에서는 스마트폰 기반 간편결제가 빠르게 확산하고 자리를 잡았다.

중국에 비하면 간편결제 시장 규모가 작지만, 미국은 애플페이를 비롯해 자국 내 빅테크 기업이 결제 시장에 뛰어들면서 지난 수년간 모바일 간편결제 규모가 큰 폭으로 증가했다. 미국에서는 2007년부터 간편결제의 역사가 시작됐다. 당시 렌딩클럽Lendingclub, 브레인트리Braintree, 민트빌즈Mint Bills 등 핀테크 스타트업이 등장하며 모바일 결제 시스템을 세상에 내놓았고 2011년부터 스타벅스 등 여러 기업이 고객 편의를 위해 간편결제 시스템을 만들었다.

애플페이Apple Pay
2014년 애플이 공개한 간편결제 서비스 사용자는 5억 명 이상으로 2023년 한국에 진출했다.

2014년에 애플이 '**애플페이**'를 선보이면서 간편결제가 더욱 확산됐다. 애플페이는 아이폰 터치ID, 페이스ID, 음성인식 등 간편한 인증을 통해 결제가 가능하다는 장점과 애플 제품에 대한 충성도 높은 사용자를 기반으로 빠르게 고객을 확보했다. 시장조사 기관 스태티스타에 따르면 애플페이 글로벌 사용자 수는 2023년 기준으로 약 5억 명이 넘는다. 애플은 전 세계 결제 시장의 강자다. 전통적인 결제 서비스인 신용카드사 비자VISA 다음으로 많은 결제가 애플페이로 이뤄지고 있다.

애플페이는 2023년 현대카드와 손을 잡고 한국에 진출했다. 하루 만에 20만 명이 애플페이 정보를 등록하는 등 큰 관심을 받았다. 한편 애플페이는 NFC 결제를 위해 별도 단말기가 필요하지만, 350만 개 가맹점 모두에 단말기를 설치하지는 못하고 있다. 일부

매장에서만 결제가 가능해 사용이 제한된다. 교통카드 기능 같은
편의성도 제공하지 못해 인프라 확대가 필요한 상황이다.

　간편결제는 간편함과 편리함을 기반으로 계속 성장할 서비스
이자 기술이다. 대형 IT 기업이나 전통적인 금융기관도 자체 간편
결제 서비스를 출시하면서 사용자를 놓치지 않으려 애쓰고 있다.
간편하고 안전한 결제 시스템이 뒷받침되면 사용자 만족도가 높
아져 최근 중요한 요소로 꼽히는 '고객 경험'에 큰 도움이 되기 때
문이다.

디지털 외상 시대, BNPL

BNPL
Buy Now Pay Later(지금 사고 나중에 내기). 한도 있는 무이자 후불결제를 뜻한다. 온라인 결제에 익숙하지만 카드 발급이 힘든 10대와 20대를 주로 공략한다.

씬파일러 Thin Filer
신용카드 사용내역, 대출 실적 등 금융거래가 거의 없는 금융취약계층.

간편결제와 함께 최근 주목받는 핀테크 서비스는 바로 **BNPL**이다. BNPL은 선구매 후결제(Buy Now Pay Later)로 외상 결제를 의미한다. 현금 없이 무이자로 물건을 사고 나중에 대금을 납부하는 방식이다. 외상 결제 혹은 후불 결제는 과거부터 있었지만, 본격적으로 시장의 관심을 받게 된 건 코로나 팬데믹 시점이다. 팬데믹에 따른 비대면 결제, 이커머스 시장 성장세와 함께 빅테크 기업과 소매업체가 경쟁적으로 BNPL에 뛰어들었다. BNPL은 신용카드와 다르게 신용조회 절차가 없으면서도 무이자에 수수료도 없이 일정 기간에 걸쳐 대금을 나눠 낼 수 있다는 장점이 있다. 신용점수나 금융 이력이 부족한 '**씬파일러**'와 소비 욕구가 큰 세대에게 인기를 끌기 충분하다. BNPL은 언뜻 신용카드 할부결제와 비슷한 것 같지만 다르다. BNPL은 신용카드와 달리 신용점수 없이 각종 공과금, 통신요금 납부 이력 등으로만 이용 가능 여부를 확인한다.

	신용카드	BNPL
업체	카드사	핀테크
결제방식	신용카드 할부결제	선구매 후불 분할 결제
신용여부	신용점수에 따른 발급 여부 판단	신용점수 없이 결제 가능
결제 카드	신용카드만 할부결제	체크/선불카드로 결제 가능
리볼빙/현금서비스/카드론	가능	불가능

아마존, 애플, 나이키, 월마트 등 글로벌 기업이 BNPL 서비스를 제공하기 시작했다. 애플은 자체 BNPL 서비스를 강화하고, 미국의 전통 금융업체 마스터카드도 BNPL 서비스를 제공한다. 대형 금융 기업 골드만삭스는 BNPL 기업 그린스카이를 인수했다.

이커머스 시장이 큰 국내에서도 네이버페이, 카카오페이, 토스, 쿠팡 등이 BNPL 서비스를 시작해 월 30만 원까지 결제할 수 있도록 서비스를 제공한다. BNPL은 지난 2021년 금융위원회 혁신금융서비스로 지정됐다. 소비를 촉진하고 대금을 나눠 납부하는 등 편의성이 있어 국내에서 서비스 개시 1년여 만에 누적 가입자가 300만 명에 이를 정도로 빠르게 성장하고 있다.

하지만 신용도나 금융 이력이 부족한 금융취약계층을 대상으로 하다 보니 연체 문제가 약점으로 꼽힌다. 금융취약계층이 제도권 금융을 이용할 수 있도록 정보를 공유하지 않는 탓에 업체 간 BNPL 연체 정보가 전달되지 않는다. 신용카드는 카드값을 연체하면 연체 정보를 공유하지만, BNPL은 정보 공유가 되지 않으니 한 사람이 여러 서비스를 이용하며 연체가 생기더라도 파악하기

BNPL 결제 흐름도

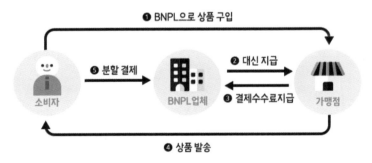

출처 코스콤

어렵다. 이를 방치하면 제2의 카드대란 사태가 벌어질 수 있다는 지적이 있다. 따라서 금융당국의 대책과 제도권의 합리적인 규제가 필요하다.

빅테크 후불결제 서비스 총 채권액 및 연체율(2023년)

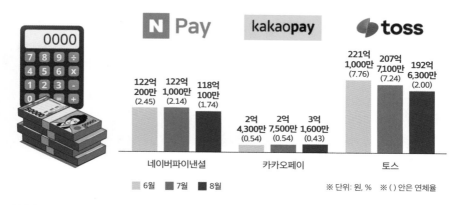

자료출처 금융감독원 '후불결제 서비스 이용 및 연체 현황'

오프라인으로 영역을 넓혀가는 간편결제

간편결제는 온라인에서 주로 간편 비밀번호 입력이나 지문, 홍채를 인식하는 인증 방식을 사용하고, 오프라인에서는 QR코드나 바코드 인식으로 결제를 진행한다. 온라인 간편결제가 보편화된 것처럼 앞으로 오프라인에서도 손바닥이나 안면인식을 통한 일명 '**디바이스리스 간편결제**'가 빠르게 확산될 것이다. 스마트폰이나

디바이스리스Deviceless **간편결제**
신용카드나 스마트폰 없이 결제가 가능한 방식으로 주로 안면, 손바닥, 지문 인식 같은 생체인증 기술을 활용한다.

지갑을 꺼낼 필요 없이 편의점 계산대에 설치된 카메라를 쳐다보면 안면이 인식되면서 결제가 이뤄진다. 눈코입 사이 거리, 각도, 돌출 정도 등 얼굴의 다양한 특징을 디지털로 추출한 후 인증센터에 저장해 비교하는 방식이다.

2023년 5월 아마존은 생체인식 기반 결제 시스템 '**아마존 원**'의 손바닥 결제에 연령 확인 기능을 추가했다. 아마존은 미국 전역에 약 500개에 달하는 홀푸드 및 아마존 프레시 매장에서 손바닥 결제가 가능하도록 추진할 계획이다. 아마존이 개발한 시스템은 고객의 손바닥 주름과 정맥 형태를 포착해 신원을 식별하고 스캐너에 손을 댈 필요가 없는 비접촉식이다. 카메라 센서 위에 일정 거리를 두고 손바닥을 펼치면 손바닥 정보가 인식된다. 스타벅스는 본사가 위치한 시애틀 지역에서 아마존 원을 시범 운영하고 있다. 아마존 원 손바닥 결제 시스템에 가입한 뒤 음료를 주문하고 스캐너에 손만 갖다 대면 결제가 끝난다.

아마존 원 Amazon One
아마존이 개발한 생체인식 기반 결제 시스템. 손바닥 인식으로 결제 및 인증이 가능하다. 오프라인 매장에서 쓰도록 개발했고 스타벅스 등 오프라인 제휴를 확장하고 있다.

아마존 원으로 손바닥 결제를 하는 모습

출처 AFP

중국도 일부 지역에서 손바닥 결제 시범 서비스를 선보였다. 베이징에서는 전철역에서 손바닥으로 승·하차 처리와 요금 결제가 이루어지는 시스템을 도입했다. 위챗페이를 운영하는 텐센트는 손바닥 결제 관련 특허를 출원했다. 일반 결제는 물론 교통카드, 입장권 등 다양한 결제 방식에 손바닥을 쓸 수 있다고 밝혔다. 알리페이 역시 관련 특허를 출원하고 서비스를 준비하고 있다.

손바닥 결제 외에도 지하철에 안면인식 결제 플랫폼을 적용해 출입구에서 얼굴만 비추면 결제가 되고 문이 열리는 것도 가능하다. 이러한 디바이스리스 간편결제 방식은 대중교통, 미술관과 놀이공원 같은 오프라인을 중심으로 대중화가 이루어질 전망이다.

생체인식 정보 유출에 대한 우려보다 먼저 해결할 과제는 대중의 인식과 편의성 개선이다. 스마트폰 결제에 익숙해진 사용자가 손바닥으로 결제하도록 바꾸기란 쉬운 일이 아니다. 아마존, 알리바바, 텐센트 같은 글로벌 빅테크 기업이 해당 분야에 투자하고 있

중국 지하철의 손바닥 결제 시스템

출처 Tencent

다는 점은 생체인식 결제 시스템이 다가올 미래임을 시사한다. 손바닥으로 결제하는 방식이 현금이나 신용카드, 스마트폰 결제 방식을 바로 추월하기는 쉽지 않겠지만, 생각보다 빠르게 우리 삶에 파고들 수 있다.

발품이 필요 없는
인터넷 전문은행

2017년 여름, 처음으로 국내에서 **인터넷 전문은행**이 탄생했다. 인터넷 전문은행은 온라인에서만 금융 서비스를 제공하는 은행이다. 해외에서는 '온라인 뱅크Online Bank', '버추얼 뱅크Virtual Bank', '다이렉트 뱅크Direct Bank' 등 다양한 명칭으로 부르는데 대형 은행에 도전한다는 의미로 '챌린저 뱅크Challenger Bank'라고도 한다. 국내의 케이뱅크와 카카오뱅크, 토스뱅크는 온라인으로 은행 서비스 대부분을 제공한다. 해외에서는 미국, 중국, 영국 등에서 이미 1990년대부터 인터넷 전문은행이 생겼는데, 국내에서는 2014년 설립 논의를 거쳐 2017년에 최초로 세워졌다. 당시 금융위원회는 기존 대형 금융기업과 경쟁하며 금융 혁신을 만들어내는 게 인터넷 전문은행 도입 취지라고 밝혔다.

인터넷 전문은행은 영업지점을 운영하지 않거나 일부 지역에만 열어 비용을 절감하고 일반 은행보다 낮은 대출 이자를 제시한다. 시중 은행보다 예금과 적금 금리는 높게, 대출 금리는 낮게 설

인터넷 전문은행
일반적으로 은행의 모든 금융 서비스를 인터넷상에서 제공하는 은행을 말한다. 오프라인 시설을 보완적으로 이용하는 경우가 증가하면서 'Internet Primary Bank'라고도 부른다.

정해 고객들을 유인한다. 은행에 가지 않아도 5분이면 계좌를 개설할 수 있고, 비대면 인증 방식으로 대출이 가능하며 언제 어디서나 은행 서비스를 이용할 수 있다. 보안카드나 OTP, 공인인증서도 필요 없다. 앱에 접속할 때는 간편 로그인, 패턴 잠금 해제, 지문인증 같은 방식을 사용한다.

B kakaobank

___

카카오뱅크

2017년 7월에 출범한 인터넷 전문 은행. 일반 은행과 달리 모바일로만 운영되며 카카오톡 계정과 연동해 가입할 수 있다.

카카오뱅크 가입자는 2023년 2분기 기준 2,174만 명이며 케이뱅크는 900만 명, 토스뱅크는 700만 명을 넘어섰다. 인터넷 전문은행 가입자 수는 3,774만 명으로 머지않은 시기에 4,000만 명을 돌파할 것으로 보인다. 2022년 2분기 약 3,000만 명이었음을 감안하면 1년 사이에 약 25%라는 성장세를 보인 것이다. 과거 20~30대 고객이 주를 이뤘지만 최근 40~50대 비중이 크게 늘었다.

인터넷은행들이 단기간에 고객을 끌어모은 비결은 대출 금리 경쟁력과 각종 편의성이다. 이들은 특히 시중 은행보다 낮은 금리를 내세운 주택담보대출로 인기를 얻었다. 사용자 위주 화면 구성과 버튼 배치, 기능 등 편의성도 한몫했다. 인터넷 전문은행 모바일 앱은 터치 몇 번으로 송금하거나, 각종 정보를 자동으로 불러와 사용자 편의성을 극대화한다. 이들은 간편한 신용정보 조회, 금리가 높은 적금 상품, 수수료가 낮은 해외 송금, 저신용자를 위한 대출 상품 등 다양한 서비스를 내놓으면서 기존 은행의 실적을 크게 위협하고 있다. 여기에 핀테크로 탄생한 은행인 만큼 인공지능과 챗봇 등을 활용해 사용자를 위한 다양한 서비스를 개발 중이다.

페이팔과 토스,
송금 서비스의 대표주자

'**페이팔**'은 미국의 대표적인 간편결제 송금 서비스로 구매자와 판매자 사이에서 현금을 보관 및 중개하는 역할을 한다. 구매자는 페이팔에 돈을 지불하고, 거래가 이뤄지면 페이팔이 그 돈을 판매자에게 지급하는 형식이다. 거래 상대방에게 은행 계좌번호나 신용카드 번호를 노출할 필요가 없다는 장점이 있다. 사용하는 통화가 다른 경우에도 페이팔에서 환전하기 때문에 서로 다른 국가에 있는 판매자와 구매자가 거래하기도 편리하다. 1999년 탄생한 페이팔은 2002년 이베이에 인수됐다가 2015년 단독 법인으로 독립했다. 20년이 지난 지금도 많은 기업이 페이팔을 활용하고 있는데 사용 가능한 통화가 50개 이상이고, 2억 명이 넘는 사용자를 보유하고 있다. 다만 애플페이와 월마트페이 등 미국 내에서 빠르게 성장하는 모바일 결제 서비스 사이 경쟁이 점차 거세지고 있다.

2015년 탄생한 '**토스**'는 간편결제 송금 서비스다. 공인인증서의 대안으로 출발한 토스는 은행과 제휴 서비스를 제공한다. 토스는 송금 서비스로 시작해 현재 통합 은행 계좌 관리와 신용카드 조회 및 관리까지 가능하다. 중고차 가격 확인, 신용등급 조회, 해외 주식투자, 보험 상품 가입 등 다양한 금융 서비스를 선보이며 관련 서비스 전반으로 사업을 확장하고 있다.

국내 송금 시장에서 핀테크 기업의 서비스가 차지하는 비중은

페이팔
전 세계에서 사용되는 온라인 결제 송금 서비스 구매자가 페이팔에 돈을 지불하고 페이팔이 다시 판매자에게 지불하는 에스크로 서비스를 제공한다. 아마존, 아이허브 같은 이커머스 사이트에서 결제수단으로 쓸 수 있다.

토스
2015년 핀테크 스타트업 '비바리퍼블리카'가 출시한 서비스. 월 사용자가 1,500만 명이 넘는다. 국내에서 세 번째 인터넷 전문은행인 '토스뱅크'를 운영한다. 국내 핀테크 기업의 선두주자로 꼽힌다.

작다. 간편송금이 폭발적으로 성장하고 있지만 수익 창출이 어렵다는 문제점이 있기 때문이다. 은행의 주 수입원은 예금과 대출 금리 차에 따른 수익이다. 반면에 핀테크 기업 대부분의 송금 서비스는 무료에 가까워 수익을 올리기 힘들다. 실제로 간편송금 업계 1, 2위인 토스와 카카오페이는 높은 시장 점유율에도 불구하고 송금 서비스 손익은 마이너스다. 간편송금으로는 수익을 낼 수 없기 때문에 실제 수익은 간편결제와 각종 서비스를 통한 수수료에서 나온다. 하지만 핀테크 기업은 간편송금 서비스를 기반으로 생활 금융 플랫폼으로 진화하고 있기 때문에 수익 창출 전망 역시 주목할 만하다.

카카오페이도 송금은 물론 결제, 증권, 보험 등 종합 금융 서비스를 지향한다. 간편송금, 결제 등 금융 서비스의 기본 기능에서 시작해 연관된 금융 서비스로 확장하는 방식이 핀테크 기업 전략의 핵심이라 할 수 있다. 최근에는 대형 핀테크 기업과 스타트업이 국내 송금에 더해 외화 송금 및 환전 서비스도 제공한다. 기존 외화 송금은 수수료가 비싸고 전송까지 시간이 걸리는 데 반해, 핀테크 외화 송금은 저렴한 수수료와 빠른 속도를 강점으로 내세운다. 단순 환전 수수료도 기존 은행보다 낮고, 환율 변동을 이용해 재테크를 하기도 하는데 이러한 핀테크 영역을 일명 '**환테크**'라고 한다. 기존 외환 서비스들이 여행용 환전과 해외송금에 집중한 점과 다르게 투자용 환전 서비스에 초점을 맞춰 눈에 띄는 실적을 보이고 있다. 급격한 환율 변동과 해외여행 증가 등 여러 요인으로 외환 관련 핀테크 서비스는 국내는 물론 해외를 대상으로 서비스를 확장하고 있다.

환테크

환율 변동에 따라 자금을 운용해 수익을 얻는 투자 방식. 해외 송금 시 환율 변동에 따른 손실을 줄이는 것도 중요한 환테크 전략이다.

개인과 개인을 연결하는
P2P 금융

일반적으로 P2P는 개인끼리 파일을 주고받는 방식으로 널리 알려졌다. **P2P 금융**은 'Peer to Peer 금융'의 줄임말로 개인 간 거래 기반 금융을 뜻하며 온라인으로 대출, 투자를 연결하는 핀테크 서비스라고 정의할 수 있다. 이를 온라인투자연계금융업으로 분류한다. 기존 대출은 금융기관이 돈을 빌려주고 이자 수익을 취하는 방식으로 이뤄졌다. 그러다 온라인, 모바일 시대가 도래하면서 대출이 필요한 대출자와 대출을 제공할 수 있는 투자자가 금융기관을 거치지 않고 플랫폼에서 직접 자금을 주고받을 수 있게 됐다. 대출자는 자신의 재무 정보 등을 공개하고, 투자자는 재무 정보와 담보 등을 확인한 후 직접 투자 및 대출 결정을 내리는 금융 방식이 시작됐다. P2P 대출은 크라우드 펀딩의 한 종류로 모든 대출 과정을 온라인으로 진행하므로 인건비, 영업비 등이 생기지 않아 비용이 절감된다. 절감한 비용만큼 대출자에게 낮은 금리를 제시하고 투자자에게는 높은 수익률을 보장하는 핀테크 서비스다. P2P 대출에서 플랫폼 제공업체는 중간자 역할을 하며 신용평가를 통해 대출 가능 여부를 판단하고 투자자를 모집한다. 투자자는 대출 이후 이자 수익을 올린다.

P2P 금융은 대출 과정을 단축하고 비용을 낮추는 등 장점이 명확하지만, 여러 문제점도 갖고 있다. P2P 금융 관련 사고는 초기부터 지금까지 계속 일어나고 있다. 가장 빈번한 사고는 P2P 업체

P2P 금융
온라인과 자동화로 경비 지출을 최소화해 낮은 금리와 높은 수익을 제공하는 핀테크 서비스. 2005년 세계 최초의 P2P 금융 서비스는 '조파'가 시작했으며 은행 같은 금융회사가 아닌 개인이나 기업이 직접 대출하거나 대출받을 수 있다.

에서 투자금을 대출하기로 약속한 곳이 아닌 다른 곳에 대출하는 경우와, 대출을 진행했으나 계획한 날짜에 상환되지 않는 경우다. 이밖에 허위 공시, 투자금 횡령 등 다양한 금융 사고가 일어나기도 한다. 부동산 시장 침체로 P2P 대출 연체율이 치솟기도 했다. P2P 금융은 제도권 금융기관을 통하지 않아서 투자자가 발생한 문제에 따른 피해를 떠안아야 하는 구조다. 이에 금융위원회와 금융감독원은 P2P 금융 법제화 및 개인 투자 한도를 제한하는 규제를 강화하고 있다. 미국과 영국 등 P2P 금융을 먼저 도입한 국가에서는 증권법을 적용하거나 금융청 인가를 받아야 영업할 수 있다. 중국도 최근 규제를 강화해 대출 한도를 제한하는 등 전 세계에서 P2P 금융에 대한 규제와 제도권 편입을 강화하는 추세다.

인공지능 보험설계사, 인슈어테크

인슈어테크 Insurtech
인공지능과 빅데이터 등 기술을 활용해 보험금 청구 프로세스 간소화, 고객 맞춤형 상품 추천, 보험금 지급 같은 업무를 처리하는 핀테크 서비스다. 모바일 앱에서 보험 가입과 보험금 지급, 챗봇 상담 등이 이뤄진다.

핀테크는 보험 산업 역시 혁신하고 있다. 보험 산업은 금융업에서도 가장 보수적인 분야다. 상품 설계와 가격 결정에 따라 불확실성이 있고 보험 가입자의 건강 상태나 기타 상황을 확인하기 위해 직접 만나 계약하는 경우가 대부분이다. **인슈어테크**는 '보험 Insurance'과 '기술Tech'의 합성어로 보험 상품에 핀테크를 접목한 분야다. 기존 보험이 사고 후 보상에 집중한다면, 인슈어테크는 기술을 활용해 위험상황을 미리 방지하고 연계된 보험 상품을 판매한다. 예를 들어 스마트 시계 같은 웨어러블 기기를 활용해 보험 가입자의 건강 상태를 확인하고 수면 습관, 운동량, 식단 등 건강 관련 정보를 수집해 보험 상품을 추천한다. 건강 상태가 좋아지면 보험료를 할인하거나 특정 운동을 설정하고 보험 가입자가 미리 정한 목표에 도달하면 보험료 할인과 환급이 이뤄지는 상품도 등장했다.

인슈어테크는 인공지능, 빅데이터 등의 기술을 보험 산업에 적용해 상품 개발, 심사, 보험금 지급 등 산업 전반에서 일어나는 일을 혁신한다. 데이터를 기반으로 손해율, 거절률 등을 체계적으로 측정하며, 새로운 상품을 개발하고 가입자에게 맞는 보험 상품을 추천한다. 데이터를 분석해 보험사기를 방지할 수도 있다. 특히 복잡하고 오래 걸리는 여러 절차를 간소화해 보험 가입자의 시간을 절약하고 편리한 서비스를 제공할 수 있다. 다른 산업에 비해 기술 발전에 의한 변화가 더딘 편이던 보험 산업도 인슈어테크를 통해 새로운 서비스를 제공할 전망이다.

자동차 보험은 운전자의 건강 상태는 물론 차량 상태와 주변 환경에 따라 보험료가 증감된다. 일부 보험사는 인슈어테크로 내비게이션과 블랙박스, 별도 소프트웨어를 활용해 차량의 주행거리, 주행 습관, 교통법규 준수 여부 등을 확인하고 결과에 따라 보험료를 할인하는 상품을 개발했다. 이처럼 기술을 활용해 보험 상품을 설계하면 보험사는 불필요한 비용을 줄이며 예측 가능한 데이터를 수집하고, 보험 가입자는 보험료가 할인돼 금전적 이득을 본다.

글로벌 시장조사 업체 그랜드뷰리서치는 인슈어테크의 세계 시장 규모가 2020년 25억 3,000만 달러(약 3조 4,700억 원)에서 2028

년 609억 8,000만 달러(약 83조 7,000억 원)까지 연평균 48.8% 성장할 것으로 전망한다.[35] 한편 보험연구원 자료에 따르면 30대 미만 보험자산 보유율은 2020년 50%에서 2021년 36%로 빠르게 하락했다.[36] 보험사는 온라인으로도 보험 가입을 받고 있는데, 온라인을 통한 보험 판매 비중은 10%도 되지 않는다. 거의 모든 보험 관련 업무가 오프라인에서 전통적인 방식으로 이뤄진다는 뜻이다. 금융 서비스 대부분이 온라인, 디지털로 변환되고 있지만 보험 업계의 변화는 아직 더디다. 인슈어테크가 보험사와 고객 간 격차를 해소하고 디지털 기술 활용으로 보험 시장 성장을 도울 수 있다.

로봇 투자 전문가, 로보어드바이저

최근 온라인 자산관리 시장은 자동화 알고리즘을 기반으로 자산을 운용하는 **로보어드바이저**에 주목하고 있다. '로봇Robot'과 투자전문가를 뜻하는 '어드바이저Advisor'의 합성어인 로보어드바이저는 고객이 온라인에 투자 성향, 목표 수익률 등 투자 조건을 입력하면 프로그래밍된 알고리즘으로 투자 결정 및 자산 운용, 관리를 돕는다. 로보어드바이저는 컴퓨터가 인공지능과 빅데이터 등 IT 기술을 활용한 알고리즘과 금융 이론을 결합해 자산을 관리하는 만큼, 기존 자산관리 방식보다 자동화되고 간편하다는 장점이 있다.

로보어드바이저Robo-advisor
로보어드바이저는 고객이 온라인에서 투자 성향, 목표 수익률 등 투자 조건을 입력하면 프로그래밍된 알고리즘으로 투자 결정 및 자산 운용, 관리를 돕는다.

로보어드바이저는 2000년대 중반 실리콘밸리에서 시작돼 베터먼트Betterment, 웰스프론트Wealthfront 등 기술력을 갖춘 스타트업이 등장하며 성장하기 시작했다. 현재 미국에서만 수백여 개 회사가 로보어드바이저를 제공한다. 이로써 금융회사가 아닌 IT 기업과 스타트업도 빅데이터와 알고리즘을 기반으로 금융 서비스를 시작할 수 있게 됐다.

로보어드바이저는 사람이 개입하는 영역이 최소화돼 인건비를 절감하고 자산관리 수수료를 저렴하게 책정한다. 또한 진입장벽이 낮아지며 고액 위주 자산관리를 벗어나 소액 자산 고객 유입까지 일어났다. 시간과 장소에 구애받지 않아 증권사나 은행 지점에 방문해 상담받을 필요도 없다. 시장조사 기관 스태티스타는 전 세계 로보어드바이저 시장 규모가 2024년까지 1,802억 달러(약 247조 7,000억 원)에 달할 것으로 예상했다. 또한 연평균 8.06% 성장률을 기록해 2027년에는 2,274억 달러(약 312조 5,000억 원) 규모가 될 것으로 전망했다. 로보어드바이저 사용자 수는 2027년까지 3,400만 명 이상이 될 것으로 보인다.[37]

국내 운용 규모와 사용자 수도 모두 성장세다. 코스콤 로보어드바이저 테스트베드 운영 현황에 따르면 코스콤 테스트베드를 통과한 데이터 기준으로 로보어드바이저 시장 운용 규모는 2023년 7월 말 기준 1조 9,425억 원이다. 2022년 말 로보어드바이저 계약자 수는 33만 8,179명이었고 2023년 5월은 36만 9,874명으로 불과 반년 만에 약 10% 늘었다.

로보어드바이저는 크게 세 가지 형태로 구분된다. 첫째로 몇 가지 질문에 대한 답변과 자체 알고리즘으로 고객에게 맞는 포트폴

로보어드바이저는 알고리즘을 기반으로 자산을 운용한다.

리오를 추천하면 고객이 직접 투자 상품을 골라 운용하는 '정보제공형 로보어드바이저'가 있다. 두 번째로 이와 동일하게 알고리즘 기반으로 포트폴리오를 추천한 후 고객이 아닌 로보어드바이저가 상품을 선택하고 운용하는 '일임형 로보어드바이저'가 있다. 마지막으로 로보어드바이저와 전문 투자자문인을 결합한 '하이브리드 로보어드바이저'가 있다.

해외에서는 뱅가드와 찰스 슈왑 등 대형 금융투자회사가 본격적으로 시장에 진입하면서 하이브리드 로보어드바이저 서비스가 크게 성장했다. 국내에서는 자문형과 일임형 로보어드바이저 서비스를 주로 제공하는 스타트업과 금융투자회사가 많다. 최근에는 컴퓨터와 인공지능에만 의존하지 않고 전문 인력이 함께하는 서비스 선호가 늘고 있다. 일임형과 자문형 역시 알고리즘을 개선하고 다양한 상품을 만들며 로보어드바이저 시장에서 한 축을 담당할 것이다. 로보어드바이저는 기존 자산관리 투자 방식보다 비용이 저렴하고 접근성이 높으며 개인 맞춤형 투자가 가능한 만큼 향후 자산관리 산업을 주도할 것으로 보인다.

로보어드바이저 시장은 성장 중이지만 여전히 한계가 있다. 다양한 금융정보를 다루는 인공지능 서비스의 신뢰도 문제가 남아 있다. 사람을 믿을 것인가 인공지능을 믿을 것인가 하는 선택일 수도 있지만, 인공지능 역시 거짓 정보나 오류 정보를 기반으로 작동할 수 있기 때문이다. 그러나 로보어드바이저는 저렴한 비용으로 맞춤형 자산관리를 가능케 하는 이점이 명확하기 때문에 활용이 점점 증가할 것으로 예상된다. 더불어 인공지능 성능이 향상됨에 따라 생길 수 있는 문제들을 해결할 가능성도 높아졌다. 로보어드바이저를 효과적으로 활용하려면 투자 경험과 직관 또한 중요하다. 따라서 앞으로 로보어드바이저 시장에서는 인공지능의 발전과 함께 전문 투자자문과 결합하는 전략이 더욱 중요해질 것이다.

슈퍼앱 경쟁이
시작되다

슈퍼앱
금융, 메신저, 쇼핑 등 다양한 서비스를 한 플랫폼에서 제공하는 앱. 일상생활에 필요한 서비스를 앱에서 원스톱으로 처리한다는 장점이 있어 많은 기업이 목표로 삼고 있다.

금융 서비스 디지털화가 이뤄지면서 금융 서비스와 모바일 앱이 '**슈퍼앱**'을 목표로 진화하고 있다. 슈퍼앱은 중국의 알리페이, 위챗 등 중국 핀테크 모델에서 시작해 전 세계에 확산됐다. 테슬라, X(구 트위터)의 일론 머스크도 궁극적으로 X를 모든 게 가능한 '슈퍼앱'으로 만들겠다는 목표를 제시했다. 국내외 빅테크 기업을 중심으로 금융과 비금융을 아우르는 생활금융 플랫폼을 표방하는 곳이 늘고 있다. 슈퍼앱은 스마트폰 사용자가 빠르게 늘어나고, 모바일 의존도가 높은 동남아시아를 중심으로 급격한 성장세를 보이고 있다.

금융 서비스 슈퍼앱은 대부분 초반에는 송금, 결제 서비스 앱으로 시작해 슈퍼앱으로 진화하는 형태다. 금융 서비스는 기본이

고 고객 생활과 밀접한 택시 호출, 식당 예약, 티켓 예매 등 결제 관련 서비스를 한 앱에 탑재해 단일 플랫폼 내 통합 인터페이스로 라이프스타일 서비스를 제공한다.

토스, 카카오 같은 핀테크 서비스가 이러한 슈퍼앱 트렌드를 주도해왔다. 국내 슈퍼앱 성공 사례로는 간편송금 서비스로 성장한 토스를 꼽을 수 있다. 토스는 종합 금융은 물론, 아이돌 후원과 저축 기능을 선보이는 등 엔터테인먼트 요소까지 결합했다. 금융 슈퍼앱은 직관적인 사용자 경험을 제공하면서 MZ세대를 중심으로 전통 금융기관 고객들을 끌어당겼다. 이제는 전통 금융기관도 기존 서비스의 디지털 전환과 함께 슈퍼앱 구축에 동참했다. KB국민은행, 신한은행, 하나은행, NH농협은행 등 시중 은행 대부분이 앱을 중심으로 금융관계사 서비스를 한 곳에 모으거나 앱 안에서 외부로 연결되도록 지원한다. 슈퍼앱은 원스톱 솔루션을 제공하면서 여러 앱을 쓰는 번거로움을 줄여주므로 편리한 사용자 경험을 제공해 고객 락인Lock in 효과를 누릴 수 있다. 충성 고객을 확대하고 이 과정에서 축적한 고객 데이터를 부수 업무에 활용해 시장 영향력을 키울 수 있다.

미국의 페이팔도 금융 슈퍼앱으로 변신했다. 페이팔 앱 하나로 디지털 경제에서 이뤄지는 모든 활동을 할 수 있다. 계좌 서비스, 결제, 포인트 및 리워드 서비스는 물론 암호화폐까지 포함한 다양한 서비스를 탑재했다. 또한 페이팔이 보유하지 않았거나 취약한 사업 영역을 보완하기 위해 여러 기업을 인수하고 유망한 곳에 투자하면서 경쟁력을 강화하고 있다.

카카오, 네이버, 토스 등은 전부터 강력한 플랫폼을 갖고 있었기 때문에 슈퍼앱으로 나아가기 수월하다. 하지만 전통 금융기업은 고객이 니즈를 느끼지 않는 이상 금융 서비스 외에 앱을 이용할 동기가 없다. 생활 서비스와 금융 서비스의 연계는 고객을 위한 서비스를 제공하는 디지털 금융 생태계 구축 과정이다. 통합 애플리케이션을 활용해 자사 고객이 원하는 생활형 서비스와 금융 서비스를 함께 제공할수록 슈퍼앱에 다가가는 셈이다. 금융사들이 추구하는 슈퍼앱 전략이 성공하려면 핵심 서비스인 금융을 중심으로 시너지를 극대화할 수 있는 서비스가 무엇인지 정확하게 파악해야 한다. 어설픈 전략으로 생활형 서비스를 탑재했다가 낭패를 본 사례가 여럿 있기 때문이다. 그냥 모든 서비스를 한곳에 모은다고 슈퍼앱이 아니다. 금융을 기반으로 고객이 원하는 서비스를 연결하는 앱이 슈퍼앱임을 잊지 말아야 한다.

IT 기술이
금융을 주도하다

테크핀 Techfin
테크핀은 'IT 기술이 금융을 주도한다'는 의미로, IT업계가 주도해 새로운 금융 서비스를 제공한다는 뜻이다. 기존 금융 데이터 외에 다양한 사용자 데이터를 활용해 사용자에게 맞는 금융 상품이나 서비스를 추천한다.

　금융 기관이 전통 금융 시장에서 다양한 IT 기술을 활용해 만들어온 핀테크에 이어 '**테크핀**'이라는 새로운 개념도 등장했다. 핀테크에서 앞뒤 단어를 바꾼 합성어로 얼핏 비슷한 개념인 것 같지만 둘 사이에는 큰 차이가 있다. 비즈니스를 진행하는 주체가 금융회사인지(핀테크), IT 기업인지(테크핀)에 따라 서비스 내용과 범위가 달라진다. 앞서 살펴본 슈퍼앱은 IT 기술 기반이며, 주로 IT 기업에서 시작해 전통 금융 기업으로 확산한다는 점에서 테크핀의 일종으로 볼 수 있다.

테크핀에는 'IT 기술이 금융을 주도한다'라는 뜻이 있다. 금융에 IT 기술을 접목한 핀테크와는 서비스를 이끄는 주체가 다르다. 예를 들어 핀테크에서는 인터넷 뱅킹을 할 때 계좌번호를 직접 입력해야 하고, 온라인 결제 시 신용카드 번호를 적거나 공인인증서를 불러와야 하는 등 사용자가 주체가 된다. 반면 테크핀은 IT 기업이 간편송금, 간편로그인 같은 기능을 제공하며 IT 기술 자체가 주체가 돼 빠르고 편리한 송금·결제가 가능하다. 테크핀이라는 개념을 처음 만든 인물은 알리바바 그룹의 **마윈** 전 회장이다. 그는 2016년 말 열린 한 세미나에서 테크핀이라는 용어를 처음 썼다. "핀테크는 기존 금융 시스템에 IT를 접목한 서비스인 반면, 테크핀은 IT를 기반으로 금융 시스템을 구축한 서비스"라고 말했다. 테크핀은 별도의 오프라인 접점 없이 온라인에서 모든 업무와 고객과의 소통이 이뤄진다.

IT 기업은 아니지만 기존 사업 영역에서 벗어나 금융 서비스로 확장하는 테크핀 사례로 '스타벅스'가 있다. 미국에서 가장 많이

마윈

알리바바 그룹의 창업자. 1999년에는 알리바바를, 2003년에는 이커머스 사이트 타오바오를 개설하며 급격한 성장을 일궈냈다. 현재는 회장직에서 물러나 자선사업과 교육에 집중하고 있다.

Reuters

쓰이는 모바일 결제 앱은 스타벅스 앱이다. 스타벅스에서는 많은 사용자가 선불카드를 충전해 커피를 산다. 국내 스타벅스 선불 충전금은 무려 2조 원에 달한다. 스타벅스에 충전된 금액이 전통 금융회사 못지않은 수준이다. 스타벅스는 먼저 IT 기반으로 모바일 앱을 만들어 멤버십 시스템을 도입했다. 이후 결제 기능까지 추가해 모바일 결제 시장을 이끌며 전통 금융기업이 아님에도 불구하고 은행과 다름없는 모습을 갖추게 됐다.

스타벅스 외에도 압도적인 고객 충성도와 네트워크, 기술 경쟁력을 갖춘 구글, 아마존, 애플, 페이스북, 알리바바 등 빅테크 기업이 금융 산업에 진출하고 있다. 앞서 다룬 애플과 알리바바의 간편결제 외에, 구글에는 구글페이Google Pay가 있고 아마존은 금융회사와 협업해 결제 시스템과 포인트 제도를 제공한다. 이처럼 IT 기반기업의 금융 서비스는 지속적으로 금융 혁신을 꾀하고 있다.

핀테크를 넘어서

과거 마이크로소프트 창업자 빌 게이츠가 "금융은 필요하지만 은행은 사라질 것Banking is necessary. Banks are not"이라고 말한 바 있다. 핀테크가 발전하며 과거에는 상상할 수 없었던 혁신적인 금융 서비스들이 등장했고, 전통적인 금융 산업이 설 자리가 줄고 있다. 많은 은행이 오프라인 점포를 없애고, 증권사와 보험사도 지점을 줄이기 바쁘다. 모바일 결제 시스템은 실물 화폐의 필요성을 점점 저하시키고 있으며 온라인 환경만 있으면 현금 없이 송금, 결제, 투자가 가능한 시대가 됐다.

하지만 핀테크의 탄생이 긍정적인 역할만 하는 건 아니다. 핀테크의 진화는 한편으로 빈곤층과 고령층에서 나타나는 금융 소외 현상을 가속화할 수 있기 때문이다. 최신 기술에 익숙하지 않은 고령층은 은행 지점에 방문해 은행원과 상담하고 대면 거래가 필요하지만, 핀테크가 발전함에 따라 금융 산업에서 소외되고 있다. 최신 기술을 접하고 사용할 기회가 적은 빈곤층 역시 마찬가지다. 또한 핀테크가 급격하게 발전하며 각종 금융 규제와 정책이 발목을 잡거나, 반대로 규제가 없어 사고를 일으키기도 한다. 따라서 핀테크가 지속가능하기 위해서는 새로운 금융 산업에 대한 적절한 규제와 유연한 정책이 필요하다.

현재 핀테크는 그 어느 산업보다 빠르게 성장하며 혁신을 만들어내고 있다. 금융 서비스에 IT를 접목하는 수준에 그치지 않고 새로운 금융 서비스를 계속 탄생시킨다. 오랜 기간 우리 삶과 경제에 큰 영향을 끼친 기존 금융 서비스는 역사 저편으로 사라지고 있다. 주목할 사실은 국내 핀테크 서비스와 기업이 국내에 한정하지 않고 해외에 진출해 성과를 내고 있다는 점이다. 은행이나 보험 서비스는 내국인을 대상으로 한 서비스 비중이 크고 국내에서만 비즈니스를 영위하는 경우가 많았다. 하지만 핀테크 영역에서는 국경이 없는 서비스가 가능하다. 토스, 카카오도 중국, 동남아시아 등 해외에서 송금 서비스를 전개하고 있으며 말레이시아, 인도네시아 등에 진출해 외화 환전 및 송금 서비스를 제공하고 있다. 핀테크가 송금, 환전, 결제, 보험, 증권 등 금융 영역 대부분에서 혁신을 만들 수 있기 때문에 지금까지 등장한 서비스 외에도 기존 금융 서비스의 문제점과 어려움을 해결할 다양한 기회가 열려 있다. 온라인과 오프라인을 넘나드는 편리한 결제부터 주식거래, 대출, 보험 등 모든 금융 서비스를 혁신하는 핀테크가 앞으로 우리 삶을 어떻게 바꿀지 귀추가 주목된다.

바이오와 에너지,
생명과 자원의 미래

디지털 세상의 미래 시나리오 >>>

2030년, 우리 삶은 크게 변했다. 의약품 가격은 복제 의약품에 의해 크게 떨어졌고 치명적인 질병을 치료하는 약이 빠른 속도로 개발되고 있다. 전면 허용되지는 않았지만, 일부 질병 치료에는 유전자 편집 기술이 활용된다. 유전자 변형 식품 역시 우리 식탁을 크게 바꿔 놓았다. 바이오 기술 덕에 계절과 관계없이 원하는 과일, 채소 등을 재배할 수 있게 됐기 때문이다. 인공 식품은 더욱 발전해 실제 고기 맛과 더 나은 영양소를 갖춘 대체 육류를 공급하기 시작했다. 새로운 농업 방식으로 작물 수확량도 크게 늘어 85억 명을 돌파한 인구를 충분히 감당할 수 있게 됐다. 미세먼지, 지구 온난화를 비롯한 환경오염도 친환경 연료와 유해물질 제거 기술로 크게 개선되고 있다.

＊＊＊

중국 최초로 통일국가를 이룩한 진나라 황제 진시황은 불로장생을 꿈꿨다. 불사不死는 많은 사람이 꿈꿨으나 이룰 수 없는 목표이기도 했다. 진시황은 평생 막강한 권력을 바탕으로 불로장생을 이룰 수 있는 불로초를 찾으려 했지만 끝내 찾지 못한 채 50세 나이로 세상을 떠났다. 과연 인간 수명을 늘리고 새로운 에너지를 만들어낼 수 있는 기술이 존재할까?

미래에는 바이오 신약과 유전자 가위, 유전자 조작으로 많은 질병을 치료하게 될 것이다. 여기에 유전자 변형 식품이 개인에게 적합한 영양소를 공급하며, 환경오염을 방지하고 물과 공기를 깨

끗하게 만드는 바이오 기술이 탄생한다. 지금보다 더 좋은 영양소, 먹거리가 있고 질병과 환경오염이 없는 세상. 이러한 세상을 만들기 위한 노력이 바이오 산업에 담겨 있다.

인간이 건강한 삶을 사는 데는 환경도 중요하다. 새로운 에너지원을 찾고, 에너지를 효율적으로 사용하려는 노력이 이뤄지고 있다. 최근에는 탄소 중립을 목표로 한 신재생 에너지 시스템이 더욱 발전하고 있다. 태양광 및 풍력 발전은 지속가능한 에너지 솔루션으로 각광받고 있으며, 이러한 기술 적용은 지구 환경을 보호하는 데 큰 역할을 할 것이다. 핵융합을 비롯한 차세대 에너지원을 찾으려는 노력도 이어지고 있다.

바이오라는
신산업의 탄생

인간의 기대 수명이 늘어나 '100세 시대'를 맞이하게 된 가장 결정적인 이유는 **바이오 기술**의 발전이다. 바이오 기술은 생명공학에 기반하는 연구에 그치지 않는다. '바이오'라고 하면 건강과 의약품이 가장 먼저 떠오르지만, 소프트웨어 및 IT 기술과 결합해 환경 문제를 해결하고 새로운 에너지와 식량을 만드는 게 핵심이다. 바이오 기술은 고령화 사회와 각종 질병, 다양한 사회 문제를 해결하는 동시에 미래 식량과 새로운 에너지를 만들어내는, 전적으로 '미래'를 위한 기술이다. 환경, 식량, 에너지 자원, 건강 문제는 전 세계에서 미래 사회의 핵심 이슈로 부각된다. 바이오 산업은 이러한 화두와 가장 가까운 관계를 맺으며 바이오 기술을 기반으로 새로운 부가가치를 만들어낸다.

바이오 기술은 '특정 제품이나 프로세스를 만들고자 살아 있는 유기체나 생물 시스템을 이용하는 기술'로 정의한다. 바이오 산업은 바이오 기술을 바탕으로 생물체의 기능과 정보를 활용해 제품 및 서비스 등 다양한 고부가가치를 생산한다. 또한 의약, 농업, 화학, 연료, IT 등 다양한 산업과 기술 융합이 가능하다. 한국산업연구원에 따르면 바이오산업은 바이오 의약, 바이오 화학, 바이오 환경, 바이오 식품, 바이오 에너지·자원, 바이오 전자, 바이오 공정 및 기기, 바이오 검정까지 8개 분야로 분류한다.

바이오 기술 Biotechnology
'바이올로지Biology'와 '테크놀로지 Technology'의 합성어. 일반적으로 생명공학을 말하며 생체, 생물학적 시스템을 활용해 새로운 제품을 만들어내거나 생산 공정을 발전시키는 기술을 뜻한다.

바이오 산업을 크게 나누면 셋으로 분류할 수 있다. 의료·제약 분야인 '레드 바이오Red Bio', 농업·식품 분야인 '그린 바이오Green Bio', 환경·에너지 분야인 '화이트 바이오White Bio'로 나뉜다.

레드 바이오,
생명 연장의 꿈을 꾸다

바이오산업의 전망은 밝다. 생명공학정책연구센터에서 발표한 '글로벌 바이오 산업 시장의 동향과 전망'[38]에 따르면 코로나19 발생 전 연평균 6.2% 성장이 예상됐던 바이오 산업은 코로나19 이후 진단 및 치료, 제약 부분 수요 증가로 연평균 7.7% 성장할 전 망이다. 2020년 약 5,000억 달러(약 650조 원)에서 2027년 약 9,100억 달러(약 1,183조 원)로 성장을 예상하는 거대한 산업이다.

레드 바이오 시장은 2023년 기준 약 3,700억 달러(약 481조 원) 규모다. 전체 바이오 산업에서 차지하는 비중이 약 60% 수준으로 가장 크다. **레드 바이오**는 생명공학, 의약, 제약 등 주로 건강과 관련한 분야다. 혈액의 붉은색을 뜻하는 명칭으로 '레드' 바이오라 불린다.

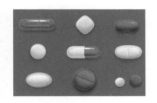

레드 바이오
의약품 및 관련 기술을 개발하는 분야로 바이오 산업 중 가장 성장이 빠르고 시장 규모가 큰 분야다. 질병 예방, 진단, 신약 개발, 줄기세포 연구, 진단시약 등이 이에 해당한다.

레드 바이오 시장은 크게 바이오 의약품과 바이오 서비스, 바이오 인포매틱스 분야로 나뉜다. 특히 바이오 의약품 분야는 레드 바이오 시장에서 가장 비중이 크다. 코로나19 이후 새로운 의약품 수요가 워낙 높아 개발이 활발하다. '바이오 의약품'이란 사람이나 다른 생물체에서 유래된 것을 원료, 재료로 삼아 제조한 의약품이다. 유전자 조작, 재조합, 세포 배양 같은 생명공학 방법을 활용한다. 새로운 의약품이 탄생하려면 까다로운 절차와 검증을 거쳐야 한다. 많은 사람의 건강에 직접적인 영향을 미치므로 새로운 약을 개발하는 데는 막대한 비용과 시간이 든다. 이 때문에 오리지널 의약품인 신약이 탄생하면 많은 관심을 받는다. **바이오 신약**은 화학물질이 아니라 동물 세포나 대장균 등 생물을 소재로 만든다. 고유 독성이 낮고 난치, 희귀성 질환에 효과가 뛰어나며 백신이나 자가면역질환 치료제 등이 대표적이다.

바이오 신약이 탄생하고 일정 시간이 지나면 다른 기업들이 비슷한 약을 만들 수 있다. 이러한 약은 복제 의약품이라 **바이오 시밀러**라 한다. 동등 생물 의약품으로 불리기도 하는 바이오 시밀러는 특허가 만료된 바이오 의약품과 비슷하거나 같은 효능을 갖는 복제약을 말한다. 오리지널 바이오 의약품과 똑같은 제품을 만들

바이오 신약
유전자 조합, 세포 융합 기술 등을 접목해 새롭게 만들어낸 오리지널 의약품. 희귀, 난치성 질환에 효과가 뛰어나 주로 난치성 질환치료제나 환자 맞춤형 표적치료제로 사용된다.

바이오 시밀러 Bio Similar
특허가 만료된 바이오 의약품의 복제약. 생물학적으로 거의 같은 효과를 낼 경우 동등성 인증을 받아 바이오 시밀러로 인정된다. 똑같지는 않지만 비슷하다는 뜻에서 '시밀러Similar'라는 표현을 붙인다.

수는 없지만, 비슷하다는 뜻에서 '시밀러Similar'라는 표현을 쓴다. 간혹 합성 의약품을 복제한 **제네릭 의약품**과 혼동하는 경우가 있는데 제네릭은 바이오가 아니라 화학물질로 만든 합성 의약품을 모방한 복제 의약품이다. 제네릭은 오리지널 의약품의 화학식을 알면 쉽게 똑같이 만들 수 있다. 복제하더라도 화학 반응은 달라지지 않기 때문에 오리지널 의약품과 같은 효능을 갖는 의약품을 생산할 수 있다.

반면 바이오 의약품은 세포 배양 조건, 개발 환경 등 다양한 차이 때문에 오리지널과 똑같은 의약품을 만들 수 없다. 제네릭 의약품은 승인 절차가 간단하지만, 바이오 시밀러는 제조 및 판매 승인을 받으려면 다양한 시험을 통과해야 한다. 바이오 시밀러가 최근 주목받는 이유는 무엇보다 수익성이 높기 때문이다. 복제와 승인 과정이 까다롭지만 성공할 경우 큰 수익을 낼 수 있어 세계 의약품 시장보다 높은 연평균 성장률을 보이고 있다. 앞으로 특허가 만료되는 바이오 의약품이 계속 나올 것이기 때문에 세계적으로

제네릭 의약품 Generic Drug
이미 출시된 약을 그대로 만들어 낸 의약품. 특허가 만료된 의약품을 복제해 만든 의약품이다. 대표적인 발기부전 치료제인 비아그라는 특허가 끝나고 같은 효과를 지닌 복제 의약품이 무수히 출시됐다.

바이오 시밀러 개발 경쟁이 본격화되고 있다.

유전자 편집과 유전자 가위

　최근 유튜브를 비롯한 소셜 미디어에 공유되는 영상 콘텐츠에서 가장 중요한 기술은 '편집'이다. 영상을 자유롭게 편집하는 기술이 대중화되면서 마음에 들지 않는 곳은 자르거나 지우고 원하는 부분을 채워 넣을 수 있다. 바이오에도 이와 유사한 편집 기술이 등장해 난치병 치료에 혁신을 불러왔다. 바로 3세대 유전자 가위 '크리스퍼'다. 크리스퍼는 유전자에서 원하는 DNA를 잘라 편집할 수 있다. DNA를 자르는 기술은 유전자 가위라 불리며, 이미 1세대 징크 펑거 뉴클라아제ZFN와 2세대 탈렌TALEN이 있었다. 하지만 잘라야 하는 위치를 파악하지 못하거나 원하지 않는 위치를 마구 자르는 등 문제점이 있었다. 이에 반해 3세대 유전자 가위 크리스퍼는 더욱 정확하게 원하는 위치만 잘라내는 유전자 편집 기술이다.

크리스퍼 CRISPR
3세대 유전자 가위. 이 유전자 편집의 핵심은 RNA로 만들어진 '가이드 RNA'와 DNA를 절단하는 효소인 '캐스9'이다. 난치 질병을 극복할 수 있는 미래 유전자 치료술이다.

　인간의 면역체계는 몸에 침투하는 바이러스 정보를 담아둔다. 바이러스가 새로이 침투하면 저장한 정보와 대조한다. 같은 바이러스로 인식되면 DNA를 잘라주는 '**캐스9**'이라는 단백질이 활성화돼 바이러스가 침투한 부분을 잘라 신체를 보호한다. 이때 DNA를 그냥 자르는 게 아니라 DNA 중 어떤 부분을 절단할지 안내하는 '가이드 RNA'가 등장한다. 가이드 RNA는 질병을 일으키는 곳을 가리킨다. 캐스9은 해당 위치를 자르고, 잘린 부분을 복구하거나 변형된 유전자를 넣어준다. 이런 방식을 활용하면 유전자를 자유자재로 편집할 수 있어 많은 질병을 고치고 새로운 작물을 만들 수 있다.

캐스9 Cas9
DNA의 이중 나선을 절단하는 효소. 가이드 RNA와 일종의 팀을 이룬다. 유전자를 조작하고 싶은 부분에 캐스9을 넣으면 가이드의 안내에 따라 목표 지점의 DNA를 절단한다.

프라임 에디터

크리스퍼에서 개량된 차세대 유전자 가위로, DNA에서 원하는 위치에 특정 유전 정보를 마음대로 교정할 수 있는 기술이다. 현존하는 유전자 교정 기술 중 안전성과 활용성이 가장 뛰어날 것으로 기대된다.

4세대 유전자 가위 **프라임 에디터**는 3세대 유전자 가위 크리스퍼와 다르게 외부 DNA 주입 없이 유전자를 편집하는 기술이다. DNA에서 유전 코드를 구성하는 특정 염기, 염기서열을 떼었다 붙였다 하며 워드프로세서에서 글자를 지우고 쓰듯 자유자재로 편집할 수 있다. 프라임 에디터는 MIT와 하버드가 공동 설립한 브로드연구소 소속 생화학자인 데이비드 리우David R.Liu 하버드 화학생물학과 교수가 발견했다. 그는 크리스퍼가 연필이라면 프라임 에디터는 워드프로세서라고 비유하며 많은 유전질환을 치료할 수 있다고 말했다.

유전자 가위는 동물뿐만 아니라 식물에도 활용한다. 최근 발암물질을 없앤 일명 '슈퍼 밀'이 개발됐는데, 유전자를 교정한 밀 품종을 개발할 때 유전자 가위를 쓴다. 고기는 물론 곡식 등 다양한 먹거리에 유전자 편집을 활용해 식량 문제를 해결할 수 있다.

다만 유전자 편집은 무분별하게 사용될 경우 많은 부작용을 불러올 수 있다. 이를 염려한 과학자들은 2015년 '인간 유전자 조작에 대한 국제 선언문'을 만들었다. 하지만 2018년 중국 과학자 허젠쿠이賀建奎가 크리스퍼로 유전자를 제거한 아기를 탄생시켜 논란이 됐다. 여러 국가의 법률에 의하면 유전자 편집 기술을 실제로 활용하는 건 위법이다. 안전성이 검증되지 않은 상태에서 무분별하게 쓰이면 인위적인 유전자 편집으로 신체 조건이 좋은 사람만 태어나게 만들거나, 예상치 못한 부작용이 생길 수도 있기 때문이다.

노화 방지 리프로그래밍

유전자 편집 기술과 함께 주목받는 기술은 노화 방지 **리프로그**

래밍이다. 노화 방지 및 세포 리프로그래밍은 현대 의학과 생명 과학에서 주목받는 중요한 주제 중 하나다. 최신 연구는 세포 노화를 제어하고 역전시키는 방법에 초점을 맞추고 있다. 이를 위해 유전자 조절이나 세포 신호 전달 경로 조절 같은 기술적인 전략이 쓰이고 있다. 특히 특정 유전자 활동에 개입해 세포 노화를 억제하거나 세포 주기를 적절히 조절함으로써 노화를 늦추는 시도가 진행 중이다. 이러한 연구는 노화와 관련된 질병 예방과 건강한 노화에 대한 새로운 접근법을 모색하는 데 기여한다.

실리콘밸리에서는 노화 방지 스타트업 **알토스랩**이 30억 달러(약 4조 원)에 달하는 투자를 받아 지금까지 설립된 생명공학 기업 중 투자금 1위에 올랐다. 알토스랩은 세포를 회춘시키는 리프로그래밍에 주목한다. 다 자란 세포에 특정 유전자를 넣으면 줄기세포가 된다. 줄기세포의 활용은 노화 방지에 중요한 역할을 한다. 줄기세포는 조직 재생과 회복에 기여하며, 자기 자신을 새로 생성하고 다양한 세포로 분화하는 능력이 있다. 따라서 세포 리프로그래밍은 미래 의학과 치료에 흥미로운 가능성을 열어놓는다. 이 분야 연구는 건강한 노화 및 수명 연장을 더욱 깊이 이해시킴으로써 삶의 질을 향상하는 희망찬 방향으로 나아가고 있다.

인공장기

인공장기도 바이오 분야의 딥테크 영역에서 주목받고 있다. 현재 인공장기의 개발은 의학과 공학의 결합으로 큰 진전을 이루고 있다. 대표적으로 심장, 신장, 간, 폐 등의 인공장기가 연구 및 개발돼 의료 분야에서 쓰이고 있다. 심폐 기계 대체 장치 같은 현대 의료 기술은 심부전이나 폐 질환 환자의 생명을 지키고 건강을 향

리프로그래밍
세포 건강을 유지하고, 세포 재생 능력을 복원하는 기술. 세포에 단백질을 주입해 세포가 배아줄기세포의 특성을 가진 상태로 되돌아가게 하는 기술이다. 세포를 초기화해 건강한 세포를 만든다.

알토스랩
아마존 창업자 제프 베이조스의 투자를 비롯해 무려 30억 달러라는 투자금을 유치한 노화 방지 기술 스타트업이다. 세포 리프로그래밍을 중점적으로 연구한다.

인공장기 AO, Artificial Organs
인간의 장기를 대신할 수 있는 무기질 기계 혹은 인위적으로 생산한 조직. 인간 외 동물의 장기를 이용하거나 생체 공학 기술을 토대로 만든다. 인간의 수명을 획기적으로 늘려줄 것으로 예상된다.

상시킬 수 있다.

특히 인공장기 분야에서는 **3D 바이오프린팅** 기술이 조직이나 장기를 생성하는 데 활용되고 있다. 이를 통해 맞춤형 장기를 제작하거나 기존 장기의 복잡한 형태를 재현할 수 있게 됐다. 3D 바이오프린팅은 현대 의학과 생명공학 분야에서 혁신적인 기술로 각광받고 있다. 이 기술은 컴퓨터 프로그램으로 다양한 생체 재료를 적층해 생체 조직과 장기를 제조하는 과정을 뜻한다. 이는 많은 가능성과 활용 분야를 열어놓고 있다.

3D 바이오프린팅은 재료 선택부터 디자인, 모델링, 바이오프린팅 과정 그리고 생체 조직 성장까지 다양한 단계로 구성된다. 먼저 생체적합성이 있는 재료를 선택하고, 컴퓨터로 원하는 조직 또는 장기 디자인을 만든다. 이후 디자인한 모델을 기반으로 바이오프린터가 정밀하게 재료를 배치하며 생체 조직을 구성한다. 이 과정에서 다양한 세포와 생체 재료를 정확하게 조합함으로써 복잡한 조직을 재현한다. 바이오프린팅된 생체 조직은 이후 세포 분열과 성장을 거쳐 더욱 복잡한 구조로 발전하며, 조직이 기능을 수행할 수 있는 형태로 성장한다. 이러한 기술은 의학 연구와 임상

3D 바이오프린팅 3D Bioprinting 3D 프린팅 기술과 세포를 접목한 바이오 잉크가 혼합된 기술. 인공장기를 만드는 등 현대 생명공학 분야에서 주목받는 기술이다.

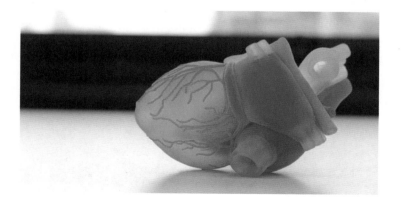

응용에서 혁신적인 가능성을 제공한다. 기존 장기 이식과 비교할 때 더욱 정확하고 맞춤화된 치료법을 개발할 수 있으며, 약물 효과를 빠르게 시험하고 질병 연구에 사용할 수 있다. 또한 생체 모델을 사용해 다양한 신약 개발 및 바이올로지컬 연구 분야에도 기여한다. 이러한 기술은 아직까지도 기술적인 한계와 윤리적인 고려 사항을 동반한다. 그럼에도 불구하고 3D 바이오프린팅은 미래 의학과 생명과학의 지평을 넓히고, 맞춤형 치료법 발전을 촉진하는 중요한 도구로 발전해 나갈 것으로 기대된다.

오가노이드Organoid
폐, 간, 뇌 등 인간 장기의 복잡한 구조와 기능성을 근접하게 모방하기 위해 설계된 3차원 구조의 세포와 조직 모델. 주로 연구 목적으로 활용한다.

다른 인공장기 중엔 오가노이드가 있다. '**오가노이드**'는 현대 의학 연구와 조직공학 분야에서 혁신적인 역할을 하는 3차원 세포 구조 모델이다. 단순하게 장기를 닮은 장기유사체라고도 한다. 이러한 작은 조직 모형은 실제 인체 조직의 미니어처 버전으로, 다양한 세포 종류를 포함하며, 실제 조직의 구조와 기능을 재현한다.

3D 바이오프린팅은 살아 있는 세포로 조직이나 장기를 제작하는 기술이다.

오가노이드는 의약품 개발, 질병 연구, 임상 시험 전 약물 효과 검증, 맞춤형 치료법 개발에 큰 도움이 되며, 인체 내 조직의 발달과 기능을 연구하는 데도 활용된다. 그러나 아직 완벽한 모델이 아니며, 기술력 한계와 윤리적인 고려 사항이 있다.

인공장기 분야는 미래에 더욱 놀라운 발전이 기대된다. 현대 의학은 인공지능과 바이오테크놀로지를 활용해 인공장기를 더욱 정교하게 설계한다. 또한 환자 개개인의 생체 특성에 맞게 제작하는 방향으로 나아가고 있다. 인공장기의 내장 센서나 연결된 신경망을 통해 실시간으로 생체 신호를 모니터링하고 조절하는 기능이 강화될 것으로 예상된다. 이러한 혁신은 장기 기증 부족 문제 같은 도전 과제에 대안을 제시하고, 환자들에게 새로운 치료법을 제공할 수 있다.

그린 바이오, 미래 식량을 책임지다

향후 인류에게는 환경오염, 에너지 자원 고갈, 핵전쟁 등 다양한 문제가 예상된다. 하지만 가장 시급히 해결해야 할 과제는 바로 '미래 식량 문제'다. 한국은 대표적인 저출생 국가가 됐지만 세계 인구는 계속 증가해 현재 75억 명에서 2050년에는 100억 명에 달할 것으로 예상된다. 하지만 작물을 생산하는 토지는 한정돼 있고 농업에 IT가 더해지는 속도도 인구 증가율을 따라가지는 못한다. 따라서 우리에게 필요한 건 적은 자원으로 많은 가치를 창출할 수 있는 기술인데, 바이오 기술 중에서도 '**그린 바이오**'가 그 역할을 할 수 있다. 그린 바이오는 농·수산업에 생명공학이 적용된 분야로 1차 식품에 바이오 기술을 더해 새로운 고부가가치 제품을 만들어낸다. 생물체의 기능과 정보를 활용해 새로운 기능성 소재와 종자 등을 생산하는 것이다. 식물과 동물 모두에게 적용 가능한 그린 바이오는 인류의 미래 먹거리를 책임지는 기술이다. 그린 바이오의 핵심은 안전한 식량 공급을 위한 기술과 농·축산물을 위한 최적의 재배 기술 개발이다. 그린 바이오는 레드 바이오에 비해 아직 시장 규모는 작지만 성장 가능성이 매우 크다.

유전자 변형 생물의 탄생

농업은 오랜 시간 발전해왔지만 한정된 자원만으로는 폭발적으로 늘어나는 세계 인구의 식량 수요를 충족하는 데 한계에 도달했다. 이에 생명공학 기술 발전과 더불어 다양한 시도가 이뤄졌고, 동물과 미생물의 유전자를 활용해 새로운 식물과 종자를 만드는 기술이 등장했다. 기본적으로 해충에 대한 저항성을 높이고, 비료를 덜 사용하면서도 건강하게 자라는 식물, 곡식 등을 개발하려는 노력이 시작됐다. **유전자 변형 생물**은 어떤 생물체에 다른 생물체의 유전자를 넣어 기존에 없던 새로운 성질을 갖게 한 것이다. 옥수수와 콩 같은 농산물에 적용하면 유전자 변형 작물(GM작물)이라 하고, 유전자 변형 농산물을 원재료로 가공한 식품은 유전자 변형 식품(GM식품)이라 한다. 대표적인 유전자 변형 작물은 콩이다. 우리가 먹는 콩 대부분은 수입되는데, 미국과 브라질, 캐나다 등 주요 생산국에서는 유전자 변형 콩을 대량 생산한다.

그린 바이오
바이오 기술이 농수산업에 적용된 분야다. 흔히 유전자 변형 생물(GMO)로 알고 있는 종자나 유전자가 변형된 동식물을 말한다. 건강기능식품이나 식품·사료 첨가제 등도 포함된다. 농업 분야는 작물 보호, 종자, 비료 등으로 나눌 수 있으며, 바이오 기술을 통해 새로운 기능성 소재와 종자 등을 만들어낸다.

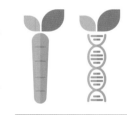

유전자 변형 생물
GMO, Genetically Modified Organism
모든 생물체는 DNA라고 하는 유전자 정보에 따라 기관과 기능이 다르다. 유전자 변형 생물은 DNA를 조작해 다른 생물체의 유전자 정보를 넣어 기존 생물체에 없는 새로운 성질을 만든다.

GM작물의 종류는 매우 다양하다. 토마토는 시간이 지나면 쉽게 무르는 성질을 갖고 있는데 한 미국 기업에서 잘 얼지 않는 특성을 지닌 넙치 유전자를 토마토에 이식해 무르지 않는 토마토를 탄생시켰다. 또 다른 예로 조금만 강한 제초제를 쓰면 쉽게 죽어 버리는 꽃이 있었는데, 과학자들은 제초제에 강한 나무를 찾아내 그 유전자를 꽃에 이식했다. 쉽게 죽던 꽃이 유전자 변형을 통해 제초제에 강한 꽃으로 재탄생했다. GM작물은 식량 문제를 해결하고 생산성과 수익성 향상으로 큰 이익을 가져와 매우 중요한 농업 자원이 된다. GM작물은 농작물 재배에 필요한 제초제, 살충제 같은 화학물질과 각종 기계 및 연료 사용으로 생기는 환경 문제를 크게 줄일 수도 있다. 다만 GM작물은 인위적으로 조작해 만들어 냈다는 인식 때문에 안정성 논란이 꾸준하다. 문제가 없다는 연구 결과나 보고서가 있지만 부작용이나 문제점에 대한 검증이 부족하다는 우려도 있다.

대체 식량 개발

유엔식량농업기구에 따르면 2050년에는 전 세계 인구가 100억 명에 육박하며, 식량 소비량은 지금과 비교할 수 없을 만큼 늘어날 것으로 예측했다. 쌀이나 보리 같은 곡식만 필요한 게 아니라 소와 돼지 같은 육류 소비량도 많이 증가한다. 소고기 1kg을 생산하는 데는 물이 약 1만 5,000리터 필요하다. 소를 키우기 위해서는 곡식보다 160배나 더 많은 공간이 필요하다. 반면 새로운 먹거리로 부상한 인공 식품은 이러한 자원 소비가 없어 많은 이에게 관심을 받는 중이다. 인공고기를 비롯한 새로운 미래 먹거리는 각종 에너지 소비와 환경오염을 줄인다. 지속가능한 농업과 생산

유엔식량농업기구FAO
세계 식량 안보 및 농촌 개발에 중추적 역할을 하는 UN 소속 국제기구. 인류의 영양 상태 및 생활수준 향상, 식량(농산물) 생산 및 분배 능률 증진을 목적으로 설립됐다.

Chapter 9 바이오와 에너지, 생명과 자원의 미래

으로 개발된 미래 식량은 점차 다양한 형태로 우리에게 다가오고 있다.

마이크로소프트 창업자 빌 게이츠는 2013년 '**비욘드 에그**'라는 인공계란을 소개했다. 미국 실리콘밸리의 푸드테크 스타트업 저스트 Just(초기 회사명은 '햄튼 크릭Hampton Creek'이며 비욘드 에그는 햄튼 크릭 시절에 나온 제품명으로, 현재는 '저스트 에그'다)가 2012년 개발한 인공계란은 녹두를 포함한 10여 가지 식물에서 추출한 가루 형태 단백질이 주성분이다. 물에 녹이면 계란 같은 색상과 질감으로 변하는 것이 특징이다. 이 인공계란을 기반으로 여러 식물성 첨가물을 더해 '저스트 마요Just Mayo'와 '저스트 스크램블Just Scramble' 같은 제품을 판매한다. 저스트는 식물성 원료로 만들어 조류 인플루엔자를 비롯해 기존 계란에서 발생하던 위험 요인이 전혀 없다. 콜레스테롤이 없고 계란 알레르기에서도 자유롭다. 이러한 혁신적인 제품을 앞세워 구글 공동 창업자 세르게이 브린을 비롯해 빌 게이츠와 페이팔 창업자 피터 틸Peter Thiel에게서 2억 2,000만 달러(약 2,600억 원)를 투자받았다. 현재는 기업가치가 약 30억 달러(약 5조 원)인 유니콘 기업으로 성장했다. 국내에도 진출해 SPC삼립과 파트너십을 맺고 저스트 에그를 생산·유통한다.

저스트가 인공계란을 만들어냈다면 임파서블 푸드와 비욘드미트는 인공고기를 만들었다. 유엔식량농업기구에 따르면 전 세계 가축이 배출하는 온실가스는 전체 배출량의 14.5%에 달한다. 특히 우리가 주로 먹는 소가 배출하는 온실가스는 가축 전체의 65%를 차지한다. 대체육 수요가 증가할 것으로 보이는 이유다. 유엔식량농업기구는 2025년에 대체육이 육류 시장의 10%를 차지하

비욘드 에그 Beyond Eggs
비욘드 에그는 인공계란이다. 녹두를 비롯한 10여 가지 식물에서 추출한 가루 형태 단백질이 주성분이다. 물에 녹이면 계란 같은 색상과 질감으로 변하는 게 특징이다. 식물성 원료만으로 만들어 콜레스테롤이 없고, 조류 인플루엔자 같은 질병에 무관한 식재료로 각광받고 있다.

지만, 2040년에는 기존 육류가 40%로 줄어들고 대체육과 배양육이 60%를 차지할 것으로 분석했다.[39] 시장조사 기관 유로모니터는 글로벌 대체육 시장이 2024년에 약 234억 달러(약 30조 3,880억 원) 규모로 성장할 것으로 예상한다. 코트라KOTRA가 내놓은 '국가별 식물성 대체육 시장 규모' 자료에 따르면 미국이 가장 큰 시장을 형성하며 영국, 중국, 독일 등 주로 선진국에 대체육 시장이 있다. 대표적인 대체육 기업은 해외에 임파서블 푸드와 비욘드 미트가 있고, 국내에는 푸드테크 스타트업 지구인 컴퍼니가 있다.

임파서블 푸드는 CES 2019에서 '임파서블 버거2.0'을 공개하며 식물성 원료로 고기 맛을 낸 인공패티와 인공치즈를 활용해 식물성 햄버거를 만들었다. 고기 맛을 내는 '헴Heme'이라는 화학물질로 고기의 특성을 살려냈다. 헴은 철분을 포함한 화학물질로, 임파서블 푸드는 식물로 헴을 만드는 방법을 개발해 일반 고기처럼 붉은빛을 띠게 했다. 임파서블 푸드는 2016년 7월 첫 제품을 선보인 후 대표적인 햄버거 브랜드인 버거킹과 함께 채식주의자용 버거 '임파서블 와퍼'를 출시하고, 미슐랭 셰프로 유명한 고든 램지의 레스토랑에서도 인공고기 메뉴를 선보였다. 임파서블 푸드는 대체육의 장점과 매출을 강조하며 미국 증시에 상장하려는 준비를 이어가고 있다.

임파서블 푸드의 경쟁사 **비욘드미트**는 온전히 식물성 성분으로 구성한 단백질로 고기와 맛이 똑같은 인공고기를 만드는 것을 목표로 삼는다. 육즙을 재현하기 위해 코코넛 오일을 쓰고, 식물성 단백질은 콩, 버섯 등에서 추출하며 별도의 배양 방법을 거쳐 고기의 향과 식감을 만들어냈다. 그리고 붉은색 채소인 비트를 활용해 먹음직스러운 빨간 고기의 느낌을 재현했다. 비욘드미트 역

임파서블 푸드 Impossible Food
스탠퍼드대 생화학과 교수 패트릭 브라운이 2011년에 창업한 대체류류 회사. 미국 샌프란시스코, LA, 뉴욕 등에서 임파서블 푸드의 식물성 패티로 만든 '임파서블 버거'가 판매되고 있다. 이 버거는 외형, 식감, 맛 등을 그대로 재현해내 일명 '피 흘리는 채식 버거'라고 불린다.

비욘드미트Beyond Meat
식물성 성분으로 실제 육류와 비슷한 인공육류를 만든다. 국내에도 정식 출시되어 있어 직접 구입하거나 식당에서 비욘드미트로 만든 음식을 맛볼 수 있다.

시 빠르게 대중화가 이뤄지고 있다. 포장용으로 일반 식료품점에서 판매하거나 레스토랑에서 햄버거로 만들어져 판매되고 있다. 2019년 3월 한국에도 정식 출시돼 마트에서 사거나 식당에서 접할 수 있다. 비욘드미트는 2019년 5월 미국 증시에 상장했는데 상장 이후 한동안 주가가 고공행진을 이어갔다. 하지만 230달러가 넘던 주가는 현재 7달러 선에 머물면서 고점 대비 95% 하락했다.

일각에서는 식물성 대체육이 실패로 끝났다는 평을 내리기도 한다. 대체육 시장이 성장한다는 예측도 있지만 매출과 영업이익 등 눈으로 확인할 수 있는 실적이 좋지 않기 때문이다. 세계적인 인플레이션과 식품 가격 상승 등 경제 상황과 맞물려 가격이 비싼 대체육의 인기가 사그라들어 판매가 부진했다. 실제로 버거킹, 맥도날드, 타코벨 등 유명 패스트푸드 업체들과 파트너십을 맺었지만, 점차 대체육 상품의 판매 중단이 이어졌다. 근본적으로 꼽히는 부진 원인은 위와 같은 인공식품이 대체로 실제 식품과 맛이 다르거나 그에 비해 떨어진다는 평가다. 비슷하게 만들 수는 있지

만 아직 실제 식품 고유의 맛을 완벽하게 재현한 제품은 없다는 반응이다. 인공고기도 여러 후기를 보면 실제 고기 맛이 나지 않거나 구울 때 화학물질 냄새가 난다는 등의 의견이 많다. 대체육 상당수는 고기와 비슷한 맛을 내기 위해 나트륨, 방부제 등 첨가물을 많이 넣는다. 과도한 가공처리와 첨가제 때문에 식물성 원료와 건강하다는 인식이 무색하다. 결정적으로 여전히 가격이 비싸다. 비욘드 미트의 버거 패티 가격은 일반 고기보다 서너 배 비싸다. 저렴한 식품을 찾는 소비자 입장에서 쉽게 접근할 수 없는 것이 사실이다. 이에 대체육 기업들은 저렴하면서도 진짜 고기 맛과 향을 내는 제품을 만들고자 노력하고 있다. 인공고기를 비롯한 새로운 먹거리는 미래 식량 문제를 해결하고 환경오염까지 줄일 수 있는 그린 바이오의 대표적인 결과물로 자리 잡을 전망이다.

화이트 바이오,
새로운 에너지원을 개척하다

화이트 바이오
바이오 중 에너지 및 소재와 관련된 영역. 연평균 10.1% 성장하며 기존 화학, 에너지 산업을 보완하거나 대체할 것으로 예측된다.

바이오매스Biomass
태양 에너지를 받아 유기물을 합성하는 식물과, 식물을 식량으로 삼는 동물과 미생물 등 생물유기체를 지칭한다. 화학적 에너지로 전환할 수 있는 친환경 에너지 자원이다. 바이오매스로부터 생성되는 바이오에너지는 바이오 가스, 바이오 디젤, 수소 등이 있으며, 난방 연료나 자동차 연료로 쓸 수 있다.

화이트 바이오는 효소나 미생물을 이용하는 **바이오매스**의 생물학적 발효를 거쳐 에너지를 만들거나 플라스틱, 화장품, 연료 등 화학제품을 생산하는 기술이다. 화이트 바이오라는 용어에는 기존 화학 에너지를 대변하는 굴뚝의 검은 연기를 하얀색으로 바꿀 수 있다는 뜻이 담겨 있다. 기존 화학·에너지 산업의 소재를 식물, 미생물, 효소 기반 바이오매스로 대체한다. 석유 기반 제품이 환경에 미치는 유해성과 플라스틱 사용 증가에 따른 환경오염을 해결할 대안으로 주목받고 있다. 미세먼지 및 기후 변화와 각종 환경오염으로 화이트 바이오에 대한 기대감이 커지고 있으며, 바이오에서 빠르게 성장할 분야로 전망된다. 시장조사 업체 어드로이트 마켓리서치에 따르면, 세계 화이트 바이오산업 시장은 연평균 10.1% 성장해 2019년 2,378억 달러(약 300조 원)에서 2028년에는 약 5,609억 달러(약 730조 원) 규모가 될 것으로 예측했다.[40]

화이트 바이오는 기존 석유 기반 화학제품을 대체할 친환경 제품과 더불어 새로운 에너지를 만들어낸다. 석유를 재료로 생산되는 각종 생활용품과 의류, 전자제품과 자동차 등의 소재로 사용된다. 바이오매스를 써서 각종 소재와 연료를 생산하고, 이 과정에서 생긴 이산화탄소는 다시 바이오매스 생산 과정에 흡수돼 이산화탄소 배출을 감소시키는 장점이 있다. 화이트 바이오 대표 제품인 '생분해성 바이오플라스틱'의 분해 기간은 5년 이내로, 450년이나 걸리는 페트병보다 친환경적이다. 지금처럼 플라스틱 생산과 소비가 이어진다면 엄청나게 많은 화석연료가 사용되고 탄소가 나오면서 여러 환경문제를 일으킬 것이다. 국제적으로 온실가스 감축과 탄소 중립을 실현하기 위해 국가 차원에서 녹색 성장 전략을 수립하는 이유다. 화이트 바이오를 통하면 쓰레기 매립장에서 미생물을 활용해 환경오염의 주범인 메탄가스 대신 새로운 에너지를 만들 수도 있다. 제조 과정에서 이산화탄소를 최소화하고 바이오매스가 이산화탄소를 흡수해 '탄소 중립'에 기여할 수 있을 것이다.

이미 오래전부터 기후 변화의 주범인 화석연료를 대체하기 위해 풍력, 태양열을 이용하는 친환경 에너지 연구가 진행 중이다.

나무, 사탕수수, 고구마, 옥수수 등 유기물에서 나오는 에너지로 대체하려는 노력도 계속되고 있다. 이러한 바이오 에너지의 장점은 연소 후 배출되는 유해물질이 화석연료보다 훨씬 적어 환경오염을 개선할 수 있다는 점이다. 바이오 에너지는 전기나 열에너지 외에 다양한 연료로 개발할 수 있고, 재생 가능하다는 장점이 있어 연료 고갈에 대한 우려가 덜하다.

이처럼 다양한 장점이 있어 해외에서는 기술 개발뿐만 아니라 탄소배출권 거래제, 친환경 바이오 제품 인증제, 세금 지원 등 다양한 제도적 지원으로 화이트 바이오를 육성하고 있다. 국내 기업들도 화이트 바이오 활용에 적극적이다. SK케미칼, LG화학, GS칼텍스, 포스코인터내셔널, 현대 오일뱅크 등 대표적인 정유화학 기업들의 움직임이 발 빠르다. 어떤 기업들은 옥수수를 발효해 만든 친환경 소재로 운동화, 의류 등 패션 제품을 생산한다. 또 옥수수 성분으로 플라스틱을 개발하거나 곡물을 활용한 **바이오에탄올** 같은 재생연료를 만들기도 한다.

바이오에탄올
식물을 발효해 만든 가연성 알코올.
자동차 같은 내연기관 연료로 사용
하기 적합한 특징이 있다.

Chapter 9 바이오와 에너지, 생명과 자원의 미래

　탄소 배출 규제가 강화되고 친환경 연료와 에너지원 수요가 늘어나면서 화이트 바이오에 대한 관심도 높아지고 있다. 다만 국내에서는 선도 국가와 기술 격차가 크다. 화이트 바이오 관련 기술 경쟁력은 해외와 비교할 때 격차가 몇 년이나 벌어졌다. 앞으로 화학연료 의존도를 낮추고 비용 절감과 동시에 환경 문제도 해결할 화이트 바이오 분야에 대한 투자와 개발이 더욱 절실하다.

2차 전지와 전기차

　화이트 바이오가 화석, 화학 에너지를 대체하고 환경에 기여하는 새로운 에너지원을 만들고 있지만, 기존에 우리가 사용하던 에너지도 여전히 많이 쓰이고 있다. 2차 세계대전 이후 유럽에서 벌어진 가장 큰 전쟁은 러시아와 우크라이나 전쟁이다. 이 전쟁으로 석유 및 천연가스 시장이 상당한 변화를 맞았다. 바이오, 재생 에너지가 미래 에너지원으로 주목받는다 해도 기존 화석 에너지 수

요가 여전히 많기 때문이다. 과거부터 석유가 고갈될 것이라는 예측이 있었지만, 수십 년이 지나도 석유가 고갈되기는커녕 오히려 세계 원유 매장량이 늘어나고 있고 화석 에너지 사용도 계속 늘어나고 있다. 친환경이 중요하고 탄소 배출 감소가 필요하지만 현실에서는 화석 에너지 사용이 줄지 않는다. 하지만 석유, 천연가스 등 기존 에너지원뿐만 아니라 전기, 핵융합 등 새로운 에너지가 엄청난 규모의 경제를 형성하기도 했다. 이처럼 새로운 에너지를 만들어내는 방식에는 어떤 것이 있을까?

화석연료를 사용하는 대표적인 분야는 '자동차'다. 화석연료로 인한 환경오염 때문에 자동차 분야에서도 친환경의 중요성이 커졌다. 친환경 자동차로는 '전기차'가 있다. 기존 내연기관 자동차는 엔진에 화석연료를 공급하고, 엔진에서 나온 가스를 배출하는 방식이다. 반면 전기차는 모터에 전기를 공급하는 배터리가 중요하다. 전기를 충전해 반복 사용이 가능한 배터리가 핵심 요소로 떠오르면서 '2차 전지'에 대한 관심이 높아졌다. 시계, 리모컨 등에 주로 사용하며, 한 번 쓰면 재사용이 불가능한 배터리를 1차 전지라 한다. **2차 전지**는 충전과 방전을 반복할 수 있는 전지로 양극, 음극, 전해질, 분리막 등으로 구성된다. 양극재와 음극재 사이에 있는 전해질을 통해 리튬 이온이 이동하는 흐름에 의해 전기가 발생한다. 리튬이온 배터리는 전기차에 주로 사용되며, 2차 전지의 수명에 따라 전기차 효율이 결정된다. 국내외 주식 시장에서 관심을 받는 2차 전지는 대기업을 비롯해 많은 기업이 먹거리로 삼은 시장이다.

사실 전기차는 내연기관 자동차보다 일찍 개발됐다. 1830년대 최초로 개발된 전기차는 배터리 지속 문제, 짧은 주행거리, 제조비용 등 여러 단점 탓에 상용화되지 못했다. 그러나 2000년대 이후 배터리 기술과 반도체를 비롯한 IT 기술의 발전으로 본격적인 전기차 시대가 열렸다. 각 전기차 제조사는 원하는 유형을 선택해 다양한 배터리를 장착한다. 내연기관 자동차는 곳곳에 주유소가

2차 전지
한 번 쓴 후에도 충전해서 재사용 가능한 전지. 높은 전력이 필요한 곳에 활용한다. 자동차, 스마트폰 등 다양한 곳에서 쓴다. 재사용이 가능하기에 2차 전지 효율과 전력 소모 개선이 중요하다.

있어 접근이 편리하며 몇 분 안에 연료를 채울 수 있는 반면, 전기차는 급속 충전하더라도 30분이 걸리며 주유소에 비해 접근성이 낮다. 따라서 고속 충전과 충전 인프라 구축이 매우 중요하다.

전기차 충전은 속도에 따라 '완속 충전'과 '급속 충전'으로 구분된다. 전기차는 직류 전원을 사용하는데, 완속 충전은 교류 전원을 직류로 변환해야 하므로 충전이 오래 걸린다. 반면에 급속 충전은 변환 과정이 없어 충전이 빠르지만 제조사마다 별도 어댑터가 필요하다. 완속 충전은 글로벌 표준이 있어 범용성이 좋다는 장점이 있다.

전기차 충전은 방식에 따라서도 크게 두 가지로 구분한다. 글로벌 표준으로 쓰는 **복합 충전 표준(CCS)**과 테슬라가 자체 개발한 **북미 충전 표준(NACS)**이 있다. 전기차 분야에서 충전 방식은 제조사 전략에도 큰 영향을 준다. NACS는 CCS보다 충전 케이블이 가볍고 작은 편이다. 플러그앤차지Plug&Charge 기능으로 간편한 충전과 결제가 가능하다는 장점이 있다. 지금까지 NACS는 주로 테슬

복합 충전 표준
Combined Charging System
AC(교류)와 DC(직류)를 따로 쓰므로 케이블이 무겁다. 테슬라 이전 전기차는 대부분 CCS를 사용했으나 NACS를 지원하기 시작했다. 별도 어댑터를 부착해 NACS 용도로도 쓸 수 있다.

북미 충전 표준
North American Charging Standard
가벼운 케이블과 작은 충전구가 장점이다. AC와 DC를 전선 하나로 구현했기 때문이다.

NACS   CSS

라에서만 사용되었지만, 미국 정부가 테슬라에 NACS 규격을 개방하도록 요구했다. 테슬라가 NACS를 개방하면서 전기차 충전 시장에 큰 변화가 생겼다. 포드는 2023년 5월, 어댑터를 통해 포드 전기차가 테슬라 충전기를 사용할 수 있게 됐다고 밝혔다. 그 후로 GM, 도요타, 렉서스, 스바루 등 여러 전기차 제조사가 테슬라 충전 표준을 따르기 시작했다. 현재는 대부분이 CCS 방식을 쓰지만, 2025년 이후에는 대다수가 NACS 규격으로 전환할 계획이다.

핵융합 발전

미래 에너지로 언급되는 대표적인 기술 중 핵융합 발전이 있다. **핵융합 발전**은 단기간에 이뤄지기 어렵지만, 여러 실험으로 상용화 가능성을 높이고 있다. 현재는 2030년까지 기술 개발, 2050년 상용화 및 대중화를 목표로 삼고 있다. '핵융합'은 가벼운 원소의 핵이 결합해 무거운 원자핵으로 변하면서 에너지를 발생시키는 현상이다. 이는 태양이 열을 내는 원리와 유사해 '인공태양'이라 불린다. 핵융합은 우라늄이나 플루토늄 등 무거운 원소를 쪼개는 핵분열과 달리 탄소를 발생시키지 않는 청정에너지로 주목받고 있다. 이론적으로 핵융합 연료 약 1kg으로 화석연료 1,000만kg에 맞먹는 에너지를 만들 수 있기 때문이다. 기존 핵분열이 원자핵을 쪼개는 것과 달리, 핵융합은 원자핵들이 융합되는 과정에서 에너지가 방출되는 원리를 이용한다. 태양에서는 1,000만℃ 정도에서 핵융합이 일어난다. 그러나 지구는 중력이 약해 핵융합 발전에 1억℃ 이상으로 높은 온도가 필요하다. 이렇게 높은 온도를 견딜 수 있는 물질은 지구상에 없기에, 과학자들은 핵융합 발전을 위해

핵융합 발전
융합 반응으로 발생하는 에너지를 이용해 전력을 생산하는 것. 핵융합은 태양에서 빛과 열에너지를 만들어내는 원리다. 고온과 고압 환경 하에서 수소 원자핵들이 서로 융합하면서 에너지가 만들어진다.

핵융합 발전소의 구조

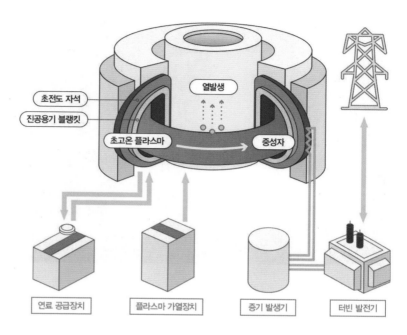

초전도 자석

진공용기 블랭킷

열발생

초고온 플라즈마

중성자

연료 공급장치

플라스마 가열장치

증기 발생기

터빈 발전기

출처 한화큐셀웹진

도넛 모양 진공 자기장 안에 플라즈마를 가두는 해결책을 고안했다. 도넛 모양 핵융합 장치 '**토카막**'에 초전도 자석을 설치해 초고온 **플라즈마**를 가둔다.

우주산업에서 언급했던 삼중수소, 즉 헬륨3는 핵융합 발전에 필요한 중요 에너지 자원이다. 헬륨3를 사용한 핵융합은 삼중수소가 아닌 비방사성 연료를 연소시키기 때문에 1% 이하의 중성자 방사선을 방출한다. 이는 우라늄을 기반으로 하는 원자력보다 효율이 5배 높으면서도 유해 방사능 폐기물이 나오지 않아 친환경적이다. 헬륨3 반응은 전기적으로 충전된 원자핵 형태로 에너지를 방출해 원자핵을 직접 전기로 전환하는 발전의 길을 열어줄

토카막

태양처럼 핵융합 반응이 일어나는 환경을 만들기 위해 자기장을 이용해 초고온 플라즈마를 가두는 핵융합장치.

플라즈마

액체, 고체, 기체가 아닌 제 4의 물질 상태. 강력한 전기장 혹은 열원으로 가열돼서 기체 상태를 뛰어넘어 전자, 중성입자, 이온 등 입자들로 나눠진 상태.

토카막은 태양처럼 핵융합 반응이 일어나는 환경을 만드는 장치다.

출처 Wikipedia

것이다. 헬륨3는 1그램에 불과한 양으로도 석탄 약 40톤과 동일한 에너지를 만들 수 있다. 문제는 헬륨3가 지구에는 거의 없고, 달 표면에 있다는 점이다. 달 표면에는 헬륨3가 약 100~200만 톤 있다고 추정된다. 달에 있는 헬륨3는 모든 인류가 1만 년 넘게 쓸 수 있는 어마어마한 에너지다. 다만 현재 기술로는 헬륨3를 채취해 지구로 옮기거나 달에서 가공하는 방식이 불가능하거나 너무 큰 비용이 든다. 헬륨3를 가져온다고 해도 활용하려면 핵융합 원자로가 필요한데, 건설비용과 상용화에 걸리는 시간 등을 고려하면 단기간 내에 에너지원으로 활용할 수 있을지는 미지수다.

챗 GPT의 아버지로 알려진 샘 올트먼이 투자한 스타트업 **헬리온 에너지**는 핵융합 에너지 상용화를 꿈꾼다. 헬리온 에너지는 2028년부터 핵융합 발전소를 가동할 계획이며, 지금까지 5억 달러

헬리온 에너지
미국의 핵융합 발전 스타트업으로 주요 원료로 헬륨3를 사용한다. 마이크로소프트와 샘 올트먼 등 유명 투자자에게 거액을 투자 받았다.

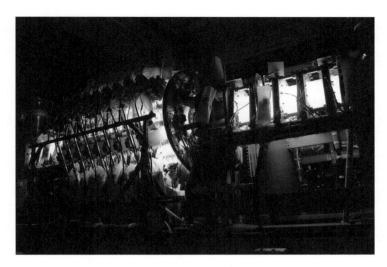

Helion Energy

(약6,500억 원)가 넘는 자금을 조달했다. 마이크로소프트는 2028년 부터 핵융합 전기를 공급받는다는 계약을 체결하고 헬리온 에너 지의 첫 고객이 됐다. 앞으로 인공지능, 양자컴퓨팅, 블록체인 등 을 개발하려면 더욱 막대한 전기가 필요하다. 마이크로소프트는 앞으로 큰 혁신은 인공지능과 핵융합 전력에 있다며 계약 취지를 설명했다.

챗 GPT 같은 생성형 인공지능이 최근 막대한 전기를 사용하며 탄소 배출과 전력 소모가 환경 문제로 대두되고 있다. 핵융합을 활 용하면 저렴하고 풍부한 에너지를 효율적으로 사용할 수 있다. 핵 융합 에너지 자원인 헬륨3를 특정 국가가 독점한다면 중동 중심 인 석유 자원에 의존할 필요가 없고, 에너지 가격도 마음대로 정 할 수 있다. 과거 전쟁이 군사 경쟁이었다면, 미래의 전쟁은 에너 지 자원 확보 경쟁으로 볼 수 있다. 앞으로 헬륨3가 우리 인류를 구원할 에너지가 될지, 특정 국가 혹은 기업의 독점으로 무기가 될

Chapter 9 바이오와 에너지, 생명과 자원의 미래

지 관심 있게 지켜봐야 한다.

SMR

핵융합 에너지가 미래의 기대 에너지라면 현실적으로 AI와 데이터센터의 엄청난 전력 소비를 감당하기 위해서는 '원자력 발전'이 필요하다. 최근에는 대형 원자력 발전소가 아닌 소형 원자력 발전소(SMR, Small Modular Reactor)가 관심을 받고 있다. **SMR**은 미래 에너지 시장을 주도할 것으로 전망되는 무탄소 원전으로, 대형 원자력 발전소 대비 뛰어난 안전성과 운영 유연성이 장점으로 꼽힌다. 원자력 발전은 대량의 에너지를 만들 수 있지만 한계가 많다. 출력 조절이 어렵고, 원자로를 냉각하는 방법이 한정적이고, 발전소 건설비용이 비싸고, 건설할 수 있는 입지 역시 제한적이다. 원자로의 크기와 출력을 획기적으로 줄인 SMR은 이러한 원자력 발전의 단점을 보완할 수 있다. 규모가 작아 이론적으로 출력 조절과 원자로 냉각이 쉽다는 장점이 있기 때문이다.

SMR은 오픈AI의 샘 올트먼, 마이크로소프트의 빌 게이츠 등이 직접 회사를 설립하거나 관련 기업에 투자할 정도로 IT 분야와 연관성이 높다. SMR은 공장에서 원자력 발전소를 제작해 설치하는 방식이라 비용이 저렴하고 설치 장소도 꼭 바다가 아니더라도 내륙 한복판도 가능하다. 일반적으로 냉각수가 필요한 원자력 발전소는 바닷물을 사용하기 위해 바닷가에 인접해 있다. 하지만 SMR은 냉각수도 적게 필요하며 냉각재로 물, 나트륨, 납, 헬륨 등을 다양하게 사용한다. SMR은 전기가 필요한 곳 옆에 바로 설치할 수 있으므로 멀리서 전력을 끌어오면서 생기는 시간 지연과 에너지 손실을 없앨 수 있다.

SMR
소형 원자력 발전소. 기존 원자력 발전소 대비 장점이 있는 차세대 원자력 발전소다. 비용 효율적이며 안전한 에너지를 만들 수 있다. 국제원자력기구(IAEA)에 따르면 현재 개발 중인 종류만 70여 개에 이르며, 아직 국제 표준화는 이루어지지 않았다. 2030년 상용화를 목표로 많은 국가와 기업에서 SMR을 개발하고 있다.

물론 원자력 발전소는 안전에 대한 우려가 있다. 하지만 최신 원자력 발전소가 100만 년에 한 번 사고가 발생하는 수준으로 설계된다면 SMR은 10억 년에 한 번을 목표로 설계한다. SMR은 아직 상용화 단계가 아니며 차세대 에너지 생성 방식으로 주목받고 있다. 현재 절대 강자가 없고 세계 여러 기업이 기술을 개발하며 각축전을 벌이고 있다. 따라서 아직 기술 표준화도 이루어지지 않았다. AI와 데이터 시대의 에너지를 위해서는 SMR이 필요하며 이는 미래 에너지 시장의 게임 체인저가 될 가능성이 높다.

탄소 배출과 그린AI

최근 '탄소 배출'에 대한 관심이 크다. 이는 개인, 기업, 국가의 모든 활동에서 발생하는 이산화탄소를 의미한다. 화석연료 사용이나 전기 소비는 모두 탄소 배출과 관련이 있다. 탄소 배출은 교통, 주거, 산업 등 여러 환경에서 생긴다. 환경 문제를 언급하면 주로 공장이나 자동차에서 나오는 매연이 떠오를 것이다. 공장 가동시 화석연료나 화학물질 사용으로 인해 해로운 물질이 대기나 폐수로 배출된다. 자동차 매연도 환경오염의 주범으로 여겨진다. 그런데 또 다른 환경오염의 원인으로 '컴퓨터'가 지목되고 있다. 전 세계에서 13억 명 이상이 개인용 컴퓨터를 사용하고 있는데, 컴퓨터 생산과 폐기 과정에서 많은 화석연료와 화학물질이 사용되기 때문이다. 매년 약 5,000만 톤에 달하는 전자기기 폐기물이 나와 중금속과 독성 물질이 토양과 지하수를 오염시킨다. 또한 업무와 개인용 컴퓨터는 큰 전력 소비를 동반하는데, 컴퓨터 1대가 매년 약 750킬로와트만큼 전력을 사용한다. 이는 냉장고보다도 많은 소모량이다. 발전소는 이를 위해 많은 연료와 에너지를 소비하며 대기 중에 온실가스를 수백만 톤 배출한다.

　컴퓨터와 인공지능이 배출하는 탄소는 아직 전체 배출량에서 큰 비중을 차지하지는 않지만, 앞으로 더 많은 배출이 예상된다. 구글 CEO 순다르 피차이는 2030년까지 모든 데이터센터와 사무실에서 온실가스를 배출하지 않겠다는 탄소 중립을 선언했으며, 아마존 CEO 제프 베이조스도 2040년까지 탄소 제로를 달성하겠다고 밝혔다. 마이크로소프트는 'AI for Earth' 프로젝트를 통해 환경 문제를 해결하는 클라우드와 인공지능 프로그램을 지원하고 있다. 인공지능은 환경오염을 줄이거나 전력 에너지 소비를 최적화하려는 목적으로 연구되고 있다. 이러한 연구와 활동을 **'그린 AI'**라고 부른다.

그린 AI Green AI
미국 앨런AI 인스티튜트가 2019년 발표한 논문 제목. AI 연구가 보다 환경친화적이고 환경 문제를 반영해야 한다는 의미다.

글로벌 환경 문제를 해결하기 위한 마이크로소프트의 'AI for Earth' 프로젝트

출처 Microsoft

지금까지 미국 기업은 주로 화석 에너지에 투자하고 유럽 기업은 재생 에너지에 투자해왔다. 세계 1위 석유 회사 엑슨 모빌과 쉐브론 등 미국 기업은 새로운 유전을 찾아내고 석유 가공 기술을 발전시키면서 투자 대비 어마어마한 수익을 올리고 있다. 반면 세계 2위 석유회사 브리티시 페트롤륨BP과 쉘Shell 등 유럽 기업은 재생 에너지에 집중했지만 수익성과 효과가 기대에 미치지 못하고 있다.

인공지능 인류는 아직까지 화석연료보다 효율이 뛰어난 새로운 재생 에너지를 찾지 못하고 있다. 탄소배출을 줄이려는 노력이 이어지고 있지만, 화석연료 사용이 크게 줄지 않고 인공지능의 등장으로 전기 소비가 증가하고 있다. 대체 에너지원이 자리 잡기 전까지 탄소 배출은 전 세계의 과제로 남을 것이다.

바이오 기술이 이끌어갈 미래 경제

바이오 기술은 인류의 미래를 책임질 핵심 기술 중 하나다. 단순히 기업의 이윤 창출 수단이 될 뿐만 아니라, 인간 삶에 큰 영향을 끼치며 지구와 환경을 지켜갈 방법이기 때문이다. 이 때문에 각국 정부는 바이오 기술 산업에 투자와 지원을 강화하고 있으며 각종 규제와 가이드라인을 만들고 있다. 또한 글로벌 제약, 바이오, 건강 관련 기업은 계속 커지는 바이오 시장에서 미래 사업 모델을 찾고자 투자와 기술 개발에 적극적으로 참여하고 있다.

특히 노화 방지와 질병 치료 등 인간의 삶에 직접적인 영향을 주는 기술이 핵심이다. 그린 바이오와 화이트 바이오처럼 지속가능한 먹거리와 에너지를 만들려는 노력도 이어지고 있다. 바이오 기업과 전통 제약 기업의 R&D 투자가 꾸준히 늘어나는 가운데 이미 한 해 수천억 원 이상 투자하는 기업도 여럿이다. 국내 바이오산업 경쟁력을 높이려는 노력도 진행 중이다. 국내 제약 기업이 개발한 신약이나 바이오 시밀러 등이 해외에서 승인받았거나, 승인 절차에 돌입하는 중이다.

앞서 언급했듯 에너지 분야에서는 기존 에너지 사용과 함께 친환경을 위한 새로운 에너지 개발이 진행 중이다. 에너지는 전기와 배터리가 핵심인 전기차나 핵융합 발전 같은 새로운 거대 시장을 이끄는 핵심 요소이기도 하다. 여전히 화석 에너지가 대세지만 친환경 에너지는 앞으로 인류에게 매우 중요하다. 에너지 산업의 미래는 지속 가능성과 혁신에 중점을 두고 있다. 점점 증가하는 에너지 수요와 기후 변화에 따른 우려로, 신재생 에너지 및 청정에너지 기술이 더욱 중요해지고 있다. 태양 및 풍력 발전, 에너지 저장 기술, **스마트 그리드** 등 혁신적인 기술이 발전하면서 전통적인 에너지원에 의존하는 부분을 줄이고 환경친화적인 대안을 제공하는 데 큰 발전이 있을 것으로 예상된다.

바이오와 에너지, 두 산업은 기존 에너지원에 대한 의존을 줄이고 친환경적이며 지구 친화적인 대안을 찾는 데 핵심적인 역할을 한다. 바이오는 생물 다양성을 보호하면서 재생 가능한 자원을 활용해 에너지를 만든다. 또한 에너지 생산으로 발생하는 온실가

스마트 그리드
전력망이 지능화, 고도화되면서 효율성이 높아진 차세대 전력망 시스템. 일반적인 전력망에 IT기술을 접목해 전기 공급자와 소비자 간 실시간 정보교환이 이뤄진다.

스와 환경오염을 최소화하며 지속 가능한 미래를 위한 토대를 마련한다. 이러한 기술과 산업의 미래는 글로벌 에너지 패러다임을 변화시키고, 지구 환경에 미치는 나쁜 영향을 줄이는 데 중대한 역할을 할 것으로 기대된다.

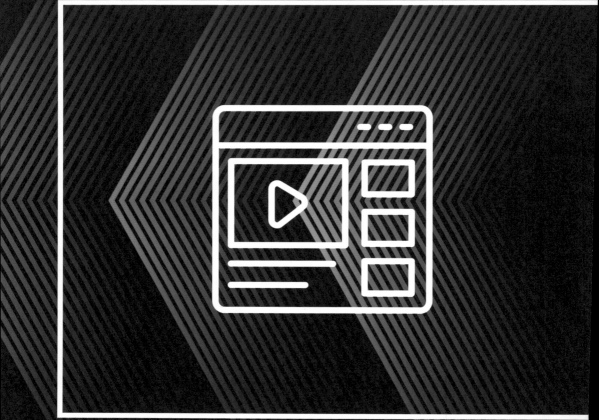

소프트웨어 혁명과 웹 3.0,

신경제가 열리다

디지털 세상의 미래 시나리오 >>>

컴퓨터가 등장하기 전에는 자료 하나를 찾으려면 백과사전을 한 장씩 넘겨보거나 도서관에 가 책이나 논문을 찾아봐야만 했다. 그러다 컴퓨터가 등장하며 무수히 많은 정보 가운데 필요한 것만 얻고 시간까지 절약할 수 있게 됐다. 인간은 컴퓨터, 늘어나는 저장 공간, 자동화, 효율적인 소프트웨어, 검색 엔진 등을 통해 디지털에 담긴 수많은 정보를 접할 수 있게 됐다. 여기에 스마트폰과 모바일 애플리케이션이 나타나자 언제 어디서나 디지털 정보를 접할 수 있는 환경이 마련됐다. 현재 인간의 삶은 많은 부분이 '디지털화'됐다.

디지털은 이진법(숫자 0과 1로 나타내는 방식)으로 각종 조합을 만들어 물질의 특성을 담은 정보를 생성하고 전달한다. 사실 디지털의 모태는 아날로그다. 컴퓨터가 등장하면서 아날로그 세계에 있던 각종 물질과 정보가 디지털로 전환돼 디지털 시대가 탄생했다. 이제 세상 거의 모든 물질, 사물, 정보는 디지털로 표현 가능하며 이를 통해 컴퓨터, 모바일 기기, 인터넷, 인공지능 등 모든 IT 기술이 개발된다. 디지털은 인간의 삶에 깊숙이 파고들었다.

✳✳✳

우리는 산업 사회에서 디지털 사회로 완전히 넘어가는 전환기에 살고 있다. '4차 산업혁명 시대'로 대변되는 디지털 혁명 시대에는 앞서 살펴본 인공지능, 블록체인, 가상현실을 비롯한 수많은 기술이 융합한다. 공유경제와 클라우드 컴퓨팅 서비스, 사물인터넷, 유비쿼터스, 디지털 노마드, 스마트 팩토리, 스마트 시티 등 다

양한 산업과 관련 용어가 탄생했다. 이런 디지털 혁명 시대를 만들어내는 근간은 각종 프로그래밍, 컴퓨팅 기술과 오픈소스 기반 소프트웨어 개발 문화 등이다. 컴퓨터 프로그래밍이 없다면 사물인터넷도, 클라우드 컴퓨팅도 작동할 수 없기 때문이다.

인터넷은 탄생 이후로 끊임없이 진화했다. 웹 1.0 시대란 인터넷 초기에 누구나 인터넷을 사용하고 서비스를 만드는 기회가 열렸던 시기다. 웹 2.0 시대에는 구글, 애플, 인스타그램 등 기업 중심으로 중앙화된 서비스가 인터넷 시대를 열었다. 거대 IT 기업이 성장하고 모바일 시대가 열리면서 우리 삶은 크게 발전했다. 하지만 데이터 소유권이나 의사결정이 거대 중앙화 구조에 귀속되면서 사용자 개인은 IT 서비스에 전적으로 의존해야만 하는 환경이 만들어졌다. 거대 IT 기업의 권력을 분산하고 개인정보 소유권 등을 되찾으려는 움직임이 최근 몇 년 사이 두드러졌다. 지금의 인터넷과 다른 인터넷 시대가 열리고 있다. 인공지능은 물론 양자컴퓨팅 등 최신 기술과 함께 디지털 세상 구조를 바꿀 새로운 인터넷 시대가 다가온다.

노 코드와 로우 코드,
프로그래밍이 변신하다

앞서 살펴본 인공지능, 블록체인, 로봇, 사물인터넷 등이 어떻게 만들어지고 구현되는지 생각해볼 필요가 있다. IT 기술을 컴퓨터에서 사용하기 위해서는 프로그래밍, 코딩, 클라우드 컴퓨팅 등이 필수다. 디지털 혁명의 기반은 컴퓨터 프로그래밍에서 시작된다. '프로그래밍Programming'의 사전적 정의는 '프로그램을 만드는 것'이다. 그리고 여기에서 프로그램은 컴퓨터에서 작동하는 것을 말하므로, 프로그래밍이라고 하면 대개 컴퓨터 프로그래밍을 뜻한다. 프로그래밍 언어는 컴퓨터에 명령하거나 연산을 시킬 목적으로 설계돼 기계와 의사소통할 수 있게 해주는 언어다. **자바, 파이썬** 등이 대표적이다. 컴퓨터용 언어는 프로그래밍하고 각종 소프트웨어를 만드는 데 기본이 된다. 인간이 원하는 작업을 컴퓨터가 수행할 수 있도록, 프로그래밍 언어로 일련의 과정을 작성하고 실행한다.

프로그래밍을 위한 가장 기초적인 작업은 바로 '**코딩**'이다. 영어와 한국어가 다르듯, 인간과 컴퓨터의 언어는 다르다. 인간이 컴퓨터에게 1+1이라는 계산을 시키려면 컴퓨터의 언어로 바꿔야 하는데, 이처럼 컴퓨터가 이해하는 언어를 만드는 작업이 바로 코딩이다. 컴퓨터 운영체제, 모바일 운영체제, 모바일 애플리케이션, 게임 등이 모두 코딩으로 탄생했다. 우리가 흔히 쓰는 마이크로소프트의 엑셀도 코딩의 일종이다. 네모 칸 안에 덧셈, 뺄셈을 입력

자바Java
썬 마이크로시스템즈의 제임스 고슬링James Gosling과 다른 연구원들이 1995년 발표한 객체 지향적 프로그래밍 언어. 초기에는 가전제품에서 작동하는 프로그램을 개발하기 위해 만들었으나, 현재는 웹과 모바일 소프트웨어 개발 등에 가장 많이 쓰는 프로그래밍 언어다.

파이썬Python
1991년 프로그래머 귀도 반 로섬Guido van Rossum이 발표한 프로그래밍 언어. 다른 프로그래밍 언어보다 배우기 쉬워 사용자 층이 넓다. 각종 설문조사 및 프로그래밍 언어 순위에서 1위를 차지하고 있다.

코딩Coding
주어진 명령을 컴퓨터가 이해할 수 있는 언어로 입력하는 것. 코딩이 단순하고 반복되는 코드를 입력하는 일이라면, 프로그래밍은 코드를 작성하는 데서 나아가 분석과 테스트까지 포함한다.

하면 프로그램은 계산하라는 명령으로 인식한다. 엑셀로 컴퓨터에 명령하는 과정은 코딩과 크게 다르지 않다.

프로그래머는 보통 프로그래밍 언어(자바, 파이썬, C 등)로 코딩을 해왔지만, 이제는 코딩을 최소화하는 프로그래밍 방식으로 변화하고 있다. 코딩에는 전문지식과 경험이 필요하다. IT 서비스와 제품을 만들기 위해 프로그래밍이 가능한 개발자를 확보하는 일은 기업 경쟁력과 직결된다. 하지만 모든 기업이 원하는 개발자를 구할 수는 없고, 경력에 따라 비용도 천차만별이다. 경력이 없는 비개발자가 개발을 하려면 넘어야 할 진입장벽이 꽤 높다. IT 개발을 위해서는 프로그래밍 이해도와 업무 경력이 필요하다. 하지만 최근 몇 년간 프로그래밍 전문가가 아니더라도 소프트웨어를 개발하거나 개발자의 업무를 도울 수 있는 '**로우 코드**'와 코딩이 필요하지 않은 '**노 코드**'가 주목받고 있다. 가트너는 이러한 해결책이 디지털 전환을 촉진할 것이며, 비개발자에게 다양한 애플리케이션을 개발할 능력을 줄 거라고 예측했다. 결국에는 누구나 개발할 수 있게 돼 **시민 개발자**가 생겨난다고 전망했다.

로우 코드와 노 코드, 두 개발 방식에는 차이점이 있다. 비개발자가 가장 쉽게 사용할 수 있는 노 코드는 코딩이 필요 없다. 코딩 과정이 없어 애플리케이션을 쉽게 만들 수 있는 시각적 유저 인터페이스가 특징이다. 마우스로 특정 블록이나 영역을 옮기고 붙이는 '드래그 앤 드롭' 인터페이스가 일반적이다. 물론 코딩 과정이 없기 때문에 로우 코드나 일반 개발보다는 제약이 많다. 원하는 기능을 전부 구현할 수 없어 꾸준히 새로운 기능을 선보여야 하는 애플리케이션에는 적합하지 않다.

로우 코드는 프로그래밍이 일정 부분 포함된다. 개발 경험이 없

로우 코드 Low Code
최소한의 코드로 앱을 개발하는 방법. 반복되고 단순한 부분은 정형화된 템플릿으로 빠르게 만들 수 있다. 개발자의 노하우가 필요한 부분은 사람이 직접 개발하는 방식이다.

노 코드 No Code
코드를 전혀 쓰지 않고 앱을 개발하는 방법. 프로그래밍 언어 습득이 필요 없고 원하는 화면 유형과 기능을 선택해 설정하는 것만으로 프로그래밍이 가능하다.

시민 개발자 Citizen Developer
개발자가 아닌 일반인이면서 자신의 전문 영역에 대한 서비스나 앱을 직접 만드는 사람. 개발자가 아닌 일반 직원이 업무용 애플리케이션을 직접 개발함으로써 다른 사람에게도 도움을 줄 수 있다.

Chapter 10 소프트웨어 혁명과 웹 3.0, 신경제가 열리다

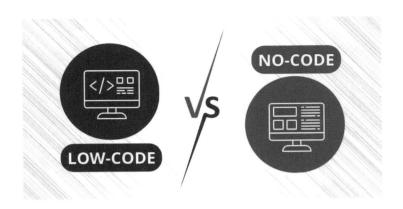

는 사용자보다는 기본 지식과 경험이 있는 사용자에게 알맞다. 프로그래밍이 포함되기 때문에 확장성이 크고 필요에 따라 애플리케이션을 수정할 수 있다. 로우 코드 개발 도구는 전문 개발자가 불필요한 코딩 없이 시각적인 요소로 빠르게 개발을 마칠 수 있도록 돕는 역할에 가깝다. 로우 코드로 기존 개발자가 생산성, 효율성을 높일 수 있다. 반복 작업이나 프로그래밍 코드 수정을 AI에게 맡기고 사람은 더 중요한 개발에 집중한다. 가트너는 2026년까지 로우 코드 개발 도구 사용자의 80%가 전문 개발자가 될 것으로 예측했다. 프로그래밍 이해도가 높은 만큼 시민 개발자나 일반 사용자보다 효율적으로 서비스와 앱을 출시할 수 있기 때문이다.

노 코드, 로우 코드 모두 누구나 빠르게 애플리케이션을 개발할 수 있는 신속성과 기존 개발을 돕는 효율성이 돋보인다. 노 코드와 로우 코드는 애플리케이션을 빠르게 출시하거나 비개발자도 특정 목적에 따라 필요한 애플리케이션을 만들 수 있다는 장점이 있다. 따라서 기존 대기업에서 이러한 방식을 따르기보다 스타트업이나 규모가 작은 기업이 내부 목적이나 특정 서비스를 위해 활용하면 비용과 시간을 줄이고 노 코드와 로우 코드만의 경쟁력을 확보할 수 있다. 문제는 이런 로우 코드 도구가 개발 과정에서 추가되는 유지 보수, 보안 문제, 확장성 문제들을 해결하기 어렵다는 점이다. 완성도가 낮은 애플리케이션이 개발되면 이후 유지 보수나 개선에 어려움을 겪어 오히려 더 비효율적일 수 있다.

최근 노 코드, 로우 코드는 챗GPT를 비롯한 생성형AI와 결합해 발전하고 있다. 서비스 기획자, 마케터 같은 비개발자도 노 코드 도구를 사용해 기획한 서비스나 마케팅 프로모션을 위한 홈페이지 등을 쉽게 만들어낼 수 있다. 특히 생성형AI 등장 이후 노 코드 도구는 주요 단어나 문장만 입력해도 고작 몇 분 안에 웹 사이트를 만들어낸다. 웹 사이트 전문 도구 프레이머Framer는 AI를 추가한 서비스를 공개했는데, 단어 몇 개만으로도 실제로 쓸 만한 웹 사이트를 생성한다. 마이크로소프트의 코파일럿 역시 대표적인 로우 코드 서비스로, 생성형AI GPT와 결합하면서 더욱 빠르고 효율적이며 결함을 줄이는 프로그래밍을 할 수 있게 됐다. 앞으로 노 코드, 로우 코드가 점차 기존 프로그래밍의 영역을 차지할 것이다.

오픈소스와 API, 공유가 만들어내는 디지털 세상

코딩으로 만들어지는 프로그램은 크게 두 가지로 나뉜다. 아무나 내용을 확인할 수 없도록 접근을 제한하거나, 누구나 개발에 필요한 소스 코드나 설계도를 확인하고 활용할 수 있도록 공개하는 방식이다. 프로그램 내용(소스 코드)이 공개된 소프트웨어를 **오픈소스** 소프트웨어라고 한다. 소프트웨어 외에 개발 내용과 설계도까지 공개되면 하드웨어도 오픈소스라고 할 수 있다. '○○체' 등 글꼴 데이터도 오픈소스로 개발되는 경우가 있다. 오픈소스 대부분은 무료라서 프리웨어Freeware와 혼동하기 쉽다. 프리웨어는 무료로 쓸 수 있지만 오픈소스와는 다른 개념이다. 프리웨어는 상업용으로 이용할 수 없는 경우가 대부분이고, 오픈소스는 상업용으로도 활용할 수 있다. '안드로이드 운영체제'가 대표적인 오픈소스다. 삼성과 LG 같은 기업에서 소스 코드를 수정해 스마트폰에 탑재하는 경우를 생각할 수 있다.

사실 소프트웨어가 등장한 이후 많은 기업이 불법 복제를 방지하고자 소스 코드를 공개하지 않았다. 설계도인 소스 코드를 이용해 누구나 소프트웨어를 만들어내면 수익성에 큰 문제가 생기기 때문에 특허와 저작권을 활용해 소프트웨어를 적극적으로 보호했다. 이런 기조가 바뀐 계기가 바로 **리눅스**다. 자유롭게 사용하도록 공개된 리눅스 덕에 누구나 마음껏 프로그램을 수정하거나 새로 만들 수 있게 됐다. 오픈소스 기반으로 개발되는 프로그램과 소프트웨어는 여러 사람이 참여해 더 나은 결과물을 만들어냈다. 현재 안드로이드 운영체제는 리눅스를 쓰고 있다. 리눅스는 1991년 최초로 공개됐는데, 초기에는 많은 개인 개발자가 참여해 개발이 진행됐고, 이후 IBM과 HP 등 대형 IT 기업에게 지지를 받으면서 오픈소스 개발의 대표 사례로 자리 잡게 됐다.

리눅스의 성공 이후 데이터베이스, 클라우드 컴퓨팅, 웹 브라우저 등 많은 소프트웨어와 IT 기술이 오픈소스를 채택해 발전을 거

오픈소스
소프트웨어 혹은 하드웨어 제작자의 권리를 지키면서 누구나 내용을 열람할 수 있도록 한 소프트웨어 또는 오픈소스 라이선스에 해당하는 결과물. 원래 소프트웨어 개발에서 유래했지만 모두의 참여, 투명성 등을 대표하는 용어로 자리 잡게 됐다.

리눅스Linux
리누스 토르발스Linus Torvalds가 1991년에 개발한 컴퓨터 운영체제. 리눅스는 오픈소스 개발의 가장 대표적인 예라 할 수 있다. 초기에 다수의 개인이 대가를 바라지 않고 개발에 참여했다. 리눅스 재단에 따르면 전 세계 슈퍼컴퓨터 중 99퍼센트가 리눅스를 쓰며, 스마트폰과 클라우드 분야에서도 활용도가 높다.

듭하고 있다. 오픈소스는 상업 용도로 활용되기도 하지만, 기본적으로 자발적인 참여가 필요하다. 개발한다고 해서 금전적 보상이 주어지지도 않는다. 예를 들어보자. 인공지능을 연구하는 동호회에서 로봇을 개발하기 시작했다. 인공지능에 관심 있는 누구나 개발에 참여할 수 있는데 별다른 보수는 없다. 그저 취미거나 개인적인 학구열에 불타 로봇을 만드는 것이다. 그런데 이들이 공개된 오픈소스를 활용한다면 어떨까? 동호회에서 만든 인공지능 로봇이 구글에서 개발한 인공지능 로봇과 성능이 비슷할 수 있다. 이것이 바로 오픈소스의 최대 장점이다.

한 가지 개념을 더 알아보자. '○○기업이 최근 API를 공개해 많은 협력업체가 데이터를 활용하는 기반을 마련했다.' 이 문장에서처럼 기사에 자주 등장하는 **API**란 과연 무엇일까? API는 '응용프로그램 프로그래밍 인터페이스Application Programming Interface'의 약자다. '응용프로그램'은 모바일 앱이라고 할 때 그 애플리케이션이다. '프로그래밍 인터페이스'는 컴퓨터 프로그래밍을 위한 인터페이스로, 입출력할 때 프로그램끼리 소통하는 방식이라고 생각하면 된다. 키보드나 터치스크린이 인간을 위한 물리적 인터페이스라면, API는 컴퓨터를 위한 소프트웨어 인터페이스라고 할 수 있다. 한마디로 API는 컴퓨터 기반으로 만든 프로그램이나 서비스를 다른 프로그램에서 쉽게 가져다 쓸 수 있게 해주는 도구다.

예를 들어 포털 사이트에서 제공하는 지도, 기상청에서 제공하는 일기예보 등을 활용해 새로운 서비스를 만들고자 할 경우 API가 필요하다. 포털 사이트에서 지도 데이터를 공개해도 조작 방법 없이 데이터만 가지고 새로운 서비스나 프로그램을 만들기는 어

API
어떤 특정 사이트에서 특정 데이터를 공유할 경우, 어떠한 방식으로 정보를 요청해야 하는지, 그리고 어떠한 데이터를 제공받을 수 있을지에 대한 규격을 API라고 한다. API를 사용하면 구현 방식을 알지 못해도 제품 또는 서비스를 연결할 수 있다.

렵다. 이때 API가 있다면 이런 데이터를 응용해 모바일용 내비게이션 앱이나 지도 기반 게임 등을 만들어낼 수 있다. 최근 공공기관에서도 보유한 데이터를 API로 제공하고 있다. '공공 데이터 포털Open Data Portal'에서는 공공시설 이용 정보, 버스 시간 등 데이터를 API로 제공한다. 누군가 버스 시간 관리 앱을 만들고자 한다면, API를 활용해 데이터를 받아 가공해서 새로운 서비스를 만들어낼 수 있다.

4G와 5G를 넘어 6G 네트워크로

이동통신 분야에서는 이제 **5G 네트워크**가 다양한 산업에서 4차 산업혁명을 가속화하는 데 기여할 것으로 기대된다. 전 세계에서 5G 네트워크 개발과 상용화 경쟁이 본격적으로 일어나고 있다. 특히 우리나라와 미국, 유럽 등이 5G 상용화에 적극 나서는 중이다. 한국은 2018년 12월 1일 세계 최초로 5G 무선 이동통신을 개통했다.

그 이전 LTE에 기반한 4G 네트워크는 빠른 무선 인터넷을 제공해 다양한 분야에서 삶의 방식을 획기적으로 변화시켰다. 4G 네트워크 덕에 유튜브를 비롯한 영상 스트리밍 서비스와 소셜 네트워크 서비스가 급속도로 발전했다. 넷플릭스, 애플, 구글, 페이스북 등 IT 기업은 새로운 서비스를 출시하고 IT 산업에서 강자로

5G 네트워크
5세대 모바일 네트워크를 뜻하며, 기존 4G LTE 셀룰러 네트워크를 보강하거나 완전히 교체할 목적으로 설계됐다. 다운로드 속도를 4G의 10배까지 향상한 무선 네트워크 기술이다.

등극했다. 4G 네트워크는 주로 이동 환경에서 무선 데이터 속도를 높이는 방향으로 진화했다. 그러나 5G 네트워크는 속도 증가는 물론 다양한 서비스가 가능한 '완전 무선 연결'을 목표로 한다. 그와 더불어 인공지능, 빅데이터와 결합해 산업 혁신을 가속화할 전망이다.

5G 네트워크는 LTE 통신과 비교할 수 없을 만큼 속도가 향상된다. 최대 전송 속도는 LTE보다 20배 이상 빠르고, 지연 속도는 100분의 1로 줄어든다. 5G 네트워크 기술의 핵심은 속도보다 '저지연성Low Latency'에 있다. 지연 현상이 줄면서 동영상 스트리밍이나 가상현실 게임, 실시간 게임을 원활하게 즐길 수 있는 환경을 만든다. 스포츠 중계를 비롯한 각종 방송 서비스에서는 기술 발전으로 점차 고화질·대용량 데이터 파일을 전송해야 하는데, 5G를 이용하면 속도 저하나 지연 현상이 없다. 뿐만 아니라 원격 진료나 수술 등의 경우에도 현실과 같은 환경을 구성할 수 있는 기술 인프라가 갖춰진다.

다양한 산업에서 다양한 서비스를 지원하기 위해 개발된 5G 네트워크에서는 각종 카메라, 센서, 로봇, 자동화 장비 등이 무선으로 연결되는 '사물인터넷'이 중추 역할을 할 것이다. 냉장고나 TV 같은 스마트 가전제품 연결에도 5G 네트워크를 활용한다. 스마트 글래스나 드론 같은 이동식 장치에서도 5G 네트워크의 역할이 크다. 4G 네트워크가 모바일과 영상의 시대를 여는 열쇠였다면, 5G 네트워크는 전 세계 사물과 데이터를 연결해 초연결 시대를 여는 열쇠가 될 전망이다.

흥미로운 사실은 **6G 네트워크**를 위한 준비와 개발이 벌써 진행

6G 네트워크

매우 많은 처리량, 위성 기반 고객 서비스, 자율적인 대규모 네트워크처럼 5G보다 탁월하거나 향상된 기능을 예상한다. 2028년쯤 표준이 제정될 것으로 예상되며 2030년 전후 상용화를 목표로 하고 있다. 기술적으로 테라헤르츠(THz) 수준에 이르는 초광대역 접속 기술, 초고처리, 초저지연, AI 내재화, 지구 전 지역 커버, 사물인터넷 연결 등의 특징이 있다.

되고 있다는 점이다. 2030년 전후로 예상되는 6G 네트워크 상용화를 목표로 여러 국가와 기업이 연구 개발에 뛰어들었다. 기존 4G 네트워크는 동영상 등을 실시간으로 전송하는 스트리밍 서비스를 위한 요구사항이 강했다면, 5G부터는 사람과 사물, 혹은 사물 간 연결을 위해 생활과 산업 분야를 아우르는 범위로 요구사항이 넓어졌다. 6G 네트워크부터는 5G에서 고려하지 않았던 초광대역, 초연결, 초저지연이라는 기술 목표가 있다. 예를 들면 초공간(지상이 아니라 공중 10km 위에서의 통신)처럼 더 넓은 공간에서 연결하고 오차를 최소한으로 줄여 단말기 위치를 찾는 고정밀 기술 등이 있다. 대규모 사물인터넷 기기를 연결하고도 빠른 속도와 지연 없는 연결을 가능케 하는 것이 6G 네트워크의 목표다.

프로토콜 경제,
웹 3.0의 등장

현재 우리는 웹 2.0 시대를 살아가고 있다. 페이스북, 인스타그램, 유튜브, 틱톡, 넷플릭스 같은 플랫폼 중심 서비스들이 일상에서 중요한 역할을 한다. 아마존, 쿠팡 등 이커머스뿐만 아니라 모바일 뱅킹과 음악 스트리밍 서비스 등 우리 일상생활을 지탱하는 주요 IT 기반 서비스가 웹 2.0 시대를 대표한다. 웹 2.0은 사용자에게 다양한 콘텐츠와 서비스를 제공한다. 그러나 IT 기술에서 가장 중요한 '데이터'라는 요소는 대부분 사용자가 아닌 거대한 플랫폼이 소유한다. 웹 3.0은 이러한 웹 2.0의 구조를 바꾸려는 시도로, 인터넷 세계에서 새로운 시대를 열어줄 것으로 기대된다. 그러나 웹 3.0이 정말로 올바른 웹 진화 방향인지 논의가 더 필요한 상태다. 웹 3.0이 웹 2.0보다 더 나은 세상을 열어줄 수 있을지 의문이 남아 있다.

웹 기술은 웹 1.0과 웹 2.0의 단계를 거쳐 웹 3.0이라는 새로운 단계로 변해왔다. 웹 1.0은 1999년 웹 디자이너 다르시 디누치Darci DiNucci가 만든 용어로, 초기 인터넷에서 '읽기'만 가능했던 단방향 커뮤니케이션을 지칭한다. 이 단계에서는 사용자가 뉴스 기사나 웹 페이지 콘텐츠를 읽는 게 주된 활동이었다. 그 후 2000년 전후로 밀레니얼 시대가 시작되면서 웹 기술과 네트워크의 발전으로 '읽기'와 '쓰기'가 모두 가능한 웹 형태가 등장했다. 국내에서는 싸이월드, 다음 카페, 네이버 블로그 등이 등장하며 웹 커뮤니케이션이 본격화됐다. 페이스북, 트위터 같은 소셜 미디어는 사용자와 콘텐츠 제작자 간 상호작용을 증폭시켰으며, 이로 인해 웹 2.0 시대가 시작됐다. 웹 2.0 초기에는 주로 웹 사이트에서 콘텐츠와 서비스가 생성됐지만, 모바일 환경이 갖춰지면서 유튜브, 넷플릭스, 틱톡 같은 서비스가 모바일을 중심으로 확장됐다. 모바일 환경은 더 많은 데이터와 상호작용을 유발했다. 정적이던 웹은 동적인 형태로 빠르게 변화했으며, 웹 2.0에서는 다양한 사이트와 모바일 앱 간 콘텐츠 상호 운용성이 강조됐다. 사용자가 생성한 데이터와 콘텐츠가 웹 생태계의 핵심으로 자리 잡아, 새로운 수익원을 창출하는 계기가 됐다.

이 과정에서 거대한 IT 기업들은 개인정보와 사용자가 생성한 데이터가 중요한 자산임을 인식했다. 페이스북, 구글, 아마존 같은 기업들은 중앙화된 서버에 데이터를 모으기 시작했으며, 데이터 생성 후에는 이를 비싼 가격에 팔아 수익을 창출했다. 이처럼 웹 2.0에서는 개인정보나 생성한 콘텐츠, 데이터를 사용자가 제어할 방법이 없었다. 기업들은 사용자 동의 없이 데이터를 수집하거나 교묘한 약관을 활용했으며, 사용자는 수많은 콘텐츠와 데이터를 생성하면서도 어떠한 보상도 받지 못했다.

결국 사람들은 웹 2.0에서 거대 기업이 소유를 독점하는 체계에서 벗어나 사용자가 데이터를 완전히 소유하는 새로운 구조를 상상하기 시작했다. 사용자에게는 불합리하고 플랫폼 기업에만 이로운 웹 2.0 구조를 변화시키기 위한 노력이 **웹 3.0**의 등장으로 이어졌다. 웹 3.0은 한마디로 정의하면 웹 2.0의 '읽기'와 '쓰기'에 더해 사용자가 생성한 데이터와 디지털 자산을 '소유'하는 인터넷이다. 웹 3.0에서는 단순히 콘텐츠와 사용자 간 상호작용에 그치

웹 3.0
읽기와 쓰기만 가능하던 웹 시대를 넘어 '소유'까지 할 수 있는 웹 시대. 개인의 가치와 소유권 확보가 더 중요한 웹 시대이며, 기업 중심 구조에서 벗어나고자 한다.

지 않고, 이 과정에서 생성된 데이터와 디지털 자산을 완전히 소유한다.

사용자는 인터넷 소유를 위해 프로토콜로 개인 간, 혹은 개인과 기업 간 규약을 만들고 이를 지킨다. 이로써 사용자는 데이터 소유권을 갖게 되며, 정보 전달 방식과 그 대가를 명확히 이해할 수 있다. 기업이 데이터를 독점하지 않고, 사용자는 개인 데이터의 가치를 확인할 수 있다. 이를 **프로토콜 경제**라고 한다.

미래 경제로 전환하는 데 프로토콜 경제가 필요한 이유는 명확하다. 현재는 플랫폼에서 '좋아요'를 많이 받는다고 해도 보상을 받지 못하는 사용자가 많다. 모든 광고 수익은 플랫폼에 집중되며, 음악 저작권 역시 비슷한 상황이다. 창작자는 실제 발생한 수익의 10%에도 미치지 못하는 저작권료를 받고, 대형 음악 스트리밍 플랫폼, 레이블, 기관이 90%에 달하는 수익을 가져가고 있다. 게다

프로토콜 경제
자발적으로 개인 간 프로토콜(약속)을 정해 거래하는 형태. 탈중앙화와 탈독점화로 거래 비용을 절감하고 개인 주도적인 거래가 가능한 생태계다. 개인의 데이터 가치를 제대로 평가받을 수 있다.

국내 최초로 웹 3.0을 다룬 필자의 저서 《웹 3.0 레볼루션》(와이즈맵, 2022)

Chapter 10 소프트웨어 혁명과 웹 3.0, 신경제가 열리다

경제의 발달 단계

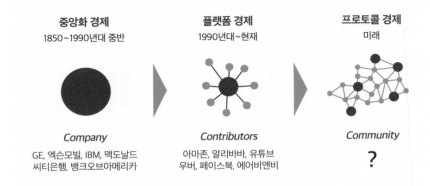

중앙화 경제	플랫폼 경제	프로토콜 경제
1850~1990년대 중반	1990년대~현재	미래

Company

GE, 엑슨모빌, IBM, 맥도날드
씨티은행, 뱅크오브아메리카

Contributors

아마존, 알리바바, 유튜브
우버, 페이스북, 에어비앤비

Community

?

자료 출처 해시드, DB금융투자

가 개인정보와 데이터 유출 사건이 발생할 때마다 가장 큰 피해를 입는 쪽은 결국 사용자다. 사건이 생기더라도 기업과 플랫폼은 주로 재발 방지 대책과 사과문을 제시하는 수준에 그친다. 하지만 사용자가 데이터 소유권을 갖게 되면, 웹이 프로토콜로 동작하는 경우 이러한 문제들을 제거하거나 최소화하는 데 도움이 될 것이다.

앞으로 몇 년 동안 가장 중요한 키워드는 '**컴포저빌리티**' 즉 결합성이 될 것이다. 이 용어는 웹 2.0과 웹 3.0 모두에서 중요한 개념이다. 웹 3.0 같은 새로운 구조와 신규 서비스가 나타나는 시장에서는 오픈소스 이상으로 다양한 산업과 서비스 조합이 필요하다. 누구나 새로운 기술과 서비스를 오픈소스 위에 추가해 다양한 조합을 만들 수 있다. 이는 레고를 조립하는 일과 유사하다. 다양한 블록을 조합해 새로운 형태를 창조하며 무한한 가능성을 가진 창의성이 극대화된다.

컴포저빌리티 Composability
가트너가 발표한 12개의 전략기술 트렌드에 컴포저블 애플리케이션이 매년 포함되고 있다. 컴포저빌리티는 '결합성'으로, 마치 레고처럼 필요한 블록을 끼웠다 뺐다 하며 새로운 기술과 서비스가 조합, 결합되는 구조를 의미한다. 이로써 무한한 가능성과 창의성이 발현된다.

웹 3.0에 대한 오해 중 하나는 웹 3.0이 완전히 탈중앙화돼 기존 인프라나 방식이 사라진다고 생각하는 점이다. 웹 3.0에서도 PC, 모바일, 클라우드 같은 기본 인프라는 여전히 중요하다. 프로토콜이 핵심이 될지라도 플랫폼과 중앙화된 기업은 계속 존재하고 경쟁할 것이다. 웹 3.0은 개방적인 시스템으로서 모든 사람이 참여할 수 있다는 장점이 있다. 아직은 웹 3.0과 블록체인의 가능성을 무시하고 사기나 여러 사회적 문제만을 지적하는 경우가 많다. 그러나 성공과 실패를 거쳐 좋은 사례가 등장하고 결국은 큰 흐름이 되리라 예상된다. 현재 웹 3.0을 향한 시선에는 의심과 지지가 공존한다. 앞으로 더 많은 사람이 참여하고 기술 개발에 계속해서 관심을 기울인다면, 세상은 분명히 웹 2.0보다 더 나아갈 것이다. 그 때는 우리가 인식하기 전에 자연스럽게 웹 3.0 시대가 도래할 것이다.

슈퍼컴퓨터를 능가하는
양자컴퓨팅

향후 컴퓨팅에서 핵심 기술로 연구될 분야는 바로 **양자컴퓨팅**이다. 양자컴퓨팅은 앞으로 주목할 미래 기술로 항상 거론되며 미래에 디지털 혁명을 이끌 것으로 예상된다. 양자컴퓨팅을 활용하면 슈퍼컴퓨터로 처리하는 데 수년이 걸리는 데이터를 수초 만에 처리할 수 있다. 양자컴퓨터는 양자역학이라 불리는 물리학 원리를 이용한 새로운 개념의 컴퓨터다. '얽힘Entanglement'이나 '중첩Superposition' 같은 양자역학 현상을 이용해 자료를 처리한다. 일반 컴퓨터에서 쓰는 비트는 0과 1 중 한 상태로 정보를 표현하며, 비트 하나당 정보 하나만 처리할 수 있다. 반면에 양자컴퓨터의 연산 단위인 **'큐비트'**는 일반 컴퓨터처럼 비트를 사용하지만 0과 1 두 가지 상태, 즉 00, 01, 10, 11로 표현할 수 있다. 동시에 여러 곳에 존재할 수 있다는 '중첩 현상'처럼 큐비트는 0이나 1일 수도, 0과 1이 동시에 존재할 수도 있다. 여기에 둘 이상의 양자가 상태를 완벽하게 공유하는 '얽힘 현상'으로 인해 하나의 큐비트로 동일한 상태를 공유하는 다른 큐비트의 정보까지 측정할 수 있다.

이처럼 얽힘과 중첩을 활용하면 한 번에 한 정보만 관측하는 게 아니라 동시에 수많은 정보를 측정하고 관측할 수 있다. 컴퓨팅을 할 때 0인지 1인지 확정되지 않은 상태에서 연산을 진행하므로 측정할 수 있는 경우의 수가 늘어나 연산 능력이 기하급수적으로 상

양자컴퓨팅Quantum Computing
양자역학 현상을 활용해 정보를 처리한다. 장치 한 개에서 동시에 여러 계산을 처리하므로 정보 처리 속도나 처리량이 지금의 컴퓨터보다 월등히 뛰어나다. 2019년 10월 구글이 양자컴퓨터 기술을 발표했으며 IBM을 비롯한 IT 기업들의 미래 연구 분야이기도 하다.

큐비트Qubit
양자 컴퓨터 계산의 기본 단위. 퀀텀 비트Quantum Bit라고도 한다. 일반 컴퓨터는 0과 1로 처리하지만 양자 컴퓨터에는 0과 1을 동시에 갖는 상태가 존재하며 이 상태를 큐비트라는 단위로 처리하고 저장한다.

승한다. 병렬 연산을 통해 일반 컴퓨터와 비교할 수 없을 정도로 많은 연산이 가능해, 현존하는 슈퍼컴퓨터보다 최소 1억 배 이상의 성능을 낼 수 있다고 알려졌다. 이진법을 쓰는 컴퓨터는 정보(비트)를 두 개 처리하지만, 양자컴퓨터는 정보(큐비트)를 네 개 처리할 수 있다. 더 많은 큐비트가 연결되면 정보 처리 성능이 제곱으로 늘어나 빠른 속도로 연산을 처리할 수 있다. 예를 들어 지도상에 있는 한 지점에서 다른 지점까지 이동하는 데 방법이 1,000개 있다고 하자. 일반적인 컴퓨터는 1,000개나 되는 방법을 한 번에 하나씩 계산해야 하지만, 양자 컴퓨터는 1,000가지 방법을 한 번에 연산할 수 있다.

이런 엄청난 성능 덕에 양자컴퓨팅은 인공지능, 암호학, 보안, 의료 분야 등에서 활용도가 높을 것으로 전망된다. 세포나 염기서열의 복잡한 구조를 파악하는 작업을 순식간에 끝낼 수도 있고, 해킹이나 암호를 푸는 작업에 활용할 수도 있다. 2019년 10월, 구글은 최고 성능 슈퍼컴퓨터가 1만 년 걸려 풀 수 있는 난제를 단 200초 만에 풀어버리는 양자컴퓨터 칩 '시커모어Sycamore'를 개발했다고 밝혔다. 구글은 2013년부터 양자 인공지능 연구소를 설립하고 양자 컴퓨터 분야를 연구하고 있다.

일부에서는 양자컴퓨팅으로 해결할 수 있는 문제는 아직 제한적이고 막연한 환상을 갖는 일은 경계해야 한다고 말한다. 2023년 마이크로소프트는 자사 블로그에 양자컴퓨팅 관련 글을 올렸다.[41] 마이크로소프트는 양자컴퓨팅을 활용한 이점에 도달하기까지 많은 노력이 필요하다고 지적했다. 막연하게 기존 슈퍼컴퓨터 성능을 돌파하는 일보다는 실제로 양자컴퓨팅을 어떻게 효과적으로 사용할지 현실적인 이점을 찾는 게 중요하다는 의견을 밝혔다. 선진국의 최고 수준 연구소들과 구글, IBM, 마이크로소프트, 인텔 등 글로벌 기업이 양자컴퓨팅을 연구하고 있다. 아직 상용화까지는 갈 길이 멀지만, 양자컴퓨팅이 상용화되는 시점에는 큰 변화를 맞이할 것으로 보인다.

끝없는 잠재력을 가진 디지털 혁명

컴퓨터와 프로그래밍의 등장은 산업 분야뿐만 아니라 일상생활, 인류의 삶에도 큰 변화를 불러왔다. 그런데 컴퓨터 시대가 지나가고 모바일이 등장하면서 또 새로운 시대가 열렸다. 컴퓨터와 모바일 시대를 일군 가장 큰 원동력은 '프로그래밍과 소프트웨어'에 있다. 인공지능도 프로그래밍을 통해 개발되고 학습하며, 블록체인 역시 프로그래밍으로 만들어진다. IT 기술 대부분은 프로그래밍 없이 발전할 수 없다. 제조업에서도 단순히 제품을 생산하는 수준에 그치지 않고 품질 관리나 효율성을 높이기 위한 데이터 분석이 이뤄진다. 데이터를 수집하고 분석하는 모든 과정 역시 프로그래밍과 클라우드 컴퓨팅 등으로 진행된다.

디지털 혁명은 그 어느 때보다 광범위하고 빠르게 진행되고 있다. 프로그래밍 및 코딩 기술도 나날이 발전하며, 동시에 컴퓨팅 파워와 데이터 분석 능력도 향상되고 있다. 이를 기반으로 다양한

디지털 혁명
디지털 기술 발전으로 이뤄진 사회경제적 변화. 디지털 혁명에서는 인공지능, 로봇, 양자컴퓨팅, 블록체인, 증강현실 등 새로운 기술 혁신이 끊임없이 이뤄진다. 주요 키워드는 '연결', '공유', '탈중앙화', '분권화'다.

서비스와 기술이 등장했고, 엄청나게 많은 데이터가 생산되고 있다. 방대한 데이터를 잘 보관하고 분석하는 기술이 중요해졌다. 이를 생산 효율화, 문제 해결, 미래 예측 등에 활용하고 있으며 데이터가 쌓이고 분석될수록 많은 산업 분야에서 발전이 함께 이뤄진다. 이 모든 과정이 디지털 혁명의 일부분이다. 컴퓨터와 모바일, 프로그래밍이 불러온 디지털 혁명은 산업 영역을 가리지 않으며 그 잠재력은 끝을 알 수 없다.

여기에 각종 기술의 발전은 디지털 혁명을 가속화하고 새로운 시대를 앞당기고 있다. 웹 3.0이라는 용어를 차치하고도 우리는 이미 생성형AI 같은 엄청난 변화를 눈앞에서 목격하고 몸소 체험하고 있다. 생성형AI와 메타버스, 블록체인, 양자컴퓨팅 등 우리에게 멀게만 느껴졌던 기술이 이미 우리 일터와 생활에 자리 잡았다. 앞으로 우리가 경험할 새로운 웹 시대는 아이디어만 있으면 누구나 서비스를 개발할 수 있고, 가상 공간에서 활동하며, 인공지능에게 도움을 받고, 내가 만든 데이터와 콘텐츠의 가치를 인정받아 수익까지 창출할 수 있는, 디지털 기반의 개인 중심 경제 시대다.

새로운 디지털 경제 시대가 두려울 수 있지만, 이러한 변화에 대비하고 대응을 준비해야 한다. 실리콘밸리에 있는 유명 벤처캐피털 앤드리슨 호로위츠a16z의 마크 앤드리슨과 크리스 딕슨은 한 팟캐스트에 출연해 다음과 같은 의견을 남겼다. 새로운 기술과 사회적 도입에는 세 가지 단계가 있다. 처음엔 대부분의 사람이 변화를 무시한다. 사람들은 새로운 것에 대해 들어보지 못했고, 별 관심이 없거나 어리석은 일에 지나지 않는다고 생각한다. 다음 단계는 반박이다. 새로운 기술이 작동하지 않는 것을 비판하고 반대

의견을 제시한다. 마지막으로는 화를 낸다. 새로운 기술이 작동하고 사회적 변화가 일어나면 사람들은 뒤늦게 그것이 중요한 기술임을 깨닫기 때문이다.

첫 단계에서 변화를 무시할 수도 있다. 하지만 새로운 것이 등장하고 변화가 일어날 때 비판만 하고 반대편에 서 있어서는 변화를 이용할 수 없다. 새로운 기술이 작동하기 전에 변화를 받아들이고 연구와 노력으로 대응할 준비를 해야 한다. 인공지능이나 블록체인, 메타버스 등 모든 기술은 사람의 필요에 따라 연구되고 만들어지며 쓰임새를 갖게 된다. 이제 누구나 디지털 혁명의 주체가 될 수 있다. 앞으로 다가올 시대를 준비하자.

디지털 경제를
당신의 무기로 삼아라

'디지털 리터러시'라는 말을 들어본 적 있는가? 디지털 환경에서 정보 및 기술을 습득하고 올바르게 활용하는 능력을 말한다. 디지털 기술과 도구를 이해하지 못하면 흔히 말하는 '디지털 문맹'이 된다. 요즘은 패스트푸드 매장이나 쇼핑몰에 설치된 키오스크를 쓰지 못하는 사람들에게 "디지털 리터러시가 부족하다, 디지털 문맹이다"라고들 한다.

그런데 젊다고, 혹은 이 글을 읽는 독자라고 다를까? 우리는 스마트폰도 잘 다루고 키오스크도 잘 쓰니 디지털 문맹이 아닌 걸까? 지금도 자고 일어나면 인공지능이 우리가 본 적 없는 발전을 이뤄내고 있다. 인공지능은 이를 연구하는 개발자, 기획자들조차 '인공지능님 진도가 너무 빠릅니다'라고 외칠 정도로 하루가 멀다 하고 새로운 기술을 만들어낸다. 우리가 자는 동안에도 인공지능은 학습을 멈추지 않고 한 계단이 아니라 서너 계단씩 건너뛰듯 달려가고 있다. 인공지능은 불과 몇 년 전에 불가능하다고 생각했던 영역을 정복하고 있다. 관련 논문과 서비스 역시 쏟아져 나온다. 이는 일반적인 연구 수준에 그치지 않고 우리 실생활에 깊게 파고든다.

어느 날에는 지금까지 본 적 없는, 어떻게 써야 할지 감도 오지 않는 온라인 서비스가 세상을 뒤덮을 것이다. 여전히 많은 사람이 챗GPT를 어떻게 써야 할지 모른다. 이때 우리는 나 자신은 디지털 문맹이 아닌 줄 알다가도 '나조차도 디지털 문맹이었구나'라고 깨닫게 될 것이다.

블록체인도 불과 1~2년 전에 알던 내용과 달라졌다. 새로운 블록체인이 등장하고 생전 들도 보도 못한 방법으로 금융 서비스가 나타나고 있다. 나이키와 디즈니 같은 거대 소비재 기업들도 블록체인을 사용한다. 앞으로 1~2년이 지나면 지금보다 더 바뀌어 있을 것이다. 비트코인, 이더리움만 아는 독자는 디지털 문맹일까? 극단적인 표현이지만, 그만큼 기술 발전 속도가 우리 예상을 벗어날 정도로 빠르다는 말이다.

우리가 살아가는 지금 시대의 '경제'는 이 시간에도 쉴 틈 없이 돌아간다. 누군가는 아르바이트를 하고 누군가는 야근을 하며, 누군가는 문장과 씨름하고 있다. 내가 잠든 밤에도 바다 건너 월스트리트에서는 수십, 수백조 원에 달하는 주식, 채권이 거래되고 암호화폐 시장은 24시간 내내 돌아간다. 경제는 오랜 과거부터 이어져왔지만, 지금만큼 '디지털'을 원동력으로 돌아가는 시장은 없었다. 제조업, 농업 등 실물 상품을 만들고 재배하고 수확하는 산업 분야조차 디지털의 힘이 없다면 유지되기 힘들다. 전성기를 누리고 있는 인공지능, 모바일 등 최신 IT 기술은 세상을 '피지컬Physical'에서 '디지털Digital'로 바꿨다.

서문에서도 언급한 것처럼 기존 경제는 디지털 전환을 맞이했다. 동시에 디지털 경제는 현재와 미래의 경제다. 우리 삶 자체가 디지털이 없으면 불가능한 시대가 됐다. 먹고 입고 자는 인간의 모든 기본 행위가 디지털 위에서 펼쳐진다.

디지털 경제의 발전 속도는 과거와 차원이 다르다. 누군가는 30분도 안 되는 시간에 전 세계 누구나 쓸 수 있는 온라인 서비스를 만들기도 하고, 버튼 클릭 한 번으로 몇 초 만에 100달러가 지구 반대편으로 송금되기도 한다. 단순히 디지털 문맹, 디지털 리터러시가 중요한 게 아니다. 이렇게 빠르게 돌아가는 세상에서 최소한의 지식과 정보는 쌓아야 한다. 디지털 경제에 중요한 최신 기술과 트렌드, 정보를 알고 있다면 언제든 디지털 리더가 될 수 있다.

이 책에서는 기본적인 내용과 중요한 트렌드를 다뤘지만, 시시각각 변하는 디지털 경제의 흐름을 놓치지 않도록 최신 정보를 꾸준히 받아들이며 디지털에 대한 막연한 두려움을 버려야 한다. 이 책을 읽은 독자는 여기서 그치지 않고 더 나아가 시대 변화에 유연하게 대처할 수 있도록 더 많이 노력하고 배워야 한다. 부디 이 책을 통해 독자 여러분이 디지털 경제의 기초를 습득하고 스스로 디지털 경제의 한 축이 되길 바란다.

1   https://engineering.stanford.edu/magazine/future-ai-chat-foundation-
    models-and-responsible-innovation

2   https://www.gartner.com/en/marketing/topics/ai-in-marketing

3   https://www.gartner.com/en/documents/4848131#:~:text=Summary,%2D
    year%20CAGR%20of%2026.5%25.

4   https://www.newsdream.kr/news/articleView.html?idxno=43071

5   https://www.bis.org/about/bisih/topics/cbdc.htm

6   https://www.coindeskkorea.com/news/articleView.html?idxno=93081

7   https://www.seagate.com/files/www-content/our-story/trends/files/idc-
    seagate-dataage-whitepaper.pdf

8   https://www.srgresearch.com/articles/as-hyperscale-data-center-
    capacity-doubles-in-under-four-years-the-us-still-accounts-for-half-of-
    the-total

9   https://www.idc.com/getdoc.jsp?containerId=prAP50495523

10 https://www.kdata.or.kr/kr/board/info_01/boardView.do?pageIndex=1
    &bbsIdx=33253&searchCondition=all&searchKeyword=

11 https://www.oracle.com/kr/cloud/multicloud/mainstream/

12 https://www.edaily.co.kr/news/read?newsId=01948326632559832&medi
    aCodeNo=257

13 https://www.gartner.com/en/newsroom/press-releases/2023-07-18-
    gartner-says-worldwide-iaas-public-cloud-services-revenue-grew-30-
    percent-in-2022-exceeding-100-billion-for-the-first-time

14 https://www.ftc.go.kr/www/selectReportUserView.do?key=10&rpttype
    =1&report_data_no=9888

15 https://www.msit.go.kr/publicinfo/view.do?sCode=user&mId=63&mPi
    d=62&pageIndex=&formMode=R&referKey=634%2C6&publictSeqNo=6
    34&publictListSeqNo=6&searchMapngCd=&searchSeCd=info3&searchO
    pt=ALL&searchTxt=%ED%81%B4%EB%9D%BC%EC%9A%B0%EB%93%9C
    &pageIndex2=1

16 https://wire19.com/ar-vr-spending-in-the-us-to-be-the-highest/

17 https://www.trendforce.com/presscenter/news/20230522-11679.html

18 https://acg.media.mit.edu/people/simong/thesis/SpatialComputing.pdf

19 https://www.globenewswire.com/en/news-release/2023/06/
    22/2693051/0/en/Metaverse-Market-worth-426-9-billion-by-2027-
    growing-at-a-CAGR-of-47-2-Report-by-MarketsandMarkets.html

20 https://www.emergenresearch.com/industry-report/digital-human-avatar-market

21 https://www.marketsandmarkets.com/PressReleases/digital-twin.asp

22 https://www.gartner.com/en/newsroom/press-releases/2022-02-07-gartner-predicts-25-percent-of-people-will-spend-at-least-one-hour-per-day-in-the-metaverse-by-2026

23 https://www.mckinsey.com/capabilities/growth-marketing-and-sales/our-insights/value-creation-in-the-metaverse

24 https://repository.kisti.re.kr/handle/10580/17886?mode=full

25 http://m.irobotnews.com/news/articleView.html?idxno=32953

26 https://www.futuremarketinsights.com/reports/logistics-robots-market

27 https://www.hani.co.kr/arti/science/technology/1123900.html

28 https://kpmg.com/kr/ko/home/insights/2020/02/insight69.html

29 https://www.fortunebusinessinsights.com/drone-services-market-102682

30 https://www.m-i.kr/news/articleView.html?idxno=1018053

31 https://eiec.kdi.re.kr/policy/domesticView.do?ac=0000158686

32 https://tongsangnews.kr/webzine/1762201/sub6_3.html

33 https://www.deloitte.com/global/en/our-thinking/insights/industry/defense-security-justice/future-of-the-space-economy.html

34 https://www2.deloitte.com/us/en/insights/industry/aerospace-defense/future-of-space-economy.html

35 https://www.grandviewresearch.com/industry-analysis/insurtech-market#

36 보험연구원, 가계의 자산형성을 위한 금융상품 선호도 분석, 2022년 4월.

37 https://www.statista.com/outlook/fmo/wealth-management/digital-investment/robo-advisors/worldwide

38 https://www.bioin.or.kr/board.do?cmd=view&bid=watch&num=312518

39 https://www.foodmanufacture.co.uk/Expertise/Promotional-Features/Will-cultured-meat-and-plant-based-protein-alternatives-disrupt-the-food-industry

40 https://www.adroitmarketresearch.com/industry-reports/white-biotechnology-market

41 https://www.gartner.com/en/newsroom/press-releases/2022-12-13-gartner-forecasts-worldwide-low-code-development-technologies-market-to-grow-20-percent-in-2023

한 권으로 끝내는 디지털 경제

초   판 1쇄 발행 2020년 2월 10일
개정판 1쇄 발행 2024년 5월 10일

지은이 | 윤준탁

발행인 | 유영준
편집팀 | 한주희, 권민지, 임찬규
마케팅 | 이운섭
디자인 | 김윤남
인쇄 | 두성P&L
발행처 | 와이즈맵
출판신고 | 제2017-000130호(2017년 1월 11일)

주소 | 서울 강남구 봉은사로16길 14, 나우빌딩 4층 쉐어원오피스(우편번호 06124)
전화 | (02)554-2948
팩스 | (02)554-2949
홈페이지 | www.wisemap.co.kr

ⓒ 윤준탁, 2024
ISBN 979-11-89328-75-7 (03320)

• 이 책은 저작권법에 따라 보호받는 저작물이므로 무단 전재와 복제를 금합니다.
• 와이즈맵은 독자 여러분의 소중한 원고와 출판 아이디어를 기다립니다.
  출판을 희망하시는 분은 book@wisemap.co.kr로 원고 또는 아이디어를 보내주시기 바랍니다.
• 파손된 책은 구입하신 곳에서 교환해 드리며 책값은 뒤표지에 있습니다.